張連興———著

二十八　總督

香港　第二版

目錄

序一　　連錦添

　　20 世紀 80 年代末 90 年代初，我在香港當記者時，有時會遇到香港總督出行的車隊，有開道的，很威風。他的坐駕沒有車牌，以英國皇家徽章代替。在很多港督出現的場合，例如酒會、慶典、論壇等，記者被限在一根繩子外，群記乖乖在裡面佔位、拍照、錄音。

　　港督是高高在上的，有位港督的回憶錄寫道：「在這個英國直轄殖民地，總督的地位僅次於上帝。他每到一處地方，人人都要起立，在任何情況下都要遵從他的意見——永遠都只能說『是，爵士』，『是，閣下』。」

　　我駐港時，港督是衞奕信。衞督不張揚，還算有紳士風度，見旁有記者，會轉過身來，或者趨前讓老記拍照，說上幾句，給媒體餵點料，港記紛紛狂記，一字不漏。港督嘛，本港的老大，一言一行都受關注，特別在香港回歸前的中英交鋒中，他是個要角。衞奕信還比較親民，不止一次有人看見他在街頭小攤前喝一種涼茶，那是用 24 味中藥熬煮出來的，奇苦無比。督爺日理萬機，也要清清火嘛。新年或聖誕節，內地駐港記者會收到他和夫人黎丹霞署名的賀年卡。

　　港督深居簡出，普羅大眾難以一見，但港人幾乎每天都要跟他們的名字打交道。今天「港督」已成歷史名詞，但在港人的日常生活中仍如影隨形。香港的街道、學校、醫院、文體康樂建築物、機構等，以英國人名字命名的，不下一千個。人們熟悉的例如羅便臣道、堅尼地城、軒尼詩道、德輔道、彌敦道、司徒拔道，走在樓宇間一抬頭，又見葛量洪醫院、柏立基學院、金文泰中學……這些都是港督的名字。大量帶有殖民地色彩的名稱，回歸後沒有改變，體現了「一國兩制」的泱泱大度。其實在林林總總的命名中，有的人對香港有貢獻有建樹，如麥理浩治港十年多，期間成立廉政公署，推行「十年建屋」和「居者有其屋」計劃，為香港經濟騰飛打下一定基礎；有的則是侵略者，如在浙江沿海燒殺擄掠後乘坐炮艇抵港的第一任港督砵甸乍（璞鼎查）、1854 年炮轟廣州城的寶靈……人們最熟悉的地名莫如維港，其實維多利亞女皇在位期間，英國發動三次殘酷的侵華戰爭（兩次鴉片戰爭、八國聯軍侵華）。像大笪地這樣的地名，也包含着早期居港中

國人的血淚。香港有的學校、道路，甚至以販賣鴉片的英國大班的姓名命名。今天人們習以為常地用它，很少人去深究命名的背景和褒貶意義了。

正如對殖民色彩的名稱無法一言以蔽之地評價，對歷任港督的功過是非也難以一概而論。

閱讀張連興先生的《香港二十八總督》，「督爺」的一張張面孔從字裡行間浮現出來。在香港，或許有人仍在感念某一位總督，或讚賞其所做的某一件事情，也一定有人回顧起殖民統治者的貪婪殘酷而憤憤然。港督這個歷史群體，不是一兩句話能形容的。他們在任的時間長短不一，出身經歷、個性作風、學識魄力、民望功過等都有所不同，其在任的時代背景和施政環境差異更大。不過也有共性，港督是代表英國統治香港的，一百五十多年，一任又一任，港督在維護殖民統治、為英國謀取政經利益上是相同的。英國通過刺刀、洋槍與大炮的野蠻征服，佔領了香港，多位港督是直接參與者。早期一些港督給人的印象主要是侵佔中國領土，如砵甸乍逼迫清廷簽訂條約，割佔香港島；戴維斯派軍隊入廣州城；寶靈挑起第二次鴉片戰爭逼簽《天津條約》；夏喬士·羅便臣強租南九龍；威廉·羅便臣強行取得新界租借權九十九年。從鞭打華人的「九尾貓」、鴉片專賣到「喋血錦田」、沙田慘案，處處凸顯了殖民統治者的處事手法。同時我們也看到，有的港督也根據形勢變化採取懷柔政策，維持殖民統治秩序，有的則着力於發展經濟、提高管治效率、興建基礎設施。許多香港當年的新鮮事物、經建項目，就有港督決策的影子，例如麥當奴資助創辦東華醫院；軒尼詩設立保良局、修建山頂纜車；彌敦用工兵開闢九龍主幹道；金文泰興建啟德機場；戴麟趾開建紅磡海底隧道……當然，殖民主義本身沒有帶來繁榮。香港的繁榮，是以中國人為主體的香港同胞辛勤創造出來的。

歷史的煙雲消去，故事卻留了下來。港督涉及的故事一籮筐，但散見於各種文獻、報導中，專門的書籍很少。其實對於香港歷史，對於中國如何被侵略、港九新界怎樣被強佔、後來香港如何發展起來、回歸路上有什麼風風雨雨，許多讀者今天仍有興趣去瞭解探究。回看歷史，褒貶其次，《香港二十八總督》客觀的敍述，平實而自然地給讀者帶來更多的思索。作者無意對 28 位港督進行定論式的評價，既不是為他們的遠去唱一曲輓歌，也不是算一筆歷史老賬，而是注重敍述重要人物和事件，串連起香港一百五十多年的歷史。香港的政經文教、政制律

例、社會生活、風土人情、歷史掌故等，也在書中得到生動呈現。該書形式上是人物列傳，連綴起來看，又像是一部通俗的香港史。透過這些史蹟、舊事、遺韻，讀者可以看到香港一百五十多年間的桑滄巨變和興衰沉浮，也可見香港從一個荒島漁村發展成東方現代化大都市的歷史進程。

說點題外話，我們對香港的瞭解，到現在還相當不夠。香港回歸前後，內地曾經興起香港熱，人們對港英管治下的這片繁華之地充滿神秘感，湔雪前恥，香港「轉軌」，有關香港的一切，大家都十分關心，介紹香港的書籍應時而暢銷。一段時間的「集體興奮」過後，熱情消退，進入常態。內地新聞媒體怕影響「港人治港」，報導香港有所顧忌，放不開，對香港深入的報導分析不夠。這一點，即使大量的人員流動也未能彌補。自由行開放後，去過香港的人千百萬，人潮湧動，匆匆過客，除了「血拼」購物、遊玩，能有多少深入的觀察與靜思？對香港歷史、社會文化、風尚價值等瞭解不夠，接受度也存疑。普通內地人對港貨的瞭解超過認識香港人文。而且，兩地人對許多事物的認知存在着一定的差異，這不，近來有訪港內地女童在地鐵裡吃麵，引起軒然大波，罵戰中竟然牽進兩地知識界部分人士，出現非理性的、過火的「蝗蟲論」、「走狗說」，令人遺憾。同時在香港也有一種現象，不少人包括青少年對中國歷史瞭解少，對香港淪為殖民地的歷史知之更少，或者只知其一不知其二。在香港，推進國民教育竟遭到非議。可見，雖然回歸十多年，雖然人來人往，兩地觀念上存在的差異要達到完全契合，尚需假以時日。

瞭解、融合是個漫長的過程，需要多方齊出力，做推手。本書作者正是這樣，長期積累、收集素材，參閱了大量有關港台的書報雜誌資料，加以甄別、歸納、整理，付出了很大的心血。期望本書繁體字版在香港出版，能對年輕讀者有所啟發和參考，對有興趣瞭解香港的內地讀者，也是開卷有益的。

張連興老師的專著出版繁體字版，序言不請領導，不邀專家，讓我這個昔日從事同一工種的學生作序，真不敢當。師命難違，乃勉力為文，就作為一位先睹者的導讀吧。

2012 年 2 月

（作者為資深媒體人）

序二　劉大年

1997 年 7 月 1 日，中國恢復行使香港主權，中華民族的百年恥辱，即將湔雪，香港進入一個全新的歷史時期。正因此，香港的歷史成了眾多人十分關心、希望有所瞭解的話題。

香港自被英國殖民主義者強奪的那天起，其統治者就是港英當局，最高權力代表就是總督。總督秉承英國皇室、英國統治階級意旨，忠實於英國政府的政策，對香港進行殖民統治，其最高使命是為英國政府攫取最大的財富。同時，也把香港變為繼續侵略中國的前沿基地。總督的地位在當地是至高無上的。他們在本國、在西方是口不離民主的頭面人物，在香港、在東方則是侵略成性的老牌帝國主義的象徵。他們用殘酷手段、嚴刑峻法壓制中國人民，不許反抗，或者根據形勢變化採用懷柔政策來維持殖民統治秩序；他們同時也採取發展經濟的政策方針，興建一些基礎設施，為香港繁榮創造條件。香港發展成為今天這樣具規模、地位的國際自由港，不是憑他們的主觀願望就能實現的。從香港往英國輸送滾滾財源，使英國統治階級如願以償，是和他們的活動分不開的。作為個人，他們多半很渺小；作為總督和政客，即作為統治階級掌握權力的代表，他們顯然又不應當被忽視。

關於香港歷史的書籍，可謂汗牛充棟。張連興先生的《香港二十八總督》一書從一個嶄新的角度和視點，來闡述百餘年來香港的歷史，迄今尚屬僅見。

英國佔領香港一百五十多年中，共派出總督二十八位。他們在任的時間長短不一，周圍環境不同，有重在保護既得利益的；有積極進攻，向中國侵略擴張的。他們的個人經歷有異，又更有作為殖民統治者的共性。《香港二十八總督》中，對那些總督的生平，按照他們的在任順序，把不同時間裡香港的政治、經濟、文化、教育、宗教、生活、律例、風土人情，以至歷史掌故綜合敍述。橫着看是一系列人物傳；豎着看，是一部香港通俗史，別具一格。

中國恢復行使香港主權，是根據《中英聯合聲明》實行的。香港回歸後實行

「一國兩制」：「一制」是香港的資本主義，「一制」是內地的社會主義。它集中反映了香港從淪為英國殖民地到回歸祖國的一百五十多年間中國的滄桑巨變。清政府為什麼被迫把香港割讓給英國？就是因為封建統治階級腐朽，國勢衰弱，失去了捍衛國家領土主權的力量。辛亥革命推翻了清朝統治，對於收復香港問題不但沒有提出，而且一開始就宣佈承認清政府與外國簽訂的各項條約。為什麼？國家衰微，沒有力量。第一次世界大戰後，中國作為戰勝國，北洋政府在巴黎和會上只提出收回九龍租借地，不敢涉及香港島，但那也無人置理。為什麼？那時的中國四分五裂，更加衰弱了。

抗日戰爭爆發，中國全民奮起抗戰，贏得世界刮目相看。其間，蔣介石也有心乘機收復香港，並一度表示，如果英國不答應歸還香港，國民政府就不同它簽訂修改廢除治外法權等條約。尤其是 1945 年日本投降，身為同盟國中國戰區最高統帥的蔣介石，完全有權派兵赴港接受日本的投降，但最終眼看着英國軍隊遠涉重洋，來港受降，蔣介石也不敢抗爭。收回香港，到底落了空。為什麼？中國依然是沒有力量。英國看準了，蔣介石所掌握的軍隊不少，但反共心切。他不但不會用武力來收復香港，相反，他還必須靠外國的支持，在國內發動反對人民的戰爭，來保持大地主、大資產階級的統治地位。抗日戰爭中，蔣政權統治下的中國的所謂「四強之一」，徒然虛語耳。新中國代替舊中國，故國新生，大踏步走上了復興的道路。香港得以收回，就是由於今天中國是在復興的道路上行進着。

恢復行使香港主權，本來只是中國人的事情，或者再加上英國的關心。如今受世界廣泛注目，儼然是一件世界性大事。絕大多數人熱烈讚揚中國恢復行使香港主權，少數人心裡不痛快，耿耿於懷，但也說不出口。這決非偶然，因為它是由當今中國歷史走向起作用的。人們所以要瞭解歷史，是可以從它的演變中得出相應的認識。香港回歸可以從各方面去認識，但是歸根到底，我以為不外乎幾個大字——社會主義、改革開放。

上述一些事實，與《香港二十八總督》內容有關。寫在這裡，或者有可供讀者研究參考的地方。

1997 年 3 月 31 日

（作者為著名歷史學家）

第一任
1843-1844

砵甸乍 Henry Pottinger

砵甸乍（1789-1856），亦稱砵甸查、璞鼎查、砵典乍、波廷傑，英國人。1789
年10月3日生於愛爾蘭貝爾法斯特市。祖上曾在17世紀出任貝爾法斯特的首任
總督。砵甸乍早年就讀於貝爾法斯特皇家學院，後因家庭拮据而輟學，與四位兄
長前往東方尋找發展機會。1804年，隨海軍至印度，參加英國在印度的殖民活動。
1840年在侵略阿富汗戰爭中晉升為海軍少將，並被封為男爵。1843年4月5日正
式任職港督，至1844年5月離職，任期一年，是二十八任總督中任期最短的一位。
1856年死於英屬馬耳他。

砵甸乍作為港督任期雖短，但在港時間並不短，參與香港事務不少。他 1841 年即到香港，與香港的關係非同一般。率英軍北上，與中國打「鴉片戰爭」的主事者，是他；逼迫清政府簽訂《南京條約》的英方代表，也是他。他被任命為港督後，同時兼任駐華全權代表及商務總監等職務。從他開始，香港成了公開的英商鴉片貿易場所及鴉片貯藏、轉運的主要中轉站。砵甸乍離港後，曾先後任英國殖民地好望角總督、印度馬德拉斯總督。

砵甸乍是英國侵佔香港後的第一任港督，人稱「開埠港督」。按照《英皇制誥》和《皇室訓令》規定，港督是英國女皇在香港的代表，是港英政府的首長，擁有指導香港政務的最高權力，並且是行政局、立法局的當然主席，兼駐港英國三軍總司令，享有港府文武百官均須服從的權威，但是，港督必須完全聽命於英國女皇和英國政府外交與聯邦事務大臣，對香港的管治必須符合英國的利益。

強佔香港島

中國人對義律很熟悉，對砵甸乍比較陌生。因為人們熟悉鴉片戰爭，敬仰林則徐。義律多次破壞中國的禁煙運動，以至挑起鴉片戰爭。其實，砵甸乍與義律一樣，在鴉片戰爭中扮演了同樣的角色，他們一前一後帶領英國軍隊完成了鴉片戰爭，實現了英國殖民主義者對中國領土和主權的侵犯。

砵甸乍是接任義律而來香港的。1836 年 12 月，英國政府任命義律為駐華商務總監督，辦理及維護英國商人在中國的鴉片貿易。1839 年 1 月 3 日林則徐奉命為欽差大臣，到廣州查禁鴉片。義律聞訊後通知英國商船開往香港，策劃反抗禁煙。7 月 7 日，英國水手在九龍尖沙咀酗酒，打死村民林維喜，中國要求英方交出兇手，義律拒絕，並且阻止英商具結，反抗禁煙。林則徐於是下令驅逐廣州和澳門的英商，斷絕對英商的食物供應。9 月，義律帶領英國兵船「倭勒基」號和「多尋資」號襲擊外九龍炮台，被中國守衛官兵擊退。

1840 年 4 月，英國政府正式決定發動侵華戰爭。隨後英國女皇命令義律率領英軍 1.5 萬人向中國進發。6 月英國兵船抵達珠江口，封鎖廣州海面，挑起了鴉片戰爭。義律繞過林則徐在廣東的嚴密防守，率軍北上，7 月 5 日攻佔定海；8

月 9 日，英艦迫近天津；8 月 15 日向清政府提出賠償煙價、割讓島嶼、償還商款等要求。

1840 年 9 月，清廷下令將林則徐和兩廣總督鄧廷楨革職，由直隸總督琦善接任兩廣總督，指令琦善拒絕英方提出的要求，要求英軍退回廣東再繼續談判。琦善抵達廣州與英方交涉，拒絕割讓香港島，只討論賠償煙價。1841 年 1 月 6 日，義律發出最後通牒，限清政府次日晨 8 時回覆。7 日，義律不等琦善回文，便命令英軍佔領虎門外的沙角和大角炮台，中國水師在提督關天培率領下，奮勇抵抗，英軍遭到沉重打擊。

琦善覆照英方，若退還定海、沙角等處，他可奏請道光皇帝在珠江口外給予一所寄寓。1 月 14 日，義律提出割佔香港和九龍尖沙咀。琦善答應只能選擇一處「寄寓泊船」，待英方選定後，再上奏皇帝。1 月 20 日，義律突然單方面宣佈，已經與琦善達成「協定」，將香港島及港口割讓與英國。1 月 26 日，英軍強佔了香港島。1 月 27 日至 28 日，義律為了迫使琦善承認其侵佔港島為合法，又迫不及待地與琦善在蓮花山進行會談，提出割讓香港島給英國，向英國賠償銀元 600 萬元。琦善表示對義律所擬定的「草約」再行籌思後方能具覆。1 月 30 日，英國遠征軍海軍司令伯麥照會清廷，謊稱義律已與琦善商定將香港全島地方讓給英國主掌。4 月 1 日，英軍在香港島張貼告示：「現經與欽差大臣爵閣部堂議定諸事，將香港等處全島讓給英國寄居主掌，已有文據在案。是以香港等處居民，現係歸屬大英國王之子民。」義律硬把琦善在英軍炮口逼迫下，允許代為奏懇皇帝後，准許英人在香港寄寓泊船之意，說成已「有文在案」。將「寄寓泊船」變為割佔，將「代為奏懇」說成是「議定諸事」。這些所謂協定並沒有形式條約，更沒有簽訂，只是義律單方面提出的條件的內容，被後人稱為《穿鼻草約》。

但是，英國外交大臣巴麥尊對《穿鼻草約》並不滿足。據弗蘭克·韋爾什著《香港史》記載，巴麥尊認為，如果必須擁有一個「海島基地」，對於英國政府來說，東海岸某處的一個島嶼，要麼位於舟山群島，要麼離該群島不遠，更為適合貿易目的，它能夠為英國商人打開富庶而繁華的中國東海岸中部城市，還將為英國商品提供進入中國內陸的便利管道。義律無視政府一再要求獲得舟山或某個東海岸島嶼的指令，最終選擇了香港，巴麥尊十分不滿意。1841 年 4 月 10 日，他在給女皇的報告中說：「巴麥尊子爵對遠征軍的結局深感羞辱和失望……義律

上校似乎完全錯誤地理解了給他的指令，就在艦隊的軍事行動大獲成功之際，他僅憑一己之願，認可了非常不恰當的條款。」英國女皇認同外交大臣的看法，她說：「如果不是因為義律莫名其妙的奇怪舉動，我們本來可以得到所希望的一切，他完全違背了給他的指令，試圖接受所能獲得的最低條件。」

《香港史》引用馬士的《中華帝國對外關係史》的資料說，1841 年 4 月 21 日，巴麥尊發出了將義律免職的函件。函件表示，「你獲得了荒蕪之島香港的割讓，島上幾乎沒有一幢房屋……很顯然，香港不會成為貿易中心……我們的貿易將一如既往地在廣州進行」。

巴麥尊憑藉長期從事談判的經驗，「深知控制了像舟山這樣有戰略意義的大島，就等於掌握了一張王牌，藉此可以迫使中國人妥協。義律丟掉了這張王牌，就不可能獲得賠償和讓步，他能得到的只有香港」。

1841 年 8 月 10 日，作為開埠元勳的義律乘「克萊德」號離開香港。

率軍北上攻打中國沿海城市

就是在這關鍵時刻，砵甸乍取代了義律，作為英國的全權代表，來到中國。

砵甸乍是一個職業軍人，當時正在印度服役。剛剛在侵略阿富汗的戰爭中大顯身手，被晉升為海軍少將，正躊躇滿志。外交大臣巴麥尊認為，征服過阿富汗的砵甸乍，就是再度征服中國的最佳人選。1841 年 6 月 5 日，巴麥尊給砵甸乍一道訓令，提出「要據有香港島，就應銷毀或撤走對該島構成威脅的對岸的防禦工事、火炮及駐軍」。砵甸乍於 8 月到香港，在香港只停留兩天，即率領軍艦 26 艘、士兵 3,500 人，沿海北上，攻打中國北部沿海港口。首先侵入廈門，10 月，又進犯定海、寧波。在寧波搶走銀元、絲綢、糧食無數，勒索軍費 120 萬銀元，擄走大批婦女。砵甸乍繼續率軍騷擾杭州、奉化、慈溪，佔據乍浦，燒殺劫掠，無惡不作。

砵甸乍指揮軍隊攻打中國沿海城市，不在香港期間，由莊士敦以副商務監督身份代砵甸乍執行職權。當時英國只留有少數陸軍及五艘軍艦在香港。道光以為英軍主力北上，港島空虛，便告誡奕山「設法收復香港」。奕山經過廣州之戰的

大敗，已領教英軍實力。他認為當今之計，只有嚴守陸路，以防焚掠之劫。儘管道光一再諭令收復香港，但是廣東方面依舊隱忍苟安，不圖攻剿。英軍攻陷定海、寧波等地後，雙方開始在陸上交戰。道光認為陸戰是清軍長處，他任命奕經為揚威將軍，從全國各地調集軍隊，準備一舉擊敗英軍，收復失地，並再次諭令奕山等，乘廣東海面英船無幾、香港空虛之際，即行剿洗，收復香港。誰知清軍陸戰再次失利，揚威將軍遁逃杭州。

1842 年 6 月，在砵甸乍的要求下，英國政府又從印度調來援軍，擴大對中國的侵略，繼續進犯長江口，攻陷上海、鎮江。在上海六天，英軍勒索贖城費 50 萬銀元，並在上海四郊搶劫。8 月 10 日，英軍大小兵船 85 艘直逼南京，停泊下關。英軍到南京後又向兩江總督牛鑑索取贖城費 300 萬銀元。南京告急，清政府急忙派耆英為欽差大臣趕到南京求和。

1842 年 8 月 29 日，這是中國人民難以忘卻的日子。這一天，中國近代歷史寫下了奇恥大辱的一頁，也刻下了英國殖民主義者專橫殘暴的印記。這天，耆英、伊里布、牛鑑代表清政府與砵甸乍在英船「康華立司」號談判。砵甸乍開列出嚴苛的議和條款，並聲明必須一字不改地全部接受，否則，繼續刀兵相見。腐敗的清廷、無能的耆英，在砵甸乍的逼迫下，只好在《南京條約》上簽字。

《南京條約》談判桌上

雙方坐下來正式談判是 8 月 14 日，地點選在離英艦停泊處不遠的靜海寺。地點是由英國人指定的，英國人嫌天熱，軍艦上坐着說話不舒服，於是上岸到靜海寺。

關於這場談判的過程，麥天樞、王先明所著《昨天——中英鴉片戰爭紀實》一書有生動的描述：

這天，頭戴紅纓斗笠的衛兵守在寺院門口。中方出場的是江蘇按察使代理布政使黃恩彤、四等侍衛咸齡；英方代表為秘書官麻恭、翻譯官馬禮遜等。

雙方握手相見後，在一張八仙方桌旁的四張太師椅上相對坐下來，除了隨後簡單對英方提出的草約作了一點探詢性的討論外，這次鄭重其事的會談主要解決

了一件事：出示並確認雙方的「全權證書」。

麻恭少校首先取出他個人的委任狀，以證明他是被委任來代替砵甸乍進行正式交涉的。然後，麻恭又取出一份英國國王頒發給砵甸乍的全權委任狀，將它攤在方桌上，由翻譯羅伯聃用漢語向中國代表宣讀，並指給對方辨認和理解英國女皇的簽字和印璽。

輪到展示中方全權證書的時候，事情就要隆重或繁瑣一些了：香案擺了出來，香煙燃了起來，中方代表和所有在場的隨從們全部撲地九叩首之後，一位隨從官員才取出一個用黃綢裹着的小箱子，他雙眼注視着手中物，十分小心地慢步送到首席代表黃恩彤跟前來。

黃恩彤打開箱子，再打開裡面的一個黃盒子，道光皇帝頒發耆英、伊里布、牛鑑的全權證書出現了。馬禮遜上前認真地看了一番，回頭用英語對他的同胞說：「是真的。」

第一次正式會談，結束了。

隨後雙方代表的接觸，主要是由英國人準備條約文件，清廷一位欽差則忙於對和談十分缺乏實質內容的應酬。8月20日上午，耆英等三人拜訪砵甸乍。英軍旗艦「康華立司」號上，一片「節日景象」：士兵們全都更換了嶄新制服；衛隊手執新式來福槍，成雙行相對列於甲板的通道上；軍樂大作，三聲禮炮響過，英國全權大使砵甸乍、海軍總司令巴加、陸軍總司令郭富，由馬禮遜介紹，迎接來訪的中國客人。

主人把三位中國欽差讓到軍艦中廳的一張大沙發上，請他們品嘗一杯「櫻桃白蘭地」，然後帶他們在艦上參觀。耆英對英艦上的很多東西發生興趣，但為了尊嚴、禮貌，並不詢問。伊里布年近八十，十分疲倦，面上露出內心的痛苦。牛鑑除了每次飲完白蘭地酒表示滿意外，並無任何表情。

參觀之後，三欽差即離去了，連條約的事情都沒有提，事先有所準備的英國人歎曰：「這似乎只是一次會見的典禮，而不是會談。」

在臨走的時候，英國人提出由他們的醫生為身體不適的伊里布看診。伊里布先是拒絕了，但隨後見耆英問英人有無治牛皮癬的藥並拿了藥片，他也就默默地接受了診治和「洋藥」。幾天後他覺得很見效，又託人向英人索取。

8月24日上午，三聲禮炮響過，四十多隻小船滿載英國人登岸，中國官員率

領 20 隻轎子和成群的轎夫迎接砵甸乍、巴加、郭富等進入靜海寺。

這次會見，除了大吃大喝外，還額外地辦成了一件事：耆英在席間提及揚州贖城費，砵甸乍答應將這 50 萬元在第一批賠款中扣除。

8 月 26 日，英方要求進行第三次聚會，地點在南京城內的上江考棚。最初耆英以大批英國衛兵入城恐發生居民反抗推辭。砵甸乍稱只帶隨從數人而「不攜一兵，以示無猜」，耆英便答應下來。

砵甸乍等在四營中國士兵組成的儀仗隊和衛隊護衛下迎進上江考棚，大部分時間依然在酒席上度過。

應該說，在各類交往會見中，中國人也為條約內容進行過不少的努力。最初得知英方的條約要求，伊里布還矜持了一下：割地賠款、開口岸，這純粹單方面的賺頭太大了，「惟商欠可談，餘皆難准」。牛鑑認為「戰費一層，名目不佳，當先駁去」。耆英則把握不準皇上的意思，三個人左右權衡不得主意。

但是，當英國人又威脅攻打南京時，三大欽差立即具文連夜送往英艦，答應依英國人的條件為基礎正式開談。

中方代表們還在這樣一些事情上枉費腦筋：日後正式簽約，能不能不用皇帝的玉璽，而用欽差的「關防」。相持數日，最終還是由道光本人解決了。他倒不覺得允許用玉璽太丟面子，反而對此解釋說，過去頒各貢國御書就是用「寶」的，這次再用也無妨。清廷又詢問能不能把所索口岸中的省會福州改為泉州，英國人堅持不允。道光對這點小要求也便作罷了。至於能不能在條約簽字後英軍就從長江、上海、吳淞、舟山、鎮海、廈門鼓浪嶼全數撤走，經多番討價還價，商定簽約後長江艦隊立即撤走，但舟山及鼓浪嶼要等到條約內容落實、賠款如期付清後才能退還。

清政府以保面子為先，爭銀子爭地為次。砵甸乍當然高興，最終幾乎全部如英國人的開價收盤。

按約 8 月 27 日雙方會見，但是，時間已過，中方三欽差在靜海寺相候多時，結果向稱「守信」的英國人沒有來。派人去問，說他們要進一步研究和審查條約文本，抽不出時間來，約定兩天後會晤。

8 月 29 日，標誌着結束歷時三年整的鴉片戰爭的最後儀式，在英軍裝有 174 門大炮的旗艦「康華立司」號上進行。

儀式進行的席位，設在軍艦頗為寬大的中艙，正中一張圓桌，由砵甸乍、耆英、伊里布、牛鑑四人依次圍坐，兩旁的長櫈上坐着級別較高的英國海陸軍官，長櫈後面，排列着裝束整齊、將軍帽捧在左手的英軍侍衛。

被攤放到圓桌上的條約文本，一共有四份，每份都分別以中英兩國文字繕寫並精緻地裝訂成冊，英國人還仔細地將裝訂紙頁的絲帶的兩頭都粘在紙上，並加封火漆，據說是為了防止中國全權代表不敢將全文送呈皇帝，而將其中的某頁取掉。

砵甸乍作了個禮貌又果斷的手勢，黃恩彤從隨身攜帶的一個黃綢包裹的方盒中，取出了毛筆、墨水匣、關防，由耆英、伊里布代表中國分別寫下了他們的名字並加蓋印章。

砵甸乍簽字結束，艙裡艙外的歡呼聲此起彼伏，整個英國艦隊都在高懸的英國國旗下，呼喊他們的「女皇萬歲」。在這震耳欲聾的聲浪中，砵甸乍邀請已經做完了英國人要求的一切的中國客人到前艙喝酒。或許是為了安慰一下他們恭順又滿臉暮色的客人，海軍總司令巴加舉杯提議「為中國皇帝陛下的健康而乾杯」。

一個當時在場的英國軍官觸景生情，寫道：「中國皇帝的高於一切的統治，恐怕是一去不復返了。」然而，這些不留情面的征服者因此為中國帶來的，哪裡只是一個中國皇帝的不幸！

《南京條約》是英國侵略者強迫清政府簽訂的不平等條約，也是中國近代史上第一個喪權辱國的條約。條約的內容包括割讓香港；賠償巨款，其中賠償鴉片費 600 萬元、商款 300 萬元、軍費 1,200 萬元，共計 2,100 萬元；開放廣州、福州、廈門、寧波、上海五處為通商口岸；英國可在通商口岸派駐領事；協定關稅和片面最惠國待遇等等。2,100 萬元賠款，遠遠超過了義律《穿鼻草約》索要的 600 萬元，也大大超出遠征軍的軍費、行商債務和收繳鴉片煙款的總和。《南京條約》使中國蒙受了有史以來最大的恥辱，中國人民一直反對這個可恥的不平等條約，並一直為取消不平等條約、收回香港進行了不屈不撓的鬥爭。

至此，砵甸乍完成了巴麥尊最初的要求，實現了英國殖民主義者侵略中國領土、掠奪中國人民財富的野心。這就是英國政府選中砵甸乍的原因所在。

利用投降派耆英

耆英是和英國簽訂《南京條約》的欽差大臣，事後，他在短短兩年之間，又曾兩度到達香港，自然也和這個不平等條約有關。1843 年的一次，是為砵甸乍所迫；1845 年的一次，則是由於第二任港督戴維斯的壓力。

1842 年《南京條約》訂立後，砵甸乍回到香港，才吃驚地意識到，這份由他們草擬而認真推敲簽定的條約，「實際上只是個草約而不是條約」，許許多多屬於他們的東西，還需要具體落實。比如，條約裡籠統地提到貿易貨物關稅，應有「定安則例」，而這個則例，總不能由中國人說了算；條約規定開放五口，貿易通商無礙，可是英商去了，總得有個落腳之處，還得有安全自由的保障等等。於是他催促雙方盡快締結更細的條約，以便付諸實施。

清政府派伊里布來廣東與砵甸乍解決善後問題。耆英此時任兩江總督。伊里布與耆英，同是《南京條約》議約時的中方代表，道光皇帝派他來解決善後問題，是合情合理的。不料砵甸乍卻堅持要清政府派耆英為代表，拒絕接待伊里布。

道光皇帝對砵甸乍這種干涉中國內政的行為很不滿意，堅持派伊里布到廣東與砵甸乍辦理善後各事，但又怕得罪英國，於是派耆英向砵甸乍解釋，砵甸乍根本不聽。伊里布受命於 1843 年 1 月 10 日到達廣州，約會砵甸乍。直至 1 月 20 日，砵甸乍才答應與他在黃埔河面一艘英國炮艦上會面。但是，伊里布受到無理的怠慢和苛求。

砵甸乍脅迫清廷按他的旨意進行處理。當伊里布提出商談輸稅章程問題時，砵甸乍拒不和伊里布商談，只留下馬禮遜、羅伯聘候議。伊里布也只好委派黃恩彤、咸齡與其談判。談判中，英方提出，英人要在「香港通市」，如此則「一切稽查偷漏、輸納稅銀，不是諸費更張」。談判難以進行下去。

伊里布是奉命南下議訂善後章程的，由於砵甸乍拖延刁難，致遲遲未能達成協議，無法向皇帝交待，因此憂憤成疾，最後病死於廣州。

伊里布死後，砵甸乍本以為道光皇帝一定派耆英前來，不料道光皇帝仍然要留耆英在江浙，另派他人接任。砵甸乍見接任的不是耆英，異常不滿，揚言要北上與耆英談判一切。道光皇帝見他硬要耆英出來，只好讓步，派耆英到廣東。

為什麼砵甸乍非要耆英來處理《南京條約》善後事宜？因為據史料記載，耆英一貫對英使低聲下氣，不敢有所違拗。

　　對於這樣一個奴性十足的人，砵甸乍自然認為他是議約的最佳人選。

　　耆英於 1843 年 4 月 16 日自江寧出發，6 月 4 日抵達廣州。當耆英抵廣州時，曾有奏章向道光皇帝奏報，再三提到「粵中士民，志存報復」，告廣東人民的御狀，說他們是「不安定因素」。同時，也可看出當時廣州人民的抗英之志不曾衰減。

　　當時先由黃恩彤、咸齡與英方馬禮遜作初步談判。馬禮遜住在十三行裡，與黃恩彤、咸齡起草章程，然後各自向上司請示。這次討論的是換約問題，即將《南京條約》正式換文。其次是關稅問題。英國在中國購買的商品以茶葉為最大宗，而運到中國的則是棉花與鴉片。

　　經過十八天的反復討論，雙方終於達成協定。但是，砵甸乍不肯到廣州辦理正式簽字手續，卻要耆英去香港辦理，於是就有了耆英的香港之行。

　　耆英在香港住了四日，住的地方，耆英奏稱是「夷樓」，自然是英國人的樓房了。至於究竟是何處，目前無法考證，因為當時即使是砵甸乍也沒有正式的官邸，總督府是後期才建成的。

　　耆英的第二份奏報中有兩句話：「但當計我之利害，不必問彼之是非。」這就是當時耆英與英國人交涉時所持的宗旨。他所說的「不必問彼之是非」，就是不管對方提出的要求是否合理；所謂「當計我之利害」，也等於說只考慮「是否能夠接受」罷了。

　　其實，砵甸乍硬要耆英來香港，一是便於控制談判局勢，二是借機犒賞簽約有功的耆英。據英國人的記載，耆英這次到香港，曾縱情飲樂，並且趁興唱了一曲滿洲小調。砵甸乍還和耆英交換了全家相片，以作紀念。耆英還主動提出收養砵甸乍的兒子為「義子」。耆英給道光皇帝的奏文中說，砵甸乍懇求他帶回圖像，「以表其神形已追隨左右」。

　　慷國家之慨，花民眾之錢，討好「夷人」，得一己之利，歷代貪官無不如此。不知私底下砵甸乍是否有紅包相送。奏摺當中，大概難以查到。

　　1843 年 7 月 22 日，耆英與砵甸乍在香港訂立了《五口通商章程及海關稅則》，規定開放中國五口通商，即上海、寧波、福州、廈門及廣州。至此，英商在華擁

有的領事裁決權、單方面的最惠國待遇、軍艦常駐通商口岸、在口岸租地建房等各項特權，都一一被砵甸乍具體化了。對於耆英，砵甸乍可謂「知人善任」。

殖民統治的開始

砵甸乍抵港以後，在加緊對中國進行軍事侵略和掠奪的同時，積極推行在香港的殖民統治，把香港的殖民統治機構逐步建立並健全起來。他把港島劃分為海域區、城市區、郊外區，並興建監獄、政府辦公大樓等設施。據英方資料記載，港英當局首先進行了人口調查，當時島上居民有 5,650 人，其中村民、漁民共為 2,500 人，市場附近的居民為 200 人，水上居民為 2,000 人，來自九龍的勞工為 300 人。

1843 年 1 月 4 日，港英當局宣佈設立香港法庭，法庭的前身是前英國駐華商務監督律勞卑在廣州設立的英國駐華司法院，由商務總監督任法官，委派 12 名在廣州的英國僑民為陪審員，所有英國人之間的訴訟及華人與英僑之間的糾紛，都由這個司法院審理，清政府官員不能過問。4 月，英女皇決定將駐華司法院遷到香港，改組成香港法庭。砵甸乍任裁判官，以英國軍法審理案件，有權審訊在香港或中國內地或在中國沿海 100 里以內海域犯法的英國人。砵甸乍是軍人出身，不懂法律，而且公務繁忙，無暇兼顧法院的工作。根據記載，他只審過一次案。

《南京條約》在香港換文以後，1843 年 6 月 26 日，砵甸乍即在港督府宣誓就任香港第一任總督，宣佈「香港為英國殖民地」，受英國政府殖民地部管轄。砵甸乍同時組成行政委員會和立法委員會，後來改稱行政局和立法局，兩個委員會各三名議員，全是在香港政府擔任領導職務的官守議員，協助他處理行政和立法方面的事務。隨後，砵甸乍着手制定殖民地法律，使香港法律獨立化。

6 月 27 日，砵甸乍又宣佈在香港成立治安委員會，協助他維持社會治安。這項制度實際上是照搬英格蘭的原有制度，由香港總督選定當地有地位和聲望的名流，共同維持社會秩序。治安委員後來在香港被譯成「太平紳士」。所謂「太平」，只不過是英國人的「太平」，中國居民並不太平。

第一批被委任為「太平紳士」的有副商務總監莊士敦、裁判司威廉·堅、助理地方法官禧利、大商人渣甸、馬地臣、史徒華等43人。砵甸乍賦予「太平紳士」很大的權力。依照《維護治安條例》，他們有權制止所謂群眾集會謀亂；有權下令拘捕群眾；有權以搜捕擾亂治安者為由進入居民屋內搜查；有權簽發搜查票等。依照《軍火條例》，「太平紳士」可簽發搜查票搜查軍火；依照《賭博條例》，可簽發拘票搜捕賭徒等等。「太平紳士」有官守和非官守兩種，非官守的「太平紳士」要經過審核，港英政府認為是忠於大英帝國的臣民才能充任。所以，第一批「太平紳士」中不可能有中國人。

雖然在義律佔領香港時發出的佈告中，已經宣佈廢除各種拷刑，但是為了維護殖民統治，港英政府並未實行。從砵甸乍開始，一直到第七任總督堅尼地，實際上仍然對妨礙英國殖民統治者公開實施各種拷刑。那時在香港島上環後邊，德輔道盡頭有一片空地，稱為「大笪地」，也有人稱為「十王殿」，原因在於這裡是香港政府對犯人公開執行鞭笞的地方。鞭子是用煤油浸過的麻繩編紮而成，稱為「九尾貓」，以後又改用藤條。犯人受刑時脫光衣服，背上被抽打得皮開肉綻，十分殘忍。砵甸乍還採用「以華制華」的方針，在華人中選出保甲長，實行內地的保甲制度，利用一些華人協助他維持治安。

香港既建立了行政、司法機構，又有了英國的軍隊和警察，還有武裝商人加入的治安委員會，加上保甲制度，並實行半軍事管治的宵禁等一整套殖民統治制度，這就從政治、法律、軍事上，保證了英國人在香港的統治地位。

以砵甸乍為首的港英政府，還嚴格劃分華洋界線，歧視華人，使香港的很多華人在精神上和肉體上遭受摧殘。歧視和壓迫華人最為透骨的一項政策，是限制華人的行動自由。砵甸乍於1842年10月4日頒佈的宵禁令，就是專門限制和歧視華人的。禁令嚴格規定，華人晚上11時以後不得夜行。違者准警察即行拘捕，解案究治。

同時，因為這時香港島對面九龍的尖沙咀尚屬清朝管轄，平時船舶往來自由，於是砵甸乍又規定自夜晚9時至翌日晨6時之間，任何船隻不許在香港海面航行或駛近香港。香港每天要鳴炮二次報時，一次為早上6時，一次為夜晚9時，按規定9時鳴炮以後，6時炮未響之前，港內船隻不許移動。

1843年4月26日，位於港島灣仔春園街的港督府遭洗劫。5月1日，砵甸乍

藉口「治安不靖」，進一步規定，華人於入夜後至晚上 10 時前的一段時間，如果必須外出，每人須要帶油燈或燈籠一個，以資識別；晚上超過 10 時，華人一律不准夜行。英軍以鳴炮為號，指示宵禁的開始和結束時間。1844 年又頒佈《維護公安條例》，規定中國居民入夜後，要在自己家門前懸掛一盞有店名或自己姓名的燈籠，以便警察執行巡邏任務。中國人在晚間規定時間出門，還要有一張通行證，11 時以後停止交流，違者會被逮捕法辦。

砵甸乍於 1841 年 8 月 11 日到港，1844 年 5 月離職，在不到三年時間裡，具體實現了英國殖民主義者侵吞中國領土的願望以及英國在中國的各項特權。

行伍出身，難令英商滿意

根據維多利亞女皇於 1843 年頒佈的《英皇制誥》和《皇室訓令》，港督擁有極大的權力。但是，開埠初期，總督的工作並不順利。軍人出身的砵甸乍，率領英軍攻入長江口，逼迫清廷簽訂《南京條約》。但當他回到香港，掌握香港管治權時，卻發現自己孤立無援。利欲熏心的英商，只顧撈鴉片黑錢，並不同他合作，起步建設困難重重。

港英政府一成立，砵甸乍便開始有計劃地修築道路。首先在太平山腳下，分東西兩路開築皇后大道，開山修道清出的泥土石塊投入附近海邊，經過平整，又成為「新填土地」。但是，填海工程並沒有得到英商支持。

早在 1841 年 6 月 7 日，義律為推動香港貿易的發展，宣佈香港為自由港，允許商船自由進出香港。6 月 14 日，又將維多利亞灣割出 40 幅地段，公開拍賣。每幅底價很便宜，只要 10 英鎊，最高價每幅投到 165 英鎊，共售出 23 幅，全部面積 9 英畝。投得的英商中，有渣打洋行、顛地洋行、琳賽洋行和瑞拿洋行等。按規定，投得者只有租用權，並非擁有土地，每年仍需向港英政府繳交地租。港英政府每年可收地租 3,032 英鎊。

1843 年，在女皇授權下，砵甸乍成立港府議政局和定例局，就是後來的行政局和立法局。但當時的兩局有名無實，砵甸乍委任政府重要部門官員做議員，卻從未召開會議，而且沒設非官守議員，讓英商十分不滿。他們覺得自己很有條件

分享管治香港的權力。

由於砵甸乍行伍出身，只會專制統治，不懂行政管理。對於如何改善香港居民的生活條件、環境衛生條件等，他也拿不出任何辦法。因此不少英國人並不適應香港的生活環境，就連英軍士兵死亡、逃跑的也日漸增多。據記載，「1843年5月至11月之間，瘟疫盛行，駐防英軍 1,526 人，染疫身死者達 24%，其他外國人約 400 人，死亡者佔 10%。」「駐港海陸軍士兵，私逃軍役，迭有所見。」來經商的商人也逐漸望而卻步。這一時期，香港附近海面上的海盜也很猖獗，所以很多人對香港的前途喪失信心，香港的英商紛紛向倫敦告狀，指責總督砵甸乍治港無方。有人甚至乾脆就主張放棄香港，轉而經營舟山。他們認為，香港不適合歐洲人士居留，並以第 98 團的英軍在二十一個月內有 257 人死亡、炮隊 135 人中前後兩年死亡 51 人為例，指出香港不能成為商業城市。

這時的香港，被很多英國人視為畏途，一些英國人聽說自己要被派到香港去，無不搖頭。出現了「香港，你讓我去送死」的流行語，反映了當時英國人對香港的消極看法，也表現了砵甸乍在政治、經濟方面能力的匱乏。

直至 1845 年，對香港的悲觀情緒依然籠罩着香港的英國商人和倫敦上層。該年，香港幾十家英商聯合上書英國殖民地部大臣史丹萊，痛陳開放五口通商後造成香港貿易的衰落。還有英商上書說，「香港已無商可營，島上只可供作香港政府及其官員駐節之地，並收容一批身無長物的貧民而已」。據弗蘭克·韋爾什《香港史》記述，就連港府庫務司羅伯特·蒙哥馬利·馬丁，也對香港大加撻伐：「維多利亞城令人窒息，它沿海岸線綿延將近 4 英里，卻只有大約 60 幢歐洲人的宅邸和一些華人的茅舍和市集……多石、崎嶇、陡峭的懸崖以及佈滿巖石的深谷，使得維多利亞城不可能形成共同保護、清潔舒適的擁擠城鎮。」「香港沒有任何值得一提的貿易……主要的商號是那些從事鴉片貿易的商號……他們坦白承認那是香港唯一的貿易……島上幾乎沒有一家商號……能夠收回他們在這個殖民地所花金錢的一半，並且撤出這個地方……香港無論如何也不可能成為一個貿易城鎮……沒有什麼比愚蠢地堅持錯誤開始的事業更糟糕的了。如果繼續下去的話，最終勢必以失望及國家的損失和衰退而告終。」

馬丁把抨擊的矛頭直指砵甸乍，因為砵甸乍堅持「荒謬和招致毀滅」的計劃。於是，砵甸乍對香港產生厭倦，向英國政府遞交了辭呈。十個月後，1844 年 5 月，

巴麥尊批准他的辭呈。砵甸乍完成《南京條約》談判之後，人們覺得貴族頭銜是他的應得之分。1843 年，有人提出為了感謝砵甸乍的服務，應當給他安排一個下議院席位。

砵甸乍返國後，於 1844 年 5 月 23 日獲委任為樞密院顧問官。1845 年 6 月，英國下議院投票通過終身向他發放每年 1,500 英鎊津貼。退休後，砵甸乍居住在地中海島國馬耳他，於 1856 年準備啟程回國前去世，終年 67 歲。

第二任
1844-1848

戴維斯　John Francis Davis

戴維斯（1795–1890），又稱戴衛斯、爹核士、德俾士、大衛斯等，自取中文名字德庇時，英國人。1795年7月16日生於倫敦。他是一位中國通。自牛津大學赫特福德學院畢業後，18歲就到了廣州，在東印度公司任職。他喜好中國文學，在公司任職期間大量翻譯中國文學作品，受到公司器重。1816年作為英國使團隨員到過北京。1832年任公司在廣州的特別委員會主席。卸任港督後，1854年獲KCB勳銜。晚年退居於自己位於告羅士打郡的宅第。1890年11月13日去世，終年95歲，是最長壽的一位港督。位於堅尼地城的爹核士街即以他的名字命名。

1844 年 5 月 7 日，戴維斯抵港，5 月 8 日就職第二任香港總督，並兼任英國駐華公使，直至 1848 年 3 月 21 日，任期四年。

1833 年，英國通過法案，終止了東印度公司對華貿易之專利權，撤銷原有的特別委員會，新設立駐華商務總監，戴維斯於是就成為了東印度公司在華的末任大班。隨後，首任駐華商務總監律勞卑於 1834 年 7 月 15 日抵華履新，在澳門辦公，並立即委任戴維斯為駐華商務副總監。可是，律勞卑沒多久卻擅闖廣州，觸發「律勞卑事件」，同年 10 月 11 日病逝澳門。駐華商務總監一職由戴維斯接替。

「律勞卑事件」發生後，英商在對華貿易的議題上出現了兩種不同的看法。不少英商認為，從律勞卑強行打開中國門戶一事上，可以看到以強硬手段開展貿易是不可行的，這樣最終除了使律勞卑得到客死他鄉的悲慘下場外，更使英商因為清廷在事件中暫停貿易，而招致了重大損失，所以他們認為保持現狀更能保障貿易利益。也有部分英商認為，「律勞卑事件」只反映出英國更加有必要以武力打開守舊的中國門戶，如此才符合英國的利益。

戴維斯根據他在華多年的經驗，認為中英兩國應該保持現狀，免生爭端，所以他不支持用強硬政策去迫使清廷進行自由貿易。由渣甸和馬地臣帶頭的 85 位英商向英皇威廉四世發連署信陳情，要求罷免戴維斯，改派一位軍人擔任商務總監，另外還要求派遣軍隊來華，以雪律勞卑被辱之仇，強迫清廷開放門戶。受到英商的種種壓力，戴維斯上任僅百餘日，便在 1835 年 1 月宣佈辭去總監一職。返回英格蘭，致力於他的寫作，1836 年出版《中國人：中華帝國及其居民概述》，1841 年出版《中國見聞錄》，此書為他贏得了學術聲譽。1847 年皇家亞洲學會香港分會在港成立，他被推舉為會長。

晚年，他退居於自己位於告羅士打郡的宅第好萊塢塔，潛心中國歷史文化的研究。1876 年獲英國牛津大學榮譽博士學位。1890 年 11 月 13 日去世，終年 95 歲，是享年最高的一位港督。他一生著作不少，有《中國詩歌論》、《交戰時期及媾和以來的中國》等。他翻譯的中國作品也很多，其中《好逑傳》是歐洲較流行的中文譯作。

戴維斯雖是中國通，是人稱精曉漢學的港督，但在任職期間卻因為登記戶口證，徵收地稅、專利稅、財產稅等繁瑣政令，被後來新聞媒體冠以歷史上最不受香港居民歡迎的總督之名。當然，這只是一種形容，戴維斯的後任也不見得就受

到歡迎。

砵甸乍留給後任者的是一個亂攤子。戴維斯接任時，香港問題成堆，法制鬆弛，秩序混亂，管理不善。然而，最為棘手的問題還是財政。戴維斯離開倫敦赴任時，英國政府告訴他，為了維持這塊新的殖民地，政府每年都要花去大量的金錢。香港一時難以在財政方面自給自足，還須由英國政府撥出資金以維持香港駐軍的費用。香港公務員的薪金、各項公共建築及其他方面的開支，則要由香港自身承擔。英國的殖民地大臣也告訴他，砵甸乍未能很好地解決這個問題，倫敦方面對此很不滿意，希望他不要重蹈覆轍，而要想辦法解決好香港的財政問題。

鴉片專賣，開拓財源

香港的財政收入，最初是以拍賣土地為主要來源，但數量有限，入不敷出。據統計，1844 年至 1854 年間，香港政府累計支出 512,804 英鎊，年均 46,618 英鎊，而收入年均只有 23,539 英鎊，支出大於收入近一倍。如何增加財政收入，以減輕英國的沉重負擔，並逐步做到自給有餘，是港英當局在很長時期內面臨的重大課題。

義律在港時公示，香港為自由港。鴉片是香港早期轉口貨物的最大宗，從不課稅。島上消費所需煙土，視同一般貨物，最初任由商販經營，不受限制。港英當局照例向舖戶收取規銀，但為數很少。

1844 年 2 月，英國殖民地部大臣史丹萊向戴維斯提議，課徵牌稅，以增加港府收入，鴉片零售業首當其衝。同年 6 月，戴維斯函告史丹萊，擬向當地鴉片商販發售牌照，或實行包稅制，招華人承攬，使他們充當港府「無可匹敵的最佳稅收人」。11 月，立法局制定條例，決定向鴉片商販開徵牌照稅。法例規定，在香港水陸各處，「只准整箱販賣煙土」，但持有牌照者可零售整箱以下鴉片，牌照由總督核發。申請人一經批准並按律繳費，即享有上述特權；無照經營者處以500 元以下罰款。12 月，輔政司發佈通告，進一步規定，鴉片零售業務，可由一人承攬，願者應向輔政司署報價，包稅權「以出最高價者得」。香港境內整箱以下鴉片零售業務，由此完全合法。1845 年 2 月，港英當局又制定《零星包賣鴉片

細則》，對煙館設置地點、營業時間與交易方式等作了詳細規定，於是煙館也被置於法律保護之下。

1845 年 3 月，英國人都爹利和馬丁‧馬地遜根據上述法規，以每月 710 元的高價，向港英政府承攬了在港零售鴉片一年的特許權，香港其他鴉片商販均須向他們購買營業許可證，方可開舖售煙。都爹利和馬丁‧馬地遜成了香港最早的鴉片包稅人。都爹利和馬丁‧馬地遜要保障其經營特權，維護其壟斷地位，必須有足夠的人力和必要的手段，來防止或阻止其他鴉片商號的侵越行為。這讓他們感到力不從心，遂於當年 6 月合同屆滿前主動放棄包稅權。與此同時，戴維斯發覺上述法例中關於零售鴉片「以供消費」的規定，文字含混，無照煙販常詭稱其鴉片「用於出口，非供本埠消費」，繼續經營零售業務，從而損及鴉片包商的壟斷地位，影響包稅制度及政府收益。因此，立法局於同年 7 月制定當年第五號法例，除正式規定以拍賣或招標方式出售包稅權外，刪去了原法例中「以供消費」字樣，以保障包商利益，保護稅源。8 月，買辦馮亞蒂、盧亞貴以每月 1,710 元、為期一年的高價奪標。總計實行包稅制的頭兩年，港英當局藉鴉片包商輕而易舉地為香港政府年收入新增六千五百餘英鎊，約佔同期香港年收入的 13.1%。鴉片包稅收入已成為僅次於售地收入的第二大項。

戴維斯滿意地向英政府報告：鴉片包稅是香港「歲入的最豐富的源泉」之一。1846 年 11 月，新任殖民地部大臣格雷致函戴維斯，認為鴉片作為「消費品」，是「最合適的」收稅專案，他對香港實行的包稅制度表示首肯。這表明英國新政府在鴉片問題上將承襲上屆政府的政策。然而，實行包稅制後，香港鴉片總歸承包者「一家發賣，煙價索勒高昂」。1847 年 1 月，三昌、麗源等十家商館聯名向香港當局報告，要求「撤散煙土公司」，由眾商各自「領牌販賣煙土煙膏」。英國大鴉片商吉布等也提出，實行稅制後，香港鴉片零售價高於鄰近地區，一些中國煙販改由他處進貨，香港銷售量急劇下降，他們不得不為存放船上的鴉片支付水上保險金和每箱每月 20 先令的儲存費。另一方面，鴉片包商為維護特權，以查禁私煮私售鴉片為名，僱用偵探和武裝船艇搜查民居民船，干擾了當地貿易，使正處於不景氣狀態的香港經濟蒙上了更大的陰影。英國政府和洋商為此深感不安。戴維斯的鴉片包稅政策一時成為眾矢之的。1847 年 3 月，英國議會成立對華商務關係特別委員會，進行調查後，認為只有最大限度地進行自由貿易，才

能使香港繁榮，實行包稅制是「不明智之舉」。有鑒於此，戴維斯接受總巡理府希利爾的建議，於 1847 年 7 月決定，將現行壟斷經營制改為牌照制。牌照共分三類：零售整箱以下煙土者，月納規費 30 元；煮賣鴉片煙膏者月納 20 元；開設吸煙館者月納 10 元。牌照由巡理府向零售商直接發售，數量不限，有效期均為一年。

無稅港裡鬧苛捐

香港一開埠，就宣佈是無稅港口，但實際上香港內部稅例繁多。早期港督就想出各種名目增加稅收。1844 年 7 月，戴維斯上任不到兩個月，港英當局就陸續頒佈了《土地登記條例》、《公眾沽飲肆及售酒領照營業條例》以及《售鹽、鴉片等及當押、拍賣業牌照稅條例》，徵收土地稅、牌照稅等等。據弗蘭克·韋爾什《香港史》形容：「德庇時（戴維斯）為彌補缺口，不得不盡力收刮所有能夠想到的稅種，最終徵收的稅種有拍賣稅、婚姻稅、喪葬稅、車馬稅、台球稅、酒稅、煙草稅和棉布稅。」

1844 年 8 月，在沒有徵詢任何方面意見的情況下，立法局通過一個人口登記法例，規定全島居民，不論華人洋人、貧窮富貴，一律每年向港英政府總登記官辦理姓名、地址、職業登記一次，領取登記證。洋人收費每人 5 元，華人每人 1 元。法例公佈後，立即遭到中外市民強烈反對。華人反對自然無足輕重，洋人反對要麻煩得多。葉靈鳳先生有篇文章詳細介紹了這一事件的情況。

對於這樣一道法令，香港的英籍居民的反感是不難想像的。他們認為，他們的自尊心、民族的榮譽以及個人的自由，都遭受了蹂躪，情形的惡劣比在廣州時期受清朝官吏的限制更甚，因此召開了一個居民大會討論此事。與會人士一致認為，這條納稅登記的法令，不僅對英國人苛酷無情，而且不符合英國的立法傳統。全體英籍居民一致反對，並且組織了一個委員會，起草了一份意見書呈遞戴維斯。

事有湊巧，就在英國人呈送意見書這一天，港府憲報登出該法令的中文譯文，把人頭稅每年一次錯刊成每月一次，真是火上澆油，使已經沸騰的民憤更加

劇烈。當時的《中國之友》評論說:「中國人向來逆來順受,慣於忍受任何敲詐。可是這次由於譯文的錯誤,使他們誤認為每月要將辛苦的收入繳納一半給政府,實在無法忍受,自然不免想起還是回國內好。」

1844 年 10 月 30 日,香港的中國商人和工役全體罷市。商店都關了門,客運和貨物的船隻都停止開行,僕役和女傭也罷了工,一切生意都停頓了。中國商人表示,如果政府 11 月 1 日實行徵收人頭稅,他們便全體離港。英籍商人也表示,如果政府堅持執行,他們決意遷回澳門去住。

戴維斯在各方面壓力下,被迫做出讓步。11 月 13 日,立法局通過了人口登記修正案。首先,人口登記免除一切費用;其次,規定凡是公務人員、軍人、專業人士、商人、店員、廠主、房東,或每年收入達 500 元以上的人士,不論中國人外國人,一律豁免登記。只有那些貧苦大眾,才必須辦理人口登記手續。修正案例於 1845 年 1 月 1 日正式生效。顯然,法例維護了英國人和富人的利益,廣大的中國貧苦居民仍然受到歧視。

1846 年,港英政府又發佈告,規定了通用貨幣及其相互比值:一是,西班牙本洋、墨西哥鷹洋、印度盧比及其破碎銀屑、中國通用銅錢,均為法定通用貨幣;二是,所有上述貨幣不論價值低昂,或屬於任何種類,或是否完整,或已列印,如各有同等質量,即具同等通用之效能;三是,規定每銀圓等於 2 盧比又 1/4;四是,規定每銀圓等於銅錢 1,200 枚,每半圓等於 600 枚,每盧比等於銅錢 533 枚,每半盧比等於 266 枚,每 1/4 盧比等於 133 枚;五是,其他貨幣未列入上項規定之內者,均不能作為在本港合法通用貨幣;六是,第四款規定之銅錢,得向商務總監公署或香港庫務司署領換,惟不得逾 50 元。凡屬英國通用貨幣,不論紙幣或硬幣,一律為本港合法通用貨幣。這些規定,充分保障了英國政府和商人的利益,而對中國人設置了種種限制。

為了增加財政收益,戴維斯又發佈了《徵收警捐條例》、《煙販牌照條例》等多種條例,廣開稅源,以各項稅收增加財源。到 1846 年,香港政府每年稅收達到 27,046 英鎊。

戴維斯的稅收舉措,目的本來是搜刮中國人的民脂民膏,卻損害了部分英國人的利益,所以首先遭到英國商人的反對。登記法例風波平息不久,11 月 20 日,戴維斯又在立法局會議上通過了另一個法令,規定香港殖民當局可以無須經過立

法局的通過，隨時下令宣佈戒嚴。連英國人也不懂戴維斯為何要如此緊張，因為當時香港實在沒有採取這種非常措施的必要。果然，後來倫敦否決了這條法令，於是這位中國通總督又在中外居民面前出了一次洋相。

1847 年 1 月，港英當局再公佈《市場販物牌照條例》。5 月 4 日，怡和（渣甸）洋行首腦馬地臣向英國下議院呼籲，要求英國督促戴維斯改變政策，減收地租，只徵收維持警察部隊的費用，其餘費用均應由英國政府負擔。英國政府自然不會答應，反而逐漸增加對香港的索求。

到 1847 年，港府各種稅收已達 31,078 英鎊。

開徵妓捐

香港的妓女從開埠初期就存在。在香港開闢為商埠以前，澳門是中外貿易的一個中心，到澳門的中外商人在那裡可以尋歡作樂。英國強佔香港島，將其闢為商埠以後，澳門許多妓女紛紛來到香港。

1845 年初，香港當局接到舉報，警察有收受賄賂、包庇娼妓的行為。經過調查證明，事實確鑿，但為了港府的顏面，調查報告結論卻說，屬於「娼家情願繳納，而非出於勒索行為」，因而對警察不加追究。後來當局意識到這是一條財路，於是決定由警察公開徵收妓捐，而名義上又說，所收捐稅款項，用來開辦花柳病院。

根據 1845 年 6 月性病醫院的報告，全港有妓院 31 家，每家月捐 5 元，有妓女一百多人，每人月捐 1.5 元。當時 1 元錢相當頂用，可買幾十斤白米。每年妓捐收入數目很大。當時香港社會人士對此表示不滿，認為這項稅收沒有得到英國法律許可，不是正式稅收；每月妓捐用作病院開支的也僅屬少數，大部分支出用途不明。當局雖然興辦了花柳病院，但只辦了兩年，就因經費不足而停辦了。根據香港社會人士的意見，1847 年，英國議會曾派人到香港就此事進行調查。不久，英國政府通知戴維斯，要他下令取消徵收妓捐。雖然按照命令妓捐停止徵收，但戴維斯當政期間妓院不僅未被取締，而且越辦越多。這畢竟是港英政府斂財的一種門路。

後來，駐港英國海軍司令史德林發現，英國軍人和海員患花柳病的人數與日俱增，於是向香港政府建議頒佈條例，控制性病流行。戴維斯採納了這個建議，

港府於 1857 年 11 月 24 日公佈了《檢驗花柳傳染病條例》。1864 年 1 月 19 日，港府建立西營盤海員宿舍，專門收容患性病的海員。儘管採取了上述措施，性病流行的狀況還是沒有明顯改善。1867 年 7 月 23 日，英國殖民地部諭令香港政府重訂《取締花柳傳染病條例》，規定實行妓女登記、檢查身體等事宜。隨後，香港立法局又決定向妓院和妓女徵收營業牌照稅。從此，賣淫行為在香港進一步公開化、合法化。當時負責發放營業牌照的是總登記官兼撫華道高和爾，他曾藉發放牌照之機，大飽私囊，廣置房產。

自從有了妓女憑牌照營業的制度，香港的妓女便有了公娼與私娼之分。有牌照的叫做公娼，她們經常被迫驗身，因為妓院老闆怕她們染上性病，降低了身價，影響妓院榨取錢財。當年香港的妓院又有大寨（高等妓院）和細寨（中等妓院）之分。大寨集中在水坑口，細寨分散於荷李活道。大寨是只有富商闊少才有資格光顧的場所。因為到那裡尋歡作樂必須飲宴，一擲數百金，排場很大。大寨的妓女分為三種：一、琵琶仔。這是十四五歲的雛妓，通常是貧苦人家的少女。鴇母把她們當作待價而沽的搖錢樹。二、半掩門，又稱尖先生，意思是不大不小的妓女。通常是琵琶仔接過客人以後，看上去還是少女，其實已是「大人」，所以叫尖先生。她們是鴇母的高價搖錢樹，不公開接客，所以叫半掩門。三、老舉。廣州話稱妓女叫老舉，「舉」是妓的轉意，她們是公開接客的正牌妓女。至於細寨的妓女，日夜都接客，日間收費 2 元，夜間收費 4 元，所以細寨又叫「二四寨」。

私娼是無力交納營業牌照稅的妓女，她們的處境比公娼更悲慘。她們的活動地點多在橫街窄巷的住宅樓宇裡、旅館客棧中，甚至在海旁小艇上，每次出賣肉體的代價不過是幾毫錢。她們往往與正當居民雜居，有的嫖客深夜喧鬧不止，弄得四鄰不安。

正式建立高等法院

香港高等法院雖然在 1844 年 3 月 4 日開始審訊第一宗刑事案件，但嚴格來說，此時的高等法院還不能算是正式成立。因為當時沒有律師替嫌犯辯護，高等法院的條例也還未齊全，只是憑藉陪審員的直覺去判斷被告是否有罪。因此，一些研

究香港歷史的學者，認為高等法院雖由第一位港督砵甸乍創立，但正式成立高等法院，應在第二位港督戴維斯任期內。

戴維斯於 1844 年 5 月 7 日乘英艦「批夫」號抵港時，和他同來的有三位官員，一位是新任輔政司布魯士，一位是正按察司曉吾，還有一位就是高等法院登記官羅拔奇。

戴維斯抵達香港後，即着手改革香港法制。他首先把裁判司威廉‧堅的職權局限於違反警律和簡易民事範圍，削除了他以前在司法裁判方面的權力。

大約一個月後，戴維斯委任正按察司曉吾為立法委員，由他着手研究草擬高等法院條例。這時候，香港真正熟悉法律條文的人才很少，曉吾缺乏助手，工作進度頗為緩慢。到了該年 7 月 28 日，新任律政司史德陵來港，被委任為行政司委員。在史德陵協助下，高等法院條例終於完成，在 1844 年 8 月 21 日公佈。這時候，高等法院才算正式成立。

早年，英軍首領義律就在香港設立了地方法院，這是香港最早的裁判司署。英軍第 26 步兵團上尉威廉‧堅出任裁判司。其實他什麼都不懂，只知道軍法，所以就把英軍的軍法照搬過來，用鐵腕手段配合政府的種族隔離政策來保護在港歐洲人的利益。一直到砵甸乍時期，香港都沒有自己的法律。曉吾上任後，即廢除軍法，改用民法。高院成立兩年後，法院設立上訴機制，任何對判決不滿的人，可上訴至英國樞密院。

香港高等法院最初設在中環威靈頓街前近德忌笠街與石板街之間。它在 1844 年 10 月 1 日開幕，並舉行了非常隆重的開幕盛典，所有在香港的外國人均穿禮服參加，總登記官羅拔奇致了開幕辭。原定在開幕這天要開審一宗刑事案，但因當時香港還沒有律師執業，按察司曉吾認為，這樣的審訊，對於被告不公平，便把這宗刑事案押後審訊。

高等法院成立後，按察司曉吾首要的工作，是確立香港的律師制度，先批准律師執業。依照英國制度，律師有初級律師與大律師之分。初級律師承辦案件起訴、辯護及其他法律事務，大律師有資格在任何法庭作辯護。這種制度在香港一直沿用。高等法院第一天批准執業的第一位律師是甘氏，律政司史德陵則為大律師。有了律師之後，高等法院於 10 月 2 日正式開庭審案。

這宗香港首次依照正式法律程式審訊的案件，是誘拐少女作妓女案。被告是

一對華人夫婦，住在海港的貨船上，常登岸購物，因此和兩個少女認識。一日，這兩個少女被該對夫婦誘到船上，綁於船艙內運到廣州，以每人 90 元的價錢賣給廣州的娼寮。兩少女設法通知在廣州的親戚，親戚花錢把她們贖回。被拐賣的兩少女返回香港後，偕同父母去報案，警方拘捕了那對夫婦。

高等法院開庭審訊時，那對被告夫婦仍然沒有大律師替他們辯護，但因案中各人的口供相符，均能陳述被誘拐和運往廣州販賣的經過，陪審團一致認為那對夫婦罪名成立，法官宣判他們各判入獄十八個月。當時香港還沒有正式監獄，便只好將他們解往上環差館里警署內的拘留所去監禁。依照英國法例，警署拘留所只能看管疑犯一段時期，而不是用來監禁罪犯的。

當時的香港警署設於上環荷李活道，所以，那裡還有一條橫街叫做差館里。威廉·堅就管轄這間警署，他不但指揮警察，還任裁判司，又兼任監獄官的職務。

那時候，上環差館里的警署，和中國清朝的縣衙門差不多，既是警察工作的地點，又是裁判司開庭審案的地方，警署的後面便是拘留所，也就是當時的監獄。

這種情形和英國體制大不相同。英國的縣長只負責行政，法院只負責審案，都不負責管理監獄，管理監獄則另有監獄官。

港府覺得威廉·堅不能以裁判司兼任監獄官，因為一來警署的拘留所作為罪犯的監獄，顯然不是英國的制度；二來上環差館里的警署，也是極簡陋的建築物，香港的罪案隨着人口增多而激增，監禁罪犯的地方便不夠用了。因此，港府便着手物色地點，建築一間真正的監獄。

香港第一座監獄叫維多利亞監獄，設在中環奧卑利街的一處山坡，於 1857 年才建成。

佔香港？據舟山？舉棋不定

鴉片戰爭時，英國軍隊侵佔了舟山和鼓浪嶼，依照《南京條約》，割讓香港後，英軍應撤出舟山和廈門。但英軍遲遲不肯撤退，因為英國要把舟山和鼓浪嶼當作抵押品，申明要等中國將賠款全部付清之後，才肯交還這些地方。

其實，在鴉片戰爭時期，英國內部對佔領中國哪一塊地方，一直爭論不休。

據弗蘭克・韋爾什《香港史》記述，英國人曾考慮獲取某個「海島基地」，這樣的基地是個島嶼，不會帶來邊界壓力和不可避免的糾紛，可以憑藉海軍來加以保護。台灣成為最受青睞的候選對象。當時廣州最大的英國鴉片商、怡和洋行創始人威廉・查頓建議，應當佔領「三到四個島嶼，即台灣、金門和廈門，還有舟山」。巴麥尊則中意舟山或寧波。其他商界人士不同意查頓的看法，並不主張擴張領土。身為職業海軍軍官的義律和曾隨馬戛爾尼航行、後來成為海軍大臣的約翰・巴羅，與商人看問題的角度不同，他們認為香港是一個良港，可以停泊任何規模的船舶，一旦發生戰事，可以抵禦強大的敵軍。砵甸乍完全贊同義律的觀點，認為佔有香港「乃是必要的和可取的」。東印度公司董事會主席詹姆斯・厄姆斯頓則力主佔領舟山。

1844 年，清政府第五次交付賠款的時候，英軍突然提前退出鼓浪嶼，而將駐鼓浪嶼的英軍一部分移到舟山，一部分撤返香港。戴維斯竟說這是「實為和好起見，並無別情」。實情並非如此，當時香港的生活環境還相當惡劣，英國人不能適應，逃兵很多。英國政府和港英政府中，有人主張放棄香港而佔領舟山，而鼓浪嶼只是個無實際作用的小島。在舉棋不定之際，英軍先撤出鼓浪嶼，做出歸還鼓浪嶼的姿態，實為加強舟山兵力，為以後的抉擇做準備。

耆英當時也對英國人提前撤出鼓浪嶼有所疑慮，他向道光皇帝奏稱：「本年五月間，德酋（指戴維斯）初來廣東，即有俟十二月銀項交足，鼓浪嶼先行退還之議。奴才以夷情叵測，今無故將鼓浪嶼先還，焉知不為異日緩交舟山地步？」足見當時中國朝野對於英國人的這一行動，已有所警惕。

中方已將賠償鴉片戰爭的賠款完全交清後，英軍卻依然留在舟山不肯走。這樣一來，道光皇帝再三催促耆英與戴維斯交涉。戴維斯推託了幾次，最後不得不照會耆英，叫他到香港討論。

1845 年 10 月，耆英收到戴維斯的照會，內稱英國不交舟山，是怕法國侵佔，並邀請耆英去香港商談。耆英信以為真，立即向道光皇帝奏報。其實，戴維斯遲遲不撤出駐舟山英軍，是英方尚未最終決定長期佔據舟山還是香港。

耆英於 1845 年 11 月 20 日第二次來到香港，與他同行的，依然是升任巡撫不久的黃恩彤，還有趙長齡、潘仕成等。他們在香港住了四天，到 11 月 25 日才離港返廣州。

後來英國政府決定，放棄舟山而集中經營香港，因為舟山方面的英國軍官亦有報告書向倫敦呈送，說舟山的地理環境遠不如傳說中那樣理想。戴維斯要耆英到香港來見他，首先要談的是英軍撤出後如何保障舟山地方與英國有關係的人員的安全，其次才是談交還舟山的細節問題。

耆英到港後，向道光皇帝奏報在香港的談判情形。奏稱：「德酋於次日率領夷目多人來見，執禮甚恭。臣告以本年應交洋銀尾數業已備齊，可定期來取，舟山亦應如期交還，以符成約。該酋復稱銀兩應俟屆期再行請領，舟山必定如約交還。惟英兵在舟山數年，該處人民多與往來，交還之後，乞弗深究。臣等答以該處民人皆天朝赤子，和約內已經載明，凡係中國人與英人往來者，概准免罪，豈有舟山退還之後將該處人民苛待之理？當為出示曉諭，俾共釋然無疑，可以無庸過慮。」

「該酋復稱：還交舟山，最有關係，應派大官前往接收，方為妥協。臣思該夷佔據舟山數年，現當交割接收，撫綏安緝，自不可稍涉率忽，必須熟悉夷情之員，前往妥為辦理。查現任江蘇常鎮道咸齡，前隨奴才辦理夷務，素為該夷所信服，當向該夷告知，擬派咸齡前往接收舟山如何？該夷酋復稱咸齡既係熟人，又係道員，實屬妥當，極為欣喜。」

英國每從殖民地撤出，一方面要對曾經為他們的侵略出過力的當地人給予安排，這既對得起奴才，又能長期保持英國在當地的利益。英國雖然只經營舟山幾年，還是為其奴才爭取權益；另一方面，來時威風，走時也要神氣，所以提出「大官接收」，「光榮撤退」。

耆英奏章，每次都寫得天衣無縫，但每次英方都得寸進尺，從無滿足的時候。而耆英則沾沾自喜，覺得取得了大勝利。

出兵廣州城

當時耆英以為到香港與戴維斯談妥交還舟山問題，便萬事大吉。不料耆英和戴維斯剛剛共同「舉觴舞蹈，恭祝萬壽」數日，又有新的變故。耆英回到廣州以後，戴維斯突然又提出廣州入城問題。原來廣州人民一直堅決拒絕英國人進城。

耆英非常焦急，1845 年 12 月 20 日，他向道光皇帝奏稱：

「今年夏間，該酋（戴維斯）復有進城之議，旋因向阻中止。臣等即慮其屆交舟山之際，或生枝節。臣耆英是以前赴香港，與之面議。該酋於交還舟山一款，堅稱如約，毫無遲疑，至進城一節，則更端以請，並不牽及舟山一字。今接據來文，乃竟牽合為一，藉以挾制，於屢次成約，均佯為聾瞶，概置不理，實非始料所能及。臣等竊思該夷駐兵舟山，所費不貲，寧波雖已通市，貿易甚屬稀少，似無久行佔據，徒滋糜費之理。惟現既藉端要脅，求進粵東省城，若不允所謂，恐未必即肯退還；而粵省民情浮動，若不俟眾議允洽，驟允夷人入城，又恐易滋事端。臣等日夜籌思，與同城司道各官，悉心酌議，權利害之輕重，審時勢之緩急，舟山固應如期收復，而民情未協，亦未便操之過蹙。似不如稍寬時日，相機辦理……」

耆英知道無法壓制廣州百姓堅決拒絕英國人入城的行動，只好向戴維斯說了個大謊，許諾三年之後，一定准他入城，僵局才算打開。最後，戴維斯與耆英在虎門簽了交還舟山協定。直到 1846 年 5 月 9 日，耆英派員到香港，與戴維斯約定交還舟山的一切細節事宜，然後在 6 月 10 日，才正式收回定海城。

戴維斯自知耆英推諉之詞含義，又知廣州百姓的抗英志氣，一時沒有辦法，只能俟機行事。十個月後，1847 年 4 月 3 日，戴維斯看準了時機，藉口六名英國人於 3 月間在佛山被群眾驅趕一事，突然派遣軍艦侵入廣州，向清政府提出准許英國人進入廣州及租借廣州河南地方等七項要求。兩廣總督耆英竟全部同意，只是進入廣州城一項，擔心人民反對，推遲兩年後再實行。5 月 15 日到 17 日，戴維斯派人在廣州河南洲頭咀丈量土地，插旗標界。17 日，廣州群眾數千人在雙洲書院集會，抗議英國的侵略行為。20 日，河南 48 鄉的群眾三千多人聚集在英國商館前示威，隨後，廣州市民十萬人示威聲援。戴維斯迫於形勢，只好暫緩在廣州建立租界。

到了 1849 年，三年之期已到。這時，中英雙方在廣州、香港的主要官員，都已經換人。耆英調回北京，徐廣縉接任兩廣總督。戴維斯於 1848 年離職，般含繼任港督。般含到任後首要的任務是突破英人進入廣州城這一關。1849 年 2 月，般含率領軍艦三艘，在虎門外要求廣東當局履行前約。兩廣總督徐廣縉起初還想拖延，而般含逼之甚急，難於應付，但他又害怕民眾，心裡十分矛盾。據記載，

他和葉名琛商量，認為「無拂百姓以順夷理。且民情若是其堅且眾，夷一動則民傾刻生變，勢難終日，官府無立身之地。惟有拒諸城外，縱有他故，亦官與城為終始」。於是，徐廣縉拒絕了般含的要求。英國軍艦直入省河，要和徐廣縉在廣州衙署會談。徐廣縉答應在英艦上與般含會談。般含施加各種恐嚇，說如果不准進城，就要「北上詢問」，而且封鎖運河，截斷江南對北京的糧食供應。徐廣縉只好上奏道光皇帝。道光答覆含糊其辭，說「只得暫入，不得滯住」。徐廣縉知道，如果暫入，就不可能再叫英國人離開。廣州老百姓知道後，群情激憤，珠江兩岸聚集了十多萬民眾，怒吼震天，反對英國人進城。廣州的情況傳到香港，香港的民眾也準備起來反抗。般含看到中國民眾的憤怒情緒，不敢前進，只好乖乖退回香港。

草菅人命

戴維斯繼承其前任砵甸乍的衣鉢，繼續歧視和虐待香港的中國居民。1845 年 10 月 6 日，香港政府頒發港口管理章程十六條，其中第十五條規定：每晚 9 時以後，非有特別護照，不准行船；船上有外國人者，不在此限。第十六條規定：違反章程者，港務司有權給予 25 元以下的罰金或一個月以下的監禁。顯然，香港當局的這些規定是專門對付華人的。

香港當局歧視和壓迫中國居民的另一項內容是濫施笞刑。動不動就對華人實行公開鞭笞的刑罰。據記載，1846 年 2 月 25 日，就有 54 人被執行笞刑，刑後並被剪去辮子以示懲罰。除公開執行笞刑外，還有「遊街」、「立木籠」、「戴枷」等侮辱人格的刑罰。港府濫施殘酷刑罰的情形，諾頓·凱希所著《香港法院法律史》一書中有所記載。書中說，當時「肉刑施行頻繁」，「笞藤使用範圍之廣幾乎令人難以置信」，經常「為了細微的過失，中國人就被判決公開執行笞刑」。

對於中國居民的虐待，諾頓·凱希所著《香港法院法律史》的記載摘錄如下：「1845 年 3 月間，令人憎厭的公開鞭笞示眾行為差不多成為城中每天必有的事。有一次，下午日落之前一小時左右，在皇后道上，有一個可憐的傢伙被縛在一間公共建築物的門柱上，這人被剝去衣服，背上被藤條抽得傷痕縱橫。這裡並無人

認為這事不雅觀或有礙觀瞻之意，但是裁判官這麼濫用鞭笞卻是值得反對的。警察法庭的記錄，你如加以調查，將發現若以人口為比例，香港將是全世界施行鞭笞最多的地方。」

1846 年 10 月 27 日，英國商人鄧肯報案說，家中遺失了 200 元錢，懷疑是已逃往澳門的家中廚師偷去了，要求警方到海上截攔船隻搜查。於是警方會同鄧肯及其若干友人在海上截查船隻。在西環海面見到一艘中國帆船便喝令停船，帆船不聽，繼續加速行駛，警方從後面追趕。帆船上的人慌了起來，紛紛棄船跳海。經過檢查，船上並沒有被懷疑偷錢的廚師，但是警方卻在船上查獲一些武器，便認定這些中國人都是「歹徒」，將他們拘捕控告。後來泅水上岸的船員向警方證明他們是一艘合法的商船，除船員外都是正當乘客，船上的武器是防海盜自衛用的。至於為何聽到喝令仍不停船，船員解釋，他們當時聽到後面有船追趕，誤認為是海盜，所以不得不棄船逃命。經清點船上人數，已經有五人失蹤。

後來在海上撈獲了四具屍體，經船上人員辨認，證明都是這艘帆船上的乘客。當時的驗屍官是麥克斯威尼，因為文件上說船上已溺死五人，雖然事實上僅撈獲四具屍體，驗屍官卻想當然地填寫已有五具屍體被驗明是溺死的。明明只有屍體四具，卻簽發了五具屍體的證明，另一名乘客是死是活，便置之不管。對此，居民十分不滿，法官、律師也群起指責，當局只好把麥克斯威尼撤職了事。

港府的「醫官剖驗屍體」、「死因法庭研究」，以及驗屍官的報告，往往是港英當局用來掩飾自己殺人罪行的一種手法。香港有名的黃祥水事件，就是一例：小商販黃祥水被官差踢傷，脾部腫脹而死，結果經過所謂醫官的屍體剖驗，以及法庭研究，死因竟確定為「脾部腫脹」，死於疾病。黃祥水明明是被官差踢傷而死，驗屍官卻不說他被人踢死，卻說他死於脾部腫脹。脾部因何而腫脹致死，無人過問。類似的草菅人命的案例時常出現。

包庇第一個有案可查的貪官

香港歷史上第一個有案可查的貪官就出現在戴維斯時期，戴維斯政府對這個貪官百般祖護。香港處於英國的殖民統治之下，初期政府高級官員全都是由英國

人擔任，政治制度又不民主，沒有人能夠對他們進行及時和有效的監督，因此，貪贓枉法行為相當盛行。

香港島上有一條很長的街道叫堅道，就是用這個貪官威廉·堅的名字命名的。威廉·堅在砵甸乍時期就已經在港府任職，是英國人統治香港初期的首席裁判司，屬於港府高官。他利用一個名叫盧亞景的中國人當走卒，向商人和「海盜」索取賄賂。盧亞景自恃有首席裁判司撐腰，橫行霸道，趾高氣揚，因此得罪了一些英國商人。英國商人便向法院控告了威廉·堅及其走卒。

據香港法院的檔案記載，在 1847 年 6 月間，盧亞景的上司威廉·堅被另一個英國人控告，說他用人不當，利用他手下盧亞景，向市場上的中國商人和其他租戶索賄收規，同時更有「縱盜」和「誣良為盜」之嫌。當局接受了這個控告，下令組織調查委員會，對威廉·堅被控的犯罪事實進行了調查。自然，主要的證人是盧亞景。不料，這一切全是裝模作樣，在正式開庭調查之際，盧亞景突然「失蹤」了，據說他已回內地。主要證人既然失蹤，調查工作也就無法進行了，只好宣佈威廉·堅被控的罪名不能成立。威廉·堅的罪名既然不能成立，控告威廉·堅的那個英國人當然有「誣告」的嫌疑了。於是威廉·堅就反過來告他一狀，使這個英國人既罰款又坐牢。此案既了，盧亞景忽然又出現在香港。就這樣，威廉·堅的貪污瀆職行為沒有受到任何懲罰，後來他反而得到升遷。在 1858 年 11 月和 1859 年 5 月，他先後兩次被委任為代理總督，代理行使香港總督的權力。

不但很多香港英國人恨威廉·堅，當時新安、九龍一帶的中國人對這個人也恨之入骨，覺得不殺不快。據說當地鄉紳曾經重金懸賞購取他的頭顱。1857 年「英國國會文件」中就有關於中國人出高價懸賞索取威廉·堅和高和爾人頭的記載。文件中說，當時有一位新安縣的舉人陳芝廷，和他的曾任戶部主事的哥哥陳桂籍，都是負責新安縣抗英事務的當地士紳。陳桂籍曾經託付香港的一個崗哨，送一封密函給香港的一個中國地保和一個替英國人看管房屋的人，向他們購取威廉·堅的頭顱，代價是五萬銀元和六品官職。英國文件記載了陳桂籍信件的內容。陳在信中對收信人說：「你們一定要得到夷人的信任，我想你們一定能進入洋人的房屋而不會引起他們的注意。倘若你們在他們沒有防備的時候，出其不意地下手，成功是確定的。無論如何，你們必須趕早行動，切莫延遲。如需船隻協助，請通知有關人士。」

這件事情僅見於英國國會的檔案材料，中國方面的文獻沒發現有關這方面的記載，無法確定是否屬實。但是在當時兩廣和香港中國人心目中，威廉‧堅確是罪惡昭彰的人物，不殺不足以解民憤。這是英國人自己也不能不承認的。

英國國會文件還記載說，陳芝廷曾寫信給他哥哥，報告當時香港的情況，以及他們封鎖香港糧食、擒獲奸細的經過。他說在 1857 年 2 月 4 日夜晚，有十多名鄉勇在九龍的一個隘口巡邏，發現有小船載着蔬菜駛往香港，疑是接濟敵人，就上前查問。小船的船夫看見鄉勇，就棄船跳水潛逃，被捉獲兩人。鄉勇又截獲了一隻英國船和船上的兩名漢奸，一起解往新安縣。當時香港的英國人非常害怕，一到夜晚，就不時放大炮壯膽，並以 18 人為一隊，不斷出巡。他們害怕中國人放火，又知道中國人懸賞購買他們的頭顱，感到非常不安。

不管英國文獻所記載中國人購買威廉‧堅人頭的事是否準確，但是，所記情況與第二次鴉片戰爭期間香港形勢基本相符。同時，這件事反映出英國殖民主義者從一開始對香港及附近地區進行侵略、製造暴行，激起了中國民眾的愛國義憤，民眾一直沒有停止過對英國殖民主義者的抵抗和反擊。

戴維斯時期，繼威廉‧堅之後的另一個大貪官是前邊提到的高和爾。高和爾是威廉‧堅的好友。高和爾本來在廣州和新加坡經商，1840 年英國遠征艦隊從新加坡北上進攻舟山群島，威廉‧堅和高和爾兩人同船來到中國，從此成為了好友。1843 年，由於威廉‧堅的推薦，高和爾開始在香港政府任職，成為港府裁判司的翻譯，而當時的裁判司就是威廉‧堅。他於 1846 年再升任副警司，1856 年又被任命為總註冊官和撫華道。高和爾索取賄賂的手段與威廉‧堅如出一轍，牽涉高和爾貪污受賄的重要案件還有杜亞寶案和黃墨洲案。

1847 年 4 月，商船「加路連號」及「柯美加號」駛經尖帽灣時，遭海盜搶劫，船員全部遇害。高和爾逮捕了三名嫌疑犯，但定罪的證據不足。這時警署破獲另一起行劫案，高和爾便授意行劫案犯杜亞寶出庭作證，指控前案三人是他參與尖帽灣海盜案的同黨。審判官認為證詞疑點很多，但陪審員認定三被告海盜殺人罪成立。杜亞寶因此事立功獲得釋放。之後，高和爾便利用他充當破獲海盜的眼線人，進行敲詐勒索，受賄收規。捕獲海盜後，僅以杜亞寶的隻言片語為證，即可定人罪名。「他說是，雖良善難冀超生；他說非，則真盜也可倖免。」1847 年 10 月，杜亞寶向船民沈亞熙勒索 80 元，沈傾箱倒篋如數給他。事後，沈亞熙向高和爾

密告此事，高和爾置之不理。第二年1月，杜亞寶又向沈亞熙勒索100元，並聲稱這是轉給高和爾的。沈亞熙實在無力拿出這筆在當時說來數額很大的款，杜便誣陷他為尖帽灣海盜，將其逮捕。直到杜亞寶索賄罪行敗露，被判處三年徒刑的沈亞熙才獲得釋放。而杜亞寶的後台高和爾卻照常高官穩做，繼續貪贓枉法。

跑馬地與快活谷

戴維斯任內修建了跑馬地，為香港以後的賽馬、騎馬活動打下了基礎。

在英國推行殖民主義擴張的全盛時期，英國式的賽馬在世界許多地區流行。香港的賽馬就是英國人首先倡導的。《南京條約》簽訂不久，香港舉行過賽馬。根據第一任港督砵甸乍的記事冊所載，1842年和1843年，香港舉行過兩次賽馬。當時香港還沒有馬場，比賽是借用澳門的馬場舉行的。最初的賽馬完全是一種體育活動，有跳欄和其他馬術比賽，而且一年只舉行一次，因此叫做「周年大賽」。

在早年的香港，馬是重要的交通工具。香港政府要員及大商人經常以馬代步，每人往往不止有一兩匹馬。因此，考察香港早年的賽馬記錄，冠軍馬多屬於知名人士。例如，香港第三任總督般含的一匹名叫「誘惑」的馬，從1850年起，得過多次冠軍。1853年，大鴉片商顛地的一匹名叫「金手指」的馬，也奪得多次錦標。怡和洋行大老闆羅拔・渣甸的一匹名叫「錫克」的馬，從1852年至1856年，連續五年贏得「婦女銀袋」獎。有這些達官富商參與，賽馬自然興旺。由於賽馬逐漸成為經常性的活動，於是成立了賽馬會。

香港的跑馬場是1844年開始修建的，1848年投入使用，地點選在香港島的黃泥涌。這一帶叫黃泥涌峽，一股山溪從山上挾同黃泥沿峽谷滾滾而來，進入海面，這山溪就叫黃泥涌。溪畔有個黃泥涌村，村民在峽谷種稻和蔬菜，養豬和家禽，利用黃泥涌的水來灌溉，利用山上的石頭砌牆蓋屋。英國人佔據香港後，見這一帶風景秀麗，就在黃泥涌峽山上，開闢英國人的住宅區，建起洋樓。可是，英國人住進後，多患上瘧疾等病，死亡的不少。港府認為，這是因為黃泥涌谷的水田滋生蚊蠅，傳播疾病，就硬把村民的稻田菜園填掉，強迫村民遷徙。到戴維斯時代，就把填平的谷地闢成為跑馬場。

跑馬地的英文名字是 Happy Valley，意思是快活谷，與倫敦附近一所墳場的名字相同，含有「極樂世界」的意思。1842 年至 1843 年間，許多駐港英軍和商人患瘧疾而死，死後就葬在黃泥涌的山邊，可能因此稱作「快活谷」。現在馬場對面仍然是墳場。

據巴圖所著《別了，港督》一書記載，戴維斯是為了迎合英國商人，修建了賽馬場，並且每個周末都舉行賽馬活動。戴維斯的這一做法，顯然是討好英國商人的舉動。因為這是英國商人們十分喜愛的一項娛樂活動。但他卻沒有想到，就是在賽馬場上，英國商人們大大地讓他出了一次醜。在 1845 年的一個周末，戴維斯為了籠絡英國商人，表示自己將親臨賽馬場，為比賽的優勝者頒獎。他滿以為此舉必然反響熱烈，但結果卻出乎他意料之外。當戴維斯興沖沖地到達賽馬場時，迎接他的卻是一個十分冷清的場面。原來那些商人得知此次賽馬是由戴維斯前來頒獎時，竟採取了聯合抵制行動，不讓一匹賽馬參加這次比賽，使戴維斯十分難堪。

到了 1890 年代，賽馬開始有投注，正式變成賭博工具。第一次世界大戰後，馬場修建了觀眾台，跑道增設了排水設備，跑道周圈內鋪植了草皮，還可作為高爾夫球場。賽馬會開始廣泛吸收會員，富有的華人也可以成為會員或馬主。

當年，英國《泰晤士報》特派駐華通訊員庫克，曾經記述香港賽馬的盛況：「如果要看良好的舊花樣的賽馬，其中沒有橫衝直撞、勒馬牽韁，而且每一匹馬都是為着競賽取勝而出馬的，恐怕只有到香港來才可以看得到了。」「當我們第一次看見快活谷裡的賽馬場，幾乎忍不住地嚷着，這是整個世界上景色最豐富多彩的地方。司令台、看台、馬廄、草坪和一切設備，加上那難以忘懷的午餐和香檳，所有一切都是第一流的。快活谷和維多利亞城之間相距一英里半的馬路上，在賽馬日那天，擠滿了車輛、騎士和行人。」熱鬧的情景於此可見一斑。

維多利亞城的雛形

香港城市的格局，從開埠初期的幾位港督就開始規劃，並基本定形，延續了百年。

1841 年 1 月 25 日，英軍正式登陸香港，登陸地點是上環的水坑口街。當年那裡是伸出海面的一塊陸地，英軍把它命名為佔領角。

香港開埠前，維多利亞港南岸港島一側是蜿蜒的山腳，北岸尖沙咀一帶則地勢平緩，利於居住及船隻出入。在鴉片戰爭前，英國人已經考察過，知道尖沙咀是廣東沿海最好的停泊處。林則徐來廣東任職時也提醒當地守官：「尖沙咀一帶……四面環山，藏風聚氣，波恬浪靜，水勢寬深，英夷船隻久欲倚為巢穴。」

英國人在侵佔香港前，已經想取得尖沙咀這個地方，即使是清政府被迫割讓香港島之後，英國人還是千方百計想從中國人手中奪得尖沙咀的控制權。義律佔據香港島後，為了確保港島安全，他迫琦善把駐守尖沙咀一帶的清兵撤走。

英國人佔領香港之後，將軍營分開三處：主力在大笪地，印度兵就駐在大笪地旁邊的摩囉街，又在西面設立了一個西軍營，後來叫作西營盤。過了不久，英軍就將主力遷到金鐘一帶。香港政府也將總部設在面對尖沙咀的中環。當時九龍半島仍為清廷所有，隨時可以調動軍隊。而赤柱是香港人口最集中的地方，又遠離清軍，便於防守，理應是政府總部的首選之地。但為什麼英國人會選擇中環做殖民地的總部呢？

港英政府其實對中國政府很瞭解，即使我擺在你對面，也不必有很大的擔憂。中環是距尖沙咀最近的地方，如果英軍想拿九龍尖沙咀的話，這是個最合適的地方。像林則徐所講的，英國人其實一直虎視眈眈尖沙咀，希望拿了尖沙咀再拿九龍半島，他們覺得香港島浪大，發展空間受阻。萬一尖沙咀被別國所取，對英國來講是個威脅，所以他們把政府總部設在中環。

第一任總督就開始發展中環，在海邊修了大馬路，即今天的皇后大道，在山腰上又開鑿出一條荷李活道。

在英國人看來，中環一定要留下來發展，比如商業的中心區，比如聖約翰教堂、政府合署、後來的港督府，都要佔領最中央位置，其兩旁一邊是商業區，一邊是軍部佔的地方。這就形成了香港百多年來的格局。

1845 年的戴維斯時期，正式規劃在香港建一座城市。起初叫「女皇城」，後來用英女皇名字命名為「維多利亞城」，最初的範圍是從西營盤到灣仔一帶。從1857 年香港政府在憲報登載維多利亞城的範圍來看，東起跑馬地，西至今日的堅尼地城，中間包括西環、上環、中環及灣仔。1857 年的規劃圖，很清楚地標明維

多利亞城的官方命名，以及維多利亞城所分的七區。還可看出，香港平日常講的四環九約，當時其實只有三環：上環、中環、下環，西環還不存在，叫西營盤。所謂九約實際上只是七約，直到 1880 年才發展到九約。

引咎辭職

戴維斯任期內最大的風波，是他同大法官曉吾的衝突。他利用總督的特權停止大法官行使職權，以致大法官返英向女皇控訴，結果戴維斯因此而引咎辭職。

大法官約翰・曉吾，於 1844 年 5 月與戴維斯一同自孟買乘船到港履職。他是第一任大法官。在這之前，香港只有警察法庭，裁判司秉承總督的意旨行事。當時的裁判司是威廉・堅，他幾乎是總督的行政左右手，不像是一個獨立的司法官。曉吾抵港後，高等法院成立，他的地位與總督分庭抗禮。裁判司是大法官的屬下。而戴維斯仍然習慣於直接指揮裁判司，威廉・堅也一直以總督的屬下自居。曉吾認為這是越權，侵犯了司法獨立精神，所以從一開始就與總督在職權上發生摩擦，雙方因為案件發生矛盾的事件接連不斷。香港英籍人士習慣於英國的法治制度，因此都站在大法官一邊。

1846 年底，兩艘中國船在港內相撞，理虧的一艘畏罪逃去，另一艘從後追趕，鳴槍警告。水警船以為發生海盜劫案，便向在逃的一艘開炮轟擊致沉，溺死五人，生擒十三人。裁判司不分情由將那十三人當作海盜，各打一頓藤條，然後押解給九龍的中國官府完事。可是驗屍官研究五個溺死者，證實他們確是良民，被笞藤後遞解到內地的十三個人更是無辜的良民。於是，高等法院依據驗屍官的結論，指責警察方面犯了誤判錯誤，同時發現裁判司法庭判案的律條，竟是在 1845 年早已明令廢止了的。香港英籍居民聞訊大譁，他們早已不滿意裁判司貪贓枉法的行為，現在更諷刺地勸威廉・堅應該再去學習幾年法規再來任職。

1847 年 8 月 16 日，戴維斯與大法官曉吾因為一起案件發生口角，戴維斯表示，他有權決定海事法庭的開庭日期，大法官則不予承認。大法官堅持他應該被稱為「法官閣下」，而戴維斯則拒絕承認這個尊稱。戴維斯威嚇曉吾說，要對大法官提出停職的處分。

其實，一系列案件衝突發生之後，戴維斯已經寫信給英國首相帕瑪斯頓，暗中指出大法官有嗜飲的習慣，時常酗酒鬧事。這封信本來是密呈的，帕瑪斯頓卻將戴維斯的私信當做官式報告，交給殖民地部大臣格雷，要求嚴格查處。格雷隨即通知戴維斯，表示對他關於曉吾的酗酒報告將予以正式徹查。戴維斯本是想暗中中傷曉吾的，現在卻弄假成真，要公開調查。於是他趕緊回覆殖民地部，向格雷表示這事不必深究，因為「自從曉吾夫人離港返英以後，大法官的情狀已經改善了，因此不必再繼續追究」。可是格雷堅持表示，大法官的清白聲譽是不能遭受玷污而不予查究的。關於這事的處理辦法只有兩條路可走，一條是戴維斯向曉吾道歉，另一條是他舉出證據證明並非誣告。戴維斯選擇了後一條路。

根據英國殖民大臣的命令，港府行政局審查大法官會議成立，總督自任主席，同時又是原告，成員還有英軍駐港陸軍司令德忌笠、輔政司莊士敦、裁判司威廉·堅等人，同時他們又是原告證人、陪審員。這樣的會議對曉吾當然不利。

1847 年 11 月 22 日，大法官曉吾接到通知，命他出席會議，答辯總督對他的彈劾。戴維斯彈劾的罪名有三項：一、1845 年冬，曉吾曾經在海軍少將柯訖郎在軍艦「亞金科特」號上舉行的餐會中飲醉了酒；二、1846 年 7 月，在陸軍司令德忌笠少將家中飲醉了酒；三、經常嗜酒醉酒。

11 月 25 日至 27 日，審判會進行，在會議上，最先被查問的是第一項罪名。總督所邀請的證人多數是當時在場參加宴會的海陸軍官員，被盤詰的結果，正好與戴維斯的彈劾相反。一位軍官承認先後曾與大法官共席 18 次之多，而每次曉吾都沒有醉酒，神智清楚，禮節非常周到。其他證人也都證明大法官在「亞金科特」號宴會上實在沒有醉酒，只有總督的左右手威廉·堅證明曉吾在軍艦上曾經飲醉了酒。戴維斯所彈劾的第二條罪狀，被主要當事人否定。參加這次會議的德忌笠因為總督將大法官在他家中的私人宴會也列入彈劾內容之一，非常不滿，憤慨指責總督侵犯了他的私生活界限，違反了社交禮貌。同時參加這天宴會的賓客作證，曉吾並無醉酒之事。唯有威廉·堅證明曉吾是飲醉了酒，許多當晚在場的軍官反駁了威廉·堅的說法。第三項罪狀亦被許多證人否定，證人中包括軍官、大商行負責人、律師、醫生，以及常到法庭採訪的記者。他們都證明，平時曉吾在法庭上態度鎮靜，有耐性，細心靜聽中國證人瑣碎的敍述，對於法律判斷的運用非常正確，絲毫沒有醉酒者那種神經錯亂的表現。

在這種形勢之下，一般人認為，戴維斯雖然極想利用自己的權力停止大法官的職務，但他也許顧慮這樣做影響太大，不敢貿然行事，因為他要負全部責任。出人意料的是，戴維斯竟不顧一切相反的證據，利用行政會議主席的資格，宣佈曉吾被彈劾的罪名成立，將其職務暫時停止，留待呈報倫敦後再作最後決定。他所根據的理由是，曉吾被彈劾的第一項罪名成立。

戴維斯對大法官假公濟私的報復行為，引起了香港各界的強烈反感。大法官被停職的當天，香港的英國居民全體出動到曉吾住宅，放下各人的名片，表示慰問，並有三百餘人發出慰問簽名宣言。香港高等法院的全體特別陪審員、大律師，分別於 12 月 2 日和聖誕節聯名寫信給曉吾，向他慰問並致敬意。曉吾被停職後，於 1847 年 12 月 30 日乘鐵行公司的「北京」號輪船離港回倫敦，聽候英國的最後決定。在他登輪時，香港的外籍商民都到碼頭送行，並且大放鞭炮。

戴維斯因大法官之事鬧得滿城風雨，不得民心，面子失盡，挽回面子的唯一辦法，只有向倫敦提出辭職，總比萬一被撤職好得多。戴維斯在香港的任期本來還有兩年才滿，但是因為不得人心，不得不提早自動辭職，而倫敦方面也毫不挽留地予以批准了。

曉吾離港後返英，因交通不便，路程需要兩個月，幾乎到倫敦剛一登岸，殖民大臣即宣佈恢復他的香港大法官職務。1848 年 6 月 16 日，曉吾又抵港任職。而總督戴維斯於 1848 年 3 月 30 日卸任離港，由於他在任期間的所作所為，人們對他離開中國海岸毫無惋惜之情。據早期港報記載，官員們歡呼送行的口號，聲音非常不起勁，看熱鬧的居民群眾更是一點表示也沒有。「沒有公開演說，沒有宴會，沒有民眾歡送會。」戴維斯就這樣離開了香港，開始了長達四十二年的賦閑生活。

第三任
1848–1854

般含　Samuel George Bonham

般含（1803–1863），又譯作濮亨、文咸、般咸、文翰。1803 年 9 月 7 日出生於
英國英格蘭根德郡法弗舍姆。1836 年 11 月 18 日至 1843 年 1 月任海峽殖民地總督。
1848 年至 1854 年在香港任總督。卸任後，1857 年 3 月起任北孟加拉鐵路公司主席。
1863 年 10 月 8 日在英國倫敦帕丁頓病逝，終年 60 歲。輿論給般含以良好的評價，
稱他「為人公正、敦厚、大方隨和、富有活力」。外相巴麥尊讚揚他「擁有實事
求是的常識」。位於港島上環的文咸東街及文咸西街、半山區的般咸道都是以他
的名字命名。

1848 年 3 月 21 日，般含接替戴維斯成為香港第三任總督。般含曾在英國東印度公司任職，1837 年起歷任英國殖民地新加坡、馬六甲、威爾斯王子島總督。

不同於前兩任總督，般含在任時聲望良好，亦平息了香港居民對政府的不滿。據《香港史》介紹：「文翰 34 歲時就被任命為威爾斯王子島（檳榔嶼）、新加坡和馬六甲（即日後著名的海峽殖民地）的總督。海峽殖民地比香港大得多（人口為 14 萬，香港僅有 3 萬），但香港總督的地位更高。文翰在海峽殖民地時向印度三個管理分支之一的孟加拉總督負責，因此與倫敦隔了兩個等級。在香港，他直接就英國與中華帝國的關係向內閣負責；在擔任總督的同時，他還是駐華全權公使和商務監督。文翰爵士並不是擔任駐華全權公使和商務監督之職的合適人選，因為他對中國人極端不信任。他在領事館甚至不肯提升會說漢語的人，照他的邏輯，這些人會說漢語，顯然是太同情中國人了。不過，文翰爵士是擔任總督的上佳人選。巴麥尊評論說，之所以任命文翰，主要是考慮到他具備豐富的實際經驗。在文翰擔任總督的 6 年時間裡，香港前所未有地平靜下來。文翰爵士的看法與英國商人的觀點十分接近，與前任不同的是，他與這些商人保持着良好的關係。文翰爵士帶着善於交際的妻子前來香港，這個事實有助於他與商人們融洽相處，也標誌着香港進入了一個較為安定的時代。為了安撫商人，他以香港總督的身份廢除了德庇時徵收的絕大部分令人厭惡的小額稅種，還保證就殖民地內政事務與商人廣泛協商。」

般含上任時，適值港府財政入不敷出。為了節省開支，他實行財政緊縮政策，決定放棄一切公共建築計劃，一些戴維斯時期已經動工的公共工程建設也被立即停止，甚至連他自己的薪金也暫緩支取。由於他採取的嚴厲措施，港英政府的財政支出很快得到控制，1848 年開支為 62,658 英鎊，到 1853 年減至 36,418 英鎊，削減了幾乎一半。在任期間，他開始實施香港最早期的城市發展計劃。

從第二任港督戴維斯，經第三任般含，到第四任寶靈離職，前後共十六年。這期間，由於鴉片戰爭，清政府更加腐敗，對外喪權辱國，對內殘酷壓榨人民，社會矛盾日益激化。1843 年，洪秀全秘密組織反清力量，1851 年 1 月在廣西桂平舉行起義，1853 年攻克南京，建立太平天國，勢力發展到 18 個省，直到 1864 年被鎮壓，堅持鬥爭達十四年之久。如何面對這場中國內戰，三任港督和英國政府，頗費了一番心思。

軟硬兼施，會見洪秀全

戴維斯任內，正是洪秀全太平天國反清運動初期，天地會正在廣東一帶活動。由於清政府的鎮壓，許多天地會成員在廣東站不住腳，暫時逃到香港避難。當時，內地和香港之間居民可以自由往來，這些人對腐敗的清政府不滿，聚眾造反，當然不是罪犯。到了香港之後，他們又不曾觸犯當時香港的法律，港英政府沒有理由把他們當罪犯看待。但是，戴維斯卻與兩廣總督耆英攜手，共同對付天地會成員。1845 年他特別頒佈了一道法令，規定香港警察有權逮捕自中國內地逃到香港的天地會及其他秘密結社分子，加以監禁，期滿之後在他們臉上蓋一個相當於中國罪犯充軍時刺字式的烙印，然後送到中國境內，交給清朝官府。

這樣做，犯人即使不死於清朝官吏的屠刀下，臉上的恥辱痕跡也終身除不掉，比對待一個殺人犯還要殘酷。後來，這一法例送到倫敦請求批准時，作了修改，規定在腋下烙印，不許烙在臉上。

般含接任後，太平天國運動已到興盛時期。般含對太平天國的態度，不像戴維斯那樣簡單，而是觀其發展，擇機而動。

1851 年 1 月，洪秀全在廣西桂平發動太平天國運動後，很快席捲大半個中國。許多有錢人家，為了避難，帶着家產連同家屬跑到香港。後來清朝政府鎮壓太平天國運動，一批參加過太平天國運動的人，也跑到香港。這樣，他們不僅給香港帶來大量資金，也帶來大批勞動力，為香港經濟的發展，注入了新的活力。

1853 年 3 月太平軍攻下南京。面對太平軍的強大攻勢，清政府希望借助洋人的軍事力量消滅太平軍，所以曾求助於英、美等國。這時，英、美、法各國都已經在上海強佔了租界，有了一定的勢力範圍，而太平軍和清政府的鬥爭，誰勝誰敗，當時還看不清楚，所以各國均宣佈「中立」。般含從英國的利益出發，對太平軍自然也採取了「中立」的方針。他一方面通知清政府上海道吳健彰，聲明「除保護英人生命財產外」，對於要求援助一事，不能以兵相助，但可以借租船隻供清軍使用，攻擊太平軍。另一方面，為了探明虛實，1853 年 4 月 27 日，般含親赴南京，會見洪秀全，向洪秀全表示中立，並解釋說，英國船艦給清軍使用，完全是「英人以私人所有的船隻出賣，法律無以禁止」，與英國政府毫不相干。般

含還要求太平天國尊重通商口岸的外商權益，把《南京條約》的中文抄本交給太平天國，要求洪秀全承認英國的侵略既得利益，如果拒絕接受他們已有的在華特權，英國便支援清政府鎮壓太平軍。

般含的所謂「中立」，完全是為了保持英國在中國的利益，想籠絡和利用太平軍，希望洪秀全承認並繼續執行不平等的《南京條約》。洪秀全只表示允許英國人在太平天國境內經營商業，自由出入。而對般含的恫嚇威脅，洪秀全絲毫不怕，除否定《南京條約》外，還警告英方不要幫助清政府，「即令助之，亦是無用的」。

般含沒有受到洪秀全的禮遇，很不高興。般含之所以不高興，關鍵在於太平天國嚴禁鴉片輸入，不承認清政府簽下的不平等條約。其次，太平天國表示將來自辦新式交通和新式工業。外國侵略者知道中國只有停留在落後狀態才對他們有利，這是他們反對太平天國的另一個原因。他們暫時宣佈「中立」，一方面是對發展中的運動有所顧忌，另一方面是清政府對英國還不是那麼俯首貼耳，需要太平軍對其更大的衝擊，造成更大的壓力。般含要等待時機，以聯手對付太平天國，換取清廷讓出更多的利益。

般含回到香港，港英政府對太平天國並未立即改變「中立」態度，他宣稱，英國如未受到直接的攻擊，決不干涉任何交戰一方。

隨着太平軍勢力擴大，港英當局逐漸改變態度。針對內地太平天國成員紛紛到香港活動的情況，1854 年，港英政府制定公佈了《遞解出境條例》，規定凡捕獲不法分子，如果不是在香港土生土長的，政府認為不能容留在香港時，則將之遞解出境。根據此項條例，港府勒令與太平軍有聯繫的幫會首腦盧東九等人的大小船隻一律駛離香港。12 月 21 日，港英當局逮捕一百餘名太平軍、天地會人員，遞解出境。1855 年 1 月，寶靈同海軍司令史德林率領兵船五艘，藉口保護廣州英國僑民，開到廣州白鵝潭，鎮壓包圍廣州的太平軍和天地會義軍。

第二次鴉片戰爭以後，英、法、美、俄侵略者都支持清政府鎮壓太平天國革命運動，太平軍奪取上海、西攻武昌時，均受到外國侵略者的干涉。1862 年太平軍在上海和寧波與英、法、美侵略者進行了英勇的戰鬥，在中外反動勢力的聯合進攻下，蘇州、杭州先後失守。1864 年 7 月南京被攻陷。

圍剿海盜張保仔

香港早期，海盜猖獗。般含任內，正值海盜張保仔橫行。張保仔本是廣東新會漁民的兒子，15 歲隨父親出海捕魚，被海盜鄭一擄走，開始了海盜生涯。因為年紀較輕，被人稱為張保仔。後來，鄭一在海上遇到颱風，翻船落水而死。海盜們擁戴鄭一的妻子石氏為首領，人們稱石氏為鄭一嫂。鄭一嫂與張保仔有曖昧關係，她便把部下完全交由張保仔率領。張保仔勢力最盛時，有部眾四萬餘人、戰船六百餘艘。海上過往商船經過他控制的地區，必須交納保護費，拒絕交納者很難倖免被劫被殺。張保仔出身貧苦，比較注意愛護一般老百姓。他們向鄉民購買糧食、物品時，往往加倍給錢，並嚴禁部下在駐紮地區掠奪百姓。

當年香港的海盜以旗色互相區別。紅旗的是張保仔、黑旗的是郭婆帶、藍旗的是烏石二。三股著名海盜聯合起來，協力抵抗清軍水師。清水師提督孫全謀、總兵林發等屢次被他們擊敗。軍事進剿沒有成效，清朝地方官員轉而採用招安政策，進行分化瓦解。郭婆帶首先接受招安。郭投降以後，張保仔在軍事上受到的壓力增大。般含乘機派兵配合清軍水師圍剿，在激烈的交戰中，張保仔身亡。

在香港島有許多與張保仔有關的遺蹟和傳說。據許地山先生考察，後來的西營盤便是當年張保仔營寨的所在地。在港島半山，即歌賦山山腰有張保仔舊時據守海島的塹壕遺蹟，原來是用青磚和蠻石鑲砌而成的。相傳荷李活道的文武廟也是張保仔修建的。

據記載，與張保仔同時期，在香港及其鄰近地區出沒的海盜，著名的還有徐亞保、十五仔等。徐亞保擁有部眾近二千人、戰船 23 艘、大炮 18 門。十五仔擁有部眾三千餘人、戰船 64 艘、火炮千餘門。

當時不僅有中國海盜，還有一些外國海盜。例如，英國人芬頓駕駛懸掛英國國旗的桅船一艘，以護航保鏢為名，從事海盜活動。1851 年 6 月，他率領海盜船隻，在海上殺害前往盤查的葡萄牙軍官兩名。同年 12 月，他搶劫中國船隻，反被中國船把他的桅船擊沉，將他生擒，押到香港。因為是英國人，般含當局設法予以包庇。第二年 1 月 5 日，特別刑庭開庭審理。與芬頓同夥的三名中國海盜，

被控殺害葡萄牙軍官，犯海盜殺人罪，被判處死刑，而芬頓本人卻被宣告無罪。澳門葡萄牙當局對此表示不滿，帶目擊者來香港確認芬頓為兇手。港英當局無奈，才將芬頓判處三年有期徒刑。

對於鴉片戰爭以後中國沿海海盜再起的問題，美國人馬士進行過研究分析。他認為，中國沿海海盜猖獗「或許是由於政府在對付沿海英國敵人上所表現的無能以及水師沙船的全軍覆沒所促成的；它也許是被 1839 年以後鴉片走私的不法行動所鼓勵的；但是，在更大的程度上，它是海上和各海口人民不滿和遍地發生的造反運動的一種明顯的表示。從東京灣（指南海北部灣）到揚子江口乃至山東沿岸的海上佈滿了海盜的船隻，這些船都已經在中國當局對英作戰時期所發給的許可證下獲得了充分的武裝配備」。

馬士這段話反映出鴉片戰爭後，在包括香港在內的中國沿海地區海盜活動的複雜情況。根據當時的史料考察，有的海盜只知道殺人越貨，甚至參與鴉片走私。他們的行為影響了正常的海上貿易，的確具有很大的破壞性。但是，在外國資本主義武裝侵略中國的嚴峻局勢下，也有一部分富於正義感和愛國精神的海盜，把鬥爭矛頭指向外國侵略者，成為中國人民反抗外國侵略的一支民間力量。應該說，徐亞保就是其中的一個典型。外國侵略中國，掠奪百姓，政府腐敗無能，懼怕洋人，又不許百姓抵抗。百姓的出路只有一條，鋌而走險，在海域周旋。

懸賞緝拿徐亞保

有資料記載，徐亞保對英國人販賣鴉片深惡痛絕，他攻擊的對象多半是鴉片煙船。他與十五仔分工合作，由他偵察英船的航期、航線等情況，得到情報後，立即通知在洋面上活動的十五仔。由於配合默契，每次行動方式又多變換，所以經常得手，使英國鴉片煙船和巡邏的英國兵艦吃盡苦頭。

1849 年 2 月 25 日發生在赤柱的事件，反映出徐亞保見義勇為的性格特點與反抗外來壓迫的民族精神。當時有兩名駐港英軍軍官，一個叫科斯達，是皇家工程營上尉；一個叫戴亞，是錫蘭來福槍聯隊中尉。那天傍晚，他們喝得醉醺醺的，到赤柱的黃麻角村挨家逐戶尋釁鬧事。走到村裡最末一戶人家，看見一個年輕媳

婦正在煮飯，科斯達把她抱住，動手動腳。媳婦的公公婆婆聽到驚叫聲，從屋裡出來阻止。兩個英國軍官竟揮動皮鞭抽打他們，兩位老人跑到門口高呼「救命」。鄰居們聞聲趕來救助，英國軍官繼續揮鞭打人，幾個村民被打得頭破血流。這時徐亞保的船隻正好停泊在赤柱，聽說英國人在村裡調戲婦女，行兇打人，他馬上帶領幾個夥伴，手執長矛趕來，想把英國軍官趕走。不料他們賴着不走，還搶走徐亞保夥伴手中的一枝長矛，當場折斷，徐亞保怒不可遏。兩個英國軍官見勢不妙，想奪門逃走。徐亞保用長矛將他們戳倒，然後叫夥伴們抬起屍首，走到赤柱山頭的峭壁上，拋入海中。

這天夜晚，軍營裡發覺科斯達與戴亞兩人沒有回營，便一面派人四出尋找，一面向上級報告。港英政府和警察方面接得赤柱有兩名軍官失蹤的報告後，立即派出警察到赤柱、大潭一帶調查兩人的行蹤，錫蘭來福槍聯隊也派出 100 名武裝兵士分隊向全島搜索，同時，英艦「憤怒」號也駛到赤柱灣內去巡邏。當他們搜索到黃麻角村時，兵士發覺全村居民逃避一空，這表示兩個軍官一定遭遇了意外。27 日晚上，科斯達的屍首在海上被人發現，但是戴亞的屍首則沒有下落，並且以後始終不曾尋到。

警方抓走六個赤柱的村民，但他們一致否認與這事有關係。六個人都被送到維多利亞監獄。這時，那個被英國軍官打傷的老人向軍營自首，他說他「並未做過任何錯事，因此不想躲避」，只是把事情的經過說清楚。於是這個老人也被扣留。

由這六名村民的供述，法院的偵查庭漸漸明瞭這件殺人案的真相。港府一面將這些嫌疑犯開釋，一面下令通緝徐亞保和他手下的人。起先懸賞捉拿那些參加殺英國軍官的人，凡能捉獲一名者，賞 100 鎊；後來又增加賞格，凡能捉獲徐亞保本人者賞 500 鎊，捉獲其他榜上有名的兇犯，每名賞 100 鎊。

3 月 1 日，駐港英軍為科斯達舉行了隆重的葬禮。總督般含和海陸軍長官都親臨致祭。這件血案立時成了當時香港街談巷議的中心話題，尤其是被懸賞 500 鎊通緝的徐亞保，更成了大家關注的中心。

兩名軍官被殺，引起了倫敦的注意。當時海盜猖獗，不僅危害香港的商業和航運，而且更因為海盜的內部組織複雜，軍火諜報及盜夥來源，都牽涉香港在內，所以英國下決心加以肅清。

6 月間，正當英國準備出兵圍剿徐亞保時，十五仔的一些部下在海南島附近

掠奪一艘屬於英國人的帆船,並殺死船上人員,這更加激怒了英國人。英國海軍艦隊對徐亞保等發起攻擊,這行動一直持續了整個夏天。9月至10月初,「哥侖科」號的艦長約翰‧海在兩次交戰中擊毀了徐亞保的艦隊。

據記載:「第一次在大沙尾附近,第二次在大鵬灣內。他獲得鐵行輪船公司的汽船『廣東』號,以及海軍『弗雷』號、『海斯丁』號的協助,摧毀了23艘海盜船,平均載重500噸,繳獲火炮12門至18門,以及3隻建造中的新船,兩處小船塢,以及相當數量的航海用具。在駕駛這些船隻的1,800名海盜中,400名被殺,其餘都四散逃亡。大鵬灣的海盜炮火在45分鐘之內就被消滅無聲,英國人僅有一名輕傷。」

在圍攻徐亞保等的作戰中,清朝水師派出8艘戰船,夥同英國艦隊作戰。在10月18日,中英聯合海軍一共擊毀十五仔艦隻64艘中的58艘,打死了1,700人。十五仔失敗後,眼看自己舊式的海盜艦隊實力根本無法和新式的英國海軍炮火對抗,知道自己的黃金時代已經過去了,便率眾向兩廣總督投誠,以便保存殘餘實力。

徐亞保在與英國海軍和清軍水師海戰中失利後,第二年重整軍旅,準備東山再起。因為十五仔已接受清政府招撫,徐亞保也顯勢單力薄。一次他途經馬士灣(大鵬灣)時,被小股散匪所劫。劫匪中有人認出徐亞保,便把他交給途中遇到的英國商船「富力康」號,押解到香港領賞。1851年2月16日抵達香港以後,徐亞保自認殺人不諱。3月10日,般含政府組織特別刑庭審理徐亞保殺兩英軍及海盜案。被告方面的辯詞以被捕地點為中國領域,提出司法管轄權問題。港英當局自覺英軍軍官行兇在前,徐亞保殺人在後,如果重判徐亞保,恐引起更大民憤。結果由陪審團裁定,僅成立誤殺罪,當由正按察司判處無期遣戍之刑,至於海盜罪則未提起公訴。香港政府準備將徐亞保押交清朝地方官治罪,在等候起解的牢房中,徐亞保自縊身亡。

慷慨拍賣土地

港府的初期財政開支,建築費用,完全從鴉片戰爭中中國方面的賠款總數中抽撥,這筆賠款中的抽撥款在第二任港督戴維斯任內已經用去大部分。到了般含

擔任港督時，已經無多少款項可用，而香港政府的開支及公共建設費用頗為龐大，初期的商業發展又很有限，抽稅不多。般含若要應付政府費用，必須別開財路，於是他想到了賣地。

拍賣土地是無本萬利的生意，一是港府先有一筆地價收入，這是非經常性收入；二是商人把土地買去，必定會在地上建屋造房，房屋建好之後，港府就有了地稅、物業稅和差餉這些經常性的收入了。中國香港的土地，商人的錢，其中一部分是中國商人的錢，港府不費力氣，便可無本萬利，何樂而不為。

港英政府拍賣土地，最早可追溯到 1841 年。這年 6 月 7 日，由義律主持了第一批土地拍賣，拍賣地點在澳門。因為當時各國洋行大多數都在澳門，那時候的香港還只是個未經開發的漁村。英國人要把香港開闢成商埠，便須借助各國洋行的力量，因此第一次拍賣土地在外商聚居的澳門舉行。這次拍賣土地，投得者大部分是英商，其中最大買家是怡和洋行。根據當時的記錄，這次共拍賣一百個地段，其中最高價的是第 1 號地段，佔地 6,700 平方呎，以 80 英鎊投得；面積最大的是第 11 號地段，佔地 11,200 平方呎，以 52 英鎊售出。

砵甸乍任港督時，對拍賣土地也很感興趣。但他發現許多外國商人對於政府拍賣的公地不感興趣，而寧願向當地華人購買土地建屋。港府經過調查研究發現，外國商人對港府拍賣土地不感興趣的原因，是政府沒有確定這些公地可以使用的年期。於是，砵甸乍成立了一個土地委員會，除了積極清理外國商人向華人購入的土地，着令登記及補地價之外，又在 1844 年宣佈，香港土地的使用年期，一律規定為 75 年。

第一次拍賣的英商投得者，還有不少向華人低價買了土地的外國商人，都覺得產業權只有 75 年，時間還是太短，便向砵甸乍的繼任者戴維斯要求延長產業年期，戴維斯拒絕了他們的要求。1848 年，般含接任港督，也看準了拍賣土地這條財路。英商抓住時機，又把延長土地使用權的要求向般含提出。

當時般含正在同中國兩廣總督徐廣縉談判，要求允許英商進入廣州進行貿易，很需要香港外商的支援，便答應了外商關於所買土地權延期使用的要求。外商對般含期望值並不高，以為般含把土地使用年期延長數十年就不錯了，卻不料般含十分慷慨，將土地使用權改為 999 年，比原來的 75 年增加了十多倍，大出香港外商所料。

般含之所以敢這樣做，是他找到了一個現成的先例可作為法律根據。新加坡和香港一樣，同是英國的佔領地。當時的新加坡總督為了鼓勵當地華人購買土地，便以 999 年期來吸引當地華人的興趣。因為中國人習慣買地之後世代相傳，新加坡的漫長的土地產業權，獲得英國政府批准。般含有例可循，便效法新加坡，提出報告。但是，般含這項措施，卻被倫敦方面擱置起來，遲遲不予批准。英國政府認為，香港情況和新加坡不同，新加坡是一片平地，可供發展的土地甚多，而香港卻是一座高山，可以使用的土地只有海邊的一小片土地。若是土地使用年期太長，將來香港便沒有新的土地可供發展。

般含不以為然，他以與新加坡相同的理由再向英國政府力爭。他表示，香港若求長遠發展，必須吸引中國方面的商家前來購地興建屋宇，發展工商企業，如果年期太短，華商不感興趣，香港也就發展不起來了。

香港政府這個策略果然很有效，由於 999 年的管有業權幾乎就是永久業權。上海、廣州和內地的有錢商人，都爭着到香港購置物業，準備傳子傳孫。在般含港督任內，中上環一帶很快便樓宇林立了。

英國政府看到般含的辦法確實能夠做出成績來，終於批准了他的請求。這一新規定除了在 1849 年 3 月 3 日出版的憲報刊登之外，還在通衢大道遍貼廣告，讓香港市民家喻戶曉。

般含除了以拍賣土地增加收入之外，還用巧妙的手法應付英商減稅要求。其中一種方法，便是豁免了拍賣稅，但要求拍賣行領取牌照。

拍賣方式是從歐洲傳入香港的，所以經營拍賣行的全是英商。當時港府對於拍賣物品要抽取 2.5% 的稅款，稱為拍賣稅。拍賣行商人對港府這一規定非常不滿，於是聯合起來要求般含減免拍賣稅。但是當時港府急需財源，般含開始時沒有答應。有些拍賣行主持人和英國政府方面關係密切，通過關係網，利用權勢對般含施加壓力。般含終於豁免了拍賣稅，但他另出新招，要拍賣行領牌照，牌照費數目並不比拍賣稅少，港府變相地又增加了一筆收入。

興建聖約翰大教堂

教堂是傳統殖民地的三大重要象徵之一，香港也不例外。1847 年 3 月 11 日，香港聖約翰大教堂在港島中區花園道與炮台里夾角處舉行奠基禮。1849 年 3 月 11 日正式落成，建築費用共計 8,736 英鎊。禮拜堂內設有 640 個座位。是香港最早的基督教教堂之一。落成之日舉行了首次禮拜儀式，成為般含時期一件盛事。同年，英國皇家頒特許狀，特許設立維多利亞主教職位及港澳主教管區。1850 年 3 月，喬治·史密斯神父抵港，成為香港第一任英國「聖公會」會督。1852 年正式授予新教堂以大教堂地位。

英軍佔領香港之初，天主教和基督教便開始傳入香港，1841 年，羅馬教廷在香港設立監牧區。在聖約翰大教堂建成之前，天主教教堂香港聖母無原罪主教堂，於 1843 年在威靈頓街與砵甸乍街之間的一處山坡上建成，因奉無原罪聖母為聖堂主保而得名，也稱香港天主教總堂。因為教徒眾多，地方擁擠，1888 年在堅道另建成一座新的主教座堂，即大型的總堂。堂長 272 呎，內部最寬部分為 132 呎，高為 70 呎，還有一座高 150 呎的鐘樓。在主教堂內正壁上瓷石龕中有一座 5 呎高的木刻教區主保無原罪聖母像。

香港是一個宗教開放的城市，在英國管治香港的一百五十多年中，港英政府在法律上、政治上以至經濟上都給予宗教組織以保障和優待。在港府重大活動的正式禮儀上，香港基督教聖公會會督、天主教香港教區主教的排名，都在行政局、立法局的首席議員之前，僅在港督、律政司、布政司和三軍司令之後。在港府的非官守議員中，天主教徒與基督教徒共約佔 22.5%。

般咸街和吉士笠街

香港的街道，許多是以港督或輔政司等知名人士的名字命名的。第二次世界大戰結束後，除了一條以軍政府首長命名的夏愨道之外，再也不以港督的名字做街名，而改以建築物來命名了。

香港半山區有一條通往西營盤的路，叫做般含道，後來改稱般咸道。這條道是港府用來紀念般含的。上環有條文咸街，也是用來紀念般含的。當時，港府的中文師爺替般含總督改了個中文名字，叫做文翰，就好像後期的港督都有個中文

名字，如叫做尤德、衛奕信和彭定康一樣。中國「翰」字本來是很文雅的，但在改路名的時候，那些中文師爺不知怎麼搞的，竟然把個翰字弄成了咸字，不倫不類。

上環本來沒有文咸街，因為這條街的所在地原是海邊沙灘。由於賣地可以替港府帶來大筆收入，般含便在上環一帶，一邊開山一邊填海，開闢出一大片土地來賣給建造商。文咸街、永樂街和乍畏街（今蘇杭街）的土地都是如此得來的。這幾條路較為狹窄，所以不稱為道，而稱為街。

後來，香港逐漸成為一個良好的轉口港，歐洲和南洋各地的商品，都先運來香港，再轉運到中國內地；中國的土特產和原料，也一樣先運到香港，再轉運到遠洋輪船上運到外國去。即使是中國本身的貨物，由北方運到南方，或者由南方運到北方，因為海運費用比陸路運輸便宜，而且安全得多，不會碰壞，所以都先運到香港來，然後再轉運到南方或北方。這些專門溝通中國南北貨物的商行，被香港人稱為「南北行」。由於文咸街接近海邊碼頭，易於照顧船運業務，所以許多南北行都開設在文咸街。

不管是用港督名字，還是用輔政司的名字命名街道，其緣出都是他們為英國侵略中國立過功，為英國統治香港賣過力。在皇后大道中、士丹利街與威靈頓街之間，有一條吉士笠街，就很能表現這種情況。

吉士笠當年只不過是一位與後來民政司同等級的「撫華道」官員，在港府中，官職不算很高。但竟能有一條街命名來紀念他，一定有特別的原因，或者說，他對英國有特別的功勞。

吉士笠的中文譯名是甲利，或者是郭士立。據史料記載，在英國人眼裡，在那些專以鴉片和武力侵入中國市場的外商眼裡，吉士笠是個大功臣。因此，他才能以一般官職博得以他名字命名的街道。

鴉片戰爭時期，吉士笠擔任英軍翻譯，也是義律的謀士。他看到英軍在珠江口面對林則徐和關天培的軍隊，連吃敗仗，便建議英軍避重就輕，改道北上，進攻定海，直逼天津。清廷不及提防，遂被英軍所乘，終於簽下割讓香港及賠償大量軍費的和約。對英軍來說，這是一個不小的轉折。

吉士笠是德國人，本來是個傳教士，他和英國人馬禮遜由歐洲來到澳門，任職於英國東印度公司。來澳門之前，吉士笠和馬禮遜曾在馬六甲學習過中國語言

和文字，是當時能讀中文書籍和能寫中文的少數西方人之一。

當時清廷禁止外國人來華傳教，吉士笠為了能夠進入中國傳教，在南洋歸化了福建同安郭氏宗親會，並隨郭氏鄉親一起回到福建，又北上至天津一帶考察。鴉片商因此請他任職，協助向中國推銷鴉片。後來義律招他來當中文秘書，參與了第一次鴉片戰爭。

1832 年前，吉士笠和馬禮遜合寫了三本中文書，在澳門印刷。書名是《日課初學》、《張遠西友相論》、《英格利國人品國事略說》。第一本是傳教的宣傳品；第二本是宣揚和西方人交友的好處，勸華人不可歧視西方人；最後一本是宣傳當時的英國國力如何強大，英國殖民地遍及全世界，英國人有仇必報，中國人不可與英國人為敵，要彼此通商搞好貿易關係。清廷對於吉士笠這三本書頗為重視，曾下令署理閩浙總督魏元良查明這三本書的內容。

吉士笠寫好這三本書之後，1832 年 1 月奉東印度公司老闆之命，隨以胡夏米為船長的「羅爾亞美士德」號輪船到中國北方去。他的身份是船長中文秘書，任務有三條：一是把中國沿海水域島嶼形勢測量繪圖；二是在沿海各港口試探是否可以直接和當地商人進行貿易；三是把他的三本書沿途散發給中國人。

「羅爾亞美士德」號從澳門出發，沿途經廈門、福州、寧波等地，一路測量各個港口的水位，繪畫地圖。吉士笠懂中文，能說漢語，他除了沿途派發自己的三本書之外，還到處以重金收買情報，並和中國的貪官污吏打交道。

到達福州時，吉士笠通過中間人向魏元良行賄，暗地裡在福州做了一萬餘元的生意。在舟山、寧波，他也以同樣的手法，收買當地官員，做了許多生意。但是，到了上海，卻遇到了兩個大剋星：一個是林則徐，一個是關天培。

林則徐剛好調任江蘇省巡撫，而關天培是蘇松總兵。林則徐下令給管轄上海的蘇松太道吳其泰，叫他切不可與外國人來往。關天培調動水師，嚴密監視「羅爾亞美士德」號的動靜。隨後，關天培下令蘇松太道吳其泰，通知胡夏米立即把船駛離上海。吉士笠是個狡猾的人，他想在上海拖延停泊時日，找尋起死回生的機會。於是，他寫了一封呈文給吳其泰，呈文佯說「羅爾亞美士德」號因在海上遇風損毀，必須稍為停留，加以修理。吳其泰把呈文退還，在呈文上批了幾行字，限令「羅爾亞美士德」號立即離去。

這時候，胡夏米船長知道在上海做生意是不可能的了，但因船員測量上海港

口的工作還需幾天才能完成，若是立即被逐，已進行了一大半的工作，便會功虧一簣，便請吉士笠設法在上海水域多留幾天。

吳其泰所批的那幾行字中，把胡夏米船長稱為夷人，這是當時官場對外國人的統稱。吉士笠便抓住這一點大做文章，認為這是侮辱，要求吳其泰把這種稱呼改正過來。由於吉士笠熟識當時中國官場的陋習，公文往來十分緩慢，往往要花好幾天時間。有了這幾天時間，船上的人便可以把測量和繪圖的工作完成了。

吳其泰果然中計。他絞盡腦汁，引經據典的寫了回覆公文，說明在呈文上以「夷人」相稱，並無侮辱外國人的涵義。吉士笠又寫信辯駁，公文來來往往，船上的人已有很從容的時間完成繪製上海沿岸地圖的工作了。「羅爾亞美士德」號被驅逐出上海水域之後，繼續北上，沿途照舊測量水位和繪畫地圖，圓滿地完成了任務。

這艘貨輪所經過的地方中，舟山和鎮江是後來第一次鴉片戰爭中英海軍交戰的地方。至於其他地方如福州、上海等地，也就是後來在第二次鴉片戰爭中，清軍戰敗後提出和議，英方要求五口通商的城市。可見吉士笠這次沿中國海北行，完全是為英軍以後的侵略戰爭做準備工作。

清廷在鴉片戰爭大敗後，與英方簽訂《南京條約》，吉士笠也曾參加，擔任英方翻譯。到了英國正式統治香港，論功行賞，也因為他懂得寫中文和說漢語，便委任他為華民政務司。他離任後，港府為讚揚他的「功勳」，用他名字命名一條小街道來紀念他。

不過，紀念吉士笠的那條街，後來卻成為外國妓女麇集之所，藏污納垢、聲名狼藉，名和街，也算沆瀣一氣了。附近居民也不把這條街叫做「吉士笠街」，卻把它叫做「紅毛嬌街」。「紅毛」是對英國人的俗稱，妓女稱為「阿嬌」，「紅毛嬌街」反而比「吉士笠街」出名，幾乎每個外來水手和外商，都來這裡胡作非為。吉士笠於 1851 年在香港去世，若他看到紀念自己的那條街是那樣的烏煙瘴氣，真會被活活氣死。

寶靈 John Bowring

寶靈（1792-1872），也作寶寧、寶陵、鮑林等，自取中文名字包令。1792 年 10 月 17 日生於英格蘭德文郡埃克塞特。早年追隨英國功利主義哲學家邊沁，是邊沁的親密朋友和著作的執行人，為他主編《威斯敏斯特評論》。寶靈是一位政治經濟學家，曾兩度當選為英國下議院議員，多次被英國政府派赴法國、德國、瑞士、意大利等國考察，調查商業情況，先後任比利時、埃及、敘利亞、土耳其等國商務使節。他幾乎熟悉每一種歐洲語言，是多才多藝的作家和語言學家。1849 年，他被任命為英國駐廣州的公使，兼任英國在中國的商務總監。1854 年 4 月接任香港第四任總督，接任時 65 歲，是香港歷任總督中年齡最大的。

寶靈在任期間，太平軍攻打廣州，他配合清政府鎮壓；英法聯合侵略中國，寶靈是主要策劃人之一。1849 年任英國駐廣州公使時，當時港督般含因休假返英，寶靈從廣州來到香港，代理商務監督，主理港事。他主張使用武力迫使清政府「修約」，答應讓英國人進入廣州城，擴大英國在華利益。任職期間，寶靈曾倡議立法局的華人和歐洲人有均等投票權，並下令改善衛生和居住環境，興建兵頭花園，制訂華人教育方針和在沿海區興建道路、碼頭及貨倉計劃。1859 年 9 月離任，任期五年又五個月。曾受封爵士。1872 年去世。出版有《寶寧爵士自傳體回憶錄》。

只有名譽職位

第三任總督般含上任時，香港經濟處於困難時期，港府財政拮据，般含主動決定暫緩支取自己的薪俸，縮減一切財政開支。到了第四任總督寶靈，英國政府乾脆因財政問題而不敢正式任命他為總督。當寶靈被提名接替般含時，英國殖民地部通知他，由於庫房空虛，不足以維持設立總督的職位，所以只任命他為商務監督，授權他統治香港。這與前期香港總督兼任三軍總司令、商務總監、駐華公使等數職相比，差別顯然甚大。殖民地部規定，他可以用總督的頭銜，不過這是名譽上的職位，因此寶靈的薪金比正式總督每年少 2,000 英鎊，正式港督當時年薪 6,000 英鎊，他只能支取 4,000 英鎊。

1855 年 2 月，寶靈與副總督威廉・堅發生職權之爭，爭執的原因在於誰當立法局的主席。按照英國皇家「訓令」，港督是行政局、立法局的當然主席，而寶靈沒有被正式任命為總督，只任命為商務監督。威廉・堅是港府的「三朝元老」，不把寶靈放在眼裡，況且又有空子可鑽，就與寶靈爭兩局主席的職務。

事情鬧到英國殖民地部，殖民地部不得不承認，發生這種事件是行政上的錯誤。於是，正式任命寶靈為全權的香港總督，但年薪不變，照常支取商務監督的薪金，而不是正式港督的薪金。威廉・堅沒有得到倫敦的支持，於是提出辭呈，寶靈予以批准，宣佈撤銷威廉・堅副總督的職位。

挑起第二次鴉片戰爭

《南京條約》簽訂後，英國人進入廣州的計劃一直受阻，英國政府出於國際和國內形勢的考慮，秉持謹慎態度。根據《香港史》介紹：1852 年，般含離港休假一年，寶靈代理總督。時任外交大臣格蘭維爾向寶靈發出警告：「女皇陛下政府殷切希望避免與中國發生任何不愉快的爭論……你不得就那些多多少少束縛你的政府行動自由的未決問題挑起爭端；未事先與國內商議之前不得訴諸武力手段。」不久，政府更替，寶靈致長函提出，必須「嚴厲敦促」中國當局允許英國人進入廣州。新任外交大臣馬姆斯伯里回函：「你絕對不應提出英國臣民進入廣州城權利的問題。」1852 年 7 月 21 日，寶靈又收到另一函件：「你不得就英國臣民進入廣州城一事引起任何爭端……你的任何不適當的干預都有可能引發極大的麻煩。」

但是，圍繞廣州入城受阻，英國的不同政黨、不同人士，在不同的時間、不同的情勢下，有不同的態度。其中有一些人總是耿耿於懷，認為中國政府違約，主張強硬解決。

巴麥尊 1850 年 9 月 29 日寫道：「我清楚地認識到，我們不得不在中國實行另一次打擊的時刻很快就要來臨……這些半開化的政府，如中國……需要每隔八到十年就訓斥一頓，讓他們服服帖帖。他們心智低下，難以接受長於這段時間的概念，而警告又沒有多大用處……他們不但要看見棍棒，還要實際感覺到棍棒打在他們的肩上，才會服從使之服膺的惟一理由：『訴諸武力』。」

般含在任時期，也認為「有必要進行一次武力展示」。如果能夠找到合適的藉口，巴麥尊十分樂於批准這個行動。

1849 年寶靈被任命為英國駐廣州公使，臨行前，他在寫給法國總統路易·波拿巴的信中表明，不久，英中雙方會不可避免地發生戰爭。赴任後，「他一直伺機尋找莫須有的理由來發動一場決定性的第二次對華戰爭。」但是，由於倫敦方面再三的指令，他不得不「遵從」。然而，「合適的藉口」終於來了。

1856 年 10 月 8 日，英國駐廣州領事巴夏禮在港督寶靈支持下，乘太平天國運動動搖了清政府統治的時機，藉口「亞羅」號事件擴大事端，挑起了第二次鴉

片戰爭。

1855 年，經英國政府殖民地部批准，港英政府頒佈第四號法例《船舶註冊條例》，條例第六項規定：「本殖民地的中國居民，可申請並取得殖民地船隻執照。只要作為船隻所有者，而申請人或人們，是本殖民地皇家土地的註冊租戶，並有兩個租戶的保證人，而彼等在本殖民地擁有 2,000 元財產者，經審核屬實，即可領取合法船舶執照。」

「亞羅」號貨船，根據上述條例，於 1855 年 9 月 27 日在香港註冊，執照有效期為一年。船東是一位洋行中國買辦方亞明。他僱用了英國人譚馬士·甘迪迪為船長，其餘水手都是中國人。「亞羅」號貨船是一艘小型快速帆船，經常航行於香港、澳門、廣州及汕頭海域。名為貨船，實際上與海盜相互勾結，專門幹接贓銷贓的勾當。

1856 年 10 月 8 日，「亞羅」號貨船停泊在廣州海珠炮台附近的碼頭。有人舉報「亞羅」號是賊船。中國廣州水師千總梁國定率領官兵四十餘人登船搜捕，從船上 14 名中國水手中認出 12 個是海盜，予以逮捕。當時船長甘迪迪正在岸上，看見捕人情景，便向英國駐廣州領事巴夏禮報告，要求他干預。

中國官方在中國領海、中國人的船上，捕捉中國犯人，本是中國內政，與英國毫不相干，但巴夏禮卻向中國官員提出抗議，無禮干涉。他說：「亞羅」號曾在香港領過登記證，是英國船，應受英國保護。事實上，登記證已於 9 月 27 日過期作廢。巴夏禮硬說中國官員在英國船上捉人，是對英國的侮辱。巴夏禮還誣稱，船上懸掛的英國國旗被中國士兵撕毀，要求廣州當局送回被捕者，並向英國賠禮道歉。寶靈完全支持巴夏禮，態度十分蠻橫無理。本來懦弱的兩廣總督葉名琛已經逆來順受，在寶靈的壓力下，於 10 月 22 日將被捕人犯全部送往英國領事館。但寶靈、巴夏禮並不甘休，蓄意將事態擴大，拒不接受人犯，終於釀成了第二次鴉片戰爭。

1856 年 10 月 22 日，寶靈命海軍司令西摩率領英國船隊向廣州進發，23 日抵達珠江口，24 日炮轟廣州城，廣州軍民奮起抵抗，這場戰爭便由此爆發。由於當時英軍在華力量有限，英軍攻入廣州不久，又退居虎門等待援軍。

寶靈向英國政府請求派兵援助，並建議與法國等聯合行動。英國政府採納了寶靈的建議，1857 年 7 月，任命額爾金為全權專使，率領一支海陸軍來華作戰。

同時還向法、俄、美三國政府發出照會，提議聯合出兵進攻中國。

法國早在「亞羅」號事件之前，就製造了一起所謂「馬神甫事件」，進行尋釁，英國的照會，完全符合法國的意願。

1853 年法國天主教神甫馬賴非法潛入廣西西林縣活動。1856 年 2 月，西林縣知縣張鳴鳳逮捕馬賴等 26 人，並判處馬賴死刑。馬賴受懲本是有錯在先，法國政府卻以此為藉口，聲稱要「為保衛聖教而戰」。接到英國照會後，法國政府隨即任命葛羅為全權專使率軍來華，協同英軍作戰。

1857 年 12 月，額爾金率領的英軍和葛羅率領的法軍在香港集結，待機行事。這時，俄、美兩國派出的專使也趕到香港，同英、法專使共同謀劃進攻中國的具體事宜。12 月 29 日，英法聯軍在只有部分清軍自動零星抵抗的情形下，一舉佔領廣州。兩廣總督葉名琛俯首就擒，巡撫柏貴、廣州將領穆克德訥等投敵。由巴夏禮牽頭，英國將軍斯托賓齊、法國軍官馬殿那參加，成立三人委員會，操縱柏貴、穆克德訥繼續任職，成立了所謂政府，從而出現了中國近代史上受外人控制的第一個地方傀儡政權。

柏貴等受到嚴密監視，行動完全失去自由，未經三人委員會同意，不得發佈任何命令。廣州從此被英法軍事佔領了三年之久。

聯軍既佔廣州，英、法、俄、美四國公使便向清政府提出修訂通商條約。1858 年 4 月，四國公使到大沽口外和清政府代表談判。英、法兩國故意挑剔，談判破裂。5 月 20 日，英、法聯軍攻陷大沽。清政府慌了手腳，忙派大學士桂良和吏部尚書花沙納赴天津議和。在侵略者的威逼下，在天津分別於 6 月 26 日、27 日同英、法、俄、美等國簽訂了《天津條約》。

1859 年 6 月，英法公使以換約為名，率領軍艦到大沽口外，蠻橫拒絕清政府指定的由北塘登陸的路線，堅持經大沽口溯白河進北京。6 月 25 日，英、法聯軍突然向大沽炮台進攻，遭到中國守軍的英勇抵抗，激戰一晝夜，侵略軍被打死打傷近五百人，軍艦被擊沉多艘，英國艦隊司令何伯也身負重傷。英法聯軍逃往上海。

1860 年 2 月，英、法兩國再度從國內分別派出 18,000 人和 7,000 人加強侵華力量。3 月，陸續到達香港的英軍萬餘人強行在九龍尖沙咀登陸，實行武裝佔領。同月 21 日，巴夏禮誘迫兩廣總督勞崇光簽署《勞崇光與巴夏禮協定》，強租九龍，

年租銀 500 兩。4 月，英法聯軍侵佔舟山。5 月，侵佔大連灣、煙台。6 月初，封鎖渤海灣。8 月，攻陷塘沽、大沽、天津。9 月 21 日，進逼北京。9 月 22 日，咸豐皇帝倉惶逃往熱河，命其六弟恭親王奕訢留守北京，負責議和。10 月初，英、法聯軍在沙俄提供的北京平面圖和軍事情報的有利條件下，攻進安定門，佔領北京城。10 月 18 日，火燒圓明園。10 月下旬，奕訢代表清政府分別與英、法交換了《天津條約》換文，並新訂了中英、中法《北京條約》。

自英法聯軍 1856 年開始進犯，到 1860 年結束，第二次鴉片戰爭打了四年，英、法等國達到了目的。中國除允許外國公使駐京、准許內地自由傳教和增闢牛莊、登州、台南、淡水、潮州、瓊州、漢口、九江、南京、鎮江、天津為通商口岸外，還改訂了關稅，並割讓九龍給英國，賠償英、法軍費白銀各 800 萬兩。

毒麵包事件震驚中外

發生在寶靈任內的毒麵包案，是香港歷史上著名的事件，連總督夫人也在中毒者之列。

英國發動第二次鴉片戰爭，1856 年 10 月英軍艦炮轟廣州，熱愛祖國的香港居民異常憤怒，認為英國人完全是找藉口製造事端。「亞羅」號雖是在香港註冊的船隻，但船主方亞明是中國人，捉的又是中國水手，不應藉端開戰，轟我省城，殺我同胞，因此紛紛離港返回內地，以抵制香港寶靈當局。同時，香港知識階層在街頭貼出告示，號召香港同胞離港，不運糧食、蔬菜供應香港，制裁英軍和港英當局。

當時香港很快掀起了維護主權的風潮。香港當局極為恐慌，立即召開專門會議，研究應急措施。多數人主張用高壓手段對付香港的中國人。但總督寶靈則認為，這樣做反而更激起民憤，同時，他知道西摩的英國艦隊，在廣州並未打勝仗，英軍正遭到頑強的抵抗。前方不利，後方需要安定。於是寶靈採取了爭取香港華商、爭取一些游離分子的政策，特地用中文出版一本《丙辰粵軍公牘要略》的小冊子，廣為派發。該小冊子把戰爭責任完全推到當時的兩廣總督葉名琛頭上，勸華人不要離開香港，繼續維持業務。

當時香港已有很多華人離港，其中與清朝官吏有關係的商人，也都結束在港業務回鄉。香港市面經常貼有告示，警告那些仍然出售糧食給英國人的中國商人，如果執迷不悟，仍不悔改，便將他們內地的祖屋燒燬，捉拿他們的親人。港英政府也採取相應措施，對那些肯冒險留港為英國人服務的中國人加以保護。

當時有一個名叫張亞霖的商人，開了一間「裕盛辦館」，平時專辦洋船糧食。在大多數商人為抵制英國對中國的侵略而歇業的時候，他卻趁機大做生意，發國難財。不但販運糧食入港，連全港英國人的伙食，他也全部包辦下來，生意自然興隆。張亞霖曾被當時香港愛國同胞警告多次，他在廣州的一間店舖已被燒燬，但他仍然堅持供應香港英國人糧食。

1857 年 1 月 15 日早上，「裕盛辦館」的麵包上市，將供應四百多戶英國人的麵包送到各個訂戶家中。英國人用過早餐之後，全部中了毒。香港歷史上有名的毒麵包案就此發生。

港督寶靈全家也中毒。他立即派員到張亞霖辦館檢查，經過取樣化驗，發現裕盛辦館當天送出的麵包裡含有強濃度的砒霜。因為搶救及時，並無一人死亡。案件發生後，香港警方立即抓人封舖，把製造麵包的工人全部拘捕。張亞霖當天早上，即和家人一起乘早船去了澳門。

當時港督寶靈的太太因中毒陷於昏迷狀態。他推斷，這是張亞霖受了內地愛國人士的威脅才下此毒手，於是派戰船到澳門把張亞霖乘坐的港澳渡船「皇后號」追回來，拘捕了張亞霖。據記載，張亞霖並非舉家逃走，他是送父親及妻子兒女去澳門。在船上，他的父親、妻子、兒女都吃了自帶的麵包，也嘔吐不止。他發現麵包有問題，心想一定是反英分子在麵粉裡放了毒，因此，他要求「皇后」號的船主，立即駛回香港。

由於張亞霖的父親和妻子兒女都吃了毒麵包，證明他並不是有意下毒。十五名麵包工人，其中八人被控故意放毒。但張亞霖陳述說，他們都是好夥計，不可能下毒。張亞霖因為要包辦英國人的伙食，已被中國政府通緝，八個夥計也是不能回內地的人。對於這一類效忠英國的人，如果判以罪刑，在當時的環境下，對港英當局是十分不利的，因為和中國的戰爭仍在進行中，所以，寶靈處理此案比較慎重。

為審理這一案件，港府組織了特別法庭，由總督寶靈授權警察總監和輔政司

組成。負責為張亞霖辯護的律師必烈啫士，從法理上盡力替張亞霖辯護，而檢察官為了緩和中毒英國人的憤怒情緒，只好說，毒案已經是事實，有關人等就是兇手，本着寧枉毋縱的宗旨，應判他們有罪。

審訊一連進行了三天，但因證據不足，陪審員終於以 5：1 的多數票，宣佈下毒的罪名不能成立。最後，宣判張亞霖等人無罪釋放。但是，中毒的英國人非常不滿，罵陪審員是糊塗蟲，並且聲稱張亞霖一夥放出後，要用私刑將他們一律處死。寶靈為了緩和中毒英國人的情緒，一方面又命特別法庭將張亞霖等一夥收押監護，一面趕緊將毒麵包案件發生詳情，以及經過審理得不出證據的經過，向倫敦報告，請求處理辦法。直至 5 月 8 日，英國殖民地部才對毒麵包案作了批覆，指出既然初審找不到主謀下毒及如何下毒的證據，可不必再審；應將全部有關人員驅逐出境。於是，港督寶靈簽發了對八人遞解出境令。張亞霖自由離境，他當時是被清政府通緝的人，如果遞解回原籍，等於判他死刑，所以讓他自由離境。張亞霖乘船去了越南。而必烈啫士於稍後升了官，被任命為輔政司。

據資料記載，這次中毒事件中，雖然當時並無一人死亡，但是許多人的健康受到了損害，精神上受到了驚嚇。總督寶靈的夫人，在港治療一段後，送回英國調養，從此未能康復，顯然是中毒促使她提前進了墳墓。

英國借機生事

毒麵包案究竟是有人下毒還是意外事故，一直是一樁懸案。據說，在此案發生之前，曾有一艘輪船運來一批麵粉和一批砒石，兩種貨物都堆放在同一貨艙裡。當時貨輪設備簡陋，海上航行時間又長，遇到幾次大風浪，船艙漏水，砒石受潮後滲入到麵粉內。這批麵粉運到香港後，全由裕盛辦館收買下來，毒麵包就是用這批有毒的麵粉製作的。若此事屬實，就是一樁意外事故了。

香港的英國人對這起案件，有一種出於民族主義的成見，認為這一定是兩廣總督葉名琛買通殺手幹的，若不是直接買通了張亞霖，就是買通了店中的夥計，甚或派出其他人員到店中下毒。因此，他們一方面指責寶靈處理案子不當，放走了犯人，一方面猛烈攻擊葉名琛，指責他是毒案的幕後主謀，要求進兵廣州，實

行報復。

在案件真相沒有調查清楚的情況下，英國報紙大造輿論，煽動英國人的民族情緒。巴麥尊在議會上發表了激烈的演講，攻擊中國人有意「毒殺可敬的英國商人」。英國政府的用心是想藉此進一步煽起英國人民對中國人的仇恨，為擴大對華侵略戰爭製造輿論。其實，即使確定是中國人放了毒，也是由英國的侵略行徑引起的，當時正是第二次鴉片戰爭剛剛開始，廣東和香港人民對英國侵略者仇恨萬分的時候。難道只許你侵佔我領土，掠奪我財物，殺害我同胞，就不許我反抗復仇。

英國人大造輿論，的確起了作用，各國公使就毒麵包一案向中國提出「抗議」。兩廣總督葉名琛在回答這一無理「抗議」時說：「事情發生於香港，我不可能去查明真相。想來由於英人對華人施加過無數罪行，附近各地人民不得不走此路，以泄私恨。」

這一案件，曾引起恩格斯的關注，他在《波斯與中國》一文中，對毒麵包案等事件加以評論，表現出對中國人民的反抗鬥爭的深切同情。他寫道：「英國政府的海盜政策已引起了一切中國人的反對一切外國人的普遍起義，並使這一起義帶有滅絕戰的性質。」「我們不要像騎士般的英國報紙那樣去斥責中國人可怕的殘暴行為，最好承認這是保衛社稷和家園的戰爭，這是保存中華民族的人民戰爭。」

第一座監獄建成

1857 年，香港建成第一座監獄，稱為維多利亞監獄，這也是寶靈在任時的一項重要工程。這座監獄建在中環奧卑利街兩邊，四邊都築起高高的石牆，中間是街道，兩邊是監獄，港府任命一個名叫英格利的人擔任首任監獄官。

監獄建成以後，凡由法庭判了罪的犯人，都押解到這裡服刑。至於待審的疑犯，則拘留在警署的拘留所內，這就將裁判司兼任監獄官和執法官的情況改變了。

這座新監獄建成後不到五年，便人滿為患。而且，差館里的警署，也無法容納日益擴大的警察隊伍。因此，當局便在維多利亞監獄旁邊的山坡上開闢地盤，

建造一座大型而多樣化的建築物。這座建築物，就是後來位於荷李活道、俗稱「大館」的中央警署。

建築物前面是警察總部，後面是拘留所，東面是裁判司署。由於維多利亞監獄緊貼在中央警署的西面，以致有人以為維多利亞監獄是中央警署的一部分。其實，維多利亞監獄早就有了，而中央警署是後來才建的。不過，為了方便來往起見，中央警署、裁判司署和維多利亞監獄，相互之間都有路相通。

維多利亞監獄初建時，因為分為兩個監獄，中間便有一條通路。後來為了疏導從半山堅道到荷李活道的交通，這條道路便拓寬了讓廣大市民使用。這條不很長的街道，最初沒有名稱，由於街道兩邊都是監獄，於是英國人戲稱它為奧卑利，因為倫敦有一座建造於 18 世紀十分有名的甚至成為重要旅遊點的古老監獄，這就是奧卑利監獄。久而久之，在維多利亞監獄中間的那條道路，也叫做奧卑利街，並一直沿用下來。

說到監獄，自然牽涉到對犯人的各種刑罰，其中極刑一類，又與總督拉扯在一起。香港法院對於死刑的執行，一直採用絞刑，並且與鞭笞一樣，公開執行，任人觀看。宣佈死刑時，大法官對死囚宣告：「余今宣佈汝之罪名為死刑，將以繩環汝之首，直至氣絕。……隨後總督將決定汝之葬地……」

在總督給選擇葬身之地前，死囚還有一段艱難的歷程。執行絞刑時，因為當時技術落後，絞架失靈的事常有發生，寶靈時期就有兩次。據資料記載，1854 年 6 月 27 日，一名死囚被吊起後，綁着的雙手忽然鬆開，他竟用一隻手挽着頭上的繩索，深深地換了兩口氣。這樣吊了五分鐘之後，他的褲子忽然要脫落下來，他竟又趕快用一隻手去拉住自己的褲子。這個犯人足足吊了二十分鐘才氣絕。另一次是 1856 年 5 月 19 日，被執行死刑的是一名叫沙瑪郎的馬來人，被控在一艘停泊於汕頭的船上謀殺一名女子。行刑地點在裁判司附近空地上。絞繩套在沙瑪郎脖頸之後，腳下的木板怎麼也抽不去，行刑的警察反復敲擊，仍然無效。結果只得把犯人押回監牢，將絞架修好之後再度執行。因為是公開執行，圍觀民眾很多，這類意外的事故就顯得特別殘酷。不僅受刑者死得不痛快，活受折磨，有些神經脆弱的觀刑者，也常被這種刺激場面嚇得暈過去。

因為裁判司署接近市中心，當年的堅道又是一條幽靜的馬路，許多外國太太每天帶着孩子在這裡散步，一抬頭便望見矗立着的絞刑架，不免毛骨悚然。因此，

外國居民對公開行刑常有非議，認為行刑地點應當改在監獄內部。但是寶靈一直堅持不改，直到 1879 年第八任總督軒尼詩任內，才改在維多利亞監獄內的空場上執行。

袒護貪官，壓制安士迪

戴維斯一章曾提到的貪官高和爾，其貪贓枉法行為絲毫沒有收斂，而寶靈在位期間，不但不予追究，反而設法袒護他。

有個叫黃墨洲的人，原來是清政府派往香港的偵探，與香港官員過從甚密，暗中又與海盜來往。天地會勢力強盛時，他又幫助天地會在香港招募士兵，是一個背景複雜的投機人物。1857 年 7 月，香港政府得到密報，說黃墨洲店中窩藏贓物，便派大隊警察前往搜查。結果，警方在黃墨洲店內起獲大批劫來的食糖，還搜出一些簿冊文據。署理輔政司布烈治派警察司梅查爾和監獄司英格利審查此案，結果發現黃墨洲簿冊裡有與高和爾往來的錢款數目，是與他們經營的非法業務有關，他們還按中國習慣結拜為異族把兄弟。

布烈治是高和爾的好友，他本來是查黃墨洲的，不料查出了自己朋友的問題。於是布烈治指責梅查爾、英格利二人蓄意誣陷，排擠上司，妄圖取而代之。布烈治將有關簿冊盡行焚燬，洗脫了高和爾的貪污罪行，只把黃墨洲判刑了事。

1858 年初，仍有人舉報高和爾貪贓枉法行為。香港律政司（總檢查官）安士迪重新辦理高和爾一案，指控高和爾 19 條罪狀：玷辱官聲；自營娼業；包庇盜匪；以妓作婦；包辦妓院及娼妓牌照；私通盜黨；聽信讒言；假借權威；為匪作保；蒙蔽上司；合夥分贓；容庇犯婦；勒釋海盜；廣置私產；私營醜業；縱容戚屬；收取昂租；秘密社黨；公行賄賂。

安士迪對高和爾的指控，總督寶靈數月置之不理。安士迪憤然上報英國政府。寶靈見事情鬧大，只得下令組織五人審查委員會受理此事。在審查委員會質詢時，布烈治攻擊律政司安士迪製造讒言，安士迪則將對方的黑幕一一揭露。雙方爭吵不休。寶靈組織的審查委員會採取大事化小、小事化了的手法，在審查報告中斷定，所列十九條罪狀，其中八條為捕風捉影之說，七條僅有嫌疑，無確切

證據，其餘四條事實俱在。但審查委員會認為高和爾的犯法行為，是出於一時過失，若給予革職處分，則處罰失當。

總督寶靈對審查結果十分滿意，聲稱這一裁決澄清了高和爾的問題，譴責安士迪製造流言蜚語。總督控制下的行政局還通過決議，指責安士迪多次在正式場合因謾罵引起爭吵，聲言他的意見經常是判斷失誤，狂妄偏激。

安士迪沒有屈從於寶靈的壓力，繼續指控高和爾，要求進行公正的審判，但寶靈堅持己見。1859 年 1 月，安士迪被迫離職返回英國，但香港反對高和爾的輿論並未平息。後來，英國政府指令新任總督羅便臣繼續審查高和爾的問題。高和爾見情勢不妙，拒絕傳喚答詢，並辭去職務，逃之夭夭。1861 年 9 月，行政局公佈審查結果，指高和爾與黃墨洲交結，證據確鑿，是玷辱官聲，應依法給予革職處分。但此時高和爾早已離職，香港政府只是說說了事，並未認真追究。

市民指控總督

早年在香港辦報不受什麼限制，辦報人不是傳教士，就是英商或與英商關係密切的人。例如怡和洋行的大股東馬地臣是《香港記錄報》的股東；《孖剌報》的主筆孖剌是商人出身，曾在廣州的英國商行工作，後來又經營過米業和運送華工。當時的英文報紙多半是英商的喉舌。香港政府本來特別注意照顧英商的利益，但英商還是常常與香港政府意見相左。當時香港和英國傳遞消息靠船隻，以致港府和倫敦互通資訊往往要半年以上的時間。英商和香港政府之間的矛盾不能得到及時解決，他們便通過報紙抨擊香港政府，發泄不滿情緒。他們的出發點往往是個人得失，但是他們對早期香港政府某些官員劣跡的揭露卻往往是真實的。

1850 年，德倫收購了《中國之友》與《香港公報》。德倫是鴉片戰爭以前就到廣東經商的，英國佔領香港後他即到港府田土廳任職，後來調任登記官署。1847 年，他指責當時已任職輔政司的威廉‧堅有受賄嫌疑，但在高等法院敗訴，遭受撤職處分，從此與港府官員不和。德倫購買《中國之友》正是想利用輿論作為報復的工具，對港府官員進行揭露和報復。

1857 年，毒麵包案件發生時，德倫也是受害人，他不甘精神和醫藥費的損失，

向張亞霖提出民事訴訟，要求賠償。6月開庭審理，審問結果是德倫勝訴。法官判給賠償費1,010元。但張亞霖財產在封，只能等結案後再支付。不料，7月張亞霖獲釋逃往越南，德倫的賠償費落了空。於是，德倫和所有受害人一起遷怒於張亞霖的律師必烈啫士，說他自己的律師費到手，就故意安排張亞霖秘密離港。由於毒麵包案要求賠償未得到滿足，德倫對香港政府積怨更深。所以，他在報紙上對徇私舞弊的政府官員發動了猛烈的抨擊。

1857年8月，德倫在《中國之友》上發表文章大罵必烈啫士，指責他只顧自己發財，不管別人死活。必烈啫士向法庭提出控告，指稱德倫犯誹謗罪。但香港其他英國人也指責必烈啫士，說他已經是港府署理輔政司，卻為一個要毒殺全體英國人的中國嫌疑犯擔任辯護，而且收受金錢，有虧職守。1858年7月23日，因黃墨洲勾結海盜一案，德倫撰文抨擊調查委員會，並揭露代理輔政司布烈治和總登記官高和爾勾結舞弊、包庇犯人。對於德倫的揭露，寶靈政府十分惱火，便以「誹謗政府罪」起訴德倫。幸虧有已經離職的原律政司安士迪代他辯護，法庭才以「證據不實」撤銷控案。

1859年8月24日，《中國之友》與《香港公報》轉載了安士迪在英國的一篇演說詞。在演說中，安士迪揭露了當時香港政治腐敗、官吏貪污的現象。對署理總督威廉・堅抨擊尤其厲害，具體揭露了威廉・堅利用職權收受賄賂的情形。見報第二天，港府即對《中國之友》與《香港公報》提出起訴。因為當時香港正流傳港府官員有貪污受賄的事件發生，這兩份報紙的指責，立即引起了寶靈的注意，寶靈馬上指定專人組成調查委員會。威廉・堅請了兩位律師，其中一位勃力基斯是威廉・堅的好友，並且以前也曾受過德倫的指責。經過三天審理，最後法院審斷德倫罪名成立，指稱他詆毀官吏，屢犯妨礙他人名譽罪，應予重罰，遂判處徒刑十二個月，罰款50英鎊。

德倫入獄後，被囚在維多利亞監獄一間普通小牢房裡，四個罪犯同居一室，獄吏對他十分嚴厲，每天十二個小時禁止活動。香港本來有些人同情他，聽到獄中情況，更覺得是威廉・堅手下的人故意折磨他。於是發起簽名上書寶靈，請求改善德倫在獄中的條件，減輕刑期。寶靈表示，無權處理減刑的要求。其實，總督集行政、立法、司法權於一身，權力很大，不單有對犯人減刑的權力，連死刑犯人都有權赦免。當然，對於暴露港府醜聞的德倫，寶靈不會給他減刑。為了應

付英國一些居民的呈文，只答應派人到獄中調查德倫所受待遇情況。調查結果認為，德倫在獄中的條件無須改善。直到這個案件傳到倫敦，成為下議院指責的對象時，德倫的刑期才獲得減半。

《孖剌報》主筆孖剌也多次在報紙上揭露香港政府某些官員的劣跡，他對總登記官高和爾的揭露比德倫還要激烈。他還抨擊當任總督寶靈濫用職權，給怡和洋行特殊便利，使其壟斷市場，獲得販運鴉片的巨額利潤，而寶靈的兒子正是怡和洋行股東。報紙捅到了總督的痛處，於是寶靈提起反訴，結果孖剌以「誹謗總督和侮慢政府罪」，被判徒刑六個月和罰款 100 英鎊。

當時，新聞界對寶靈非議頗多，甚至有西方記者指控他濫用職權。雖然都和德倫、孖剌一樣敗訴，但是他們的行動使寶靈成為第一個被指控的總督，開創了香港市民指控總督的先例。

總督吃悶棍

1855 年 1 月 10 日，港府正式公佈西環至銅鑼灣的填海計劃，聲明港督寶靈有權處理一切，凡有損失的業權所有人士，可用延長租地權來抵償他們的損失。

當年大部分中國籍業主，都有意接受這項條件。但是外國籍業主反對港府這一決定，認為港督所提出的計劃，損害了海旁業主的利益。這個反對意見，由寶順洋行東主鄧脫提出，獲得立法局一些非官守議員的支持，並報送倫敦殖民地部。

寶靈總督認為，海旁業權所有人，擅自填海獲得土地 298,685 平方呎，比較原來向政府租賃的土地面積大出一倍。他們私自填海所得土地，應該屬於政府物業，政府有權將這些土地重新估價開投。

1857 年，倫敦殖民地部批覆，對於鄧脫向該部所提出的抗議不予接納，指令寶靈說，如果有經費的話，可由政府推行填海計劃。

中國籍的海旁業權所有人，答允繳納佔用海堤的租金，迫使大部分外籍商人也作同樣的承諾。這樣一來，沿海堤岸的業權重歸港府所有。只有畢打碼頭與練兵場之間的一小部分地方的原有業權人英商寶順洋行和林德賽公司繼續反對。

根據英國殖民地部的批覆，港府首期填海築堤工程費用 14,000 英鎊，寶靈總督動用 20,000 鎊公款，並且於 1858 年 12 月 23 日在立法局提出一個預算案，第一次宣讀時，只有鄧脫議員投反對票，提案終於首讀通過。

由於寶靈離港前往菲律賓公幹，填海築堤預算案二讀會，推延到 1859 年 2 月 4 日才舉行。事前，港督和官守議員認為二讀通過該預算案不成問題。但到表決時，這個填海築堤預算案，竟以三票對六票而被否決。官方議員中只有三人投贊成票，輔政司和按察司投了反對票，寶靈萬萬沒有想到，臨到任期屆滿，卻吃了狠狠的一記悶棍，而且這一棍來自他的屬下，因此極為憤怒。

愛女長留香港

一般歷任港督離職後，其眷屬都隨之返回英國，家人留在香港的並不多見。寶靈的女兒愛米萊卻久居香港不走，並且成為修女。

寶靈任職期間，香港的外國大商行，主要業務仍是鴉片。其中有一個鴉片商人英利斯，他的太太出身低微，以致受到其他鴉片商夫人的歧視，一切社交活動都不願邀請她參加。英利斯太太的一些往事，成為當年香港上流社會中「耳語」的話題。英利斯太太因受到不平等待遇，心理不平衡，後來她靈機一動，輾轉託人關照，終於巴結上了寶靈總督的愛女愛米萊。

寶靈總督女兒愛米萊與英利斯太太一見如故，兩人來往逐漸密切，成為閨中好友。愛米萊經常邀請英利斯太太到督轅來喝下午茶。愛米萊有時還乘坐八人抬的皇冠徽號總督座轎，前往英利斯家中，與英利斯太太喝茶談天，這成為當時上流社會太太圈裡的大新聞。上流社會的太太們咬牙切齒，妒忌英利斯太太，但另一方面，又不得不改變了對待英利斯太太的態度，因為寶靈總督愛女愛米萊與她關係如此親密，巴結還惟恐不能，就更是得罪不起了。

1859 年，寶靈總督任滿，離港返回英國時，愛米萊卻不願跟隨父親返英，一方面她喜歡上了香港，另一方面有好友英利斯太太在香港為伴。後來，愛米萊終於到香港一個意大利教派的修道院去修行，最後在香港病逝。這是香港開埠之後港督的罕有家事。

據《香港史》描述，1859 年 5 月，在大多數居港歐洲僑民憎惡目光的注視下，寶靈起程回國，此後他仍不斷收到惡意的書信和無中生有的指控。另一方面，華人「由衷地敬重」這位卸任總督，把寶靈視為第一位把華人利益放在心上的總督。妻子去世，回國途中船隻失事，寶靈爵士與其他乘客在珊瑚礁上擱淺，回國後又生了一場大病，所有這些變故絲毫沒有改變他那樂於給人忠告的嗜好。巴麥尊完全原諒了寶靈，派他前往意大利為維克多‧伊曼努爾國王新政府的經濟政策出謀劃策。1872 年，在他以 80 高齡去世前不久，人們還看到寶靈爵士在埃塞克特郡的家鄉小鎮對着 300 名聽眾發表演說。

第五任
1859–1865

夏喬士·羅便臣 Hercules Robinson

夏喬士·羅便臣（1824–1897），也作羅士敏、樂善美，愛爾蘭人。軍人出身，曾任英國西印度殖民地總督。後又供職於英屬殖民地澳洲、新西蘭、南非等地。被封為爵士。羅便臣於 1859 年至 1865 年在香港任總督，任期六年。任職時年僅 35 歲，是香港歷史上最年輕的總督。他的工作得到英廷肯定，使他以後得以在錫蘭、澳洲新南威爾士和南非開普頓殖民地繼續擔任總督。羅便臣晚年惡疾纏身，1897 年 10 月 28 日因水腫在倫敦太子花園 42 號家中病逝，終年 72 歲。港島的樂善美道、羅便臣道都是以他的名字命名。

羅便臣在任期間，英法聯軍進攻北京，火燒了中國歷史上最著名的圓明園，又憑着《北京條約》，割去九龍半島。

羅便臣出身於一個顯赫的盎格魯——愛爾蘭家族——西密特郡羅斯米德的羅便臣家族。他的父親——海軍上將赫科萊斯曾與特拉法加爾戰役的勝利者柯林武德共事。他的叔父布萊恩在紐芬蘭當過 50 年法官。羅便臣於 1843 年 19 歲時進入皇家愛爾蘭燧發槍團服役，三年後退伍，後進入愛爾蘭政府部門，主要負責《濟貧法》的實施和賑災事務。之後，他在西印度群島中較小的蒙特塞拉特和聖基茨島出任總督。

羅便臣出任香港總督時年僅 35 歲，是香港歷史上最年輕的總督，但此時他已具備長期的殖民地工作經歷。他退休之後，又於 1895 年復出，擔任從前在開普敦擔任過的職務，因為那時的局勢陷入了僵局。約瑟夫‧張伯倫對羅便臣在南非的表現頗有微詞：「我希望他偶爾也能露一露崢嶸。」

經歷過寶靈任職期間的動盪之後，香港需要有個性格溫和的人掌管。在任職的最初數年中，羅便臣花了很大力氣來消除以往刺激性事件的影響。羅便臣到香港將近兩年之後，於 1861 年 12 月 16 日向殖民地大臣提交了「文職部門濫用職權調查備忘錄」，希望以此了結高和爾一案，穩定香港的政治形勢。羅便臣的調查判定高和爾涉嫌「與海盜王麻子長期密切往來」，建議解除高和爾公職。1862 年 4 月 10 日，殖民地大臣批准了這個提議。

像高和爾一樣，與動盪的過去聯繫在一起的其他人也逐漸退出舞台。1859 年，威廉‧堅和約翰‧曉吾退休。新任命的都是較為穩妥之人，正直而勝任。

任內，羅便臣對政府進行了大幅整頓，而且還作出不少革新，包括發行貨幣、郵票和興修水塘、港口，為日後的發展作了準備。

羅便臣時期，官員的薪水標準確定下來，從總督的 5,000 英鎊到按察司的 2,500 英鎊不等，各部門負責人為 1,000 英鎊左右。部門負責人中還包括郵政司，因為香港已經擁有了自己的郵政系統。

羅便臣任內，於 1862 年成立的中華煤氣，是香港第一家公用事業機構，位於西環的屈地街，是香港能源發源之地，推動歐洲工業革命的煤氣首先傳到了這裡，之後才到中國內地的上海等地。

據香港浸會大學能源研究中心主任周全浩介紹，英國派了一位工程師，叫做

Witty，在香港設立一間煤氣廠，建廠時間大概兩三年，到 1864 年聖誕，香港開始有煤氣供應。後來香港政府為了紀念 Witty 先生，將煤氣廠所在那條街，稱為屈地街。

1865 年元旦，煤氣公司在維多利亞城首批安裝了 500 盞街燈。綻放光芒的煤氣燈，在蠟燭和燈籠中顯得格外耀眼。

煤氣街燈也叫大光燈，設立於路旁的鐵柱上，燈頭四面用玻璃罩住，每日下午 6 時，由煤氣公司工人手持一長竹竿，挑動燈掣，燃點街燈；次日早晨，工人又用長竹竿推關燈掣，熄滅街燈。

當時煤氣收費比較貴，是有錢人的燃料，管道網只是集中在中環和半山一帶。灣仔和跑馬地一帶少人居住，就算住也不一定能買煤氣，所以只有西式家庭和比較有錢的華人家庭才能使用煤氣。

1855 年 10 月 1 日，屬於香港政府自己的新港督府正式建成，第四任總督寶靈首先入住。1859 年 9 月，羅便臣上任，是第二位入住督轅的總督。但是，第一個在總督府享受煤氣燈照明的，卻是羅便臣。官邸率先安裝煤氣燈照明，本來燈火通明是令人鼓舞的事情，但是這些煤氣燈引起一位市民不滿，他寫了一封信去《孖剌西報》投訴。信中說：「兩旁擠滿樓房的街道漆黑一片，而通往港督府的僻靜小徑卻燈火通明，難道不覺得羞恥嗎？住在漆黑中的居民，竟然要支付不會帶給他們絲毫亮光的煤氣費，反觀港督卻慷他人之慨，不費分文便坐享其成。」

周全浩教授覺得，當年的港督是一份不易做的工作。因為填海工程，港督與英商意見分歧嚴重，在西人和華人之間、治安和衛生管理問題上，港督都處在中間位置，很容易得罪人，難怪幾盞燈就成為眾矢之的。

1889 年香港電燈公司成立，香港有了電力照明，煤氣同電力開始了競爭。港府是當時煤氣和電力的最大用家，兩間公司都想盡辦法去爭取這個大客戶。

割佔南九龍

九龍半島的地理位置十分重要。1840 年春，林則徐曾經在一份奏摺中指出，「尖沙咀一帶，東北負山，西則有急水門、雞踏門，東則有鯉魚門、佛堂門，而

大嶼巨島，又即山其西南。四面環山，藏風聚氣，波恬浪靜，水勢寬深。英夷船隻，久欲倚為巢穴。而就粵省海道而論，則凡東赴惠、潮，北往閩、浙之船，均不能不由該處經過，萬一中途梗阻，則為患匪輕」。林則徐針對英軍挑釁的情況，奏請朝廷在九龍半島的尖沙咀與官涌各修炮台一座。炮台修成以後，被分別命名為「懲膺」與「臨衝」。林則徐為這兩座炮台購置了 56 門大炮，並派兵八百餘名駐守炮台附近山樑。

尖沙咀在香港島對岸，水深港寬，可泊輪船，地勢平展，宜於居住。英國人早就看上了這塊地方，義律曾一度要求清政府割讓。1841 年 7 月 9 日的澳門新聞報紙說，就城市建設而言，香港對面的九龍，條件比香港島更為優越。義律被召回國後，大鴉片販子馬地臣擔心，英國政府聽信一些人關於香港不適宜歐洲人居住的言論，放棄香港島而要求舟山、廈門等地，他要正在倫敦的查頓運用他的影響，說服政府保留香港島。他說：「好些人願要九龍，但我們應該兩者都要。」1848 年，英國遠東艦隊司令西摩主張佔領南九龍半島，說它在季風季節裡是安全的避風港，如被別國佔領，將會構成對香港島的威脅。

第二次鴉片戰爭中，1860 年 3 月初，英國派克靈頓率海陸軍萬餘人來華作戰。這批英軍陸續到達香港島，找不到營地住宿。3 月 18 日，在羅便臣和克靈頓策劃下，英軍 44 團就在尖沙咀登陸。羅便臣興奮地說，佔據了尖沙咀，就為最終割佔南九龍鋪平了道路。

巴夏禮向香港總督羅便臣提出，要求廣東當局租借尖沙咀的一片土地，作為來華英軍的駐地。羅便臣於是命令巴夏禮、克靈頓趕往廣州，同勞崇光交涉。巴夏禮於 3 月 20 日起草了一份租借尖沙咀的文件，經克靈頓同意，交給勞崇光。巴夏禮是英法聯軍管廣州的三人委員會的頭頭，廣東清朝官吏實際上是為他們維持秩序的工具。勞崇光屈服於巴夏禮的威脅，第二天雙方簽字，並立即互換文件。按照巴夏禮提出的方案，在九龍半島上劃出一條界線，自九龍炮台以南附近地方的一點起，將包括石匠島在內，線南的地方租給了英國，完全滿足了羅便臣的要求。巴夏禮迅速辦完租借手續，得意忘形地說：「這個半島將來一定會完全割讓給英國的。」

原先，羅便臣對租借的辦法還表示猶豫，原因是英國頒給他的特許狀，沒有規定香港可以租借土地。這時他寫信給巴夏禮表示感謝，說巴夏禮「對九龍成功地作出十分圓滿的安排，除了沒有割讓，我們現在處於能夠做到的最好的地步。

當我向紐卡斯爾公爵（當時英國殖民大臣）呈送正式公文時，我不會忘記指出這件事我們有賴於你進行交涉時的機智和技能」。

英國政府一直蓄意侵佔南九龍，對於租借不會滿足。1860 年 4 月，英國侵華全權代表、曾強訂《天津條約》的額爾金再度來中國前，時任外交大臣羅素給他一個訓令說：「殖民大臣表示了這種意見，在對中國的任何新條約中，應該努力作出割讓九龍半島的規定。根據他的請求，茲特訓令閣下：任何將出現有利於獲得這個割讓的機會，都不要讓它錯過。」

額爾金擔心英國割佔領土，會引出法國的慾望，威脅英國的在華利益，因為法國曾經提出過類似的要求，因此有些顧慮。羅素於是授權額爾金相機行事，他說：「女皇陛下的政府樂於獲得九龍半島，但什麼是最好的辦法，必須由你考慮。」由於當時通訊不便，關於巴夏禮租借南九龍的報告隔了一些日子才到倫敦。英國政府接到報告後，於 7 月初，密令額爾金割佔九龍。密令說：「巴夏禮已經獲得九龍半島的永租權，考慮全部情況以後，認為有必要獲得九龍半島的完全割讓。」還說，這次取得的面積不大，法國不會傚尤。

額爾金根據這項訓令，在焚劫圓明園後，強訂《北京條約》，除勒索巨款，增設口岸外，又增加割取南九龍半島的條款。清政府被迫於 1860 年 10 月 24 日在這個條約上簽字。條約第六條規定：「前據本年二月二十八日（陽曆為 3 月 20 日）大清兩廣總督勞崇光將粵東九龍司地方一區，交與……巴夏禮代國立批，永租在案。茲大清大皇帝定即將該地界付與大英大君主並歷後嗣，並歸英屬香港界內，以期該港埠面管轄所及，庶保無事，其批作為廢紙……」。這一條款既定，南九龍半島便由租借變為割讓，英國正式佔領了半島上界限街以南的中國領土。

得到九龍半島南端以後，駐港英國人內部發生矛盾。軍方堅決主張把這個地區作為單純的軍事基地，交他們管理。民事部門卻要把它作為香港的周邊，撥給民用，雙方爭執不休。直到 1864 年羅便臣政府擅自擴大地界，伸展到西北面的深水埗。英國政府決定把這塊新擴佔的土地撥給陸軍，原來的地區給香港當局和海軍，但必要時陸軍仍可使用。這樣才平息了內部的爭吵，深水埗這個地方就被英國偷偷地佔據了。

1861 年，英國殖民者強迫四名清朝官員前往九龍舉行所謂「授土儀式」，儀式在 1 月 19 日舉行。巴夏禮將一袋盛有九龍泥土的紙袋遞給清朝官員，讓清朝官員

再將這袋泥土授給香港總督羅便臣。這是每個愛國的中國人都會感到痛心的情景。

加速港口基礎建設

《北京條約》簽訂之後，南九龍被英國佔領，地域開闊了。英國達到了軍事和外交目的，也為英商進一步擴展對華貿易和英國在香港攫取更大的經濟利益提供了條件。從南九龍到香港島之間，約 17 平方英里的廣闊水域，實際上全部被英國所佔有，他們定名叫「維多利亞港」。香港是世界上三大天然良港之一，港闊水深，波恬濤靜，終年不凍，吃水 12 米的遠洋巨輪可以自由進出；可以同時停泊一百多艘巨輪。香港的人口，由於南九龍被佔領，也從 1860 年的 94,971 人，增加到 1861 年的 119,321 人，增加了 24,350 人，即增加 25% 以上。這些條件對於香港的發展，特別是轉口貿易港的形成，關係十分重大。從此以後，隨着香港基礎建設的逐步完善，以航運貿易為中心的香港經濟，更加具備了發展的條件，香港開始了經濟初步發展的時期。

港英政府推進海上運輸貿易發展的第一步，是建立和健全港口的設施和管理。1861 年，羅便臣委派海軍上尉亨利‧喬治‧湯式為香港港務處長兼海事裁判官、火藥庫監督及海關長官。湯式上任後，提出「港口與海岸法案」，進一步對帆船和港口船隻施行管制，維持和改善了港口的正常秩序。羅便臣決定在太平山頂建立訊號台，由官員負責把船隻進港的消息，傳訊給輪船公司和政府有關部門。1862 年，為使眾多的船隻在氣候驟變時有一個安全去處，港府興建了銅鑼灣的避風港。另外，還在島嶼海域設燈塔顯示礁石水位，確保輪船出入安全。這為以後香港航運貿易的發展打下了基礎。

羅便臣時期，輪船修造業開始建立和發展，標誌着香港海上交通運輸和貿易進入了發展階段。早在 1843 年，英國人約翰‧林蒙在香港島東角附近開設船排，製造了一艘載重僅 80 噸的小船。1857 年，林蒙又在石排灣海岸買地 11.5 英畝，開設造船廠，以後又在造船廠內興建一個「賀普船塢」。1863 年 1 月，灣仔春園麥奇利公司用木材修建了一座新碼頭，長 250 呎，伸入海中，是香港島第一座可供輪船停泊落客的碼頭。1863 年 7 月，幾個船商聯合組織的「香港黃埔船塢公司」

成立，1865 年收購了「賀普船塢」，成為較具規模的船塢公司。

　　碼頭與貨倉的建設和發展，也是海上貿易運輸所必須具備的條件。英國佔領香港初期，有些大商人建築了倉庫自用。隨着經濟活動的頻繁，貨物進出口增多，小商行也需要有貨倉，他們無力自建倉庫，於是就出現了專供租賃的公倉。

　　港口的基本設施、船塢和碼頭倉庫等基礎建設的逐步建立和完善，使香港航運事業得以加快發展。1863 年 1 月，法國郵船公司也加入了香港歐洲的定期航運。從此，英國和法國的輪船在香港展開了競爭。英國人的「太平洋郵船公司」和「海洋輪船公司」等也為香港與各地航運線增加了班次。

　　1861 年 5 月 29 日，香港商會成立，當時成員全是西洋商人，所以叫西商會。它雖然是民間工商社團，但當初對港英政府影響很大。它的宗旨是促進香港貿易和工業的發展，收集香港工商界的意見，並在必要時向港府反映。西商會接受港府就影響香港工業、貿易及經濟發展等問題的諮詢，所以實際上統制香港的商務，並且它還直接影響英國政府和香港政府對中國的政策。1886 年，張之洞代表清政府要求在香港設領事，遭到該會反對而被擱置。從 1884 年起，香港便有一個不成文的慣例，每屆立法局成員中都要有一名商會會員。該會主席一直由英國人出任。從經濟角度說，商會對於促進香港工商業及外貿業發展起到了積極的作用。

　　隨着各項基礎建設的發展，香港進出口貿易額大幅度增加。但是，英國對鴉片戰爭的勝利，也就是對中國輸入鴉片的勝利。當時，香港的貿易仍以鴉片為大宗，對中國人民的毒害更為深重。據統計，1864 年香港進口的貨品種類中，鴉片佔 2,000 萬兩，棉織品佔 700 萬兩，毛織品佔 500 萬兩，五金佔 200 萬兩。而進口的這些鴉片主要是銷往中國內地和亞洲部分地區。而香港出口的貨物品種，只有絲 1,200 萬兩、茶葉 2,900 萬兩、棉花 600 萬兩。由統計可見，鴉片貿易數額之巨大，香港政府稅收的主要來源還是靠大量販賣鴉片。英國在香港的發展，從一開始就是以犧牲整個中國的利益為代價的。1846 年港府稅收是 27,046 英鎊，到了羅便臣當政時的 1864 年，稅收達到 132,884 英鎊。

　　因為商業發達，地價上漲，買賣地皮的人大發其財，土地稅也大幅度增加。英國政府除了在侵略過程中獲取的實際利益外，已經開始從香港經濟的發展獲取大量英鎊收入。

中文官學生計劃的實施

1854 年，麥考萊勳爵提議，通過競爭性考試來選拔東印度公司職員，這與當時中國官僚體制的選拔沒有什麼不同。1855 年，這項建議付諸實施，設立文官委員會，監督公司官員選拔工作。這種制度逐漸推廣到外交部等其他部門，從總體上消除了官僚機構的無能狀況。

1859 年 9 月，羅便臣接替寶靈出任香港總督，他的一大成就即是依照寶靈早先提出的在香港實行文官選拔制度的思路，建立了招募和培訓未來香港管理者的制度。羅便臣完全是為了應急才實施這一計劃。他到香港時，政府中只有四個人懂廣東話，四人中只有一位法院譯員稍微懂一點中文。

英國要統治香港，中英文翻譯人才缺乏，一直困擾着前幾任總督，羅便臣對此也深有體會。一方面，在香港政府服務的或是在港經商的中國人，英語程度很差，除了簡單的日常對話外，根本沒有其他方面的英語訓練；另一方面，在港的英國人懂中文的更是少之又少。高和爾因為通曉中文，官拜港府裁判司通譯、警察副總監、政府總登記官兼華民司，兼政府總通譯官，後來與海盜勾結，貪污受賄，被革除職務。但是，因為缺翻譯，港府又不得不把他請回來，官復原職。可見翻譯人才的奇缺。諾頓·凱希曾記載 1849 年在香港執業的律師派克關於法庭缺乏中英文翻譯人員的表述：「在民事案件方面，根本沒有人通譯，因為中國人找不到通譯，無法審理他們的案件。在刑事案件方面，當然有通譯官高和爾，但他同時又是副警察總監，因此，他對於被告時常又是控方的主要證人。他這兩重任務是根本衝突的。」

為了解決中文翻譯問題，香港政府曾上書倫敦殖民部，請求在皇家學院增聘中文教授，規定凡是願意到遠東來服務的官學生，如果選修中文，一經考試及格，就從優錄用。當時還有人提議，香港的官立學校，應該設立中國通譯訓練班，藉以造就中文翻譯專門人才。

1861 年 3 月 23 日，羅便臣在立法局會議上，提出他擬就的準備呈請倫敦批准的一套培養翻譯專門人才的計劃。他闡述了香港自開埠以來，因為缺乏中文翻譯人才所感受到的困難，以及歷來各界人士為改善缺乏翻譯人才狀況而提出的各

種建議都毫無結果的情形。羅便臣說：「在目前，沒有適合的通譯可用，也沒有現成的方法可造就供應這樣的人才。過去曾經鼓勵服務政府的文員去學習中國語文，但是結果發現，而且事實確是如此，經過自上午 10 時至下午 4 時伏案工作之後，實沒有多餘或足夠的精力去研究艱難的中國語文，而中國語文不易學習又是人盡皆知的事實。本席的計劃是，選派的官學生必須年齡在 20 歲以下，並且應該從各書院去選取，不必僅限於英皇書院一校，如目前選就領事人才所施行者。並且應該給予 100 鎊做治裝費與路費，抵達中國之後更應每年津貼 200 鎊，並且供給宿舍，給他們請好教師。然後經過 3 年學習，考試錄用，每年薪俸 400 鎊，不供宿食；隔 2 年之後，薪俸可以增至 500 鎊，並應推薦至一般文員機關中去優先錄用。每隔半年再考核一次，以看是否有進步。若是品行不佳，或是學習不用功，則實行遣送回國，並且追回過去支付的津貼費用。關於這一點，選取的官學生離英來港時，一定先要覓取保人擔保，必要時要償付因此而耗費的一切費用。」

羅便臣反復強調實行官學生計劃的迫切性。他表示，沒有適當的精通中國語文的通譯，實在無法處理這個擁有 12 萬中國居民的政府行政。他還說了一個有趣的，但又說明翻譯重要的故事：

港督的朋友、學者理雅各，他的女兒被人偷去一塊錶，後來竊賊被捉住，唯一的證人是一個當時正在屋外工作的小工。在法庭上，證人說，當時他正在「牆頭上灑灰水」，看到小偷把錶偷走。但是，控方的翻譯卻把證人的證詞翻譯為，竊賊行竊時，這位證人正在「牆頭上睡覺」。法庭為之大譁，一個人正在睡覺，怎麼能做證看見別人偷東西，並且牆頭上也無法睡覺啊！幸虧理雅各博士精通中文，當時馬上糾正翻譯的錯誤，才使案件得到恰當的處理。

立法局會議通過了羅便臣的官學生計劃，並得到倫敦的國務部批准。1861 年 10 月 12 日港府在憲報上公佈了這個計劃。1862 年，香港首次通過競爭性考試來選拔「官學生」。1862 年 4 月間，第一批官學生選出，9 月由英國抵達香港，開始中國語文的專門學習。這些人很快就脫穎而出。兩年之內，塞西爾・克萊蒙蒂・史密斯就當上了華民政務司，負責華人事務。從那時起，港府無需再依靠由當地人和招募來香港的英國人臨時拼湊起來的隊伍，開始配備職業化的官員。這些官員創立了高效的管理體制。

港元開始使用

　　港元在香港正式使用，開始於第五任總督羅便臣。發行自己的貨幣是香港逐步脫離倫敦控制的一個標誌。英國佔領香港初期，幣制種類繁多。首任總督砵甸乍考慮到當時的實際情況，於 1842 年 3 月 29 日及 4 月 27 日，公佈以英國金銀貨幣、中國白銀銅錢、西班牙及墨西哥銀元等，作為香港暫行通用貨幣。1844 年底，英國政府為了使香港幣制與英國幣制相應，實現殖民地貨幣制度標準化，宣佈英鎊為香港的法定貨幣。但是，香港居民已經習慣使用銀元和銅錢，一時改變很困難。1845 年 5 月 1 日，根據戴維斯的命令，輔政司布魯士發表佈告，修正了以前的通用貨幣制度。佈告規定西班牙銀元、墨西哥銀元、印度盧比及其破碎銀屑、中國通用銅錢（制錢）等為香港法定通用貨幣。佈告特別指出，凡屬英國通用貨幣，不論紙幣或硬幣，一律為香港合法通用貨幣。然而，由於鑄造及運輸等方面的困難，當時香港市面上英鎊的流通量極少。實際上流通的貨幣單位，仍然以銀元為主，1 元以紋銀 7 錢 2 分為計算單位。這事實上是在沿用當時中國的幣制。

　　香港初期幣制主要是採用銀本位，政府的財政開支卻以金本位（英鎊）為記賬單位。從 1841 年到 1861 年，香港官方的一切收支預算，全部以英鎊為計算單位。實際生活中收支多以各種銀幣為單位。這在計算上引起許多混亂和麻煩。

　　羅便臣認為，金本位不適合香港的環境。於是依照他的命令，1862 年港府宣佈取消英鎊的法定貨幣規定，改以銀元為計算單位，並公佈銀本位制的法令。財政司在預算、決算時，都以港元作為計算單位。盈餘部分則運回英國購買英鎊作為儲備。這是在官方文件中出現港元名稱的開始。

　　既然羅便臣訓令財政司在財政方面以港元為計算單位，香港便應該有自己的流通貨幣。所以他在英國國內鑄造了三種香港的硬幣：1 仙的銅幣、1 毫的銀幣、千分之一元的銅錢。這三種硬幣中，首先運到香港的是「香港一仙」的銅幣。這枚銅幣，正面為維多利亞女皇側面頭像；背面用中英兩種文字寫着「香港一仙」的字樣，並標明了鑄造年代是 1863 年。

百政水為先

19世紀30年代末，一位來自法國的畫家波爾札好奇地在香港一帶鄉村寫生，真實描繪了香港開埠前島上居民的生活風貌，其中一幅竹管引用山澗水的圖畫，相信記錄了香港人最早的供水方式。

香港因為地質和地形的關係，天然的水資源比較缺乏，河流比較少，大部分居民是利用地下水，部分居民用山澗溪水、溪流等。薄扶林的瀑布是最出名的，有很多歷史書記載，早期的商船來到香港，都停留在薄扶林瀑布附近取水。

隨着人口的增長，香港的山澗水源開始緊缺。1851年，港府首次在預算案中撥備52英鎊，在港島開鑿五口水井，香港供水的歷史從此開始。

1850年之後，香港人口隨着太平天國運動增長得比較快，人口增長跟着產生的問題就是居住、糧食的問題，其中水的問題尤其嚴重。但香港島面積狹小，又是花崗巖地區，淡水資源貧乏，解決食用水問題並非易事。

香港中文大學歷史系教授何佩然說：「大家都在想用什麼方法解決水的問題，所以羅便臣任港督時就刊登了憲報，說誰有好的計謀幫助香港解決飲用水的問題，就獎勵1,000鎊。」

任職英國皇家工程部的文員羅寧實地勘察後，建議在薄扶林谷地興建一個儲水庫，儲存雨水供居民飲用。該構思當時是想用水塘儲存天雨來解決居民飲用水的構思，這需要很龐大的經費。政府在1860年代的財政不是很充裕，所以沒辦法做一個很龐大的水塘，只可以興建一個規模很小的水塘。

修築水塘儲集雨水，成為當時解決香港用水的唯一途徑，政府不斷增加儲水供水的財政撥款，擴建薄扶林水塘，並在港島東部新建及擴建大潭水塘等四個儲水庫，新的供水網絡推動了港島東北部都市化發展。

1890年代末期香港就開始有一些供水系統，這些供水系統是利用已興建的水塘，設一些輸水的網絡。這些水管鋪設在主要的街道，在主要街道的水喉叫做大喉；在一些橫街道或者是居民樓房的前面的旁枝的水喉，叫做旁喉。

雖然興建水塘、鋪設輸水網絡可以為香港市民增加水資源，但始終需要仰賴天雨，不可避免遇到天旱危機。

填海造地起風波

1860 年，羅便臣繼任港督後，繼續寶靈時期未完成的填海工程。羅便臣解決了港府同岸邊業主的爭執，讓填海修堤工程得以順利進行，大部分工程亦於 1862 年完成。但是，施工過程中，工程時斷時續，影響了質量。同時，包工方面也偷工減料，堤壩工程剛剛完成，就已經出現崩塌、斷裂等情況，而急需修補。

趁堤壩修補之機，羅便臣提出新的填海計劃。他提出中區的海旁堤岸應重新改築，將堤岸向外伸展，再填出 100 呎，以獲得更多的土地。1864 年 8 月 15 日，港府測量官向海岸沿線工商業主公佈新的改堤擴建計劃。該官員宣稱，由於堤岸建造質量差，存在隱患，不得不改建。事實是趁改造的機會，擴大填海區域。填海後所獲得的土地，可以免費給業主使用若干年，但沿岸業主需要負擔這次填海及築路費用，作為交換條件。

但是，對於羅便臣的建堤填海計劃，沿岸業主不肯接受。9 月 13 日，中區海旁的業主舉行會議討論此計劃，他們一致反對海旁堤岸改建，並且聯名呈文給輔政司，要求港府停止實施工程計劃。因為是總督所定，輔政司不接受業主的意見，堅持在中區再填海築堤的計劃不變。雙方各不相讓。對於港府同業主之間的這次爭論，羅便臣出於無奈，只好採取了冷處理的方法，將填海修堤的計劃暫時擱置起來，留給後任解決。

1867 年，香港遭遇一場大風暴，中區海旁堤岸被毀。接替羅便臣擔任港督的麥當奴，又提出修建堤岸碼頭的新計劃，並且委派工程師克托主持施工。麥當奴同他的前任寶靈、羅便臣一樣，重建海旁堤岸的計劃遭到業主們的抵制。港府派員同業主會商重建中區堤岸計劃，意見相差仍然甚遠，陷入了僵局。麥當奴沒有學習羅便臣把計劃擱置起來，而是極力爭取。他與律政司研究後決定，向法院提控海旁的一些業主，控告他們不履行土地租賃法例，不負責修理其管轄的堤岸。1868 年 2 月 7 日特別法庭開審，法官聆訊雙方陳詞後，竟然站在業主一邊，宣判被告無罪，使總督麥當奴陷於尷尬境地。

聚財斂寶話滙豐

在第五任港督羅便臣和第六任港督麥當奴交接時期,有一家不起眼的銀行組成開業了。時人誰也不會料到,它竟在隨後的一百多年間,發展成為國際性大銀行,左右了香港的金融財政決策和管理,以至於始終在香港被當作「銀行」的代名詞。這就是滙豐銀行。

滙豐銀行於 1864 年成立,第二年開業發行鈔票,註冊時資產只不過 1,500 萬港元。創始人是大英火輪公司在香港的代理人修打蘭。他聯合英商財團顛地洋行,與德、美及印度等國商人,共同投資組成。

修打蘭為了與一家正在籌劃的印資銀行競爭,快速組建了一家商號,爭取到顛地洋行的支持,由顛地洋行發佈招股說明書。由顛地洋行的法蘭西斯・崇利牽頭的臨時委員會分派了股權:香港和上海商人認購 8,000 股;印度商人 2,000 股;日本、馬尼拉等地商人 2,000 股。開張不到一年,倫敦銀行危機,顛地洋行倒閉,怡和洋行渡過難關,頂替了顛地在滙豐銀行的位置。危機過後,滙豐抓住有利時機,擴大發展空間,除在中國內地開辦分行,還在日本、印度、西貢、馬尼拉、三藩市開設分行或代辦處。

1872 年,滙豐銀行成為香港政府的指定銀行。總督麥當奴致函白金漢公爵:「我很快就與滙豐銀行達成了協議……行政局堅持認為應當毫不遲疑地抓住機會與滙豐銀行達成更有利的條件,該銀行實力雄厚,在商界信譽卓著,我毫不猶豫地同意了。」兩年後,北京公使館的業務也委託滙豐銀行辦理。從此,滙豐銀行無可置疑地成為中國第一大銀行,同時也是銀行總部所在地香港的一大財富。

1887 年德輔時期,滙豐第一座銀行大廈落成,後來拆除重建。1935 年 10 月在香港銀行區德輔道落成新的銀行大廈,是第二座滙豐大廈,面積 56,000 平方呎,共 14 層,高 247.5 呎,整座建築物的重量約 7 萬噸,是當時遠東最巍峨的建築。它的保險庫全由鋼筋水泥建成,電力控制啟動鋼鐵柵門。據說,即使運用火攻或其他軍械,也不能損毀一絲一毫。庫內保險箱多達 7,221 個,為全港銀行之冠。新大廈開幕典禮由代理總督司馬理主持,燃放 20 丈長的一串鞭炮。

這時的滙豐銀行,資產已經聚斂到五千餘萬元。股本分為港幣股和英鎊股,

港幣股每股為 125 元，英鎊股每股 12.5 鎊，與港幣股相當。滙豐從一成立就聚財有道，除了自身的經營策略外，還有英國皇家給予的特許狀和有關法例賦予的特權，享有其他銀行所不可能得到的優惠和方便。就 20 世紀 80 年代香港市面所流通的港幣來說，每 10 張中就有 8 張是滙豐發行的。

據陳謙《香港舊事見聞錄》所載，早在 19 世紀七八十年代，香港紙幣的發行權，主要由港英政府授權三家銀行發行，英資上海滙豐銀行數量最多，其次是英資渣打銀行，再次是有利銀行。它們發行的紙幣面額，有 1 元、5 元、10 元、50 元、100 元、500 元等。後來滙豐發行 1000 元大額紙幣。香港的紙幣，不只在香港地區，在中國華南地區也相當流行。港幣的不穩定，給中國居民帶來了極大的災難，而銀行家和港英當局卻從中獲得巨額利潤。

發行紙幣，須要先備有足夠的金銀實物或者外滙作為保證，才能使紙幣價值穩定。在香港發行紙幣的貯備金額，與發行紙幣的數額相差很遠，使紙幣價值相當不穩定。一旦遇到戰爭，或者英鎊貶值，美元升值，都會影響到港幣本身的價值，使持有港幣的百姓受到無形的損失，甚而導致銀行擠兌，銀號倒閉，商場不景氣，形成災難。而損失最大的當然是為數最多的一般中國居民。

據陳鏸勳《香港雜記》記載，從 1887 年至 1891 年香港三大銀行簽發的通用銀幣數字，就知道英國人獲利多少。1888 年，共簽發通用銀幣 6,034,984 元，實際存倉現銀只有 2,552,500 元；1890 年，共簽發通用銀幣 6,073,332 元，實際倉存現銀 2,775,833 元；1891 年，共簽發通用銀幣 6,050,122 元，存倉現銀實際只有 2,650,833 元。此外，每年鑄出通用硬銀幣、銅幣尚有 7,216,125 元。發行幣和作為保證的庫存兩相對比，從 1887 年至 1891 年合計簽發港幣額共為 28,970,786 元，存倉現銀為 13,001,999 元，實際存倉現銀還不到簽發通用銀幣額的 45%。

由陳先生這一詳細對比，不難令人想到，英資銀行、香港政府、英國政府從香港和中國人民手中搜刮去多少錢財。英國政府高層人士卻曾手拍胸脯、毫不臉紅地聲言，英國沒有從香港拿走一個仙。按照陳先生的計算方法，一百多年來，僅發行鈔票一事，就足以使英國高官無言以對。

滙豐銀行除了享有簽發港幣發行的特權以控制金融市場外，大量貸款給腐敗的清政府也使它攫取了巨額利息。據有關人士統計，清政府大額向英國和滙豐銀行貸款計有：1865 年，清廷向英國借款 143 萬英鎊，分兩年六次償還，在香港交

付，這是中國向外國借款的開始；1867年又向英國借款120萬英鎊，以海關稅作抵；左宗棠平定新疆叛亂之後，急需經濟上救援，1877年，清政府向滙豐銀行借貸白銀500萬兩，以溫州、上海、廣東、漢口的關稅與稅票做為擔保；慈禧太后為修建頤和園，1879年再向滙豐銀行借款1,615萬兩，還是以海關關稅和稅票為擔保，年利息10%至12%左右；1894年，清廷國庫虧空，再向滙豐銀行借債1,000萬兩，按照滙豐行規，年息7厘，98扣，期限二十年，前十年付息，後十年還本；1895年，中日兩國簽訂《馬關條約》，中國損失慘重，再向滙豐銀行舉債300萬鎊，仍以海關關稅和票據為抵押，年息6厘，92扣，期限二十年，前五年付息，後十五年還本。以上只是幾宗數額巨大的借貸，清政府仰賴滙豐銀行的貸款，藉以彌補財政的浩大赤字，更是習以為常的事。財政上的依賴除了須賠付利息之外，也必然造成政治經濟和外交上的屈辱妥協。

以上兩筆賬，雖然屬於不同的斂財方式，但都說明了一個道理，即滙豐與清政府、滙豐與香港、滙豐與中國之間都有密切關係。

據鄭固固《花甲銅獅說滙豐》的文章所載，滙豐銀行發展到20世紀90年代，已有大約11,730億港元的資產，成為香港首選存款銀行和主要的按揭銀行，在全港設有225間分行，加上它持股61.5%股權的恒生銀行的135家分行，總數則達360間之多。

當然，滙豐銀行有自己一套特殊的經營策略，它一設立便是幾國參與的，具有跨國銀行的性質，同時經營宗旨明確。楊思賢《香港滄桑》記載過這樣一段故事，1935年第二座滙豐大廈落成典禮上，滙豐司理祁禮賓演說時，引述了兩個小故事。他說，有一位朋友說：「這麼一座雄偉的建築，會使膽小的人躊躇不前，不敢進去作小的交易。」他聽了，只是笑笑。

他又說，有一位少年遇見「大班」說：「我不敢將小量的餘錢放到滙豐，怕它拒絕接受辦理。」禮賓的「大班」這樣回答那個少年：「親愛的朋友，敝行絕無太小或太大的東西。」

祁禮賓所引用的兩個小故事，主要反映了滙豐主理人的宗旨是：來者不拒，一概歡迎。

這次盛典觀禮台上來賓的安排，更具滙豐的經營手法：受邀來賓中，上海人三名、廣州人三名、香港人兩名。這既體現了代表的廣泛性，又顯示了地區的重

要性。

所以，滙豐銀行的營業不能不一直處於興旺蓬勃狀態。據統計，1937 年其純利已達 1,543 萬餘元，1938 年達到 1,529 萬餘元，1939 年為 1,335 萬餘元，1940 年近 1,400 萬元。

按照香港經濟的發展，廣東社科院研究員劉澤生把香港近代一百五十多年的歷史劃分為五個階段，其中第一個階段從 1841 年英國侵佔香港起至 1860 年，為轉口港始創時期。這 20 年左右的時間內，香港經歷了前面敘述的砵甸乍、戴維斯、般含、寶靈、羅便臣五任總督。開埠之初，香港只是一個荒野漁村，1841 年僅有人口 7,450。到 1861 年，人口增加到 119,321，逐漸發展成為一個商業貿易港。當然，此時貿易的主要貨物是毒害中國人民的鴉片。1992 年 6 月 18 日，香港《新報》一篇文章按照各總督的是非功過，把這一時期歸結為「帝國主義時期」。大概是指這五位總督，包括英國倫敦，主要精力都是用在侵佔中國領土上。砵甸乍割佔香港島、戴維斯派軍隊入廣州城、般含協助清廷征剿太平軍、寶靈挑起第二次鴉片戰爭、羅便臣強租南九龍。

下一章開始，我們將記述從 1866 年第六任麥當奴起，至 1885 年第九任寶雲止的四位總督，其間共十九年的時間，被稱為「華人抬頭時期」。這期間麥當奴資助創辦東華醫院，施行免費醫療；軒尼詩設立保良局，委任伍廷芳為第一位華人議員、第一位華人大律師與太平紳士，修建山頂纜車，安設電話；寶雲興建大潭水塘、天文台、賽馬會。在此環境下，香港的中國商人經營有術，事業發展迅速，到 1880 年，華人經濟已成為香港舉足輕重的力量。當時，在每季度繳納地稅 1,000 元以上的 18 家企業中，只有一家怡和洋行是英資企業，其餘 17 家全是華商企業。

第六任
1866-1872

麥當奴　Richard Graves MacDonnell

麥當奴（1814–1881），愛爾蘭人。畢業於都柏林三一學院，後進入殖民地部。曾先後任贊比亞、聖盧西亞、聖文森特和南澳洲等地總督。他為人坦白直率，做事堅忍不拔，公文生動銳利。1866 年 3 月 11 日，麥當奴接任香港第六任總督，直到 1872 年 4 月，在職六年。

關於麥當奴任職期間的特點，《香港史》的幾段話可大致概括：

「麥當奴沒有什麼顧忌，行事很少畏首畏尾。與幾位前任不同，麥當奴出任香港總督時，已臨近其漫長的殖民地生涯的尾聲，香港是他退休前的最後一個任職地。此前，他曾擔任贊比亞、聖盧西亞、聖文森特和南澳洲的總督，還獲得了騎士封號，所以沒有理由害怕與白廳發生爭執。麥當奴天性專斷，喜愛冒險——他曾在澳洲從事開拓探險——不能容忍懶散和欺騙。他對殖民地部大人物說話的習慣口吻，在殖民地總督中是不多見的，這一點尤其令文雅而貴族化的格蘭維爾伯爵惱怒不已。麥當奴直接插手外交和領事部門，阿禮國（英國駐華公使）憤憤不平地數落麥當奴『粗野傲慢、行事草率、不知禮儀』。麥當奴身為資深律師，曾任殖民地按察司，深諳法律。他在西非的經歷，包括數次參加戰鬥，則表明他性喜冒險。他的公文生動、銳利，時常向殖民地部提出有爭議的問題。

「像所有類似性格的人一樣，麥當奴事必躬親，乃至獨斷專行地管理香港，既不倚重自己的屬下，也不把公眾輿論當回事。不論他的做法正確與否，麥當奴用前任總督不曾有過的方式，把這個殖民地的華人與歐洲人重新團結成一個整體。為期四個月的調查結束後，他採取一系列有力行動，範圍涉及稅收、行業登記、擺平海盜以及刑事審判制度。在推行這些舉措的過程中，麥當奴時常遭到強烈反對。

「麥當奴屬於香港人欣賞的那類總督，堅忍不拔，坦白直率。麥當奴於 1872 年 4 月 11 日離開香港，歐洲人和華人都感到依依不捨。麥當奴有豐富的殖民地管理經驗，認識到香港『極為特殊』的處境，殖民地的老規矩在香港根本行不通。殖民地部官員卻沒有意識到這一點。」

就職典禮的插曲

麥當奴和他的後任堅尼地，一上任便鬧出趣聞，成為市民茶餘飯後的話題。

總督受英倫女皇之命抵港就職，要舉行宣誓儀式。宣誓儀式由大法官主持，在督轅舉行。程式是大法官將預先寫好的誓辭授予新任總督，總督把手放在《聖

經》上，朗誦誓辭，然後再吻一下《聖經》，儀式就算結束。在英國人看來，宣誓儀式是向女皇表示效忠，十分莊嚴，來不得半點馬虎，可是，麥當奴的宣誓偏偏出了差錯。

1866 年 3 月 11 日麥當奴到港，定於次日中午宣誓就職。事有不巧，最高法院大法官亞當斯恰好離港休假，大法官一職臨時由巴爾代理。第二天，預先頒佈的宣誓時間已到，文武百官雲集督轅觀禮，各方人士應到的盡到，惟獨不見監誓的代理大法官巴爾露面。左等右等，仍不見巴爾出現，侍從四出尋找，也找不到蹤影。麥當奴等得不耐煩，便決定不再等候。在無法官監誓的情況下，麥當奴自行宣讀完誓文即離去。等到代理大法官巴爾匆匆趕到，督轅的新總督宣誓就職典禮早已曲終人散了。巴爾對此甚感不妥，非常內疚。

但他並未接受教訓，後來給總督又惹了不少令人啼笑皆非的麻煩，直到麥當奴離任前夕，還不讓督爺清靜。1872 年有一樁案子，當時大法官司馬理請假返國，法官職務仍由巴爾署理。3 月 20 日刑庭審理案子的過程中，巴爾法官認為一位名叫大衛‧華爾希的陪審員，在聽案時毫不留意，有藐視法庭之嫌，當庭判處罰款50 元。巴爾表示，他對於華爾希不用神聽審的傾向，已暗中留意甚久。到了 27 日，由於華爾希申辯他其時有病，於是巴爾便豁免了他的罰款，不過聲明豁免的動機並非認為處罰得不適當，巴爾自信自己處分適當並且有權令他繳付罰款。

華爾希不服氣，第二天在報上發表了一封信，對巴爾法官的行為嘲笑了一番。這封信發表後當然引起廣泛的注意，於是華爾希本人和《香港每日快報》的發行人貝耳，立時就收到了法院的傳票，命他們兩人於 4 月 3 日，就是否承認藐視法庭罪出庭答辯。

4 月 3 日，華爾希和貝耳兩人遵命出庭，主審的當然是巴爾本人。他敘述了案情後，便宣判兩人的藐視法庭罪成立。華爾希身為陪審員，聽審不專注，被豁免罰款後，還要公開發表書信嘲弄法官，可謂罪加一等，因此判處 14 日監禁，不許以款作抵。至於貝耳，因是初犯，給他 3 天的寬限，撤銷那封信並公開道歉。後來貝耳在限期內寫信向巴爾道歉，並在報上公開聲明撤銷那封信。華爾希坐了三天監以後，寫信向總督申訴。總督麥當奴看到申訴很不高興，說這事按照手續，應該直接向法官求情，他不便受理。把球給巴爾踢了回去。於是華爾希的律師在4 月 6 日便向巴爾請求寬恕，說華爾希業已坐監 3 天，可算已經獲得了相當的懲

誠。於是巴爾下令將華爾希帶堂，先命令他撤銷呈遞給總督麥當奴的呈文，然後再教訓他一頓，這才寬免了華爾希的刑期。

助餉開賭

麥當奴任職期間，最為史家常常書寫的是大開賭禁一事，並被稱為縱賭總督。

早在麥當奴之前的 1844 年，香港政府就頒佈禁賭條例，規定凡聚眾賭博，罰款 200 元。警察奉票查賭博可破門入屋。但是，禁賭條例頒佈以後，賭博不但沒有減少，反而使賭館增加，賭風更盛。

為什麼會出現這種怪現象呢？據分析有兩方面的原因，一方面因為這個條例對於經營賭博及參加賭博者，均給予罰款。所以，當時的香港政府並非真心禁絕賭風，他們真正關心的是徵收罰款，增加庫房收入。賭博的越多，罰款越多，庫房越豐厚，何樂而不為。另一方面，巡警在查禁賭博中權力很大，不少人借機貪污受賄，賭館主人也樂於向警方行賄，雙方達成「默契」，各得其所，自然愈禁愈猖。

歷任港督當政，巡警收受賭館賄賂的案件屢屢發生。1855 年 5 月 5 日，中央警署一名華籍職員與一名雜役發生口角，那名職員知道對方平時收受賭賄，一氣之下便向警察司告發。香港政府委派總登記官高和爾查辦。結果，一名賭館老闆被捕，承認曾經賄通高等法院裁判署、警察署雜役共四人。警方查核賭館收支賬目，發現確有支出賄款的證據，只是沒有列出受賄人姓名。其實，高和爾就是受賄人之一。結果，處罰一名雜役完事，其他受賄人員，也就不了了之。

麥當奴就職後第二年，1867 年 5 月 22 日，在香港立法局的例會上，議員域陶就制止賭博一事提出：目前賭館林立，警方雖然不斷拘控賭館主人及賭博者，但賭風始終不能稍息，顯然是「條例」效力發生問題。立法局當然主席麥當奴在討論中則認為，暫時沒有重訂禁賭條例的必要。問題不在條例本身，而在警察奉行不力、辦理不善。並且中國人喜好賭博，主管人員又貪污，法律很難有效地進行制裁。接着，域陶又提出建議說，不如寓禁於徵，准許繳納稅餉，領取牌照開賭，用來應付目前的困難局面。麥當奴認為，香港的警力不足，同時警員的待遇

不好，易於貪污受賄。於是，便以此為「理由」，接受了域陶的建議。

按照域陶的解釋，「寓禁於徵」的辦法，是以「公賭」來抵制「私賭」，允許賭商交納牌照費，交費即可以領牌正式開設賭館。麥當奴口稱，準備用這一筆賭館牌照費的收入來提高警方人員的待遇和擴充警力，並從而撲滅私賭。於是港府特別起草了一項法令，稱為《維持社會秩序及風化條例》。當年 6 月 17 日，立法局通過了《維持社會秩序及風化條例》。該條例第十八條的大意是：本港地方賭博盛行，現行的禁賭條例，未能收到肅清之效。為了取締和逐步禁絕賭博，特授權總督隨時制定規則厲行禁絕，或採用有效辦法加以限制及管理，務期達到肅清賭博的目的。

這個條例很高明，名為「厲行禁絕」，實為縱容放任。這樣既可哄騙香港民眾，也讓英國找不出毛病。

這個條例聲稱，授權總督採取有效辦法「限制及管理」賭博，而麥當奴的「有效辦法」是什麼呢？就是採納域陶的建議，使賭博合法化。麥當奴授權警察司發放賭館牌照，由警察司及總註冊官招商承投賭餉，結果有 12 家賭館投得。這些賭館分佈在西營盤、上環、中環、灣仔等處，每家賭館每年繳納賭餉 1 萬元。該年 7 月 1 日，賭館公開營業那天，像其他商店開張一樣，鑼鼓喧天，鞭炮齊鳴。各賭館門口都垂着藍布門簾，門外有夥計招徠賭客，高喊：「想發財的到裡面來。」營業時間由上午 6 時開始，一直到更深人靜。前往賭博的起初只是中國居民，後來外國人和駐港英軍也相繼前往，一時間門庭若市，烏煙瘴氣。

據資料顯示，開賭第一年，政府在賭稅中收入 15,500 元，第二年增加到277,334 元，四年半間累計徵收賭餉 799,296 元。

香港社會人士，特別是教會人士，對麥當奴放任賭博公開化、合法化的政策極為不滿。7 月 24 日，牧師查爾士·華爾以及包括伍廷芳在內的社會知名人士聯名上書香港總督，對《維持社會秩序及風化條例》中關於賭博的規定提出批評。他們在信中說：從條例的名稱看，人人以為這是維持社會秩序和風化的善政，不料適得其反，成為獎勵賭博、妨害社會秩序及風化的工具。這項措施絕不是英國法律能夠容許的。其目的並不是禁賭，而是以公開方式鼓勵賭博，另有所圖。中英兩國法律都認為賭博是不合法的，應當受到懲罰。

7 月 29 日，麥當奴寫信答覆社會知名人士，信中說，「政府公開賭博是最有

效的管制賭博方法，同時也可以防止不法警察勒收賄款，而且又能為政府增加收入，用作建設香港，為什麼不可以公開賭博呢？」他在立法局一次會議上宣稱，這次招商承餉的目標，除統制賭博及取締警察索賄外，政府方面在 1868 年度還可增加稅收 12 萬元。這最後一句話，道出了實行賭博合法化的真正動機。

賭博條例實施後，對香港南北行的生意影響很大。一些到香港購買洋貨的內地商人，在賭館內將貨款輸光；有些運土產到香港的商人，原來可以辦運洋貨返回內地，也將售貨款輸得精光。他們有的空手還鄉，有的則淪為盜賊，擾亂社會治安。1868 年 5 月，香港西商會上書香港政府，指出自公開賭博以來，商務大受影響，要求立即下令禁止。

香港政府實行賭博合法化的理由之一是制止私賭。但是，實行的結果，開設私賭館的人，因為得到有勢力者的包庇，不見絕跡，承餉的賭館典質賊贓與其他違法行為也不斷發生。1870 年內，按察司司馬理曾受理這類案件多起。他曾當庭發表意見，反對賭博合法化的條例。他指出，自開禁以來，地方上刑事案件及犯罪人數都有增加。

英國國內也有人反對香港賭博解禁。1867 年 12 月 3 日，英國上議院開會時，一位議員指責香港政府的這項政策違反文明法律，貽害地方。有議員在答辯時說，這項政策是英國的羞恥。1869 年 7 月 12 日，英國下議院開會時，議員西克氏也對香港賭博弛禁提出質問。

英國政府對香港政府賭博弛禁一事，採取了縱容的態度，只是表示今後該地賭餉不得併入正當稅收項下，由香港政府另行保管、另行支配即可。

由於英國政府的縱容，香港總督麥當奴更有恃無恐，於 1871 年 1 月 12 日再次公開招商承餉，地點在香港政務署。結果，何亞錫用顯南行的名義，以每月15,800 元的最高價投得。當年賭稅合計 189,600 元，比前一年多三萬餘元。正當香港政府為賭稅增加而洋洋自得之際，當年 2 月，全港市民發起了請願行動，所有商號都在請願書上簽了字，上書英國政府，要求禁賭。同年 5 月，西商會也上書英國殖民部，歷數賭博破壞社會秩序、坑害百姓、影響商務的事實。這兩份請願書都被麥當奴扣壓，沒有送到倫敦。麥當奴還利用休假的機會，跑回英國四出遊說，希望維持弛禁的現狀。但是，香港各界反對賭博弛禁的強大輿論是不可能長期封鎖的。在輿論的壓力下，英國政府對此不得不引起重視。1871 年 12 月，

英國政府指示麥當奴禁止賭風。

失去英國政府的支持，麥當奴只好推翻自己親手制定的賭博合法化政策。為了避免出現尷尬局面，他將禁賭的事交給輔政司柯士甸辦理。柯士甸首先宣佈，從 1872 年 1 月 20 日起，《維持社會秩序及風化條例》第 18 條的規定作廢。為了總督的面子，1 月 30 日，他又出示佈告，解釋禁賭的原因說：「查本港地方前經政府核准承商領牌開設賭館，其目的為防止警察索賄及制裁盜匪免使滋蔓。四年以來卓有成效。外商僕役盜竊僱主財物之事，漸見減少，私賭亦久經絕跡。近來地方治安、社會秩序均大有進展。故由本月 24 日起，所有開賭牌照一律宣告取消。嗣後本港、九龍及所屬鄉村地方一切大小賭博，悉行嚴密查禁。督憲現正籌商善法，務將所有賭博鏟草除根，免人民重受其害。」

輔政司完全把事實顛倒過來。既然賭博弛禁「卓有成效」、「地方治安、社會秩序均大有進展」，又為什麼拋棄這種行之有效的辦法而另「籌商善法」呢？

另「籌商善法」只是託辭，直到 1872 年 4 月，新任總督堅尼地在就職演說中還宣稱，英廷及殖民大臣命令他就職後，要把整頓警察制度和禁絕賭博作為兩項主要任務。堅尼地在任期內，對於禁賭是盡了努力的，在 1876 年還修訂了 1844 年的禁止賭博條例。他表面上是取得了成績，但實際上並未達到禁絕賭博的目的，賭館又以「俱樂部」等形式出現了，比原來的賭館更為高級。

「豬仔」貿易興盛

早期香港轉口貿易中，一筆較大的生意是「豬仔」貿易。所謂「豬仔」貿易就是苦力貿易，把中國內地的勞動力，經過香港，販運到外國去做苦工。麥當奴時期，「豬仔」貿易進入了高潮期。

中國「五口通商」，外國商人蜂擁而至，上海等地迅速發展，香港被邊緣化。1845 年，31 家英商聯合上書英國殖民地部，說香港已無可發展。1847 年，怡和洋行更在下院投訴說，如果不是怡和有大量投資在香港，所有英商都會撤離。但是，英商為什麼沒有撤離，反而生意做得興隆？原來，美國、加拿大、澳洲先後發現金礦，需要大批勞工，而《南京條約》、《北京條約》又給了英法在中國招

募勞工的權力。這給英商帶來了一個巨大的機遇。

　　英商販賣華工出國的歷史，可以追溯到 18 世紀末 19 世紀初。當時英國東印度公司就通過其駐廣州商館的買辦，多次從黃埔、澳門、金星門等地拐販華工出國，賣給國外莊園主、商人，強迫他們終身從事奴隸勞動。鴉片戰爭後，英、法、美、西班牙、葡萄牙、荷蘭等西方殖民者在不平等條約的庇護下，誘拐、綁架華工出國的罪惡活動就更加猖獗。1849 年美國西海岸加利福尼亞發現了金礦，1851 年澳洲也發現了金礦，香港成為招募華工的中心。投機商人勾結「豬仔頭」，潛入內地，誘騙貧苦農民離開家園，被當做「豬仔」一般運往三藩市或澳洲，從事奴隸式的勞動。香港佔地利之便，成為中間轉運站。1852 年經香港販運到國外的華工達兩萬人。1857 年 2 月，港府公佈施行《販運工人出洋牌照條例》，實行公開經營。1860 年，中英、中法簽訂了《北京條約》，規定清政府不得禁阻華工出境，使販賣華工的貿易合法化。港英政府從中獲取大筆不義之財。

　　1868 年 7 月 28 日，美國駐華公使蒲安臣利用清政府委派他為出使各國大臣的名義，與美國國務卿西華德在華盛頓簽訂了《蒲安臣條約》。條約共八款，規定：兩國人民往來居住，聽其自便，不得禁阻；可以往來遊學並在指定地點設立學校；兩國僑民不得因宗教信仰的不同，受到「欺侮凌虐」、「屈抑苟待」。現在看這個條約的文字，沒有什麼不妥，當時也應該說是開明的。但實際上，條約是適應美國掠賣華工、加強文化和宗教等方面侵略的需要簽訂的。當時美國開金礦已形成熱潮，正需要大量的苦力。

　　由於以上兩個條約的規定，香港便成了與廈門、澳門同樣臭名昭著的苦力貿易據點。香港的苦力貿易在形式上與其他地方略有區別，屬於「賒單苦力」，就是由招工代理人先墊付船費，華工出國後以工資抵還所謂船費和利息。在還清債務前，華工必須聽從債權人的控制與驅使。這種拐騙，當時還美其名曰「自由移民」。不僅英國的不法商人直接參與苦力貿易，而且各國從事苦力販賣活動的船隻也有不少到香港補給食物、淡水與燃料，並在香港修船或改建裝載苦力的統艙。

　　早期從香港出洋的苦力，以去美國的三藩市和澳洲的新金山墨爾本為主。據統計，1845 年至 1874 年間經香港被販賣到國外的「賒單苦力」多達 266,326 人。其中 1861 年至 1872 年間到美國和澳洲的即有 134,693 人。參加運載苦力的有分屬於英、美、德、法、荷蘭、意大利、智利、丹麥等國籍的船隻 426 船次，其中屬

於英國籍的有 179 船次。整個 19 世紀下半期,被掠販出國的苦力約有 205 萬人。苦力貿易為英、美等國的不法商人帶來了豐厚的利潤,同時也給英、美運去了大批廉價的勞動力,繁榮了輸入國的經濟,對於香港早期的製造、修船、航運以及轉口貿易等行業的發展,也起到了刺激作用。「豬仔」貿易為英國政府及英屬各殖民政府及商人帶來了財源。直至 20 世紀初年,香港仍有販賣華工出洋的事件發生。1906 年,香港尚有廣祥合、合興棧、源發棧、鴻發棧等新舊「豬仔」館 21 家。野蠻的苦力貿易受到世界上一切正直人士的譴責,也激起了被掠賣華工的激烈反抗。

溫憲先生的《南非華工創業史》一文曾描述經香港販運到南非的華工情況:在南非德蘭士瓦掌權的英國殖民當局,1904 年制定的一項勞工進口法令規定:進口華工沒有挑選工作的權利;華工不得離開金礦從事經商等其他職業;華工只能住在指定地點,未經允許不得擅離;華工經允許離開駐地最多不超過 48 小時;華工必須時刻攜帶身份證;華工不得租用或擁有任何不動產;拒絕工作、逃離或從事經商者將被視為觸犯刑法而被罰款、監禁或被遣返。為了監督進口華工事項,德蘭士瓦當局專門成立了外籍勞工部。

1904 年 5 月 13 日,清政府與英國當局簽署了中英勞工協定。1904 年 5 月 25 日,第一批計 1,055 名華人勞工乘船離開香港前往南非。直到 1907 年初,共計 63,695 名華工來到南非。華工先被送入一個集中營式的「中國大院」,再從那裡被送上火車,到達金礦所在地。

為了最大限度節省開銷,南非一些金礦為華工特製了一種水泥大通舖,一個房間內分上下兩層,共容納 40 名華工。每個舖位 61 厘米寬、2.1 米長,上下兩層間距 91 厘米,各舖位間有一水泥隔板。睡覺時,華工們只能縮身爬進這種水泥格子中去。

五十多家僱傭了華工的南非金礦公司毫無例外地將華工派到條件最為惡劣的井下工作,並且手工作業。1904 年至 1910 年,計有 3,192 名華工在各種事故、疾病中死亡,約每 20 名華工中便有一人喪生。華人與資方間的衝突時有發生。1905 年,每個黑人礦工的平均月工資為 51 先令,而華人只有 37 先令。在井下工作的華人沒有最低工資標準,礦主規定每個華人每天必須用手工掘一個 36 吋深的洞,如達不到規定的數量,他將得不到任何工資。由於無法與華工語言交流,

礦上工頭便普遍使用皮鞭作為對華工的指揮工具。

從第一批華工來到南非的 1904 年至 1910 年，南非金礦的利潤從一千二百多萬英鎊增至三千多萬英鎊。華工到來前的 1903 年，南非只有 56 座金礦開工，1908 年增加至 74 座。

創辦東華醫院

東華醫院的創辦，與廣福義祠有關。該祠坐落在香港島太平山街，建於 1851 年。起初只有幾間小屋，用來供奉中國先輩居民信奉的神主。這裡的祀例與中國內地鄉間不同，不以姓氏鄉邑為限，以示普及。義祠落成後，常有流離失所的窮人藉此為棲身場所，還有一些無親無故的垂危病人也被送到這裡等死，因此環境污穢不堪。根據這種情況，1869 年 4 月底，麥當奴以義祠管理不善、影響觀瞻為由，下令拆除。如果這道命令實施，流落街頭的貧病居民就失去了暫時棲身之地。

在此之前，1866 年 5 月 23 日，一些中國居民曾提出建議，要求香港政府設置棲留所醫院，收容貧病無家可歸的中國居民。麥當奴以已有官方醫院為理由，拒絕採納這項建議。實際上，當時雖有官方醫院，但居民前往就醫者極少。據港英當局 1869 年 6 月的一份報告統計，一年之內，香港居民入官辦醫院留醫者，外國人有 934 名，而佔香港人口 90% 以上的中國人，僅有 223 人。趁麥當奴取消義祠的機會，中國商人梁鶴巢、陳瑞南等重新提出建醫院一事。他們認為，中國人不願進官方醫院，是信仰中醫的緣故。因此，必須創辦一所華人醫院，純用中醫中藥診治病人。他們的建議得到中國居民的熱情支持，很短時間內就自行籌得捐款三萬多元。面對這種情況，麥當奴政府也只好表示支援，撥款 11.5 萬元予以資助。醫院定名為東華醫院，1870 年 4 月 9 日動土興建，1872 年 2 月 14 日落成啟用，地址選在上環普仁街。經過各方面人士努力爭取，原有義祠也沒有拆除，1873 年重新修葺，恢復舊觀。

中國著名學者王韜應梁鶴巢的請求，撰寫了《創建東華醫院序》。序文說：「太平山側，固有所謂廣福慈航者，為寄停棺櫬，垂死病人遷處之所。特當事以其措置不善，已諭撤除。梁君鶴巢、陳君瑞南請於當事。因其舊址擴而新之，暫

為施醫治病之地。於時捐資集事者凡百二十人，特是經費無所出，事可暫而不可常，因群請於前任憲麥公，麥公慨然曰：『是固地方之要務，敢不為諸君成斯盛舉』。賜地給幣，獎勵甚至，前後撥公項至十餘萬。一時草偃風行，傾囊解橐者，無不輸將恐後，歲捐之數，亦盈八千有奇。於是醫院大功告成！可垂之於不朽。謂非南州諸君子盛德事哉！」

據白帆先生有文載：1870 年 4 月 9 日，東華醫院舉行奠基禮，由麥當奴總督主持。港府資助建院費 11.5 萬元，是四年賭餉的 1/4。1872 年 2 月 14 日，東華醫院建築落成，也由總督麥當奴主禮。

為什麼取名東華醫院，可能是取廣東華人醫院之意。王韜的序文裡，沒有明確提到上述說法，只是增添了一種新的解釋。他寫道：「醫院落成，賜名東華，其命意固有顯然可見者。況以東也者，生氣之所發；華也者，萬物極之盛。然則宣佈陽和陰行，滋長群生，有不咸被其休者乎。」

醫院正門有石刻「東華醫院」四個大字，筆力遒勁，重若崩雲。這是創院時由名士陳璞手書。潤筆費 200 兩，由梁鶴巢解私囊相贈。陳璞接受潤筆費後，轉贈醫院作為建築費用。

東華醫院建立以後，1911 年在九龍建成廣華醫院，1929 年在港島東區掃杆埔建成東華東院。1931 年三所醫院統一管理，合成東華三院。東華三院的重要業務是贈醫送藥，早期主要是利用中醫藥為貧苦病人免費治療。

短命的造幣廠

還在第五任港督羅便臣時期的 1864 年，香港立法局通過條例，建議創辦香港造幣廠。建廠籌備工作歷時兩年，廠址選在港島東區的銅鑼灣。因廠址設在海邊，僅填海工程一項就耗資 9,000 英鎊。此外，廠區建築費花了 2.5 萬餘元，食水供應花了 3,500 元。開辦費共達 40 萬元。廠裡的機器設備固然要向英國訂購，就連廠裡的職員也要由英國國內聘請，並用英鎊支付薪金，因而廠子的常年經費支出達七八萬元。

1866 年麥當奴接任後，造幣廠建成。5 月 7 日，麥當奴主持「香港鑄錢局」

開幕禮。開張以前，輔政司馬撒爾曾出示佈告說：一、香港造幣廠定於5月7日上午11時開幕；二、免費代鑄英國通用銀元，以一個月為限，如有舊銀元、銀錠、銀條、銀屑，均可收受代鑄新幣；三、如屬銀元，須先熔成條錠者，則徵收費用按所值十分之一；四、如交來代鑄之舊銀元，其銀質比英國通用銀元為低者，則徵收費用按所值十分之一，所餘之雜金屬退還原主；五、代鑄量額不得少過五千安士；六、如欲免費代鑄新幣，將熔鑄品自行送至東區銅鑼灣香港造幣廠，經晤廠長乾打氏先行接洽。

這張佈告表明，開設造幣廠的目的仍在於努力統一香港的貨幣。同時還可以看出，當時香港政府很難控制港元的發行，因為人人都可以拿熔鑄品去造幣廠要求代鑄新幣。但是，佈告中「英國通用銀元」，實際上只是香港通用銀元。在英國，香港銀元不能直接通用，仍須兌換為先令或鎊才能使用。

第一批香港銀元問世是1866年6月。這批銀元分為1元、半元、1毫、5仙等幾種類型。香港壹元的銀幣，正面為維多利亞女皇側面像，背面的設計古香古色，正中為一個中國古壽字，壽字上下左右各有豬鼻雲圖案，圖案內外分別用中英兩種文字寫着：「香港壹圓」。

香港造幣廠存在的時間很短暫。它於1866年5月開張，1868年6月即宣告停辦，總計鑄造銀幣2,108,054元。造幣廠關閉後，廠房售給怡和洋行，後來改建為糖廠。造幣機器出售給日本人，得款6萬元（一說12.5萬元），買進時卻花費了40萬元。造幣廠舊址後來是銅鑼灣加寧街的一家川菜館。這家菜館的牆壁上仍鑲嵌着「香港鑄錢局」的紀念匾。至於造幣廠倒閉的原因，一說是因為「耗費繁重，收入不敷，以至虧折過巨」，一說是因為「發行銀元的主權必須由香港政府收回，不能讓市民交銀鑄造銀幣」。在造幣廠關閉之後，香港的銀幣便由香港政府到英國訂做，也曾由印度造幣廠鑄造。彼時港元既成法定貨幣，但沒有制定相關的法例。

香港大會堂落成

香港的大會堂是有名的建築。現在的大會堂是1962年啟用的。麥當奴時期

的大會堂舊址，在今日滙豐銀行大廈與中國銀行大廈之間的一處地方。

大會堂落成開幕，是麥當奴任內的盛事。當年適值愛丁堡公爵亞爾菲臘王子到香港訪問，所以大會堂的開幕典禮由亞爾菲臘王子主持，儀式非常隆重，場面十分壯觀。

早在 1861 年，港督為羅便臣時，便有人提出興建一座鐘樓、一座大會堂、一座水手館的建議。按照原定計劃，鐘樓高達 80 呎，頂端設置時鐘和火警鐘，前面還要興建一座噴水池。至於大會堂，計劃裡面要有戲院與集會廳。經過長時間的公開討論，並且委派委員會進行初步籌備，1862 年 10 月公佈了方案，預算約需 3.4 萬元。

最後決議，大會堂內包括一座戲院、一間圖書館以及一個集會廳。這個計劃為港府接納，並且免費撥出土地。1864 年 2 月 23 日向市民公佈。

1864 年 5 月 19 日，各界熱心人士捐款和開辦音樂會籌款，所得款有 2 萬元，但要 8 萬元才夠應用，所以當局決定發行股份，每份 100 元。羅伯‧渣甸慷慨認購了 5 萬元股份，餘下的 3 萬元股份則供大眾認購。

因為捐款數量不多，大鐘樓縮小了規模。噴水池由鄧脫捐款興建，但改建在大會堂外面，位於大道中。

總督過問的趣案

麥當奴任內發生了一次非常有趣的律師被法官指為蓄意藐視法庭案。該律師因而被罰款 200 大洋，並且被停止職務。被判罰的律師不服，上書總督訴冤，並向倫敦呼籲。

1867 年 6 月 27 日的庭上，因為一兩句話的見解不同，大法官司馬理與大律師波拿發生了衝突，司馬理認為波拿藐視法庭，要他當庭認錯道歉。但波拿表示自己對於法庭毫無不敬之處，拒絕認錯。

發生矛盾的原因是，波拿為了一家洋行與糖商的官司代表原告出庭。審訊時，被告律師說有一重要證人，是在原告處打工的中國苦力，可以作有利被告的證供，問波拿是否能夠將這證人喚來。波拿表示他「不能拿出一個中國人來，像

隨手拿出一張紙來那樣」。

司馬理聽了波拿的話，質問波拿是否不願意拿出這個證人。波拿表示，他有權選擇為原告作證的證人，他不需要別人替他選擇，並表示如果被告律師認為那個中國人對於被告有利，他盡可在庭上請求傳那人出庭作證。司馬理說並無人想替他選擇證人，但是他以法官身份，自有權說話。波拿說：「那麼，我們大家各人行使各人的職權吧。」聽了這番話，司馬理勃然大怒，拂袖退庭。

不一會，司馬理詢問波拿是否準備道歉。波拿表示，他想不出他曾經做過什麼該向法庭道歉的事，「法庭在作這樣指責之前，應該先確定其人是否確有侮辱法庭之意」。

聽了波拿的話，司馬理更動氣，他以興奮的口氣說道：「你不是對我說過一個中國人並非一張紙嗎？這不過是藐視法庭的一部分，還有其他許多。」

波拿再三請求法官說明究竟為了些什麼該道歉，可是法官拒絕解釋，決定在29日專門審問這件藐視法庭案。原來那件糖商訟案，卻被放到一邊。

29日，波拿如期到庭，他表示他從來無意藐視法庭，既然法官拒絕解釋，他要求如果有任何上次曾經在場的人認為他應該道歉，他決定遵命道歉。這幾句話更使司馬理生氣，他不聽波拿的任何解釋，宣佈下月2日宣判這件藐視法庭案。

7月2日，司馬理開庭宣佈，波拿共有六項藐視法庭的罪名，決定判罰200元，並且停止執行職務14日。司馬理當庭宣佈他的判決理由，指出波拿的六項藐視法庭罪名。其中有一項最有趣，指責波拿表示對於法庭的尊敬時，他的表情強調「法庭」一詞，似乎有意暗示他所尊敬的只是「法庭」而不是坐在其上的司馬理法官。

葉靈鳳先生曾轉述過諾頓·凱希的《香港法院法律史》所記載的一段法庭對話：

法官中止宣讀判決書，向波拿問道：「波拿先生，你為何不停地注視着我？」

「法官閣下，這是表示驚異的注視。」波拿回答。

又有一次，波拿伸手整理自己背上的衣扣，司馬理又中止宣讀，向波拿說：「等你扣好衣紐之後，我再繼續讀下去。」

波拿說：「法官閣下，我是發覺我背上的衣紐鬆了。若不及時扣好，恐怕又多一項藐視法庭的罪名。」

法官說：「我將靜候你扣好了再說。你這樣做得很好。」

對於大法官的判決，波拿當然不服氣，於是便在被判罰的第二天寫了一封信交輔政司轉給麥當奴總督，敍述這件事發生的經過，以及所遭受的不公平的處分。他說他以曾任皇家代表律師的身份，竟在公開法庭上連一個普通罪犯都應該有的最低答辯和請求解釋的權利也被剝奪，實在聞所未聞。他指出法官執行職務不公正，並且行為專橫，有虧職守，要求總督對這事有所表示。

輔政司奉麥當奴之命回信給波拿，表示波拿既然對大法官提出這樣嚴重的指控，總督已無權處置這事。唯一正當的辦法，是由波拿自己上書給樞密院，直接向女皇申訴，香港政府可以代他轉呈。

司馬理大法官對於波拿所作的藐視法庭的判決以及所給予的處分，當時不僅官方認為處置不當，一般商民也為波拿抱不平。市民為了向法官表示抗議，發起募捐，代替波拿繳付 200 元的罰款。

波拿遵照總督的指示，上書維多利亞女皇申訴。樞密院於 1868 年 6 月 15 日組織裁判委員會審議此事。審議結果是，樞密院認為「藐視法庭」是一個嚴重的罪名，非獲得確切的證據，並給對方以解說和答辯的機會後，不能輕率地下判斷。根據司馬理法官對波拿所宣讀的判決書中所列舉的六項理由，沒有一項在法律上能構成藐視法庭的罪名。因此波拿的罪名應該撤銷，並且退還罰款。

樞密院將這意見呈准女皇後，隨即正式行文麥當奴，通知他審議的結果。波拿在 8 月 13 日收到香港輔政司的公文，告訴他罪名已被撤銷，並吩咐他向庫務司領回那 200 元罰款。波拿將罰款退回給原來捐款的民眾。

第七任
1872-1877

堅尼地　Arthur Edward Kennedy

堅尼地（1809–1883），愛爾蘭人，長期在英國軍隊服役，後來轉為行政官員，再到英國殖民地部工作。堅尼地曾經兩度出任英屬贊比亞總督，還在加拿大和非洲擔任過行政工作。出任香港總督時已經是 63 歲了。

1872 年 4 月 16 日，第七任總督堅尼地抵港接替麥當奴，至 1877 年 3 月 2 日離任，任期五年。堅尼地與麥當奴既是同鄉，也是師出同門的校友。他們都曾在英國的海外殖民地長期工作，而且曾在同一個地方先後擔任過同一職務。麥當奴在先，堅尼地在後，後者是否有麥當奴的舉薦，就不得而知。

堅尼地有殖民地統治的經驗，任職期間長於安撫，對華人紳商十分尊重，善於交際。他要求督府官員都要學習中文，並設立了考試委員會，定期考核各級官員的中文程度。

堅尼地任職期間，香港商業不斷發展，商業區逐漸由東向西推進，出現了所謂堅尼地城，城區位於現在的西環。該城當時頗具特色，但歷經百年，其面貌已和港九其他地區基本相同了。

堅尼地抵港就任時，最高法院大法官還是由巴爾代理。和對待前任總督麥當奴一樣，巴爾也給剛下船的堅尼地開了一個小小的玩笑。

堅尼地就任，照例要舉行莊嚴的宣誓典禮。宣誓就職這天，堅尼地朗誦代理大法官巴爾授給他的誓辭，以表達對維多利亞女皇的忠心，港府文武百官肅穆靜聽。當這位督爺讀到誓辭中的「效忠於李菲亞公主的後人」一句時，覺得這誓辭似乎有點與慣用的說法不同，因此立即停下來詢問這誓辭是否有錯誤。這一問話，弄得文武百官有點莫名其妙。巴爾也默然不吭聲。在場司儀回答說，這是代理大法官所擬定的，意思是說這不會有錯。堅尼地聽後接着念下去，讀完後，向《聖經》親吻，完成了宣誓就職手續。

在莊嚴的宣誓過程中，突然中斷朗讀，向周圍的人詢問誓辭的字句是否有錯誤，這實在是無前例的罕見的失儀。出人意料的是，十多日之後，總督忽然召開立法局會議，堅尼地當場向全體議員宣佈，現已證實前次宣讀的誓辭的確是錯了，要求採取一種臨時立法手續，以便他重新宣誓。於是，總督依據巴爾重新擬定的誓辭再讀一遍，才算完成了合法的宣誓效忠手續。

麥當奴宣誓時，巴爾誤時遲到，責任可說完全在他。堅尼地宣誓失儀事件，責任就不能完全由巴爾一人承擔了。總督對莊嚴的誓辭，為什麼就不預先閱讀一遍？巴爾因為經常失職，給兩位督爺帶來麻煩，結果連代理大法官也做不成了，只好去職了事。

衝破海關封鎖

1867 年有一件很值得一提的事，就是清政府與港英當局為稽查稅務的問題發生了爭執。事件起因是，香港逐漸成為中國沿岸的商業轉運中心，外籍商船川流不息地來往於中國各條約開放口岸和香港之間，居住香港的華人所擁有的船隻也和外籍商船一樣，可以自由活動不受限制，很多商人利用這種機會，運載鴉片和泰國、越南的大米以及其他商品，走私偷稅進入中國內地，極大地損害了清政府的財政收益。早在 1685 年，清政府在沿海一帶設立粵海關、閩海關、浙海關、江海關，管理對外貿易和徵收關稅事務。香港和鄰近地區海關稅務，均屬粵海關管轄。針對 1867 年出現的走私情況，廣東海關規定，由香港駛出的中國帆船，凡是駛往非通商口岸的，一律先要完稅。

1867 年 11 月，清政府採取強硬措施，嚴查過往船隻。有一艘運鴉片的船隻被中國廣東海關在香港口外截留檢查。港督麥當奴聞知此事，立即向中國政府提出強烈抗議，英國政府也表示強烈反對。結果，清政府只得發還貨物和船隻。

幾個月後，清政府派出一艘快速巡洋艦拖着一列海關躉船檢查站，停泊在香港外海，在香港西面出口的急水門、東面出口的東龍洲，均設立了稅關，由炮艇日夜不停地巡查。凡是由香港駛出的中國帆船，都要截留檢查；凡是載有運往非通商口岸貨物的，一律按規定完稅。

清政府這一舉動當然使得香港的航運業受到影響。對此，麥當奴曾一再向清廷提出抗議。可是由於當時從香港向內地各處的貨物走私非常猖獗，影響了中國海關的稅收，而封鎖香港港口的計劃，又是在外籍人士的支持之下執行的，因此清政府的態度比較強硬，對麥當奴的抗議，一直不予理睬。當時，香港洋商把清政府這項行動稱為「封鎖香港」。

1869 年蘇伊士運河通航，歐亞交通較前暢通。從英國來的船隻約兩個月可抵香港。該年，香港港內的外國船隻平均每天達 107 艘。在香港的外國人數激增至 7,000 到 8,000 人。香港商業日趨繁榮，走私漏稅也更加頻繁。1871 年，廣東海關在汲水門、九龍城、佛頭洲及長洲等四處開設常關廠，開徵稅厘，緝捕走私。

1872 年堅尼地接任港督，12 月 15 日，堅尼地委任香港商會主席賴星、港務

處長湯式和總登記官湯隆基組成了三人委員會，調查洋商對中國海關在香港附近「干涉帆船貿易」的控訴。1874 年 4 月 28 日，三人委員會提出了調查報告。報告認為，香港周邊「始終存在一種十分令人氣憤的封鎖體制」。這種體制對香港的商業和轉口貿易產生了很大的負面影響。

對於清政府的「封鎖」，堅尼地多次與清政府進行交涉，但始終沒有具體結果。之所以沒有結果，背景比較複雜。英國外交部和殖民地部、英國駐中國公使和香港總督、英國貿易部和在港英國商人，對「封鎖體制」一直存在着不同的看法和持不同的態度。

外交部與殖民地部在香港問題上，一直爭吵不休。外交部始終堅持認為，這個殖民地的利益必須服從英國與中國的關係，殖民地部則總是代表殖民地居民的意見。

寶靈時期設立的，日後發展為海關總稅務司署的江海關稅務監督羅伯特·赫德積極支持清廷。他上任伊始就在給海關官員的指令中明確表示，他們與他本人一樣是中國政府行政部門的一員，稅務司署是一個中國而非外國的機構。因此，他支持清廷的舉措。

《香港史》的分析認為，赫德意識到，一個具有如此動機的機構不可能指望會獲得香港外國商人的支持，英國在港「商人們大都對稅務監督抱有根深蒂固的厭惡」。赫德強調，自總稅務司以下的所有海關職員都是由中國朝廷支薪的僱員，「總稅務司對中國政府負責」。香港西商會認為，赫德手下的英國職員幫中國人說話，尤其可惡的是赫德的手下辦事還很有效率。

「當時，香港水域的範圍只有環繞香港島和九龍半島的 3 平方英里海域。日後成為『新界』的所有島嶼和海灣，在當時還屬於中國，距香港只有半英里遠。因此，緝私巡邏隊往往十分惹人注目，緝私隊汽船作為國際法許可的軍艦，可能使用香港的港口設施。赫德向廣州稅務司包臘闡述了當時的形勢：一、關於向中國領水內的中國船隻裝運的貨物徵稅，中國無須與任何人協商就有權立法並採取行動；二、英國政府已經宣佈，只要中國不在香港採取行動，並確實尊重完全標注為屬於英國的水域，殖民地當局不得干涉廣州官員的行動；三、不論是香港總督還是廣州領事，他們採取的任何違背中國官員意願的查禁鴉片倉庫的行動都不會得到支持。」

香港商人認為，香港屬於外國港口，是一個自由港，貿易管制應當降低到最低限度。但是，不論是英國領事、北京的駐華公使還是外交部，都不打算支持香港商人們的要求。

商人們向總督遞交了一份據稱是由數位華裔商人聯名提交的請願書，這份請願書實際上是出自一些英國商人之手，目的是掩蓋自己的利害關係。這個點子是卡德威爾與布里爾頓公司想出來的，其中的卡德威爾就是高和爾不爭氣的兒子。

起初，堅尼地對商人們的意見還是有所保留。隨着商人們的憤怒日漸升級，他不得不採取行動，向倫敦反映商人的意見。1874 年 9 月 14 日的公開會議上，商人們提到了「（中國人）明目張膽、史無前例地違背國際慣例……（香港的）貿易面臨迫在眉睫的滅頂之災」。

1874 年 12 月 1 日，布魯克·羅伯遜領事給外交部的一份函件，極力揭露香港西商會似是而非的主張。羅伯遜認為，走私才是造成困境的真正根源。沒有任何證據證明中國人有意干涉合法貿易，恰恰相反，當時帆船貿易穩步發展，甚至在貿易狀況普遍惡化的頭兩年，沿海帆船貿易的貨運噸位也僅有輕微下降，所以很難說是遭到了滅頂之災。怡和洋行高級合夥人詹姆斯·域陶也認為，中國人只是徵收他們有權徵收的關稅，對香港沒有進行任何形式的封鎖，貿易衰退完全是其他原因所造成的。

在倫敦，堅尼地的請求送到了殖民地大臣卡納豐的手中。倫敦收到堅尼地首封函件將近一年之後，事情才有了眉目。1875 年 3 月 22 日，卡納豐向堅尼地發出回函，雖然態度上同情商人，卻拒絕了商人們的要求：「中國政府在公海或其領海上搜查本國船隻的權利不容置疑……所申訴的中國政府行使這一搜查權利……並未影響該港口的自由，不構成提出外交抗議的有效理由。」

堅尼地寫信抨擊羅伯遜領事。1876 年 7 月 13 日，他寫道：「我對廣州當局毫無理由的要求和主張感到吃驚，女皇陛下駐廣州領事不但默許這些要求和主張，還積極給予支援。」

堅尼地面對這種複雜的局面，一方面繼續與清政府保持接觸，表示願意用談判的方式解決存在的問題；另一方面，密切關注國際及內地出現的有利於自己的形勢，等待時機，觀風而動。

在他上任的第二年出現了一樁事件，使他找到殖民者的感覺。中國屬地琉球

島的漁民在遭遇到颱風後，被迫在台灣登陸，上岸後與當地居民發生衝突，造成了人員傷亡。這本來是發生在中國的內部事宜，但日本政府卻以琉球船民代言人的身份向清政府交涉，在遭到斥責後惱羞成怒，於 1874 年悍然派兵進攻台灣。

這一突發事件頓時使得清政府手忙腳亂，無暇他顧。堅尼地知道，此時清政府迫切需要列強出面為之斡旋，尤其是在遠東有着雄厚實力的英國。他多次向清政府施加壓力，迫使清廷作出讓步，提出迅速解除對香港的「封鎖」。清政府沒有對他的要求立即作出答覆。隨後，他強烈要求清政府立即撤走停泊在香港周圍海上的中國海關檢查站。

有求於英國政府出面調解中日糾紛的清政府在這種壓力之下，不得不改變以前的立場，同意與港英政府就此事進行談判。最後，清政府終於答應了堅尼地的要求，解除了長達七年的所謂「封鎖」，撤走停泊香港外海的海關站。

密擬攫取新界的計劃

堅尼地在任期間，港英已有擴大地域至新界及附近島嶼的打算，只是時機未到。

1874 年 8 月 15 日，有一艘在香港註冊的漁船，到南丫島去捕魚。當時香港當局的管轄範圍，只限於香港本島，以及對岸九龍半島尖端和昂船洲。至於南丫島和大嶼山一帶，仍在中國的管轄之內。依據清政府沿海水師防護章程，出海捕魚的漁船，一定要領有廣東水巡的船照，否則就以私自出海作海盜論處。因此，香港的漁船到南丫島去捕魚，中國水師有權截攔，以查閱船照。這艘香港漁船拿不出在廣東水巡註冊的船照，所以水師指稱他們是越界捕魚，要求他們補領船照，否則就要沒收漁船。漁民不服，雙方發生衝突，中國水師開槍打傷了三個漁民，漁民逃回香港。

8 月底，在香港立法局會議上，非官守議員羅威特就三名漁民被打傷一事提出質疑。他質問，南丫島和大嶼山一帶水域，是否歸香港管轄，對於上述所發生的事件，是否已經採取了預防措施。當時港府的輔政司答覆說，關於漁民捕魚受傷一事，已經得到總督堅尼地的指示，徵詢過律政司的意見，南丫島和大嶼山不在港府管轄範圍以內，所以無從向對方交涉。

自從 1841 年侵佔了香港島之後，英國就對對岸的九龍及周圍的島嶼萌生了野心。1874 年間，港英雖然先後兩次用不法手段，向清政府取得了包括昂船洲在內的九龍半島一大片土地，但是，對於海中四周的島嶼和九龍群山背後的土地，仍存覬覦之念。恰巧這時發生香港註冊漁船到南丫島捕魚，被清廷水師指南丫島和大嶼山都在香港範圍以外，從而禁止香港漁船在這一帶捕魚的事件，更引起了港英攫取更多土地的野心。從這時起，駐港的英國海陸軍人，就將他們提出的所謂防衛香港的計劃交予總督。他們宣稱香港島孤懸海中，如要作有效的防衛，就有擴大佔領四周各島嶼的必要。他們草擬了一個所謂為了防衛上的需要，應該怎樣展拓香港界址的具體計劃。這個秘密計劃的具體內容，就是後來成為事實的所謂「展拓香港界址」條款的最初底稿。

整頓社會治安

堅尼地沉默寡言，不善與人溝通，但他善於思考，很快弄清了香港面臨的主要問題。他決心從最重要的事情做起，首先是治理香港的警務。他看到隨着香港的開埠，越來越多的人從四面八方湧入這裡，一方面刺激了香港的經濟發展，但同時也魚龍混雜，帶來了一系列的社會問題。其中最嚴重的就是香港的社會治安受到了劇烈的衝擊。偷盜、搶掠甚囂塵上，各種犯罪活動開始形成規模，犯罪分子開始形成集團，黑社會開始形成，對香港居民造成了很大的危害。而香港的警力非常有限，警員素質極差，而且警察活動得不到香港廣大居民的配合。

堅尼地首先整頓現有的警察隊伍，增加警察薪金，解決警員工作和生活上的困難。這一做法得到了包括港英政府高級官員在內的大多數人員的支持，他們普遍認為，此舉早就應該實行。

堅尼地擴充警察隊伍，大膽起用華人擔任香港警察，解決香港警力嚴重不足的問題。但是，他起用華人擔任警察的辦法遇到了很大的阻力，反對最為強烈的是警方和軍方。香港政府的一位英國警務官員明確表示，他不同意擴大華人警察隊伍，他認為，華人幹不好警察。駐港英軍司令也公開表示，華人加入警察隊伍起不到作用，他主張到西印度群島招募警察。

在他們看來，香港的社會問題主要是內地來的華人的問題，如果讓華人充當警察，勢必會造成警匪相互勾結的局面，那樣會更加難以收拾。

經過考察，堅尼地堅持認為，在香港，如果離開廣大華人的參與和配合，什麼事情都將寸步難行。他力排眾議，堅持實施這一政策。

同時，堅尼地還重申港英政府在 1854 年公佈的《遞解出境條例》：凡被捕獲的不法分子，如不是本港土生土長者，港英政府認為不能容留在香港時，會將其遞解出境。這一辦法也受到了各界的反對，英國政府也認為這一辦法過於簡單，容易引起不良的社會後果，使英國政府承擔過多的壓力。但堅尼地再一次堅持並推行了自己的主張。經過努力，堅尼地逐漸樹立了自己的政治形象。

安撫華人社會

作為征服者，在港的英國人對中國居民冷酷無情，欺壓凌辱。許多歐美的造訪者，對華人遭受的冷漠乃至無情的對待感到震驚。著名旅行家伊薩貝拉·柏德小姐指責說：「在香港，你不時能看到歐洲人用手杖或傘柄毆打苦力。」羅納德·高爾勳爵指責英國駐港陸軍少尉對待華人的方式「如同對待低劣的動物」。他說：「難怪我們英國人所到之處總是被人深深地厭惡。」1854 年，羅伯特·赫德剛到香港時，非常吃驚地「看到上司是如何對待華人的：他把華人的貨物扔到水裡，用手杖敲他們」。

中國人佔了香港居民的絕大多數，他們是建設和發展香港的主體力量。香港要辦好任何事情，沒有中國居民的支持和參與是不行的。老於殖民統治的堅尼地深明此理。他任職期間，善於安撫華人社會。港督府的許多慶典活動，堅尼地都邀請華人商紳出席，各種社交活動同樣不忘邀請他們參加。他試圖通過增強接觸，拉近歐洲人同中國人的距離。在英國人方面，他要求督府官員熟悉中國的情況，瞭解華人社會。

香港剛開埠的時候，英國人把全島劃分成不同區域，使不同種族的人分別聚居，這既加深了相互之間的隔閡，又令不同的區域內出現截然不同的生活方式。港島的中央部分和半山區域是歐洲人居住區；東西兩端屬華人生活區；跑馬地一

帶是上流的華人和洋人郊遊、打獵和賽馬的去處；駐港英國陸軍和海軍佔據了城市中央大幅的土地。當時，香港除了是一個商埠外，更是一個大軍營，中國居民同軍營尤其隔絕。

開埠初期，香港城市建設非常簡陋。主要的街道是皇后大道，它當時不過是瀕海的一條小徑，崎嶇不平，道路兩旁的房屋大多是暫時性的，一間間毫無秩序的錯雜在一起，造成了擁擠、骯髒和混亂的景象。

對歐洲人來說，維多利亞城既貧瘠、偏遠、落後，又缺乏誘惑力和歷史感。當時香港不像印度那樣能吸引英國貴族，也不似上海那樣充滿冒險的機會。它只是侵略者掠奪和侵略中國及亞洲的一塊踏腳石，不是個人的享樂地。所以，當年來港的歐洲人大多是平庸的、缺乏創造力的無能之輩，或只是端莊的、保守的中產階級。跑馬地、總督府及香港會所，是他們僅有的社交場所，所以生活十分枯燥。

而當時來港的華人，大部分熱衷於功名，不是崇洋的買辦，就是守舊拜金的封建士大夫，或是東南亞的華僑。他們有一定的資本，又有經營技術，會精打細算，對僱員的盤剝也十分刻薄。這些人逐漸發展成大業主，到了19世紀60年代，由於經濟衰退，他們收購了許多倒閉的洋商攤棧，其財富及勢力逐步擴大。到堅尼地當政的70年代，華商漸漸凌駕於洋商之上。東華醫院的興辦和保良局的設立等，就顯示出華人對社會公益事業的作用，堅尼地對他們不能不另眼相看。

由於港英政府歷年的民族歧視政策，華人和洋商社會幾乎劃清了楚河漢界。英國人除了希望擁有維多利亞天然良港之外，根本不大願意留意香港本土的發展。香港政府的注意力也只集中在基本建設、商業貿易、航運安全和歐洲人生活圈子裡的事情上，根本沒有香港整體社會福利這個概念。

對一般的下層華人來說，當時的工業基本上等於無，甚至手工業也少得可憐。靠出賣勞動力為生的華人，多以搬運為業。來自不同地方的工人，為了找生活，經常發生糾紛，香港政府和警方對這些社區所發生的爭執和毆鬥，一般不管不問。就是說，在第七任總督之前，英國人很少干涉華人社會的生活方式。

從堅尼地開始，港英政府裡的一些人士意識到華人的力量及社會問題，企圖改變華洋隔絕的狀況。到了他的下任軒尼詩時期，在立法局議員中便出現了第一個中國人伍廷芳。有人分析說，由堅尼地統治時期開始，「一個由華洋資產階級

和殖民官僚所組成的統治階層開始形成」。此論不無道理。

囚船大難和長命街

1874 年 9 月，歷史上破壞性最大的颱風吹襲港島，沿海岸一帶數以百計的房屋瞬間即被摧毀，多艘船隻沉沒，遇難者達五千餘人，而不少遇難者是水上監獄船裡的囚犯。

9 月 22 日的這次大風暴，被稱為香港歷史上的「甲戌風災」，因為當年是清朝同治十三年，歲次甲戌。農曆八月十三日，大風暴正面吹襲香港，停泊在昂船洲島附近的監獄船，其船頭和船尾的錨鏈被狂風吹斷，整艘船隨即被風吹翻沉沒，船上六百多人無一倖免，包括監獄船上的管理人員。

這次災難發生在堅尼地時期，但禍根應當追溯到第五任總督羅便臣。1862年，羅便臣批准在昂船洲興建隔離監獄。但興建監獄需要時間，為了避免維多利亞監獄的囚犯越獄，在新監獄建成之前，先特別將一艘貨船改裝為水上監獄，收容所謂的重刑囚徒。當時共有 300 名刑期 5 年以上的囚犯被轉移到水上監獄，後來增加到 600 名。1863 年 2 月 10 日，昂船洲監獄完工啟用，刑期五年以上的 600 名囚犯，由水上監獄移送到昂船洲監獄。

昂船洲監獄可容納 1,000 名囚犯，由於維多利亞監獄已經爆滿，所以，雖然昂船洲監獄建成啟用，但水上監獄一直繼續使用，維多利亞監獄裡的一批重刑犯，陸續轉押到船上。大風暴發生時正值船上住滿了囚犯，所以釀成大禍。而被囚禁在維多利亞監獄裡的囚犯，就幸運地避過了這場颱風浩劫。事後，這些囚徒們既感到幸運又覺得害怕，每每由監獄裡遙望奧卑利街時，就覺得這條街道是長命的街道，所以此後囚犯和探監的家屬都稱這條街為「長命街」。

1874 年「甲戌風災」吹毀水上監獄造成慘劇以後，港英當局準備擴建維多利亞監獄。這項工程牽涉地面較大，需要把整條奧卑利街劃入監獄範圍之內，對該處交通影響極大，因為由此到中央市場只有這一條直路通達，一旦奧卑利街封閉，堅道一帶居民的通路便被阻隔。監獄擴建計劃遂被擱置。

第八任
1877–1882

軒尼詩 John Pope Hennessy

軒尼詩（1834–1891），也稱軒尼斯。1834 年 4 月 5 日生於愛爾蘭科克郡，就讀於科克郡女皇學院。1867 年開始，先後擔任英屬殖民地婆羅洲納閩島、黃金海岸、向風群島、毛里求斯等地總督。1877 年 4 月 22 日就任第八任香港總督，任期至 1882 年 3 月。在職期間，他努力拉近華人與歐洲居民的距離，成立保良局，廢除笞刑，扶持東華醫院，輿論稱他是「最沒有民族歧視的港督」。

軒尼詩生於愛爾蘭南部的科克郡，是英裔愛爾蘭人，長期在英國殖民地部任職。父親為皮革商人，是虔誠的羅馬天主教徒和當地貴族，具有反英傾向。其父親有五個兒子，軒尼詩排行第三，起初在家中受教育，後就讀於科克郡的女皇學院，獲得醫學一等榮譽學位。1855 年，他到倫敦繼續進行醫學深造。不久，他在樞密院辦公室獲得一個書記職位，並且開始學習法律。1859 年，他成為國王郡的保守黨候選人，儘管缺少社會關係和競選資金，但他還是當選了。他這個議員以有生氣、辯才和勤奮而出名。也有人說他是花花公子，是個一心向上爬的人，為安東尼·特羅洛普塑造小說人物費恩提供了靈感。

1860 年代中期，不斷積累的債務給軒尼詩的職業生涯帶來了麻煩。1865 年，他因為欠一個馬車主人的債，馬車主人拒絕將農村的支持者拉到投票站，他因此險些失去競選的機會。1866 年，他用借來的 2,000 英鎊引誘一個富有的女繼承人與他結婚，最後失敗了。隨後的幾個月，他則為躲債而隱藏起來。1867 年，政治家迪斯雷利的贊助挽救了他，讓他開始了六任殖民地總督的生涯。

1867 年，軒尼詩被派往婆羅洲海岸的一個小島納閩島任總督，島上白人不足 100 人，可說是最小最沒人願意去的英國殖民地。後來他又先後在黃金海岸、向風群島任總督。

香港輿論界認為，比起以往七任總督，軒尼詩是「最沒有種族歧視」的一任總督。在任期間，他努力使中國人能享受到和歐洲居民同樣的自由和平等的地位，既廢除了殘酷的笞刑，又成立了保良局。軒尼詩熱心扶持東華醫院，醫院董事會幾乎承擔了華民政務司的職責。軒尼詩認為，僅僅委任一名官員負責佔人口絕大多數的華人的福利，簡直是荒謬絕倫，華人應當是整個政府最關切的對象。軒尼詩宣佈東華醫院董事會大廳，將是「經常與我的華人朋友就本殖民地應採取的最佳方針進行磋商」的場所，這招致了歐洲僑民不友善的反應。他們認為東華董事會不該插手政策問題，董事會「接管了本應由華民政務司履行的職責」，正在扮演政府「總顧問」的角色。

軒尼詩趕走了與自己的關係劍拔弩張的威廉·馬殊，之後恢復了華民政務司的職位，任命一位能講流利廣東話的官學生出任此職。

羅伯特·赫德認為，軒尼詩「基本上還算正直，是親華派和親海關派」。在赫德眼裡，親華和親海關都是長處。軒尼詩極富個人魅力，是個矮小、傲慢的人，

對他眼中的弱者抱有天生的同情心。但他幾乎毫無常識，缺乏條理，既不可靠也不老練，沒有馭下手腕。殖民地大臣金伯利稱，自己犯了個錯誤，就是把軒尼詩派到香港，讓他遺憾不已。「他消息靈通、頗具才幹，但自視過高，沒有操守，缺乏準確的判斷和常識。」

軒尼詩在任五年，其間曾經長期請病假離港，據稱這是因為受在港的英國和歐洲商人的排斥而採取的逃避方式。軒尼詩任滿離港後，赴毛里求斯任總督。香港的軒尼詩道即以其名字命名。

器重華人伍廷芳

軒尼詩在任期間，為史家樂道的是他起用伍廷芳為立法局議員，因為這標誌着華人在港地位的提升。歷來為歐洲人所壟斷的立法局，到了 1880 年 1 月，終於有了首位華人議員，他就是伍廷芳。

伍廷芳是廣東新會縣人，父親伍榮彰在南洋經商。1842 年 7 月 30 日，伍廷芳在新加坡出生，三年後隨父歸國，居住在廣州芳村。13 歲時進入香港聖保羅書院學習，1861 年畢業後，曾任香港高等審判廳翻譯。1874 年自費赴倫敦林肯法律學院學習，三年期滿後取得了大律師資格，不久回香港擔任律師。

軒尼詩信奉人道主義和自由主義，同時也看到了香港中國居民在香港社會中的重要作用和受到的不平等待遇，因而同情華人的處境。他曾經表示，要使中國居民與歐籍居民地位相同，擁有同樣的自由，並有權參與政府的各項施政措施。軒尼詩的主張觸犯了香港英商的利益。1878 年 10 月 7 日，英商賴星等數十人集會，決議上書英國殖民地部，要求撤銷軒尼詩的港督職務。

1877 年 5 月，從英國林肯法律學院畢業的伍廷芳回到香港，被批准成為在香港執業的大律師，也是香港第一個華人大律師。伍廷芳和東華醫院總理梁鶴巢號召在港華人支持軒尼詩，他們在大會堂舉行會議，反對「外籍人士之攻擊港督」。開會時，颱風訊號黑球已經高懸在船政廳旗杆上，但中國居民不畏風險，仍然赴會，不多時，會議廳就座無虛席。這實際上是香港中國居民反對種族歧視的一次集會示威活動。

軒尼詩對伍廷芳非常器重。1878 年七八月間，伍廷芳被委派為考試錄用公務員的三名主考官之一，當年 12 月又被委任為太平紳士，成為香港第一個華人太平紳士。1879 年律政司因事返回英國，軒尼詩準備讓伍廷芳代理這一職務。消息傳出後輿論譁然，廣大中國居民為之振奮，而充滿殖民主義偏見的香港英國官員和商人大為不滿。他們認為，港督偏愛華人。他們說，如果華人可以代理律政司，將來按察司缺出，也可以由華人代理了。於是，他們醞釀寫信向英國政府告狀。軒尼詩只好撤回原議。

1880 年，立法局議員吉布請假返回英國養病。軒尼詩打算利用這個機會讓伍廷芳暫行佔據立法局的這一席位。當他就此事寫信給英國國務大臣時，就引用香港華人領袖一份呈文的內容說，香港華人在人數上以 10：1 的比例超過了外國人，應該允許華人參與管理公共事務。軒尼詩還建議改組立法局，使伍廷芳能夠比較長期地擔任立法局議員。英國國務大臣不同意軒尼詩的觀點，但是同意由伍廷芳暫時擔任立法局議員，直到吉布返回香港為止，或者以三年為期。

當時在英國殖民地部有這樣一種看法：由於香港總督需要經常與立法局舉行秘密磋商，內容會涉及英國與中國的關係，特別是英中關係變得緊張的時候，在立法局存在一名華人議員是很麻煩的事情。

1880 年 1 月 19 日，香港政府公告宣佈，伍廷芳暫行代理吉布的立法局議員一職。伍廷芳由此成為香港立法局第一個華人議員。雖然立法局只是個諮詢機構，華人議員只有伍廷芳一人，而且屬於暫行代理的性質，但立法局中畢竟是有了華人的代表。這在一定程度上反映出華人在香港力量的增長。香港華人領袖人物對此感到歡欣鼓舞，他們特意趕到總督府，向軒尼詩表示祝賀。後來由於吉布不再返回香港，伍廷芳被任命擔任立法局議員三年。

1880 年 5 月，巡理府的白吉能返回英國度假四個月，軒尼詩任命伍廷芳代理他的職務，這使伍廷芳成為香港華人中第一個在香港政府中代理高級行政職務的人。此事在英國下議院引起了爭議。有人提出，為什麼伍廷芳既擔任有報酬的官職又擔任非官守議員，並要求香港政府給予解釋。

1881 年 1 月，香港政府組織考試局，對中央書院的教師進行考核。軒尼詩不顧各方面的壓力，提議增補了伍廷芳、王韜（華人學者）為考試官。

伍廷芳不負軒尼詩的信任。1881 年 6 月 13 日，立法局開會時，伍廷芳提出

創建車路計劃。經過多次討論，《車路則例》於 1882 年 2 月獲得通過，為香港開闢電車線路制定了法規。這是伍廷芳對香港交通事業的貢獻。

儘管伍廷芳十分受軒尼詩器重，但充滿殖民主義偏見的其他英國人時常找他麻煩，再加上立法局議員權力有限，並且只有一名華人，勢單力薄，伍廷芳很難在香港發揮他的才智。這時中國內地正處於洋務運動時期，正在興辦一些近代企業，非常歡迎受過西方教育的中國人回國任職。伍廷芳在接到李鴻章請他回國的邀請時，雖然在立法局的任期還未滿，但他毅然離開香港，返回祖國內地。1882年伍廷芳入李鴻章幕府，多次參與清政府的外交活動，歷任駐美國、秘魯、墨西哥、古巴等國公使。

辛亥革命以後，伍廷芳站到了以孫中山為首的資產階級革命派一邊。在孫中山遭受封建軍閥排擠的艱難歲月，他仍然追隨孫中山為「樹立真正之共和」而奮鬥。

廢除公開笞刑

香港開埠之後，一直對犯人實行笞刑。直到軒尼詩上任，才正式提出廢除公開笞刑。

笞刑，俗稱打藤。西洋的笞藤相當於中國從前的笞刑。不過中國是將犯人按在地上打屁股；西洋則是把犯人捆在木樁上，用皮鞭或藤條抽打赤裸的脊背。這本來是歐洲封建階級對待奴隸的一種私刑，後來隨着殖民地的開發，遂成為對付殖民地人民的一種普遍刑罰。19 世紀初，英國人把這種刑罰用來對付印度殖民地人民。1841 年英國侵佔香港，鞭笞很快就被英國人從印度轉到這裡對付中國人。

葉靈鳳先生的《香港笞刑史話》，曾介紹過香港監獄的鞭笞及中國犯人受鞭笞的情形：1841 年至 1843 年間的砵甸乍時期，「向中國人所施用的刑罰是鞭笞、苦工和監禁。全部，或者近於全部都要鞭笞，鞭笞的數目從 20 下至 100 下不等。笞 100 下的很少，大都是 40 下或 50 下，後一數目是最普通者。這是公開當眾施行的。罪犯背上掛着一塊牌，寫着中國文字，從監獄領至上環街市的刑場，在那裡執行法律所判處的刑罰，然後再送回監獄。」

當時，香港對於笞刑用得很濫，每周四都有一次，而且每次不只一人。居民

偶犯一點小錯，如不繳罰款，即使是偷一盞燈，都會受到笞刑，而且動輒數十上百下。1845 年間，英國下議院曾有人對香港的笞刑提出質疑。因此，香港有一時期曾停用笞刑，不久又經倫敦批准恢復使用，但情形有所改善。1847 年戴維斯政府制定的《新警察法例》規定，笞藤不得超過 60 下。

對於笞刑，司法界與香港行政當局曾屢次發生爭執。這些爭執的起因一半是因為人事問題；一半是因為英國本土人士和在港的英國人對笞藤的施用表示不滿。不滿的原因有三條：一是施用太濫，對於輕微的小罪，動輒鞭笞數十下；二是太殘酷，受刑人大都內傷很重，有的甚至暈倒或死去；三是這刑法的對象僅以中國人為限，顯然不公正。

笞刑之殘酷，在香港有各種傳說。因為是公開執行，居民可隨意觀看，這些傳說大多是親眼目睹。據傳，執行的刑吏頭戴紅帽，手持徑寸粗細的麻纜，浸透煤油。犯人袒背受刑，雖精壯之夫，忍受三笞即會暈厥於地。所謂麻纜，即西方所用的九尾鞭，是用九條皮帶或九根麻繩束在一起做成的鞭子，上面更有許多節，一鞭下去會有九條傷痕。據法庭記錄，1865 年 8 月 23 日，有 14 人在水上警察署前公開受笞，圍觀的中外居民很多，沒有醫官在場，結果有二人被笞暈過去。1866 年 10 月 11 日，一犯人被判受笞三次，執行第三次後，送入醫院，因受傷過重，不治而死。

1866 年 6 月，麥當奴一上任，立法局通過了當年第十二項防暴安全法例，規定凡用暴力侵犯他人者，除一般判刑外，更可判處公開笞藤若干。這法例的用意，本是用來嚴厲對付當時香港盛行的挾私報復以及用兇器劫奪他人財物的罪犯的，實際上變成了專門對付中國犯人。據說因為中國歹徒不怕死，但最怕肉體上的痛苦，但條文上卻不便規定僅適用於香港的中國籍罪犯。於是自這條法例通過後，1866 年 2 月，一向僅施用在香港中國罪犯身上的公開笞藤，忽然被法官運用到兩個英國犯人身上。這兩名犯人一個名叫奧斯丁‧米費爾，是商船水手，被控用刀戳傷同伴，判處兩年監禁外，再公開笞藤兩次，每次 25 下；另一罪犯是約翰‧湯普遜，被控使用麻醉劑及偷竊之罪，判處監禁三年，再加公開笞藤三次，每次 50 下。

法官依照新頒法例將外國人也判處公開笞藤，在香港實在是破天荒的創舉。當時旅港的外國人認為，將一個外國人在香港中國人眼前當眾鞭打，實在太丟全

體外國人的面子，因此聯名上書總督麥當奴，請求對於湯普遜被判處公開笞藤三次的判決予以修正。至於總督到底修正沒有，法律史家諾頓‧凱希還費心查找資料，卻沒有查到任何記載。

1877 年，軒尼詩一到任，便着手改革香港政府對華人的施政方針，尤其注意監獄設備和對中國犯人的待遇。於是，久已成為爭論中心的公開笞藤，便成為他努力改革的第一個目標。葉靈鳳先生分析認為，軒尼詩總督是愛爾蘭人，愛爾蘭人正是世上被壓迫的弱小民族之一。據後人研究，當時軒尼詩總督特別同情香港中國人的遭遇，正是他的經歷和秉性所使然。

6 月 7 日，有一個被判處監禁三年再笞藤三次的罪犯，在這天要公開執行第一次笞刑。軒尼詩向法庭要求暫緩執行，他表示，關於香港施行笞藤的整個問題，他不久將在立法局會議上提出討論，所以凡笞藤刑罰都暫緩執行。

不久，立法局舉行會議，軒尼詩對於香港是否應該公開施行笞藤的問題，提出了自己的意見。他說，他就任香港總督之前，曾歷任英帝國海外殖民地多處總督。他在巴哈馬及拉布安總督任期內，曾完全廢除了這兩個地方的笞刑，但那裡的社會治安並沒有因此而惡化。他希望香港在他的治理下也能實現這一點。

在這次立法局會議席上，軒尼詩將他委託香港醫官亞里士對於應否施用笞藤所作的報告書作為參考文件，交給出席的立法局委員參閱。可惜的是，亞里士醫生報告書的結論，並未如軒尼詩所期望的那樣，贊同香港應該廢除笞藤。正好相反，亞里士認為，笞藤在香港有遏止犯罪的作用。不過過去的刑法太重，不適宜於中國人的體格，最好能依據印度的成例加以改革，那就更加適合於香港了。

在立法局會議上，議員們同意了亞里士將刑具改輕一點的建議，但不同意廢除笞藤。因為軒尼詩提出了自己的意見，笞藤雖然未能完全廢除，但立即就有了改革：

一、刑具方面，開始廢除「九尾鞭」，改用藤鞭，後來又因為藤鞭給予犯人背部的創傷過重，又恢復使用「九尾鞭」，但將鞭尾上的結廢除不用；二、不再公開笞藤，笞刑僅在監獄內執行，這一點最初曾遭到警方和法院的反對，認為失去了笞藤向大眾的警戒作用，但軒尼詩堅決主張如此；三、根據總督的指示，笞藤時不再打犯人的脊背，改打臀部，行刑時並將犯人的頸部和大腿予以遮護。

儘管廢除笞刑的計劃沒有完全實現，但是，軒尼詩仍然受到指責，旅行家柏德小姐批評他表現出「對罪犯的……顯然是病態的同情」。

設立保良局

1878 年底,在軒尼詩的支持下,香港設立保良局。單從字面上理解,保良局似乎是一個治安機關,用以保護安分守己的良民。其實,保良局是香港的一個慈善機關,它保護的主要是被逼為娼的良家婦女和兒童。

保良局的成立與香港開埠初期的娼妓制度有關。當時,香港還處於娼妓合法的時代,政府准許登記的妓女在指定地區公開營業,這就造成了娼妓業的興盛,市面既有領牌納捐的「公妓」,也有暗中接客的「私娼」。為了擴大妓女的來源,經營妓院的龜公、鴇母往往勾結不法之徒,到內地或日本誘逼拐賣良家婦女到香港當妓女。

1872 年 9 月 24 日,香港中國紳商多人聯名要求堅尼地禁止逼良為娼。香港政府因此於 1873 年 5 月 8 日頒佈《保護中國婦女及取締買良為娼條例》,違例者除判處監禁之外,還要受笞刑。條例頒佈後,仍未能有效地制止逼良為娼的現象。與龜公、鴇母勾結的歹徒,大都是黑社會,普通市民固然不敢招惹他們,而被拐賣的婦女多來自窮鄉僻壤,更不知向哪裡求助,加上貪污盛行,執法的公差往往與拐匪狼狽為奸。有時,一些拐賣案雖被揭發,但官府只將拐匪處罰,對被拐的婦孺置之不理,任他們流落街頭淪為乞丐。

根據這種情況,當時的華籍紳商名流便於 1878 年發起組織以「保赤安良」為宗旨的「保良會」,一方面幫助緝拿拐匪,另一方面負責保護與收容被拐帶流落的婦女幼童。廣東東莞籍的香港商人盧賡揚等四人,於 1878 年 11 月 8 日聯名上書總督軒尼詩,揭露拐匪罪行。據《香港保良局百年史略》記載,騙匪「誘良家婦女到港,初詭騙為傭,繼則逼勒為妓,或轉販外洋,或分售各地,童男則賣作螟蛉,童女則鬻作娼婢。」因為東莞縣拐案特多,在港華商遂集眾捐資,遍懸賞格,購線緝拿。當年年底,由東華醫院紳商協助籌組了保良局。保良局一方面開始「保赤安良」的工作,一方面等候香港政府批准註冊。

1879 年 5 月,獲香港政府批准註冊,保良局成為合法團體,名為「香港保良公局」。同時,港府命令署巡理府法蘭西士草擬了《保良局章程》。章程第三條中規定:「此公局之設,特為保護婦女及幼童起見。一、為查禁拐匪及被拐之人。

二、凡有男女被拐到港，或為娼婢，或販賣出洋，公局必須設法挽救，使之各回原籍。三、凡遇此等被拐婦孺，係要待官訊斷，方能發落。如未送原籍之前，公局必要收留撫養。四、若被拐之人無家可歸，公局須要代擇配偶，或設法以安其身，故要建造房宇一所，使無家可歸之婦女幼童，得以駐止安身，所捐款項，專為籌此事件而用。」從 1878 年保良局成立，到 1891 年的十三年中，經保良局救助成功脫離拐匪魔掌的婦孺有數千人之多。

自保良局成立後，由會董梁安、曹而亭、許蔚臣和華籍議員伍廷芳等聯名，請求軒尼詩撥出上環大笪地一幅地段，興建華商會所和保良會會館。軒尼詩總督對這項申請，初時表現得頗為熱心，除允撥地之外，更表示將奏請英國政府，撥款 4 萬港元，資助興建會館費用，但迫於種種壓力，後來竟全無下文。不久，保良局幸而得到當年東華醫院董事的協助，借得普仁街「平安」、「福壽」兩幢樓作辦公地點，讓尋獲的婦孺暫時有棲身之所。

到了 1891 年，當時的保良局首席總理與東華醫院的董事們向政府申請，將東華三院管轄的廣福義祠在普仁街的地段，轉給保良局作興建局址之用。當時的港督羅便臣很快便批准此項申請，政府又撥出 2 萬元，加上羅便臣私人捐出 3 萬元，共獲得 5 萬元的建築經費，解決了局址和興建經費問題。

早期保良局由於負有協助緝拿拐匪的特殊任務，所以該局的總理擁有相當的權力。他們可以憑藉掛在襟前顯示身份的具名銀牌，遣使街上任何警察，拘捕嫌疑拐匪。

保良局總理還有另外一項特別任務，就是審查被拐騙而救回的婦孺。這種審查工作多在晚上舉行，在拐帶盛行時期，每星期要開堂二至三個晚上。審查的過程是，先由華民司屬下的警察將案中婦孺帶到局內的大堂齊集，然後由值班的總理開堂逐個問訊。審查的內容包括被拐婦孺的身世、籍貫、家庭背景、被拐原因及經歷等。審明情況之後，如屬有家可歸的婦女，便呈交華民司批准遣回原籍與家人團聚；孤苦伶仃、無家可歸的孤兒寡婦，則撥入局內收容。

局內收養的婦孺，成年之後，便由保良局代為擇配嫁人，使其獲得良好歸宿。據記載，昔日保良局嫁女是一大盛事。有意男士先向局方登記，由局方安排日期相見。如雙方都認為合適，男方自覓殷實擔保人報知局方，經保良局再三調查領娶人的職業、人格及擔保人的資格，認為誠實可靠者，則通知領娶人及擔保人到

局，由飭差帶赴華民政務司署求恩准領娶。領娶人還須自備花轎、妝奩及三書六禮，親往保良局迎娶，由該局主席親自主持婚禮。迎娶之日，新娘照習慣分派「利是」予局中姊妹，每封「利是」只限 1 仙；為新娘梳髻者，「利是」規定 2 毫；服務女工，「利是」亦不超過 2 毫為限，局方人員則分文不取。如此廉政清明，不知記載是否完全確鑿。但不管怎樣，成立保良局，確為窮苦華人辦了一件好事。

由轎子到纜車

修建上山纜車道，是軒尼詩當政時期的另一項建樹。

19 世紀時，香港使用的交通工具是古老的轎子、馬、馬車和獨輪手推車。英國人佔領香港初期，港島的馬路極少，多是窄街陋巷。當時外國人住在環境幽美的山頂區，華人富商多住在半山區，出入十分不方便。於是有人從廣州運來一批轎子（俗稱山兜），成為當時主要的交通工具。那時的轎子除了官員乘坐的綠呢大轎和迎親用的花轎，還有營業轎和長班轎兩種。營業轎設備簡陋，只有兩名轎夫，平時擺在街頭巷尾或山腳下，等候僱客乘用。長班轎是有錢人家的專用轎，轎身裝飾華麗，一般配有四名身強力壯、嗓音宏亮的轎夫。轎夫身着號衣，胸背兩面都標有轎主的姓氏。乘者出門時前呼後擁，神氣十足。

在地勢平坦的地方，除了轎子作交通工具外，還有獨輪手推車。從新界的大埔、沙田等地到九龍，主要靠這兩種運輸工具。19 世紀後期，一種日本的人力車引進香港，俗稱「東洋手車」，是公司老闆的主要交通用具。

為了解決山上有錢人家上下山的困難，港府醞釀修建纜車道。直到 1882 年，香港政府稱，有私人機構要求承辦修建纜車道，就頒佈了修建纜車道與電車道的有關條例。條例的基本要點大致包括設計的體制、牽引的動力與行駛的路線等項。對於纜車行駛路線條例規定得具體而確切。纜車道全程共分六段：

第一段從第 471 號地段大佐治街起，經軒尼詩道（海旁東）、灣仔道、大道東，止於灣仔街市；第二段跟第一段銜接，經大道東、大道中與大道西，止於第 219 號地段；第三段跟第二段銜接，經大道西，止於第 187 號地段水兵俱樂部；第四段、第五段跟第一段銜接，從第 471 號地段大佐治街起，至筲箕灣第 7 號地

段止；第六段起於陸軍兵房所在之西南花園道，向南直上堅尼地道、梅道、寶雲道與白蘭特順道，止於域多利山峽以北。第一段至第五段，為後來電車的行駛線，第六段為纜車的行駛線。為了急於解決山頂英國人的上下山問題，當局決定首先開闢第六條線路。

香港政府頒佈有關條例後，批准由畢其利贊臣、大衛沙宣、雲仙史葳與嘉活曉士四家私人公司聯合組成「香港山頂纜車公司」，於1885年開始修建纜車鐵軌，同時參考了三藩市、蒙特利爾和聖保羅等地的纜車設計。

由花園道的起點站到達山上終點，全長 1,305 呎，施工者需鋪平斜坡路面，敷設枕木鐵軌。開展這類工程，在當時的條件下，不是輕而易舉的。當時，以蒸汽機為動力牽引上下兩部纜車。一部在山頂，一部在山腳，用兩條 5,000 呎的鋼索既繫住兩部纜車，又分別捲在山上站與山腳站的鼓形齒輪上，另外還安裝活動齒輪調節鋼索的伸縮。

當蒸汽機發動後，便由齒輪帶着鋼索滑動，兩部纜車相向行駛，山上的纜車向下滑行，山下的纜車往上拉起。在司機座裡，裝有指示針，指明兩車行駛時的相對距離與位置。當兩車行駛到中途時，設有雙軌的岔道將二者左右分開，互相避過之後，又行駛在單軌上。在當時來說，技術已算相當先進。

這條山頂纜車線，經過三年的修建，於 1888 年 5 月 30 日竣工通車。時間跨越三任總督任期，起於第八任軒尼詩，成於第十任的德輔。纜車穿過叢林，爬越山坳，把乘客一直送到海拔 397 米的港島最高峰太平山上。

從山腳乘纜車到達山頂，約十幾分鐘就夠了。上山的坡度，一般是 45 度左右，最陡的地方為 80 度。當時車廂分兩個等級收費，高價部分不招待衣履不整的華人，是為了不讓傭仔和僱主平起平坐，有損僱主的「高貴」身份。

當時纜車的修建，既不是把人們送上山去度假，住在酒店或別墅裡鬆鬆筋骨，也不是讓遊客上山飽覽四周的風光，而完全是為了山上的英國人。因為英國人高踞其上，下山上山不堪其苦。山頂所住的英國人，不過二三十戶，華人只有紳商何東一人獲准在那裡建築別墅。這個禁例，一直到第二次世界大戰結束才廢除。

正因為乘客稀少，山頂纜車初期的營業狀態不佳，也就影響了計劃中前五條電車路線的設計、建造與使用計劃。遲至 1902 年，香港政府才批准私人機構承辦全港的電車事業，所以電車建設比纜車晚了十七年之久。

首次裝設電話

1873 年至 1876 年，英國人貝爾利用電流傳送聲音的原理進行實驗，發明製造了電話。1881 年，英國東方電話電力公司在倫敦成立，立即開發利用這一科學發明。翌年，該公司申請在香港營業，香港東方電話電力公司在雪廠街 2 號正式成立。於是，香港在遠東地區首先使用上了電話。

安裝電話之前，港府各機關之間、洋行商賈交往，全依靠電報。在香港雪廠街旁邊的一座小山上，港府機關林立。1874 年起，港府軍政部門，已經開始使用電報機聯絡。山上建有電報機房，滿山樹立電線杆，分別通向東西區，供港府與赤柱、西環、上環及東區的軍營與機關聯絡。

19 世紀 70 年代，上海商業比香港更繁榮，許多香港商人紛紛到上海投資開設銀行，香港和上海的通訊聯繫亟需開通。1871 年，大東電報局開始鋪設海底電纜，從香港拖到上海。與此同時，香港開始有股票買賣，股票的買方同賣方需要同股票經紀人溝通，洋行與洋行、洋行與經紀人的聯絡，都急需電話安裝。

據陳謙先生記載，香港東方電話電力公司營業部由英國人擔任總經理，並聘有中國人買辦，其下有僱員，專管營業方面的一切事務。工程部由英國人擔任總工程師，負責工程設備方面的工作。廣東省三水縣人梁生，20 世紀初年曾在公司主管線路工作。他對電話線路設施認真鑽研，頗有技術，熟悉線路情況，手下帶有學徒。當線路出現故障，他能迅速排除，使通話保持暢通，傳聲清晰，為香港早期的電話事業付出了不少心血。

初期電話用戶只有十幾家，主要是洋行和股票大經紀商，服務範圍僅限於中區。富商保羅‧遮打是第一個安裝電話的人，隨後還有滙豐銀行、渣打銀行、怡和洋行與著名的保險公司。

初期的電話是接線電話，全名叫「德律風」，由英文直譯過來。用戶拿起電話，需先把電話機旁的搖柄搖動，機房的話務員聽到鈴聲，就向用戶詢問要接通的電話號碼，然後才接過去讓用戶講話。電話雖然簡陋，但收費卻很昂貴，每年電話費需要 100 元，而當時一般人的月薪只有 3 元，華人商店僱用信差月薪只有 2 元，全年才 24 元。所以，一般商店和普通人家是沒有能力使用電話的。

當時，接線員是電話公司裡很重要的人員，條件規定較嚴格。公司規定接線員只用西洋人的未婚婦女，並且要有香港英文女書院第四班以上的文化程度，校長還要出具品學兼優的證明，才能入選。如果是中國女子想當接線員，必須由庇理羅士女書院特別推薦才行。香港政府為了保守秘密，政府機構間的線路不使用東方公司的接線員，自己另外建造機房，自配接線員。

　　香港的電話業務初期發展緩慢，到 1890 年，安裝電話的華人用戶才開始出現，當時的總用戶也只發展到 65 家。雖然如此，東方公司仍舊繼續架設電線，發展業務。

第九任
1883–1885

寶雲 George Ferguson Bowen

寶雲（1821–1899），又譯作鮑恩、包文。愛爾蘭人，1821 年 11 月 2 日生於愛爾蘭北部的多尼戈爾郡。畢業於英國牛津大學，攻讀法律，表現十分出色，古典學名列榜首，兩任學生會主席，巴里奧爾學院研究員。先做教育工作，26 歲任愛奧尼亞大學校長。後來到英國殖民地部任職，曾任澳洲、新西蘭、毛里求斯等地總督。38 歲即獲任昆士蘭總督，出任香港總督時已經 62 歲。曾受封爵士。著作有《30 年的殖民統治》。後來的寶雲道、寶雲徑即以寶雲的名字命名。

寶雲於 1883 年 3 月 30 日至 1885 年 12 月任第九任香港總督，任期兩年又八個月。有史書把寶雲的任期算至 1887 年，也是有理由的，因為按英國皇室規定，每屆總督任期五年，寶雲 1883 年 3 月上任，應到 1888 年任滿。但是，寶雲以身體欠佳為由，於 1885 年申請提前退休。當時英國政府沒有找到合適人選，便指定由輔政司威廉·馬殊署理總督。在第八任總督軒尼詩離任後，寶雲到任之前，馬殊曾經代理過一年總督，所以馬殊曾先後兩度代理香港總督。第十任總督到任後，馬殊才調離香港。

任內建樹

寶雲很看重香港的地位，「東方直布羅陀」的稱號，就是他在任時叫起來的。他認為，香港是一個重要的商埠，在大英帝國裡地位僅次於倫敦，就像當時西班牙的直布羅陀一樣舉足輕重，應當很好地經營。所以，他雖然任期較短，但對香港頗有建樹。他致力於改善公共衛生環境，熱心發展教育事業，開辦了皇仁書院及政府書院，成功地推行了大潭供水計劃，新醫院、新避風塘、天文台、電話公司，都是在寶雲的倡導下發展的。

在寶雲的積極推動下，香港歷史上第二個人工水塘工程開始動工修建。這是一個著名的水利工程，位於港島東南部的大潭灣以北。由大潭、大潭副水塘、大潭中塘和大潭篤四個水塘組成，總容量為 830 萬立方米。其中大潭水塘第一期工程於 1888 年完成，初時儲水量為 149 萬立方米。大潭副水塘、中塘和大潭篤水塘分別於 1904 年、1907 年和 1917 年先後建成，其儲水量分別為 8 萬、69 萬和 600 萬立方米。這四座水塘的建成，對緩解香港的供水困難起到一定的作用。

香港是自然災害頻繁的地區，颱風經常襲港。每次颱風經過，大雨傾盆，山泥傾瀉，船隻沉沒，房屋倒塌，生命財產損失慘重。每逢大旱，數月無雨，居民數天供一次飲水。氣象天文設施的興建對香港極為重要。1883 年，香港首座觀象台建成，矗立在尖沙咀艾爾尊小山丘上。它佔地 276 平方米，建有拱窗長廊，風格近於地中海地區的建築，具有濃重的殖民地色彩。這座古建築迄今已有一百多歲了。它居高臨下，上觀風雲變幻，下觀維港滄桑，香港百年歷史盡收眼底，既

為香港提供了氣候資訊，又是歷史之見證。

於 1883 年 4 月 4 日，寶雲向英國殖民地部建議擴大立法局，增加議員人數。立法局改組，是寶雲時期一件意義最重大的事件。寶雲最終決定，立法局非官守議員中至少應有一名華人。他提出，官守議員由五人增加到七人，非官守議員由四人增加到五人，非官守議員有權對政府提出的法案進行辯論。五名非官守議員由香港商會和太平紳士各推舉出一席，華人社會要保有一席，任期為六年。英國殖民地部基本上批准了寶雲的這項建議。1884 年 2 月 28 日，新組成的立法局舉行了第一次會議。立法局還引入代表制，授權全體太平紳士和香港總商會（又稱香港西商會）各推選一名議員，這種間接選舉方式此後一直沿用。

五名非官守議員中，端納洋行總經理芬理斯·賴里和怡和洋行總經理佛蘭西斯·詹森是原有的非官守議員，其餘的三人是滙豐銀行總經理、香港商會代表湯姆斯·傑克遜，沙遜洋行總經理、太平紳士代表胼列特·沙遜，及港督寶雲委任接替伍廷芳的黃勝。這標誌着華人代表正式進入立法局。1884 年 4 月，立法局增設法律、工務兩個委員會，加上原有的財政委員會，立法局共有三個委員會。華人代表黃勝出任法律委員會委員，是五個成員之一。

史家韋爾什認為，寶雲時期的業績，多半要歸功於政務官的貢獻，這些官員都是通過二十年前設立的官學生招募計劃選拔出來的。這些人包括駱克（1883 年任助理輔政司）、阿爾弗雷德·李斯特（財政司）、沃爾特·迪恩（警察司）和詹姆斯·羅素爵士（巡理府），他們都通過嚴格的考試，具備關於華人及其語言的豐富知識。在寶雲任職前後相當長的一段時間裡，輔政司威廉·馬殊爵士管理着香港政府，事實證明馬殊完全能夠獨力挑起總督的擔子。

中法戰爭中的憲兵角色

寶雲任內，適逢 1883 年至 1885 年的中法戰爭。在這場戰爭中，寶雲充當了不光彩的角色。

19 世紀 70 年代初，法國探明紅河上游可能通航到中國雲南境內，便加緊對越南北部的侵略。1882 年春，法軍攻佔河內。1883 年 7 月進攻順化，強逼越南簽

訂《順化條約》，攫取了對越南的「保護權」。11 月，法軍向中國軍隊發動進攻，挑起中法戰爭。清軍接連失利。1884 年 2 月法軍完全控制了紅河三角洲地帶。李鴻章力主妥協，承認法國對當時還是中國「屬地」安南（越南）的「保護權」，同意在中越邊境開埠通商，助長了法國侵略的野心。5 月，法軍進攻中國駐諒山的軍隊，並向中國海面調集軍隊，擴大戰爭。6 月，法國艦隊進攻台灣基隆，被擊退。同月，事先駛進福州馬尾港的法軍艦隊突然發動襲擊，擊沉多艘中國兵船，清政府被迫對法宣戰。8 月，法軍再攻台灣，遭清軍和當地人民的痛擊，慘敗於淡水。1885 年初，法軍進犯廣西邊界，清軍在鎮南關大敗法軍，法軍統帥尼格里受重傷。劉永福的黑旗軍也在臨洮大敗法軍。

對於這場戰爭，英國政府持中間立場，但是，寶雲政府揚言英法締結盟約，所以容許法國的艦隊在香港作一切戰時物資的補給。在港英商明目張膽地與法國艦隊交易，為法國軍隊補給煤炭，支援糧食，從中牟利。

香港愛國同胞對法國的侵略和港府支持法軍的行為極度不滿。1885 年 9 月，香港碼頭工人、駁艇工人、運輸工人集體採取行動，拒絕為法國輪船工作。法國商人向香港法院提出控告，結果竟有 14 名卸貨工人被法庭判處罰款，更引起華人的公憤。10 月，工人罷工，港英政府出動軍隊、警察鎮壓，一些參與反英法活動的華人被監禁。與此同時，寶雲主持立法局會議通過了《維持治安法例》，規定涉嫌「危害殖民地治安與秩序」的人，未經判罪，亦可拘禁及驅逐出境。又規定華人未得總登記官的批准，不得發表文告，又嚴禁華人私藏或攜帶軍火。

陳謙《香港舊事見聞錄》一書曾記載香港工人反對港英當局支援法國軍隊的鬥爭情況。在港英商發了戰爭財，洋行開慶功宴會。煤炭運輸工人對此怒不可遏，他們認為，中國軍隊正在越南抗擊法國侵略者，打得法軍落花流水，而英國商人以煤炭物資接濟法軍，打亂了劉永福的作戰計劃，使中國軍隊受到挫折。英商還開慶功會，這怎能容忍？於是，煤炭裝運工人成群結隊，直闖宴會酒樓，攪亂了英商的慶功宴會。警察署接報立即派出大批警察，揮動警棍，手持槍械，鎮壓工人。工人毫不示弱，據理力爭，使警察和洋行無計可施。之後，工人乘夜班船回到廣州，使洋行供應補給法軍的煤炭運輸陷於停頓。

英國政府藉口中法戰爭加重了香港防衛的財政壓力，要求港英當局每年在負擔 2 萬英鎊駐港英軍軍費的基礎上，再增加 5.6 萬英鎊，以加強防衛力量。這個要

求於1884年12月的立法局會議上如數通過。次年，英政府又要求再增加5.4萬英鎊，寶雲唯命是從，如數照給。於是香港每年負擔英軍駐港費用達13萬英鎊之巨。

工務局建築材料來自英國

寶雲新成立的工務委員會，也稱工務局，由英國工科大學畢業的專家充當工務司，會址設在花園道。在工務司之下，有建築工程師、高級文員、事務文員及工人等。在香港，凡市政建設的工程，如修道路、砌堤防、造衙署、建營房、築炮台、建學校、造橋樑、修管道、蓋街市等等，一切都歸工務司規劃。至於民房、商行、戲院等等，也要先將圖紙呈報工務局，得到批准才能興建。工務局備有貨倉，專貯政府工程需用的建築材料及工具，由專人負責保管。

香港政府歷來對每一項建築工程，無論大小，都先繪就圖紙、規定用料、估計施工日期、訂出工程價格、編列表冊，由工務局公開招商投承，以價低者承建。但為慎重起見，在投票時，商人須先繳一定數量的押票銀存於庫房，然後投得者方為有效。落選者將原押票銀發還。商人投得工程後，簽定合同，一切遵守規劃，不得偷工減料，拖延工期，更改圖紙。倘有不符，即須重行拆卸改建。因此投承政府工程的建築商，非資本雄厚、信用度高而又熟識業務者，不敢輕易向工務局投承。

香港建築物樣式並不一致。富豪住宅多建於半山區和太平山頂上，有的採取英國建築形式，有的採取意大利樣式，或採取其他各國樣式。至於平民房屋，則多是舊式二三層樓房，地方狹窄，租值昂貴，且無浴室、廁所等設備。

英國工業革命之後，工業迅速發展，急需海外市場，以推銷產品，掠奪原料，這是英國發動對華戰爭的重要原因。所以，佔據香港之後，英方當然要控制香港市場。在建築材料方面，英國政府為了維護英國商人的利益，規定港府一切建築物所用器材，如鐵釘、鐵絲、鐵門、鐵板等等，都要用英國工廠的出品；木地板或圓柱則要由在緬甸或印度的英商供應；其餘如衛生設備、水管、玻璃、油漆等，都必須用英國貨。因此運輸路程遙遠，工料昂貴，採購不易。至於屋前的石柱、石基等則就地取材，開採石礦，由工人加工而成。其餘的磚、瓦、灰、泥等才向

中國內地採購。到 20 世紀初期,新式建築開始採用三合混凝土和鋼筋建築,所用水泥,也規定要用英國貨。民房建築一切用料,若非英國產品,必須由工務局派人鑒定,才能使用。

建築工程在完工時,還須經過工務局覆核,認為工程完善,符合標準,才發給新屋居住證明,否則給予處罰。

華商傅翼鵬承建大潭水塘工程,當時訂約以三年不傾塌為原則。香港經常有颱風吹襲,如遇颱風,堤壩坍塌,必須重建,風險很大。傅氏投承完工後,香港竟三年未遇颱風,石壩牢固,無需再建,傅氏因而致富。

成立賽馬會

1884 年,香港賽馬會正式成立,專職負責賽事、日常營運和投注管理。

香港早年參加賽馬活動的多半是英國軍人,他們的調動比較頻繁。愛好賽馬的外國人還有洋行老闆或高級職員,他們的工作也時有調動。所以,香港早年的賽馬委員會是一年組織一次。後來,隨着外國資本主義對華經濟的擴張發展,香港成為重要的轉口港。到寶雲時期,經港府批准,外國商人在香港成立了一個永久性的馬會——香港賽馬會。這個賽馬會成為香港政府要員與各洋行大商人的交際場所,對香港社會生活的許多方面都具有很大的影響。

在其成立以後的四十餘年內,香港賽馬會種族歧視的觀念一直很深,即使是華人中的上層人士,也只能作為賽馬會的來賓,而不能作為會員。這種做法傷害了香港中國商人的民族感情。於是,在港華人便在 1920 年組織了一個華人賽馬會,在粉嶺設跑馬場。在這種情況下,香港賽馬會才在 1927 年象徵性地吸收兩名華人作為會員。這兩名華人會員叫何甘棠和容顯龍,是當時香港著名的買辦。在吸收華人會員的同時,還准許中國籍騎師參加比賽。這樣,華人賽馬會也就沒有存在的必要了,粉嶺的馬場便移交香港賽馬會管理。

隨着香港賽馬活動的開展,馬場上逐漸出現賭馬的現象。初期的賭馬只是為了娛樂,算不得真正的賭博。主要內容是馬主與馬主之間,騎師與騎師之間,或兩個觀眾之間,各選一匹馬作為打賭的對象,賭注不過是一瓶香檳或一頓晚餐,

完全是民間的一種娛樂活動。這種情況持續了幾十年。

潔淨局洗太平地

港府的衛生局，成立於寶雲年代，當時不稱衛生局而稱潔淨局。

香港開埠之後，由一個只有幾千人的漁村，迅速變成一個人口幾十萬的城市，許多環境衛生設施都跟不上人口膨脹的需要，尤其是環境的污染最厲害，以致居民患病的情況十分嚴重。陳鏸勳在《香港雜記》中記載，在香港開埠後的數十年中，痢疾、熱病等傳染病流傳很厲害。那時駐港英軍士兵生病的特別多，甚至整營英軍都是病人。

1881年，英國殖民地大臣金伯利派遣皇家工程師柴維克到港，對香港的公共衛生情況做全面考察。1882年發表了《柴維克衛生調查報告書》，認為上述狀況是由於香港水土惡劣、環境極度不清潔、衛生設施差、管理制度不健全等原因所造成。根據報告書，港府採取了一些改善公共環境衛生的措施。1883年3月，港督寶雲到任後，第一件事便是通過立法局提出一項衛生修正法例，決定成立潔淨局，負責全港衛生事務，改變城市環境狀況。

新成立的潔淨局組織龐大，人員眾多，經費支出僅次於警署，所管轄的工作也很多。當時，潔淨局除了管理街道市場、屠場之外，打掃街道、清除垃圾、疏通管道、殯殮埋葬、處理糞便、熏洗房屋、滅鼠除蟲等事務，也全都列入潔淨局的工作範圍。

當時，潔淨局的組織已相當嚴密，局內有十餘人任議員，指導工作。日常事務則由英人總辦處理，下邊還設有幫辦、華人翻譯以及清潔工人。對工作人員要求也有具體規定。華人翻譯必須具有英文書院第四班以上程度，並且必須全面瞭解香港衛生條例，經過考試合格才能錄用。清潔工人必須經過政府醫院體檢、身體健壯、無犯罪記錄、無不良嗜好、年輕力大，才能錄用。

有了潔淨局之後，港府便規定港九所有華人屋宇，每年分區分段清洗兩次，這種清洗方式當時叫做「洗太平地」。到了規定的洗太平地的那天，潔淨局人員將洗地用的竹掃把、通渠用的鐵鉤、放水的帆布水管、裝水用的大鐵桶，全都放

在街道上，任由街坊居民取用，群策群力去清潔環境。大水桶裝滿水之後，加入消毒藥水，居民可將床板傢具放進大鐵桶內浸洗，以清除蟑螂和臭蟲。忙了一天之後，由潔淨幫辦檢查，若不滿意，再清洗一次。

1885 年，港府根據人口迅速增長的趨勢，頒佈了限制居民樓每層樓居住人數的條例。條例按房間體積大小，規定每 500 立方呎限住一人，且須將全樓准住的人數寫在牆壁顯眼的地方。潔淨局的幫辦經常夜間巡查。如果居住人數超過限額，即被處罰。在香港西營盤附近的平民樓房，體積不大，每層常住二三十人。若按條例規定，人數顯然超過了法例規定。所以，許多居民到了夜晚便往親友家暫住，天明再回家，以免被查受罰。後來，港府認識到該條例有礙於香港的發展，便取消了這一條例。

署理港督馬殊與金馬倫

寶雲因身體健康關係提前退休，於 1885 年 12 月中旬離港。英國決定由輔政司威廉‧馬殊署理總督。

1886 年 3 月，兩廣總督張之洞上書催辦在香港設立領事館。清政府與英國政府交涉，香港西商會不希望清政府在港設領事館。馬殊接受西商會建議，呈報倫敦，對清政府的要求不予理會。

清政府與港英政府之間，因為海關關稅發生了矛盾。1885 年，中英簽訂《煙台條約續增專條》，同意鴉片輸入中國，每箱徵收稅厘 110 兩。1886 年，在中國總稅務司、英國人赫德從中調停下，中英兩國簽訂《香港鴉片貿易協定》，規定鴉片運入香港或從香港轉運其他地區，必須獲得香港港務處的允許；香港方面同意協助中國海關稅收，並管理往返香港與中國沿海的帆船。中國方面則撤去 1871 年在香港海外的巡船，即原設汲水門、九龍城、佛頭洲、長洲四處常關關廠，而由九龍關接管。次年，九龍關正式建立，總關設在皇后大道中 16 號至 18 號銀行大廈二樓。摩根為首任稅務司。九龍關的設立，擴大了香港海關的勢力，加強了西方列強對清政府的控制，當然，也增加了清政府的財政收入。

威廉‧馬殊做了一年半代總督後，也調離香港，政務交由駐港英軍司令金馬

倫少將負責。1887 年 9 月，署理港督金馬倫主持立法局會議，通過了《1887 年公共衛生條例》，取消了成立健康局的建議，改為增加衛生委員會人數，委派土地總測量官、警察司、總登記官、殖民地醫官等為官守委員。原來衛生委員會有四名非官守委員，這次增加到六名，而且規定其中二名必須是華人。這是中西人士共同參與市政事務的開始。

第十任

德輔 George William Des Voeux

德輔（1834-1909），英國巴登市人，出身名門。1853 年進牛津大學，中途輟學，到加拿大經營農場，後進多倫多大學，完成學業得學士學位，並取得律師資格，做了一段時間律師後，轉入政界。1863 年被派往英屬殖民地圭亞那任治安法官和商務總監。1869 年赴聖盧西亞任職。1878 年任斐濟總督，兼任西太平洋地區最高行政長官。1886 年任澳洲總督。1887 年至 1891 年任香港總督，香港島內中環和西環的德輔道即以他的名字命名。受封爵士。

1887 年 10 月 6 日至 1891 年 5 月，德輔任第十任香港總督。從德輔到第十六任港督司徒拔，共約四十年。其間天災人禍接連不斷，既有瘟疫蔓延，又有大火、暴風、狂雨襲擊，更有港英當局對香港人民的殘酷鎮壓，百姓塗炭，民生倒懸，香港人士稱之為長久的「黑暗時期」。黑暗給居民帶來痛苦，也促使其覺醒、團結、鬥爭，加上內地正在發生辛亥革命，香港湧現出一批接受先進思想的進步人才，促成了海員、省港罷工的興起和成功。德輔正是「黑暗時期」內第一個就任的港督。他本人有濃厚的種族歧視觀念，是一個種族主義者。他在任期間，銀價暴跌，港元貶值，經濟陷入困境。英國政府強令香港政府「繳納皇家經費」，由每年 2 萬英鎊增加到 9 萬英鎊。德輔為應付龐大「貢費」，擬定開闢香港土地資源計劃。

從正直青年到殖民統治者

據巴圖所著《香港紀實》叢書記載，德輔任圭亞那治安法官和商務監督時，還不滿 30 周歲，血氣方剛，躊躇滿志，是一個有理想的正直青年。

當時圭亞那有很多甘蔗種植園，勞工大多數來自中國和印度，其中很多人是被殖民者和人販子騙來的。在這裡，他們受到了非人的待遇，失去了人身自由。受過現代自由主義教育的德輔，對廣大勞工的處境比較同情。他嚴厲指責這種不「人道」的剝削，明確支持勞工們提出的一些合理要求。

當地富商和莊園主並沒有將這個年輕總管放在眼裡，他們直接上書英國政府，狀告這位行政官的「行為不端」，要求必須撤換掉他。德輔所講圭亞那的情況在英國朝野引起了激烈爭論，不少人支持德輔。然而英國政府聽信富商和莊園主的誣告，撤換了德輔，將他改派到聖盧西亞任職。德輔並沒有就此罷休，他到聖盧西亞上任後仍念念不忘圭亞那之敗，他給英國外交大臣寫了一封信，希望英國政府能夠主持公道，重新調查圭亞那的勞工狀況。

英國政府迫於各方的壓力，不得不派代表團前往圭亞那進行調查，德輔也是代表團成員之一。但在調查團出發前，反對德輔的人早已通過其他人將此消息提前通知了當地的商人和園主，使他們及早做好準備。結果，當代表團到達圭亞那

時，商人和莊園主所組織的人都指責德輔言過其實，過分挑剔。搞得德輔一個人孤掌難鳴，有口難言，在調查團面前很是難堪，最後只好承認自己「報告寫得太倉促」，「記憶不清」。

通過「圭亞那糾紛」，德輔開始明白了自己的頂頭上司希望自己在英屬殖民地中扮演什麼樣的角色，自己在殖民地中要依靠誰、不能反對和得罪誰。1887 年 10 月 6 日，德輔帶着英國皇室的重託，帶着清洗圭亞那恥辱的決心，來到了香港。

填海擴土

港英政府的財政收入，很大一部分靠賣地皮得來。而彈丸之地的香港，土地從哪裡來？只有填海，所以填海造地是每任港督的重要工作。

1874 年 9 月 22 日，香港遭遇歷史上最厲害的大風吹襲，中區海旁堤岸全部被摧毀了。

當時的總督堅尼地於 1875 年 5 月任命一個委員會，設計海旁堤岸的全部改建計劃，並包括填海拓地工程在內。根據該委員會的調查及估算：如果以中區美利碼頭為中心，東至銅鑼灣，西至煤氣公司，將沿海堤岸翻修，並填海擴展海旁地面，需要動用 21.2 萬元。由於費用太大，所以在堅尼地任期內，海旁堤岸重建與再填海計劃被擱置起來，只將損毀厲害的部分堤岸作了修補。

1877 年，堅尼地離任，軒尼詩接任總督，修補海旁堤岸工程仍繼續進行，至 1880 年全部修補工程完成，總共花費 24.4 萬元。當時一些外商建議將海岸擴展出 20 呎，但港府認為這項建議將會阻礙修理堤岸工程，未予接納。

真正大規模的填海工程，實施於德輔在任時期。英國政府逐年增加對香港的攤派，德輔只好鼓勵填海造地，增加收入。德輔採用了香港英國富商保羅‧遮打爵士所提出的填海計劃，主要目的是解決逐漸嚴重的房屋緊張問題。這項計劃的內容除了包括填海築路以外，還建議將海軍船塢、陸軍軍營及政府若干建築物由港島中心遷移，騰出地方供作商業經營及市民居住使用，由此解決房屋短缺的問題。

1890 年開工時，正逢英國王子干諾公爵夫婦出訪路過香港，港府請干諾公爵

行填海工程奠基禮。工程完成後得到新填土地 59 英畝，新的海邊大道便命名為干諾道，干諾道後面的一條電車路就以當時港督德輔的名字命名，另一段馬路則以遮打命名，以示紀念。

在推動填海工程的同時，1889 年，立法局公佈了《收回土地法案》，決定強行收購部分人口密集擁擠的地方，將狹窄的小街巷擴展為大道；法案還規定不合衛生條件的樓宇要重新改建，建築物後面必須保留一定的空間，以利於通風；為了彌補物主面積的損失，樓宇可增高三層。

從這一年起，港府開始允許洋商向地產投資。一批英國商人集資 5,000 萬元，組成香港地產投資及代理公司，這是香港房地產業興起的基礎。後來該公司改名為香港置地公司。

公務員侵吞公款案

1890 年，颱風為災，香港發生歷史上最嚴重的暴風雨。大雨由 5 月 19 日一連下了十天十夜，降水 38 吋，海岸水深達 45 呎，山泥傾瀉，山體滑坡，災害深重。

天災不斷，人禍迭出，百姓塗炭。但是，港英官員不顧百姓死活，照常貪贓枉法。1893 年，香港發生了一起震驚港島和英國的公務員侵吞公款案。港府庫房首席書記亞爾費斯，利用職務之便，私吞政府公款 63,000 元，相當於現在的數百萬元。雖然事情暴露在第十一任威廉·羅便臣任期內，但其作案時間均在德輔任內，顯示其任內行政管理之混亂。

1893 年 1 月 28 日，港府核數師查核政府庫房的賬目，發現庫存和簿據的記載有短絀情形，顯然有人瀆職作弊，但一時尚不能確定何人作案。1 月 31 日，庫房首席書記亞爾費斯突然失蹤，有司立即證實嫌疑犯就是他。經詳細查核，發現從 1888 年至 1892 年，亞爾費斯經手的公款被盜 63,000 元。許多舊賬據已被他銷毀。政府立即下令通緝亞爾費斯。2 月 24 日深夜，港府在九龍一空屋裡抓到他。

4 月 18 日，亞爾費斯在高等法院刑庭受審，被控罪名共達 19 款，其中包括侵吞公款、偽造政府稅餉收據、偷盜並毀滅皇家簿據等。亞爾費斯對於政府所控告的 19 項罪狀，當堂承認了 12 項。因此，被告的辯護律師向法庭表示，既然被

告對於所控 19 項罪名業已承認了 12 項，他的罪名已定，為節省時間，對於其餘 7 項罪名似已毋庸深究，因此請求法庭輕判。大法官即席宣判，判了亞爾費斯六年苦工監禁。

法官的判詞中有這樣一段話：「你要知道，你的罪行正是那一連串的帶給這殖民地以恥辱的罪行之一。自從我對於與你所犯的罪行相類似的一宗案子判刑以來，已經三年於茲了——那就是對於郵政局首席書記巴拉達斯的控案。顯然，對於他所判的刑罰，並未能警惕你，使你束手不去動用公款。」

法官還向亞爾費斯表示，他被判的六年苦工監禁，不過僅是對於第十九項被控罪名而言，其餘的第一、二、三、四、十一等項，每一項都可判罰五年苦監；第十五、十六兩項，每項又可以判處三年監禁。因此，一共只判六年監禁，已是很寬大的處罰。

亞爾費斯的案子雖然終結，但是，此案屬高級公務人員盜用公款，案情重大，很丟港英當局的面子。因此，總督羅便臣下令組織委員會調查這件罪案發生的經過，並追究間接和直接應當負責的其他官員。經過調查核實，委員會於 4 月 26 日寫好報告書，寄呈倫敦的國務大臣。同年 7 月 26 日港府收到來自倫敦的覆示，表示對於總督的報告已加審核，認為香港若干對於庫務稅收有關的官員應各負相當責任，其中責任最大的為亞爾費斯的直屬上司，即當任的政府庫務司密歇爾·英厘斯。因此，英厘斯受到嚴厲的譴責，被指稱有虧職守，辜負重託，除罰俸 1,000 元之外，更調職至他處，以示警誡。

但是，英厘斯在中國居民中有好的人緣，香港中國居民對於庫務司受到亞爾費斯案件牽連表示同情，發起了慰問他的行動，並聯名上書倫敦的國務大臣，請求批准，免於將英厘斯調往異地，大家還捐款替英厘斯代交罰金。

1894 年 1 月 5 日，倫敦轉來對中國居民請求的批示，國務大臣對於庫務司英厘斯在香港能獲得很好的人望，甚表快慰。至於調職處分，決定延緩執行。1895 年，英厘斯請假回英國，後來就在英國北部一個監獄任職，再沒有回香港了。

大法官給亞爾費斯的判詞中提到的郵政局案件，發生於 1890 年 3 月 22 日，也是德輔任內。香港郵政局滙兌部主任巴拉達斯未向郵政司請假而悄然失蹤。按照公務員條例，他應按曠職除名。4 月 12 日憲報發佈公告，宣佈自 3 月 22 日起，郵政局滙兌部主任一職空缺，同時對他私自離職的原因進行了調查。經過查證，發

現巴拉達斯有盜用公款嫌疑。後來調查證明，該人已由香港經澳門、廈門私赴馬尼拉。香港政府即行文至菲律賓的西班牙政府，請代為追緝。5月17日馬尼拉通知港府，案犯已落網。6月底即將巴拉達斯引渡到香港。經查案犯從1888年2月至1889年期間，共盜公款50,681元。但是，1890年7月25日開庭審訊時，法庭只指控四項罪行，共盜竊公款4,577元。巴拉達斯只承認其中一項共1,737元。審判時，法官向被告訓誨，說自己是根據他的第四項罪名判罪，所侵吞的公款雖僅千餘元，但他身為公務員，受國家重託，竟監守自盜，且蓄意潛逃，所以罪不可恕，判處兩年苦工是輕的。至於五萬餘元案的其他責任者和款項去向，就再沒追究。

1890年前後，香港發生了多起侵吞公款和貪污瀆職的案件。幾起大案均發生在德輔時期，而在羅便臣時期東窗事發。香港自開埠到這時，對於公職人員的貪污受賄、賭博盜竊、私設娼館、與海盜勾結走私等行為，一直沒有採取強硬措施予以嚴懲，有時甚至祖護他們，即便偵訊開審，量刑也相當輕微。

有趣的陪審員制度

1887年，德輔當政伊始，港府重新修訂頒佈了陪審員法例。法院審案子，罪犯的罪名是否成立，是由陪審員集體決定。這樣重大的責任，香港居民幾乎都可以參與決定。修訂後的陪審員法例規定，凡在高等法院進行審判的民事或刑事案件，以及鑒定有關白癡、瘋狂及神經不健全等案件，都要選用陪審員七人，這是普通陪審員。對於若干案件，大法官更有權召集特別陪審員陪審。普通陪審員是義務陪審，特別陪審員卻有報酬，民事案件出庭陪審一次可得津貼10元。如果是刑事案件，即使是特別陪審員，也是白盡義務。

陪審員實際上是陪人打官司，是很苦的差事。法例規定，在法官下令解散陪審團以前，陪審員除了個人的需要（指大小便）以外，不能隨便走動半步；趕上吃飯時間，吃東西要自己掏腰包。如果法官不將他們解散，陪審員便要一直在指定地方守候，甚至在法院過夜。法院指定一位專門監視陪審員的人，這人要宣誓，不准任何外人同陪審員說話或接近。所以，作陪審員與被軟禁的待遇差不多。

當陪審員是香港居民的義務，凡是年齡在21歲以上、60歲以下，身體、精

神正常而又懂英語者，都有當陪審員的義務。有資格而逃避不報者，要罰款 500 元。每年 2 月初，高等法院將本年居民的申報滙總，張榜公佈，凡符合陪審員資格居民的姓名、住址都在榜上，一連張貼半月，做到家喻戶曉。公佈期間，居民如果認為自己不合格而榜上有名，可以申明理由請求豁免，對榜上的其他不合格者，也可以向法院提出異議。最後，這張名單要送總督親自過目，由總督最後圈定。核准的名單，要在兩種中文報紙、兩種英文報紙上登出，通告居民注意這項義務。通告刊出後一個月內，漏報的可以補報，逾期不報的合格者，要受到處罰。法例規定，有十種人可以豁免當陪審員：一、政府官員；二、報館的編輯與職員；三、外國政府駐港機構官員而非營業者；四、現任大律師與書記；五、註冊醫生；六、在職化學師與配藥師；七、正式教會的傳教士；八、本港中文學校以外，任何學校的教員與香港大學之教授、講師及其他職員；九、軍人包括海陸義勇軍人；十、船主與本港領航員。

這種規定的目的，是這些人容易與訴訟案件產生牽連，應加以迴避。因為陪審員對於被告是否有罪，甚至於犯人的生死，有決定之權，責任重大，所以陪審員在出庭前，要鄭重宣誓公正無私。

法例規定，民事案件有陪審員七名，如果一個案件有四名陪審員意見一致，即可判定被告是否罪名成立。刑事案件中需要至少有五名陪審員意見一致，才能判決。被判死刑的罪犯，則必須由全體陪審員一致通過，才能判定罪名成立。在審訊進行時，如果七名陪審員中缺席一至兩名，審訊可照常進行，仍按多數少數決定罪名。刑事案件中，陪審員缺席人數不能超過兩人，審理重刑案件缺額不能超過一人。

陪審員法例的制定，並非由德輔開始。1864 年港府就已經制定過陪審員法例，並一直沿用。1868 年，兩名案犯李阿泰和鄺阿發被控謀殺傷害罪。該案 2 月 27 日審訊，至下午 7 時許，大法官宣佈因為當晚本案審訊不能完結，延期次日續審，將全體陪審員予以監視扣留，送到歐洲大酒店過夜。當時有人對此提出異議，大法官即拿出 1864 年的法例 11 號第 22、23 項作依據，去執行他的決定。德輔對一些規定加以修改，例如，原法例規定必須有三名陪審員意見一致方能對有期徒刑判決；對於死刑的判決，必須有七名陪審員的意見完全一致方能判決。德輔將後面一條改為，有一名陪審員缺席，案子可照常審理並作出判決。

有功於市民的「港燈」

德輔時期，開始供應居民用電。1889 年 1 月 24 日，香港電力公司成立。當時不叫電力公司，因為設立之初，只是供應燈光照明用電，所以叫電燈公司，簡稱「港燈」。公司廠房選建在灣仔永豐街附近的山邊處，廠房簡陋，從海外買進兩部 25 千瓦的蒸汽發電機，於 1890 年 12 月 1 日開始供電。早期的電燈用戶寥寥無幾，電力公司提供家庭照明用電不過 600 戶，設置街燈 75 盞。公司還負責專供山頂區用水的電動抽水機的用電。總發電量只有 50 千瓦，不過是現在一家小商店的用電量而已。但那時已經足夠整個香港島使用了，且根本沒有鬧停電的現象。

根據陳謙先生回憶，20 世紀初，港英人士誇口說，香港電燈明、電話靈、自來水清，為香港維多利亞城三大優點。其實，這不過草創時期而已，比當時的上海差距甚遠。第一次世界大戰期間，由於機器殘舊，負荷力弱，經常發生故障，每星期總要停電三次。所以，許多安裝了電燈的公共場所還必須備有煤氣燈。

因為公司是由英國人經營管理，安裝電燈電器的用戶，所用電線、燈泡、燈口、燈掣及其他各種零件，都必須採用英國製造的產品。港府電燈管理部門還規定，每隔一定時期公司要派人上門檢查電線，若發現有漏電或電壓不足，即限定時間修理或更換零件，否則拉閘停電。公司口稱這是為了大眾的安全，實際上是維護英國廠家的利益，以推銷零部件。所以，每檢查一次電線，用戶都要花費一次修理費和安裝費。有關管理部門、公司和檢查工人，互相串通，從中舞弊。

政府山和總督府

1890 年是維多利亞女皇金禧紀念和香港開埠 50 周年大慶，德輔決定隆重慶賀。為此，從 1890 年 2 月開始，德輔對中環上亞厘畢道的總督府進行擴建，共撥款 4 萬元，主要工程是修建寬 40 呎、長 60 呎、高 26 呎的宴會廳。新建部分與原建築大小相當，由一道有蓋的樓梯相連接。當面積達 2,400 平方米的豪華宴

會廳建成後，他的夫人在此廳舉行了盛大的舞會，宴請香港名流，紀念開埠 50 周年，熱鬧氣氛達到他任內的最高潮。

早年香港有座「政府山」。在中環皇后道中與花園道轉角地方，是一塊空場，俗稱為瑪利練兵場，由練兵場直上，就是「政府山」。當時總督府、港督行政機關、郵政局等，都設在「政府山」上；香港大學以及英國聖公會香港維多利亞主教管區大教堂、聖約翰大教堂也在這裡，可說是香港早年的政教中心。「政府山」即太平山的半山區，背山面海，環境優美，是上層人士主要的高尚住宅區。瑪利練兵場西側山腳，面對皇后大道滙豐銀行後門有一座紅磚建築物，昔年也曾是香港總督府所在地，那是港督辦公的最早地方。

上亞厘畢道總督府未落成前，香港總督的辦公地方一遷再遷，有時設在今日中環的動植物公園上面，有時設在今日灣仔的春園街，有時甚至臨時租賃民房。從香港開埠至德輔時期總督府的歷史，概況如下：

1841 年 8 月，砵甸乍帶兵北上攻打中國沿海城市，莊士敦以副商務監督身份代砵甸乍執行職權時，辦公廳就設在上述中環的紅磚大建築物中，這座建築物是哈特公司所有。它佔地 1,280 平方米，當時稱為「莊士敦大宅」。直到 1844 年 7 月，港督辦公地方仍設在這座紅磚的大樓中，此處成為當時香港最高行政中心。這座紅色建築物，內裡格局以 19 世紀傳統建築風格為主，空間寬敞，陽台開放式設計，顯得清幽典雅。1915 年法國傳道士以 38 萬港元買下，改名「傳道會大樓」，用以傳道。1989 年，港英政府已將這座建築列為古蹟，後改為港府新聞處使用。

到了 1845 年，總督辦公地點設在「兵頭花園」一座小建築物內，當年砵甸乍總督、戴維斯總督都曾在這裡辦公。當時的總督府設施簡陋，加上社會治安欠佳，兩任總督都曾遭到劫匪打劫。因為英佔之初，港督兼任英國駐港三軍總司令，所以香港人昔日對港督俗稱為兵頭，這也是「兵頭花園」名稱的來由。地點即現在的香港動植物公園。

1847 年至 1848 年，總督租賃官邸的租金為 625 鎊。堅道的一座大建築物，那時是香港第二任港督戴維斯的私邸。當時港督沒有官邸，所以不得不租用民房。戴維斯總督的堅道官邸，也曾是大法官威廉·堅的官邸。

據關國煊《香港總督府滄桑史》一文介紹，現址的港督府最早是戴維斯時期提出計劃籌建的。1846 年，港府總測量師急庇利認為，「堂堂督爺，竟居無定

所」，決心設計興建一座以新古典主義為主，四面均有柱的港督府，作為港督辦公和居住的地方，府內有有柱的大堂、圖書館、會客堂、飯廳、育嬰室和6間睡房。1850年，英國殖民地部批准了這個計劃。

1851年，新的港督府在港島中區半山上的上亞厘畢道正式開始動工。1852年2月，地基工程完成。本來預計於1854年4月即可封頂，由於承包商的財政出現了問題，直至1855年10月1日，新的港督府工程才完成，耗資7萬港元。第四任總督寶靈成為首任住客。總督入住新居第二天，工人在督府門前豎立大旗杆時發生意外，壓死一名華籍工人，重傷二人。

1859年9月，第五任港督羅便臣接替寶靈，正式入住總督府。最初，府內設備簡陋，傢具欠缺。此後經過多次裝修、擴建、改造。1890年德輔開始擴建，1891年完工，這是港督府建成後第一次擴建。

股票市場玩華商

香港第一家證券交易行成立得相當早，香港證券交易所是英國佔據香港50年之後，於1891年2月3日正式成立的，當時稱作香港股票經紀協會，它的成立標誌着香港股票市場的誕生。那時在交易所買賣的股票還不多，主要是洋商的滙豐銀行、置地公司、太古公司、黃埔船塢、大酒店，後來才陸續增加了電車公司、纜車公司、港九兩間巴士公司與電燈公司、天星小輪和油麻地小輪公司等等。

在證券交易所裡買賣的股票，需先得到交易所認可，而買賣雙方不許直接在那裡交手，必須透過交易所的會員居間介紹才能成交。那些會員，一般稱為股票經紀，而每個會員，又都設有一間靠抽傭金賺錢的經紀行。1891年初，香港立法局通過新股票法案，約束股票投機。2月2日，洋經紀成立香港經紀會，會員二十餘人，全部是外國人。

當年的股票買賣並不繁忙，要買入股票的，多是手上有多餘錢財的富有人家。他們想買點股票來作為部分財產的存放方式，以求保值，並可以留給兒孫。那時因股票的買賣清淡，交易所內的會員經紀也為數不多，而從事這一行業的人士，也都過着悠閑日子。平時他們大多到俱樂部、夜總會等富有人家經常聚會的

場所去，與有錢人交際，在這種交往中拉生意，擴大股票買賣。當年一般中下階層人士很少到的馬場，也是股票經紀們活躍的場所之一。

1864 年成立的香港煤氣公司，也上市招股，但使用煤氣的用戶不多，連續多年未有利息。1874 年股價跌破票面值。作為洋行與華商中介人的買辦，對股票的認識並不多，但卻鼓勵華商購買股票。華商以為買了股票就成為股東之一，因此樂於投資股票，使股票市場蓬勃一時。

當煤氣公司大多數股票落在華商手中時，公司的派息卻低於市面息口，華商感到壓積資金而又收息不理想，於是委託買辦代將股票拋售。但當股票轉到外商手中，煤氣公司又派高息且送紅股，因此又吸引華商爭相購買股票，股價又告上升。這種股票上上落落，一直維持到 1891 年，香港華人社會對股票失去了信心，認識到這是一個騙局。

為了管制洋行大班的買賣股票行為，爭取華人對股票的信心，1891 年，港府制定了新的法案監管股市。香港各項事業的發展，有賴於在股票市場上收集資金，如果居民對股市失去了信心，各大公司收集資金就會出現困難。

港府的管制股市新法案，遭到利用股票搞投機的香港商會大多數會員反對，但卻獲得保羅·遮打支持。他發起中區填海計劃，正需要大量收集資金，所以，他認為爭取華人投資股市，對於香港發展十分重要。因此，保羅·遮打不顧香港商會大多數會員的冷遇和歧視，積極採取行動，支持新法案。他集合幾位經營股票而殷實的洋行大班，組成「香港股票經紀協會」，會址設在雪廠街，這就是香港證券交易所的前身。

香港股票經紀協會早期只有 21 位會員。按照新的股票法案，股票買賣設有傭金制度。協會每天將股票的買家出價和賣家出價，分別登記在經紀協會的黑板上，買家和賣家同意黑板上股價時，就可以立即成交，避免經紀操縱股價。這種制度就是今天的交易所買盤和賣盤的雛形。洋行買辦邀請華商去參觀「香港股票經紀協會」，讓華商親眼看到公平交易的情形，希望恢復華商對股市的信心。由於香港政府制訂新的股市法案和香港股票經紀協會的成立，華商對於股市的信心確實有所增強，華人紛紛投資購買股票，使股市形勢一度好轉。

股票的風險，不時給華人社會帶來災難。到了 1893 年，國際銀價出現下跌風暴，對香港華商影響極大，當然對於香港股市打擊更大。1890 年，每一個 1 安

士重的香港銀元，可兌 3 先令 4 便士；而到 1893 年卻跌至 2 先令 3 便士。港元與中國銀元、銀兩相比，購買力下降，洋貨漲價，華商擁有的資金全屬銀元和銀兩，無形中全部貶了值。由於銀價大跌，華商迫於形勢，拋出股票，去買英鎊結價給洋行，香港股市大跌。由 1893 年開始，香港股票市場大傷元氣，華商再次上當，覺得股票畢竟是騙局，有相當一段時間不敢再染指股票。

1891 年初，德輔寫信給英國殖民地部，請求允許他提前退休，5 月，在得到英國方面的肯定答覆後，他走過紅地毯，踏上了歸國的路程。此後，他再也沒有擔任公職，而是在英格蘭的平靜而愉快的生活中，總結自己一生的政治生涯，度過了 18 個春秋。

1909 年 12 月 5 日，德輔在倫敦去世，終年 75 歲。

第十一任
1891–1898

威廉 · 羅便臣 William Robinson

威廉．羅便臣（1836–1912），英國人，生於德國巴登。早年供職於英國殖民地部。先後在該部的不同部門擔任要職，但從來沒有機會被派往海外。殖民地部的沉悶生活使他感到厭煩，死板繁瑣的行政程式壓得他喘不過氣來。當殖民地部通知他任職香港總督時，他激動得不知所措。當時他已經是 55 歲了，這無疑是他最後的機會了。

與第五任港督同姓的威廉・羅便臣，於 1891 年 12 月 10 日至 1898 年 2 月任香港第十一任總督。

任內多大事

威廉・羅便臣任內，香港可謂多災多難，發生了最可怕的鼠疫，死人無數，屍骸遍地。1893 年 1 月，香港氣溫急降到冰點以下，創開埠之後最冷的紀錄。這一時期香港經濟嚴重困難，庫房短絀，靠向外借貸來維持財政開支。

1892 年 7 月 23 日，附設於「雅麗氏紀念醫院」的香港西醫書院舉行了第一屆結業典禮。孫中山獲醫學、產科、衛生與公共健康學三科第一名。羅便臣出席典禮，並向成績優異者頒獎。雅麗氏紀念醫院是何啟為紀念亡妻、英國皇族貴胄雅麗氏・韋甘比而建的香港第一家教會醫院。

1894 年 4 月，一些自稱香港居民的英國人上書英國政府，要求香港地方自治，改組立法局。要求書中稱：一、立法局中的非官守議員應由選舉產生；二、非官守議員應比官守議員席位多；三、非官守議員在會議上應有言論及表決的絕對自由；四、立法局有權支配地方全部行政經費；五、立法局有權管理地方一切事務；六、凡關於英國與香港的問題，立法局有權盡先參與討論，然後執行。8 月 23 日，英國殖民地部大臣李邦批覆稱，香港不能擺脫英國殖民統治的地位，因為華人佔多數，在目前情況下，應維持原有的政治制度。

1895 年 7 月，英國政府指令羅便臣，將香港政府每年總收入的 17.5% 作為駐港英軍費用。渣打銀行總經理湯姆斯・韋赫特領導在港洋商反對英國政府這一決定，但無法改變倫敦當局的指令。

1896 年 7 月，羅便臣決定行政局新設兩名非官守議員，委派怡和洋行總經理艾溫和大地產商遮打出任。這是行政局設非官守議員的開始。

1896 年，英國皇家海軍決定將皇后道以北海岸劃作海軍區，建立香港第一個旱塢。於是，中區和灣仔被分隔開，這既妨礙了填海工程計劃，又對海岸沿線的交通造成阻隔，歷時 60 年之久。

1897 年 6 月 5 日，香港政府通過決議，廢除 1843 年即開始實施的宵禁。至此，

才算結束了中國居民五十多年夜間行動不自由的苦難歷史。

1898 年 2 月，羅便臣離任。他是第一個離職後沒有以其名字命名街道或建築物的總督，據說其原因是避免與同姓的第五任總督相混淆。香港的羅便臣道就是以第五任港督夏喬士‧羅便臣爵士命名的。

驅逐孫中山

孫中山先生早期的革命活動是從香港開始的。他於 1883 年冬到香港，1886年在香港完成了中學的課程，同年夏，孫中山考進了美國基督教長老會所辦的廣州博濟醫院附屬南華醫學堂學醫。1887 年 1 月，立法局華人議員、律師兼醫生何啟開設香港西醫書院。孫中山深感南華醫學堂的教學質量不高，同時，在廣州公開發表政治言論受到限制，不如香港那樣自由，所以決定轉到香港西醫書院學習。1892 年，孫中山以最優異的成績畢業，取得了醫科碩士學位。

孫中山在香港西醫書院不僅認真學習專業課程，而且廣泛地研讀了西方國家的政治學、軍事學、歷史學、物理學等方面書籍，獲得了廣博的知識。

孫中山在香港期間，對於政治問題十分關心，常常對人抒發他的愛國情懷，闡述他的新政治抱負和見解。他利用節假日和周末，經常往來於廣州、澳門等地，與一班志同道合的人士，共同研究救國救民的真理，探索中國的出路。這引起了港府的注意。當時孫中山與革命青年楊鶴齡、陳少白、尤列被稱為「四大寇」。

1892 年秋，孫中山應澳門鏡湖醫院邀請，到該院擔任西醫師。後來他在澳門仁慈堂附近開設一間中醫藥局，單獨行醫。不久又改赴廣州行醫，開設東西藥局。雖是行醫，他其實是借行醫為掩護，結識一批愛國青年，研究救國之道。1894 年，孫中山赴美國檀香山，組成了中國早期資產階級革命團體——興中會，第一次提出了推翻清朝政府，建立資產階級民主共和國的理想。

1895 年 1 月，孫中山回到香港，聯絡鄭士良、陳少白等進步人士，為推翻清朝政府做準備工作。他們在中環士丹頓街 13 號組建了興中會總部機關，為了避人耳目，以「乾亨行」的名義做掩護。香港的興中會領導成員多次開會，討論和制定了起義的具體計劃。8 月 27 日，港英當局下令封閉乾亨行。孫中山決定於當

年 10 月 26 日（農曆九月初九）利用舊曆重陽節許多群眾回省探視的機會，炸燬兩廣總督府，在廣州舉行武裝起義。由於內部步調不一、謀事不密計劃事先被清朝政府察覺，興中會從香港秘密運送軍械往廣州時，被海關查出扣留。

清政府多次與港府交涉，要求羅便臣制止孫中山在香港的政治活動。香港當局同清政府密切配合，將興中會的活動情況，隨時向兩廣總督通報。兩廣總督譚鍾麟遂得以調動軍隊加強廣州的防禦，封閉革命機關，逮捕起義人員。

廣州起義失敗後，孫中山乘船離開廣州，經澳門到香港。1896 年 3 月 4 日，羅便臣應清政府的要求，發出驅逐孫中山的出境令，宣佈五年內禁止孫中山等進入香港，理由是總督及港府認為，「孫中山會危害本殖民地的和平與良好秩序」。孫中山只好離開香港轉赴日本。行前，他寫信給羅便臣的副手輔政司駱克，詢問是否因為他「試圖從韃虜桎梏的酷刑中解救受難同胞」，才將他驅逐。如果如此，他將訴諸英國公眾和整個文明世界。因為他已經請教過倫敦許多英國朋友，他們認為香港當局的做法，「不符合英國的法律和慣例」。

1897 年 10 月 4 日，駱克回信給孫中山說：「茲奉命函覆先生，本政府不願允許任何人在英屬香港地方，組織策動機關以為反叛或謀危害於素具友誼之鄰國，茲因先生行事誠如來書所云，『弔民伐罪，為解除國人備受韃虜專制暴虐之羈絆』。凡若所焉，有礙鄰國之邦交，自非本政府所允許，如先生突然而來，足履斯土則必遵照 1896 年所頒放逐先生出境命令辦理，而加先生以逮捕也。」從此以後，孫中山雖然為組織革命起義多次經過香港，但一直沒有上岸，只在船上與在港革命志士研究和佈置任務以後，就離開香港。

在香港，孫中山的活動得到許多進步華人的支持。立法局議員何啟就給予了資助，使孫中山等人的革命理想有力量付諸實際行動。何啟是東華醫院創始人之一何福堂之子，曾在英國待過 10 年，學習醫學和法律，是英國皇家外科醫師協會和林肯律師協會的會員。他接受的是英國教育，希望中國學習西方，建立一個民主選舉的「由志同道合者組成的政府」。何啟是孫中山在西醫書院的導師，雖然孫中山多次的起義都失敗，但他私下仍為革命事業募集資金。

對於港府驅逐孫中山的行為，當時香港有報紙發表評論，批評羅便臣的錯誤政策，英國國內也有人對孫中山表示同情。議員達維特曾多次向殖民地大臣張伯倫提出質詢，1898 年 7 月 18 日，他提出：「事前中國政府曾否請求香港總督將

孫中山驅逐出境？若有此事，在採取行動之前，是否呈報過殖民地部？如果這位中國的改革家在英屬領土未曾觸犯英國的法律，能否撤回該驅逐令？」

張伯倫的答覆是：「此事依據之理由在於當地總督認為該人危及香港殖民地的和平與良好秩序。中國政府未曾請求進行驅逐。該人捲入陰謀反對中國政府的活動，已無疑義。這使其不宜在香港一事，並無理由加以干預。」

羅便臣對孫中山的排斥態度，最根本原因是局外人很難洞察的，也是羅便臣不能啟齒的，那就是英國政府以此向清政府示好，以此作為誘使清政府在香港展拓界址談判中讓步的一個籌碼。

強租新界，展拓界址

強佔新界地區，英國侵略者已經醞釀了很久。1863 年，香港的英國官員就提議，在扼守海港東部入口的鯉魚門設立炮台。戰爭大臣認為，佔據新界、九龍對鞏固軍事立足點很有價值。

1884 年，第九任總督寶雲時期，駐港英軍將領薩金特提出，英國戰爭部應當攫取整個九龍半島，擴展到北面山嶺和一些海島，但是，寶雲拒絕了薩金特的這一計劃。1886 年薩金特的繼任者金馬倫上將舊事重提，又被英國防務委員會否決。倫敦負責殖民地防衛事務的機構認為，在英國的所有重要加煤站中，香港是最易受攻擊的，然而，海港的北部是中國領土，看不出有什麼理由要擔心中國對香港的安全構成威脅。

到了 1890 年 3 月，第十任港督德輔報告稱，有情報說，中國打算在吐露港修建炮台，俯視香港島。英國殖民地部大臣克努斯福建議駐華公使向中國總理衙門詢問此事，並向中國表示，英國政府反對任何它認為是不友好的行動。英國駐華公使約翰·澳爾沙姆從北京回電，否定了上述情報，說中國並非要修築要塞。那項工程是九廣鐵路工程的一部分，加強九龍站的守衛對香港並無不妥。

真正積極推動和實踐了對中國香港周圍地區進一步擴大侵佔的是威廉·羅便臣。1894 年，日本挑起侵略中國的戰爭。結果，清軍大敗，簽訂了屈辱的《馬關條約》，帝國主義列強開始了瓜分中國的爭鬥。清政府危在旦夕，威廉·羅便臣

很快做出了反應，提出「拓地」要求。他認為，中國皇室和政府已經腐敗，各國爭先恐後向中國撲來，劃分勢力範圍，這種形勢對英國擴大佔領中國領土是大好時機。羅便臣宣稱：「我不得不鄭重指出，調整和擴展本殖民地是十分必要的。『東方直布羅陀』香港，並不像人們想像中那麼安全。」

1894 年，羅便臣向英國殖民地大臣發出了拓地的信件，信中說：

「雖然難以置信，但我請閣下注意下列事實：加普礁和橫瀾及其上面的兩個有價值的燈塔屬於中國。港口的東、西進口鯉魚門海峽和青洲水道屬於中國。鯉魚門要塞是中國領土。海港北岸方圓 2 英里之外屬於中國。九龍城屬於中國。距離維多利亞港只 1 英里左右的鯉魚門水域屬於中國。

「中國本身，或是同中國或英國開戰的另一個國家可能登陸珠江北岸或鯉魚門海峽外的大鵬灣，南下九龍半島，這不僅對我守軍不利，而且很容易從中國領土炮轟維多利亞港，截斷糧食供應。

「竊以為，香港邊界應該推至大鵬灣，從那裡伸延到后海灣，至少也得像威斯特利走向那樣，以東北面鯉魚門海峽伸展到九龍背後的山頂，包括珠江口汲水門在內，以確保女皇這塊有價值的領土的安全。再者，加普礁、橫瀾、大嶼山和所有香港 3 英里以內的海島均應割讓給英國。否則，一旦爆發戰爭，本殖民地將難以防守。

「如果女皇陛下政府有意在適當時候介入中日戰爭，我冒昧祈求上述建議受到仔細考慮。這算不上大計，但在中國從失敗中恢復過來之前，應當施加壓力。」

羅便臣惟恐自己的信不能說服倫敦，在信中還附上駐軍司令柏立基的一份備忘錄，備忘錄強調中國軍隊控制港口是對英國統治香港的不利因素。

幾天後，羅便臣急不可待地又發出第二封信件，更詳細地闡述了擴大侵佔中國領土的理由：

「如果說割取對岸大陸的一角並完全控制鄰近水域，對本殖民地安全和應付歐洲敵人是非常必要的話，更不用說對付中國了。

「中國的國力現正處於最低點，但考慮到日本的進步，50 年之後，也許 20 年，中國可能成為一個軍事強國，具備足夠的技術知識開發她的自然資源。到那時候，如果香港邊界仍像現在一樣，中國的艦隊停泊在九龍灣，周圍的山頂和島嶼為中國所有，我們往哪裡躲。靠人家發慈悲？……

「目前的大好時機稍縱即逝。不管日本的成功有多大，不管中國的屈辱有多深，中華帝國資源豐富，潛力巨大，她不會長期安於現狀。日本對華戰爭將激發起全面起義，20 年後的中國再不是吳下阿蒙。想做就立刻去做，時不我與。」

一百多年後的今天，把羅便臣的信函翻出來，擺在同胞們的面前，重溫一次帝國主義侵略者的夢囈，對於年輕一代，對於健忘的人們，對於那些持有外國侵略有利於中國發展的觀點的人來說，恐怕都是必要的。

羅便臣真不愧為老牌帝國侵略者的政治家，他在一百多年前就看到了中國終有一天要站起來，成為世界上強大的國家。但是，儘管如此，他的侵略者立場還是促使他要求乘中國虛弱，還沒有強大起來之前搶佔中國領土。

清政府同日本簽訂《馬關條約》之後的第二個月，即 1895 年 5 月，英國軍事聯合委員會乘機發表《關於殖民地香港邊界問題的報告》，提出拓展土地的要求，立即得到英國有關當局的贊同。1897 年底，英國通過廣州領事提出租借戰略要地，以保衛香港的要求。

1898 年 4 月 1 日，英國藉口廣州灣租給法國威脅到香港的安全，要求拓展香港界址，以保衛香港。英國駐中國公使竇納樂，向清政府總理衙門大臣李鴻章正式提出，香港當局不滿足於現在的界線，希望拓展土地，從此展開了一場拓展土地的談判。所謂談判，實際上還是先把土地非法佔領，爾後再用堅船利炮威逼，強迫簽訂條約，加以確定。

清政府既然已經同意德國、俄國、法國等租借中國的土地，怎麼敢於反對英國政府租借中國的土地呢？但是，為了面子，清政府在同意出賣土地的情況下，還提出幾條可憐的要求：一、保留九龍城仍歸中國管轄，清政府文武官員仍照常行使職能；二、為防止香港鴉片走私，要求香港當局協助中國海關緝私收稅；三、保留靠近九龍城的大鵬灣碼頭一處，准中國官員使用；四、在大鵬灣、深圳灣內中國的軍艦和商船，無論戰時和平時，都可以自由行駛和停泊，等等。英國有關當局，為了急於簽訂擴展土地條約，對清政府的四條要求滿口答應。

1898 年 6 月 9 日《展拓香港界址專條》由李鴻章、許應騤與英國駐華公使竇納樂在北京簽訂，7 月 1 日起實行。專條全文如下：

「溯查多年以來，悉香港一處非展拓界址不足以資保衛。今中、英兩國政府議定大略，按照粘附地圖，展擴英界，作為新租之地。其所定詳細界線，應俟兩

國派員勘明後，再行劃定，以 99 年為限期。又議定：所有現在九龍城內駐紮之中國官員，仍可在城內各司其事，惟不得與保衛香港之武備有所妨礙，其餘新租之地，專歸英國管轄。至九龍向通新安陸路，中國官民照常行走。又議定仍留附近九龍城原舊碼頭一區，以便中國兵、商各船渡艇，任便往來停泊，且便城內官民任便行走。將來中國建造鐵路至九龍英國管轄之界，臨時商辦。又議定在所展界內，不可將居民迫令遷移，產業入官，若因修建衙署、築建炮台等官工需用地段，皆應從公給價。自開辦後，遇有兩國交犯之事，仍照中英原約香港章程辦理。查按照粘附地圖所租與英國之地，內有大鵬灣、深圳灣水面，惟議定該兩灣，中國兵船無論在局內、局外仍可享用。此約應於畫押後，自中國五月十三日即西曆 7 月 1 號開辦施行。」

就這樣，深圳河以南、界限街以北的九龍半島地區，以及附近大小二百多個島嶼和水面，總面積達 975.1 平方公里，佔新安縣全縣面積 2/3 的中國土地，被英國強行租去了，租期是 99 年。這塊土地被港英當局稱為「新界」。

災難性的大鼠疫

羅便臣統治時期，香港發生了一場影響空前的大災難——鼠疫。這場鼠疫，延續 10 年之久。在 1894 年，幾天裡就死掉近六千人。僅僅 6 月 7 日一天內，中環太平山人口最密的一個地區，就死掉一百多人，又有六十多人被傳染上這種不治之症，立刻鬧得人心惶惶。

這種死亡率高而又傳播迅速的疫病，任何人都有可能毫無徵兆地被傳染上，染上後一兩天由腋下、胯間的淋巴腺起核，隨後發熱昏迷，瞬即死去。病人死後全身發黑，所以又叫「黑死症」。

對於這場鼠疫，當時港府處於束手無策的狀態，唯一的防預措施是把病人隔離，並禁止港人離港，防止疫症傳往別處。死於疫症的遺體都被集中起來，先在石灰水裡浸泡，然後埋葬。死者住過的房屋也要徹底熏煙消毒，這麼一來，就更鬧得人心惶惶。儘管港府禁止港人離港，但二十多萬居民中，在短時間內，仍有八萬多人倉惶離開香港去避疫。

由於港人大量離港，往來船隻較多，這次鼠疫還傳播到內地及海外各地。1896 年，香港的鼠疫先後傳播到內地的廣州、昆明。國外傳播更遠達印度的孟買與俄國的北海。僅是廣州一地，染上鼠疫的居民便有 10 萬人，印度死於鼠疫者更無法估計。

防疫過程中，羅便臣與東華醫院董事會進行合作。在東華董事會贊同下，他堅持挨門挨戶查訪，還設想建立一所臨時性疫病醫院，由東華醫院的華裔醫生主持，華裔患者可以選擇歐洲或本國的治療方法。潔淨局舉行會議，決定在九龍開設辦事處，專門負責患鼠疫患者居所的薰洗工作，同時收治鼠疫患者、收集死者遺體，送往醫院。可是，強制性措施卻遭到市民反對。許多市民看到患病親人被強按進轎子裡抬走，死者被拉去拋進石灰水裡，然後埋在壕溝裡，覺得目不忍睹。所以患上鼠疫者都情願在家自行醫治，也不願被送往醫院治療。出生在香港以外的地方的華人患者，非常希望死後回到故鄉，同祖先葬在一起。對華人居民的這個要求，羅便臣同意准許華人患疫者在家裡治療，這既尊重了華人的風俗習慣，又便於政府掌握患病人數。羅便臣還安排了一次有組織的疏散，用帆船把患者送往廣州，希望他們在廣州會被隔離在醫院裡。

1891 年，當局曾頒佈過法律，要求移民來港的苦力所居住的公寓要進行登記，以便實施相應的衛生管理。但在華人看來，登記不過是收稅、勒索和其他騷擾的前奏。在何啟的領導下，華人居民舉行了多次抗議活動，最終使該法律被悄無聲息地束之高閣。這場瘟疫後，當局宣佈將再次實施這項法令。

港府花了三個月時間去解釋登記的目的，試圖使疑慮重重的苦力相信，當中並沒有什麼邪惡的陰謀。雖然當局做出了不少努力，登記仍無法進行，政府決定「不再會商，直接實施該項法令」，結果得到的回應是一次港口罷工。這場罷工迅速發展成全面停工，有大約兩萬名工人參加，貨物搬運完全中斷。羅便臣提醒香港總商會：「華人確實像孩子。父母不與孩子討論問題，他們只是說明要做的事情，堅持要把事情做完。」

1896 年，有些英國醫官對東華醫院用中醫治療鼠疫的成效表示懷疑，要求改用西醫療法。羅便臣命令駱克組織調查委員會進行調查。調查結束後，該委員會在報告書中指出：該院採用華人方法治療病人，而不用英人的治病方法，自有其道理，應繼續採用。否則，既然有公立醫院，又何須再設東華醫院。該院之設，

有鼓勵華人入院治病的作用，避免華人貧病無告而死於家中，東華醫院所做的工作，是公家醫院所難以承擔的。調查委員會還對東華醫院診治病人的數量做了統計，從 1891 年至 1895 年，東華醫院所收病人，男性病人在院留醫者達 10,806 人次，女性病人在院留醫者達 1,952 人次。男性病人到院門診者有 530,781 人次，女性病人到院門診者有 272,287 人次。所有這些病人都是免費治療。至於自費之病人，從 1891 年至 1895 年，男性病人僅有 106 名，女性病人僅有 47 名。1896 年，香港人口約 24 萬，在此以前的五年之內，東華醫院中醫門診量平均每年達 163,200 人次之多。由此可見東華醫院當時在鼠疫醫療服務方面所起的重要作用。

後來，有位名叫偉佗實陶的日本醫生，在堅尼地城醫院的惡劣環境中，研究出鼠疫是老鼠所帶的一種病菌所傳染的。於是，羅便臣採取了兩項緊急措施：一是獎勵捕鼠，凡捕鼠一隻者，獎賞港幣 2 分，後來增加到 5 分。香港市民捕鼠之風一時頗盛，大街小巷、明溝暗渠，隨處可見捕鼠的景象。二是從外國引進疫苗，給所有市民注射預防，效果很顯著。為患十年的鼠疫，終於得到了控制。

中華會館的成立

1896 年 1 月 17 日，中華會館正式成立。這標誌着到了 19 世紀末，香港華商不論在經濟上還是在政治上，都已經成為一股不容忽視的力量。

英國佔領香港以後不久，香港的中國工商界人士即開始組織同鄉會、同業公所一類的華人社團組織，但比較分散零星。

1868 年，「南北行公所」成立，是早期香港規模較大的華人同業組織，但仍然屬於單一性質的行會組織，在華商中始終缺乏統一的號召力。19 世紀 80 年代之後，華商勢力逐漸崛起，華人的團結意識與政治影響日趨增強。1880 年開始，伍廷芳進入立法局，1884 年、1890 年有黃勝、何啟又先後進入立法局。1887 年，四萬華人就公共衛生行政中的樓房管理和面積問題，聯名上書請願，成為華人民眾在 19 世紀末參與地方行政的一件大事。華人影響力擴大，成立統一的華商組織已是大勢所趨。當時香港商界的知名人士，包括寶隆金山莊的古輝山、聚昌號疋頭綢緞莊的黃堯卿、中華銀號的馮華川等數十人，他們看準了時機，發起組織

了「中華會館」，館址設在半山區般咸道。1月17日正式成立時，清政府派駐九龍城的九龍協副將陳昆山應邀出席並主持開幕式。

會館由香港華資公司、居住香港的華商及專業人士組成，宗旨是「聯鄉誼而通商情」，以團結在港華人，促進香港經貿發展和繁榮。1900年，華商馮華川、陳賡虞、何澤銘等人提議，將「華商會館」改名為「香港華商公局」，局址由般咸道遷至中環德輔道20-32號。1913年又改名為「香港華商總會」。1952年再易名為「香港中華總商會」。

宋王臺與明珠暗投

第十一任總督羅便臣和第十二任總督卜力交接之際的1898年，香港政府做了一件有歷史意義的事——修建宋王臺。

1277年春，南宋處於戰亂之中，端宗趙昰由福建泉州逃亡到廣東潮州，再經惠州和虎門，於1278年春夏之交，逃到了廣州灣外的大嶼山島，途中身亡。文天祥立衛王趙昺為帝，由張世傑與陸秀夫護駕，他們乘船從大嶼山島轉移到新會崖山。在後有追兵、前無進路的情況下，趙昺投海身亡。在顛沛流離的途中，趙氏兄弟曾輾轉避匿於九龍，留下了宋王臺、二王村、梳妝石三個遺蹟。

相傳趙昰被元兵追到九龍馬頭涌的一座小山丘上，正在危急萬分的時刻，丘上的大石頭突然崩裂，出現洞穴，趙昰及隨從得以喘息躲避，逃過元兵搜捕，小丘上的石頭護駕有功，被後人稱為「宋王臺」。

馬頭涌的這座小丘，方圓不過300呎，高140呎，東北跟九龍灣相接，南面與馬頭角為鄰，西面為譚公道，西南面有二王村。1898年8月15日，立法局一位華人議員根據市民的意願，向當局提出把宋王臺作為古蹟加以修繕和保護的建議。他的理由是：一、宋王臺有六百多年的歷史，應予保護；二、九龍開闢後，保存這一地方為居民遊覽之地，供後人追思瞻仰，實屬有益。

港府接納了這一提議，並同意在宋王臺所在地豎立碑誌，碑誌分別用中英兩種文字書寫，誌文有：「此地禁止採石，保存宋王臺」等字樣。

据傳說，修繕工程進行的某一天，一位名叫「豆皮光」的石匠，在別的工匠

都散工之後，在石洞中挖掘泥沙，忽然意外地發現了一個洞穴，好像是人工修建的，他伸進手去探尋，覺得裡面有股暖氣，經過挖掘，發現是一個聚寶盒。這聚寶盒古樸精巧，表面雕有龍紋鳳爪。他打開盒子一看，裡邊有七件古物：一、古龍宋瓶一隻，其色澤純白如玉，外縛墨龍一條；二、巫山古硯一台，硯體玉質青翠，繪有瑰麗圖案；三、沉香佛一尊，雕刻精細，有奇異香氣；四、長方形玉石一塊，光彩奪目；五、男女二人擁抱像一座，呈朱紅色；六、龍紐印一副，長六寸，把柄刻有五爪金龍，印底有宋體字；七、五龍環一隻，環身五龍昂首，作朝立狀，龍爪畢現。連同寶盒共算作八件歷史文物。

這聚寶盒及內藏之諸寶顯然屬宋代宮廷之物，是研究中國歷史的重要文物和見證。但是，這些珍貴的文物最後都落到洋行的外國人手裡。這些具有歷史價值的文物就神秘地明珠暗投，不知身歸何處了。

卜力 Henry Arthur Blake

卜力（1840–1918），又稱亨利·亞瑟·布萊克，卜力是中文名字。出生於愛爾蘭利默里克縣一個警官家庭。19 歲進愛爾蘭警察機構工作，一幹就是十七年。1876 年開始轉做地方行政官。1884 年赴巴哈馬任總督，1887 年調加拿大紐芬蘭任總督，被封爵士。1889 年改任牙買加總督，任期近十年。1898 年出任香港總督。1903 年 11 月，任滿離港，赴錫蘭（今斯里蘭卡）任總督，直至 1907 年。1918 年 2 月 23 日去世。香港島上環太平山街的卜公花園與已拆除的卜公碼頭，就是為紀念他而命名的。

1898年11月25日，卜力接任第十二任港督，至1903年11月12日，任期五年。卜力離任後，新港督來港前，由輔政司梅含理任署理港督。

1898年6月，英國加強在中國南部的侵略，取得新界99年租借權，侵佔的中國領土面積增加了376平方英里，將英國管轄的香港地區擴大了10倍，佔去耕地4.5萬英畝，人口10萬。該年是香港歷史上非常重要的一年。

血洗錦田吉慶圍

1898年6月《展拓香港界址專條》簽訂之後，港英政府並沒有立即接管新界，因為他們對新界的情況不是很熟悉，而且當地百姓十分抗拒英人的統治，所以港英當局需要時間準備。他們用重金賄賂新安縣知縣盧煥，從他那裡得到許多新界的資料；英國方面，也提供各項文件，並通知英國駐廣州領事予以配合。直到「專條」簽署半年之後，英國殖民地部才電令卜力接管新界。1899年1月，港英當局開始準備「接管」新界。

英國外交部於1898年12月擬定，於1899年2月正式接管新界。殖民地部擔心到時港府未能制訂好各項政策，命令卜力同寶納樂保持聯繫，必要時可推遲幾個星期。但卜力擔心土地投資商知道接收推延時，會再次抬高公用土地的地價，所以希望盡快接收。3月，卜力向英政府彙報了港人的不同反應，他說：「主流是友好的，但是，后海灣那邊的民眾名聲不好，在升旗時有必要使用適當武力。」然而他判斷錯了，他低估了民眾的不滿和反抗情緒。不平等條約是腐敗無能的清廷簽訂的，老百姓從來不接受。英國殖民主義者要實踐條約，還得用武器同群眾打交道。

卜力在報告中所說的「后海灣那邊的民眾」，指的就是錦田。錦田原名「岑田」，取山下田地之義。鄧氏家族從宋代起即在這裡披荊斬棘，從事耕種。經過當地居民的辛勤耕作，岑田變得樹木茂盛，田園翠綠，阡陌縱橫，宛如錦繡一片，遂改名「錦田」。其村分南北兩圍，吉慶、泰康屬於南圍。圍者，高大圍牆也，外有溝壑，作防盜之用。圍牆出入口設有大鐵門，設計堅固，亦為防盜所用。世代在此安居樂業的鄉民，眼看自己的家園要被英國侵佔，情緒激憤，

準備誓死抵抗。

港英當局的第一項部署是興建警署。1899 年 3 月 24 日，警察司梅含理在大埔選定了一處地方修建警署。梅含理的方案得到總督卜力的支持。4 月 7 日，港英政府發出通令，定於 17 日下午 1 時，在大埔舉行接收儀式。梅含理帶領警察再赴大埔檢查警署修建情況，村民向梅含理表示反對修建警署。村民說，警署建於該處有礙風水，要求遷移。梅含理不予理睬，民眾非常氣憤，群起包圍梅含理。

卜力聞訊立即派兵二百多名趕去鎮壓，村民團結奮戰，使警署的修建工程無法進行。4 月 15 日，卜力再派警察 25 人和香港防衛軍一連增援，他們抵達大埔時，臨時警署已被村民毀掉，梅含理則被圍在一個土坡上。16 日，卜力派駐港英艦「名譽」號載運一批正規軍，駛往大埔東南的吐露港，發炮轟擊，以掩護步兵登陸，終於為梅含理解了圍，新界居民卻死傷無數。英軍佔領大埔附近的山頭後，駐港英軍司令加士居和輔政司駱克即進入大埔，舉行升旗儀式，鳴放禮炮，宣讀條約和行政局命令：從 1899 年 4 月 16 日下午 2 時 50 分起，新界的中國居民要服從英國管轄。這比預定日期提前了一天。由此，英軍逐步向西推進，沿途不斷遭到抵抗。18 日，新界二千五百多人在上涌和英軍激戰，讓英軍受挫。

5 月，英軍大舉反攻，炮轟錦田吉慶圍。鄉民以鋤、鍬等為武器，憑藉鐵圍壕溝，奮力抵抗。英軍以大炮轟擊吉慶圍的大鐵門，企圖摧毀整個圍牆。結果，大鐵門被炸塌，英軍攻入圍內，鄉民死傷無數。英軍進入吉慶圍後拘捕了許多抵抗的鄉民，並且當場拆卸了吉慶圍的連環大鐵門，當作戰利品運回倫敦。14 日，英政府下令佔領九龍城寨和深圳。16 日下午，深圳全鎮已落入英軍手中，英軍佈告稱：深圳已屬英國領土，受英國法律統治，兩廣總督已不再管轄此地。26 日，卜力還想攻佔新安縣城，因為兵力不足，才未行動。11 月 13 日，英軍奉令撤離深圳，回到「專條」規定的界限一邊。

不守信諾

1898 年清政府同港英政府簽訂所謂的《展拓香港界址專條》時，在地圖上並不曾有明確規定具體界線，在北界只是劃了一條直線，聲明「待日後雙方派員勘

定」。

　　雙方的正式「勘界」，是在 1899 年的 3 月間開始進行的。雙方派員實地勘定界限，沿界各要點都豎立木樁，並簽署了一份《香港英新租界合同》，作為《展拓香港界址專條》的另一附件。

　　合同所載經過勘定的界線，主要是新界的北界，即今日經大鵬灣至后海灣，包括深圳河和沙頭角、文錦渡、羅湖等地的一條水陸界線。至於東西南三面，東面止於東經 114º 30´ 的水域，西面止於 113º 52´ 水域，南面則限於北緯 22º 9´ 以北。由於大嶼山西端的一角已突出於東經 113º 52´ 之外，因此在「專條」上特別附加一句說明「包括大嶼山在內」。

　　兩廣總督譚鍾麟派出的補用道王存善與輔政司駱克勘定租借地的具體界線，豎立木樁且簽署一份《香港英新租界合同》。裁明界線的劃分之後，關於租金問題，駱克隻字不提。港英政府在拓界談判時曾表示：「可待爾後商議。」據此，劃界完畢，王存善提出：「新界的租金多少？」駱克答稱：「我不知道，我不能解決這個問題，德國政府償付租金？俄國政府的旅順呢？」租金一事也就如此不了了之。

　　當年港英政府和清政府雙方勘定界線時，對於水面的界線，由於港英曲解「潮漲能到處」一句，以致雙方解釋不同，而發生了爭執。1901 年，英國駐廣州領事曾根據港英政府的意見，照會當時的兩廣總督陶模，照會稱：

　　「關於新租界水面英國之權可至何處一事，現准香港總督來文內開，本港政府並不以為英權可至流入海灣之河港與流入租界深圳河之河港。但可至各海灣水盡見岸之處，與深圳全河至北岸之處。至於流入各海灣及流入租界深圳河之各河港，本港政府甚願於各該河港口，由此岸水盡見岸之處，至對岸水盡見岸之處，劃一界線為英權所至之止境等因。本總領事查香港總督文內，有深圳全河至北岸一語，自是指租界內之深圳河至陸界相接之處為止，相應照會貴部堂查照，量貴部堂亦以為妥協也。」

　　兩廣總督陶模收到駐廣州英國總領事轉來的卜力有關北界水域界限的補充說明後，將此事報告清政府管理外交的總理各國事務衙門。陶模的這道咨文，對於勘界經過，及「潮漲能到處」所引起的爭執有所說明，並對英領事的照會表示了若干異議。

陶模給總理衙門的咨文說：

「案照英國展拓香港界地，前於光緒二十四年五月間，承准貴衙門將租章地圖咨送到粵，經前部堂譚派廣東補用道王存善，會同香港輔政司駱克櫬會議勘定在案。惟水界未經詳晰聲明，英員屢謂潮漲能到之處，皆應歸英管轄。以致內港地方，亦時見英差足跡，業經閣爵李前部堂及本部堂照會辯論。前於光緒二十七年四月十四日，接廣州口岸英國總領事官照稱，……查新租界水面，英國所租者，係馬士深圳兩灣及深圳河，其與各該海灣及深圳河毗連之內港，自仍歸中國管轄。

「香港總督謂英權不能主流入海灣之河港與流入租界內深圳河之河港，尚屬公允。惟謂各海灣潮漲能到之處與深圳全河至北岸潮漲能到之處，全為英權所可至，語頗寬泛，易滋誤會。嗣後新租界各海灣與華岸毗連者，應以沿灣水盡見岸之處為界。其劃歸租界內之深圳河，則仍照王道所訂合約，以北岸為界。所有與馬士深圳兩灣及租界內之深圳河毗連各河港，俱以口門左右兩岸相對直線為界。以此詳細聲明，則彼此官差人等，自可瞭然，亦免將來別生枝節……」

塵封百年、鮮為人知的史料，今日抄來，擺在我們面前，中英兩國勘探界線的情景，英國侵略者貪婪、狡詐、強暴的嘴臉與清廷官員的懦弱無能，構成了一部生動的歷史教材。有史家論及這段歷史時說：當初在訂立《展拓香港界址專條》時，總理衙門曾有一份奏摺，對於被迫租了地方給人，卻仍保留九龍城內的「治權」，頗沾沾自喜。奏摺上有云：「臣等以展租界址與另佔口岸不同，允儀暫租專條，尚可操縱自我，仍留九龍城及原舊碼頭，以便文武官員駐紮，兵商有船往來停泊，及他日自造鐵路根據。」還說英人表示訂立這專條之後，就可以幫助清政府提高通商口岸的稅收，頗有失之東隅，收之桑榆之感。當時群臣的昏庸誤國，實在可歎。

港英政府在九龍城問題上也玩弄條文上的文字遊戲，故意製造糾紛，侵犯中國權益。《展拓香港界址專條》在九龍城仍由清政府保留治權的詞句之後，緊接着寫了一句「惟不得與保衛香港之防備有所妨礙」。卜力聲稱，香港界址所以要「展拓」，並不是有什麼「土地」野心，只是為了香港防衛上的需要。至於專條中「惟不得與保衛香港之防備有所妨礙」，並沒有具體的規定。專條簽訂不久，港英政府就借口九龍城的官民燃放爆竹迎神，驚嚇了城外的英兵，說這是與香港

的防衛有妨礙的行動。於是，用武力強行把當時駐紮在九龍城內的清朝官員押解出境。專條本來是寫得明明白白的事，這完全是狡猾的殖民主義者故意在條文上玩弄外交辭令，蓄意製造事端，擴大地盤，至此，九龍城被港英佔據，清政府失去了其治權。但是，卜力不說是強佔，自 1899 年之後，對外均說九龍城內的清朝官員是「棄守」，使九龍城陷於無政府狀態，所以他不得不接管。

在《展拓香港界址專條》中，港英政府同意「議定在所展界內，不可將居民迫令遷移，產業入官，若因修建衙署、築建炮台等官工需用地段，皆應從公給價」。卜力在初進新界伊始，為了減少進駐阻力，也以文告形式向鄉民保證：「你們的商業和地產利益，必獲得保障。」這些文字寫得清清楚楚，明明白白。但是，專條墨跡未乾，港府即於 1900 年 7 月公佈《田土法庭條例》，規定在 1898 年 6 月 9 日條約所訂的租約期內，新界的一切土地均屬於政府產業，凡於憲報公佈所定日期後佔有這些土地的居民，便是霸佔政府公地，除非其所有之土地經由政府發出官批，或由田土法庭核發其他契據。

1902 年，卜力又制訂《新界管業則例》，則例載明：「凡公路、電喉……及關於上述各項公用事業必需之地方，均聽候英國政府使用。」「政府隨時有收贖必用地方之權。」有一位上至祖父下至孫兒，九十多年以來一直生活在新界的居民撰文說，港府的「一紙規例，民產價值盡失，尤其官定賤價，否定民產的潛在利益，簡直是立法強搶」。

借機索取賠償

1899 年 5 月 26 日，英軍攻佔深圳之後，即停止繼續北進，放棄了原來計劃的進攻新安縣城的目標。原因主要有三：一是卜力感到兵力不足，如繼續進犯必須增加兵力；二是有人指出，進一步侵佔中國領土，會給人以英國參與瓜分中國的印象，俄國駐華公使可能乘機攻擊英國政府；三是害怕中國人民的反抗情緒。在攻佔深圳之前，卜力於 4 月 28 日曾寫道：「從深圳河到東江一帶是中國最動亂的地方，它是「三合會」總部所在地，是盜賊之鄉。」統治這樣一個地區需要加派軍隊，大量增加警察，殖民地要增加很大花費。現在以河為界最好，就算以

殖民地的需要來說，也沒有必要再拓展。

面對中國居民的反抗，卜力進退維谷。一方面他不打算收回他的侵略觀點，他認為只要有效地控制深圳，整個河谷和北面山區都保得住，那麼撤出深圳便屬失策。另一方面，他也自知實力有限，中國民眾的反抗行動會給他增加許多麻煩。於是，他放棄了繼續北進，暫時守住深圳，靜觀其變。

倫敦方面也同意 3 月份劃定的界線是新界的邊界。既然如此，卜力就沒有必要再糾纏下去了。

這時卜力考慮的是何時從深圳撤軍，才能從中國方面奪得更多的利益。因此，英軍從深圳撤退的進度，要取決於賠償談判的進展。佔了你的地，要還給你，你得賠償我侵佔時的軍事費用，這就是英國人從鴉片戰爭開始以來一貫的邏輯。因為卜力要價高，所以談判拖延很久。

6 月 13 日，卜力接到英國政府交還深圳給中國的通知，這時卜力還沒有撈到想得到的利益，所以他藉口說，廣州的動盪會影響撤軍。他在給殖民地部的報告中說，香港殖民政府對交還深圳很不滿意，深圳河谷一帶的親英人士也不滿意，「對英軍友善的村莊」擔心英軍撤走後會遭到報復。

英國政府考慮到形勢的複雜，最終決定交還深圳。但是，殖民地部與卜力的觀點一致，決定拖延撤軍，以便向中國多索取一些利益。直到 11 月 2 日，佔領深圳的英軍才收到撤軍的命令。13 日士兵在深圳附近的上埔軍營集合，22 日撤回新界。

英國放棄了深圳，香港政府卻從別的地方撈到補償，不費分毫就得到了新界境內的中國財產，包括幾個中國海關關口、橫欄燈塔、九龍城寨軍政設施等。本來寶納樂曾向中方保證作價償還這筆財產，例如中國海關估價為 2.2 萬元，但實際上香港政府的預算中並沒有這筆開銷，而是根本就沒準備償還。

接收中國財產是卜力在 1899 年 6 月中想出來的主意，一些建築物被用作港英警署機關。即將離任的九龍海關關長希利要求香港政府付款，卜力拒絕，只給他一紙收據。倫敦政府最初贊成付款，在中國賠款中扣除。10 月底，英國政府鑒於接收威海衛中國財產時就沒有償付，決定依照前例行事。英國外交部反對無償佔有，要卜力對建築物估價。英國政府各部門意見不一，拖到次年 3 月，當時的兩廣總督李鴻章要求英國對接管前的軍事設施估價償還，或者允許中國拆毀建

築物，運走材料。卜力得不到退兵補償，於是，借機聲稱「鑒於女皇陛下政府花費在對付抗拒接收租借地的開銷超過所述建築物的價值，茲建議以此等建築物之價值抵償，不必償還，亦不許中國政府拆除運走」。就這樣，又是不了了之。

港督話神州

卜力曾先後擔任五個地區、長達二十餘年英國海外殖民地的總督。作為總督，他必須代表英國殖民統治的利益，執行英國政府的侵略擴張政策，所以才有上面介紹的所作所為。但是，從卜力的《港督話神州》，我們可以看到另一個卜力。

1909 年，卜力出版了《港督話神州》一書，把近代中國及其文化介紹給了西方世界。

中文版譯者余靜嫻對卜力和該書作了如下介紹：

「布萊克（即卜力）於 1898 至 1903 年出任駐香港總督。期間正值西方列強窺伺中國，清王朝日益腐敗，社會動盪，民不聊生。此時，他走訪了中國內地許多地區，尤其對北京、上海、廣州等大城市，長江、黃河、珠江等大河流域，以及中國南方諸省進行了比較周密的考察，並把所見所聞、所思所想如實地記錄在書中。他以一個西方人特有的獵奇眼光及注重事實的思維定式，對中國的地理歷史、政治結構、社會治理、農業勞動、民族宗教、名勝古蹟、風土人情，對抽吸鴉片、賭博、乞丐幫會等奇聞軼事，以及上至政府官員，下至三教九流的各式人物，進行了極其細膩的描述，使讀者彷彿親歷其境，如聞其聲，如見其人。

「布萊克用樸實流暢的語言，勾勒出一幅幅生動的中國社會生活圖景，在中國歷史畫卷的長廊中留下了彌足珍貴的片斷，不僅使讀者增長見識、瞭解近代中國社會，而且又使人得到歷史趣味感的享受。如作者懷着對中西方文化巨大差異的濃厚興趣，像愛探尋的頑童一般，把敏銳的目光投向下層社會的每個角落，興致勃勃地談論着市井百姓的普通生活——理髮、街頭早餐、婚俗、山上挑擔腳夫、風水迷信、賽龍舟、行業公會慶典遊行等，使本書猶如一面鏡子，向讀者展示了中華文明發展的軌跡。又如書中兩處記載了清朝皇帝按照祖制規矩，一年一度在立春那天率皇子及大臣去先農壇舉行紀念春天開始的祭祀儀式的細節。這種

源遠流長的皇帝親自開犁的禮儀，顯示了對當時中國 90% 人口所從事的農業的重視。」

余靜嫻曾費盡周折，才找到該遺址以考證典禮細節，因眾多的北京人對先農壇和該祭祀儀式渾然不知。感慨之餘，深感卜力對此描述的史料價值。

西方人對中國歷史和文化的研究曾經發生過巨大的變化。一般說來，18 世紀以前，他們多以好奇和讚美的眼光來看待中國。在他們的筆下，中國似乎是處於哲人治理下的「模範社會」，因此他們對中國倍加頌揚。然而，到了 18 世紀後期，尤其進入 19 世紀，隨着中國國力下降，西方殖民主義者加緊對中國的殖民擴張，他們對中國的研究大多為其殖民政策服務，並採取了歧視和貶損的態度。然而卜力基於自身的體驗，採取了截然不同的態度。事實上，中國的地大物博震撼了來自英倫三島的作者，他以濃重的筆墨描繪出中國壯觀的山川、富饒的江南平原和瑰麗的香港夜景。他以讚揚的口吻描述了中國人刻苦耐勞的美德：「有一項競爭中國永遠不會參與，那就是比誰更懈怠和懶惰。中國的每一位國民都在竭盡全力工作，這個國家保存了完好和強大的實力。」正因如此，中國才有對土地與河流的充分利用，才有較高文明形式的農業、養殖業以及精湛的手工藝。誠然，對於在清朝專制統治和西方列強威逼下苦難深重的廣大人民，他首先得站在英帝國立場上，處處捍衛其利益。但作為人，他還是發出了同情的哀歎，揭示了內陸河道尤其是西江上猖獗的強盜搶劫、1903 年的廣西大饑荒、中國官員的昏庸、刑法的嚴酷以及廣大婦女身受封建壓迫的悲慘境遇。

卜力在書中提到，在古希臘人曾開採過的礦上，現代人移去堆積了數百年的礦渣石頭，結果，下面的土壤中長出了植物，開出了成串的奇異小黃花。這些種子已被石頭壓了數百年。作者由此生發開去說：「古老中國的胸懷中也潛藏着進步的種子，這些種子長期受到傳統觀念的重壓，不能萌芽。」「而摧殘進步之花的兩座大山是無知和偏見。」他認為，要提取傳統觀念中的養分，不僅予以保存，而且要加以昇華，「才能使真實、純潔、幸福之花開遍整個大地」。他承認，西方人對於中國只有一孔之見：「普通的歐洲人一提到中國，頭腦中就會浮現出一個未開化、不誠實、充滿爾虞我詐、有過多原罪的國家。」但他經過數年的研究，對中國形成了難能可貴的獨到見解，把古老的中國比作沉睡的東方巨人，相信「中國的甦醒意味着她將要進入世界市場去爭取她應得的全

部份額」。他預言，「中國憑藉其強大的商貿實力和巨大的生產力，一定能夠在很大程度上滿足自身的需求，而且一定會擴展到遙遠的國際市場。」「除了最強的競爭者，所有的人在她面前都會感到膽怯。」試想一下，這是在百年前對封建落後的中國何等的預言！

最後，他以誠懇的語言、真摯的希望為全書作結：「（中國）即將到來的教育體制改革會使人們從對競爭回憶的羈絆中解脫出來，代之以理性的思考，中國一定會隨之成為世界事務中一個有影響力的因素。當那個時代來臨時，讓我們期望：中國和大英帝國之間的關係將是相互信任和良好願望的產物。」

余靜嫻同時指出了卜力著作的時代烙印和思想的局限性，尤其是有關鴉片貿易的論述，基本上是與事實相悖的。

卜力在書中說，他在瀏覽 1906 年揚子江沿岸港口年度貿易贏利報告時發現，該年揚子江沿岸港口鴉片進口量達到 62,161 擔，而鴉片出口量卻達到 643,377 擔。雖然要系統地調查中國各地區鴉片消費的實際狀況，以及鴉片對中國民眾的道德墮落和身體衰退所產生的影響，是極其困難的。但是在香港和新加坡已經展開了這樣的調查，並取得了可靠的資料。一些有才幹的人，根據已經掌握的中國鴉片消費量進行了計算，結果表明，禁煙狂熱分子關於適量抽吸鴉片也會造成毀滅性效果的說法，是不嚴謹的，而且也並非來自於周密的調查。自從接到本國政府的命令，他親自對在香港的中國人進行了觀察。香港實際上是個中國城市，在那裡，每個男子只要有購買力，就可以隨心所欲地抽吸任何劑量的鴉片。他觀察所獲得的感受，與上述那些經過徹底調查所得出的結論是相符的。中國廣大民眾十分貧窮，只有通過持續不斷的辛勤勞動，才能養活自己和家人。幹完一天的活以後，苦力中極少數沉溺於鴉片的人就會跑到鴉片館去，在那裡買一丁點兒的鴉片，坐到一條長板櫈或躺在一張睡榻上，就抽起來。有時一個人抽，有時與朋友一起抽。在後一種情況下，他們躺在一盞小油燈的兩旁，一邊聊天，一邊樂滋滋地抽着。「既然人們知道了港口城鎮苦力的勞動令人精疲力竭這一事實，人們就會明白，過量抽吸鴉片顯然會使人淪為抽鴉片成癮的遊手好閑者和乞丐；但是反之亦屬實情，因為地球上再沒有其他城鎮的百姓會比中國的百姓更勤勉，更能幹了。」

卜力又寫道，最近，由總督委任某調查委員會，調查了包括各個社會階層在內的 75 位證人，其中 21 位由主張禁止鴉片的社會團體提名。

從調查過程中得知，在經營中國人壽險方面有相當經驗的人壽保險公司，樂意在其他條件相同的狀況下，為每天抽 116 格令煙土的中國人保一等人壽險。116 格令可絕不是個小劑量，卜力從而認為，保險公司敢於承擔這項風險是不無道理的：「由此看來，按照那些極為恰當的理由來判斷，抽鴉片的習慣對於人的一生所產生的作用微乎其微，甚或沒有任何影響。況且，也沒有什麼證據擺在面前，能使我們有理由去接受相反的觀點。」

他認為，所獲的證據傾向於證實他們已經形成的觀點，這也是他們調研的結果：抽鴉片引起禍害的說法，通常被誇大了。

把人的意識產生麻痺的狀態硬說成是抽吸鴉片的結果，「這種斷言我們認為尚無根據。不少抽吸相當劑量鴉片的人事業有成；而且也沒有證據表明，抽吸鴉片者不能可信、可靠地擔任負有重大責任的職位」。

余靜嫻作為卜力著作的翻譯者對上述一段話作了如下評價：

布萊克在書中單列 1906 年揚子江沿岸港口鴉片的進出口量，極易使人產生錯覺。書中弱化鴉片的毒害程度，表明作為港督的作者，在有意為英國進行鴉片貿易和發動侵略戰爭的罪惡行徑進行辯護和開脫。

不尋常的三角關係

1898 年 11 月，卜力抵達香港。這位新總督與何啟及兩廣總督李鴻章之間形成了一種不同尋常的三角關係。義和團運動興起後，李鴻章像許多十分明智的督撫一樣，預見到其必然的結局，遂盡力置身事外。他竟然一度考慮宣佈兩廣獨立，還邀請當時在日本的孫中山到廣州會晤。孫中山也認為義和團起義將遭到迅速鎮壓，隨之而來的必然是民眾的憤怒浪潮，便同意與李鴻章會面。李鴻章發出邀請時，卜力不在香港。卜力返回香港的當天，何啟便匆匆趕來爭取他的支持。這位總督被告知，李、孫之間有可能達成協定，何啟還出示了他自己起草、得到孫中山同意的一份聲明，聲明宣佈成立一個「以李鴻章為首、有孫中山的合作和英國保護」的獨立南方政府。

卜力對此十分支持，同日致電殖民地部稱，一些「中國紳士」通知他準備反

抗朝廷，他們的計劃沒有任何排外的成分，事實上其首領還希望能夠獲得英國的支持。十天後，他在另一封電報中建議：「為維護英國的利益，應同意孫與李達成協議。」根據卜力的消息，李鴻章甚至提出要武裝「改革者」。他認為，「擬議中的協定完全能夠防止（中國）南方出現可能發展成一場排外運動的大騷亂」。

相當讓人驚奇的是，英國政府竟考慮支持孫中山，條件是相關計劃必須得到李鴻章的首肯。問題是李鴻章已經改變主意。1900 年 7 月 17 日，孫中山抵達香港，此時李鴻章已接到朝廷召他赴京的命令。李鴻章意識到自己作為中國唯一具有國際聲望的人物，在王朝行將崩潰之際出現在北京，可能會帶來一項最高的獎賞，按照卜力的話說，是李鴻章自己當「總統或國王」。李鴻章決定依靠列強的支持冒一冒風險，便在孫中山抵達香港的當天離開了廣州。

卜力事先獲悉了李鴻章的打算，此時他念念不忘李孫聯盟的念頭，便要求英國駐廣州領事勸阻李鴻章前往北京，還致電殖民地部請求允許把李鴻章拘禁在香港。張伯倫否決了這個建議，他在回電中答覆說：「絕對禁止拘禁李（鴻章），或是以任何方式強行干預李的行動。」卜力與李鴻章確實在 7 月 18 日舉行了會晤，孫中山沒有到場，當時他在港口的一艘船上空等。李鴻章會晤卜力時隻字未提以前的計劃，還敦促卜力不要允許造反分子利用香港為基地。一旦有機會攫取權力，李鴻章就不想再與革命者打交道了。

卜力沒有放棄支持革命者的立場，何啟也再度代表孫中山爭取讓英國支持另一次冒險行動，他們計劃在廣東惠州舉行起義，但英國人認為這太過分了。卜力提出應當向列強遞交一份請願書，具體說明孫中山及其支持者想推行的改革，然後他再致電張伯倫，努力勸說這位殖民地大臣相信英國應當敦促把這些要求納入和平協定。何啟概述了改革者的計劃，計劃的內容是從他本人論述改革的著作中抽出來的：一位政府首腦將對「人民的意志負責，服從憲法的制約」；同時，他應得到外國代表的大力支持，隨後穩步發展民主、現代化和經濟，取消對貿易和工業的所有限制。這個方案適於吸引具有自由主義傾向的外國政府，而張伯倫對這類思想毫無興趣，明令卜力終止和鎮壓在港華人的一切革命活動。

卜力不願協助清朝廣東當局實施鎮壓，但張伯倫再次命令他與清政府配合。革命者最終發動了所籌劃的起義，但起義再次被血腥地迅速撲滅。

留下了許多紀念

據香港《文滙報》報導，1899 年香港發生鼠疫期間，卜力總督大力推廣滅鼠運動。有一件被引為笑談的事是，他下令以 2 分的酬勞交換一隻老鼠，結果一年內港府共購得 4.3 萬餘隻老鼠。但後來卻發現，這些老鼠中大部分都並非香港本地老鼠。儘管如此，港府為杜絕瘟疫的蔓延，還下令收購並拆毀已經死去二千五百多人的重災區——太平街一帶大量密集的房屋，逐家尋找患者送往醫院（船）治療，並採用石灰集體掩埋的方式加速對屍體的處理。經過努力，至 1904 年鼠疫才逐漸得到控制。後來，在這片災區的遺址上建起一座公園，取名卜公花園，園外豎起一塊中、英文的紀念牌匾，以紀念此事。如今的卜公花園裡綠樹成蔭，有珍貴的百年細葉榕等古樹。這兒不僅成了市民休憩的好去處，而且成為具有文化、歷史紀念價值的遺蹟。

另一個以卜力名字命名的公眾場所就是卜公碼頭。這個碼頭建於 1901 年，位於中環畢打街海岸，與天星碼頭為鄰。卜公碼頭用瓦片為頂，設計呈一字形，入口處有個宏偉的卜力爵士塑像。當時，卜公碼頭是英國派出的總督抵港履新的碼頭，所以亦稱皇家碼頭。

作為倫敦皇家植物學會名譽會員，卜力總督對植物深感興趣，對香港植物園的發展甚為關心。1800 年前後，來自巴黎的傳道會神父，在香港首次發現了一種開着異乎尋常嬌豔的紫色花朵的植物。他摘下了樹枝，用扡插法把它種在薄扶林道一帶的修道院。這種樹後來又被移植到植物園，然後在香港廣泛種植。植物學家經研究發現，它的葉子呈羊蹄形，紫色花朵不結籽，屬羊蹄甲屬紫荊新品種，為香港獨有。卜力爵士稱之為洋紫荊。港人以此為榮，於 1908 年以卜力及其夫人的姓名來命名這種豔麗的洋紫荊花，以表彰他對植物園的支持。1965 年，洋紫荊花被選為香港市花。1997 年香港回歸祖國，成立特別行政區，洋紫荊花被用作特區區花，出現在香港特區的旗幟和硬幣上。

一街兩制的中英街

沙頭角的中英街，是英國侵略中國領土的產物，也是歷史的見證。

1898 年，英國向清政府租借新界，中英邊境沙頭角以河道分界，在河道中豎起了八塊界石。每一塊界石一側刻有中文「光緒廿四年，中英地界」字樣，另一側刻有英文「ANGLO - CHINESE BOUNDARY 1898」，並各自注明是第幾號界石。這河道卻長年都是乾涸的，後來有人在第五塊界石至第七塊界石間的兩邊搭建小店，逐漸形成了一條街，共有 250 米長，最寬闊的地方不過 5 米，最窄的地方只有 3 米。

日軍佔領香港期間，部分界石受到破壞。二戰後，英國重佔香港，中英雙方政府同意在原地點重豎界石。1948 年 4 月 15 日，廣東省政府民政廳長徐景唐與香港新界民政署長班輅會同有關人員，實地測量，勘定豎碑位置。4 月 17 日，徐景唐和班輅分別代表中英雙方在香港簽訂《重豎沙頭角中英界石備忘錄》，說明這次重豎界石的有關事項。八塊界石中，第一號、第二號仍豎原處沒動。第三號到第七號共五塊界石經雙方踏勘後重豎回原處。第八號界石倒臥在河床中，即在兩岸豎立標誌石，指明該界石的確切位置。

這條以界石為中線的街，人們叫它「中英街」，或叫「中興街」，以碑石為界，一百多年以來，形成南北分治，但兩邊都叫「沙頭角」。

中英街上，中間沒有鐵絲網、木欄之類障礙物，兩邊來往都可以通行無阻。在最窄的地方，兩個人並排而立，雙手平伸，就可以攔住整條中英街。

中英街北邊有三十多家商店，南邊有四十多家商店，北邊由中國管轄，南邊則由港府管轄；兩地商號與居民和平共處，街的中間，經常出現兩地警察，一邊是中國民警，一方是英國皇家警察，各自維持己方秩序。1980 年前，香港政府管轄的南邊商店熱鬧。改革開放以後，中國管轄的北邊商店也熱鬧起來。1983 年，香港和深圳雙方共同出資，統一鋪設為水泥路面。街兩旁商店的建築，則是北勝於南。

中英街的南北居民來往沒有限制。英界居民喜歡到北邊飲茶，吃晚飯；而北邊的人，每天在早晨成群結隊，挑着蔬菜和「三鳥」，到英界去趕新界的早市。北邊的中小學生，也去新界上課。

第十三任
1904-1907

彌敦 Matthew Nathan

彌敦（1862–1939），也譯作南森、內森，英籍猶太裔軍人，其父是工業家。早年並沒有上學，而是接受私人授課。1878 年至 1880 年入讀位於伍利奇的皇家軍事學院，表現出眾，曾獲校方頒授波洛克獎牌和寶劍一把。1880 年 5 月加入皇家工兵隊，並到位於漆咸的軍事工程學校就讀，至 1882 年以中尉身份畢業。為英國陸軍軍事工程師。先後任塞拉里昂署理總督，黃金海岸、香港、納塔爾、昆士蘭總督。在港任職三年，被稱為「彌敦之治」，「是歷任港督中最有遠見和對香港工商業發展頗有貢獻的一任」。

1904 年 7 月 29 日至 1907 年 4 月 20 日，彌敦為香港第十三任總督。

彌敦接任港督時是 42 歲。他的任期不到三年，又不是首任港督，但《香港與中國》一書卻把他稱為香港「開埠英雄」，稱他任職時期為「彌敦之治」。書中講到，嚴格來說，第十三任港督彌敦，「是歷任港督中最有遠見和對香港工商業發展頗有貢獻的一任」。

彌敦於 37 歲即出任塞拉里昂署理總督。像他這樣年輕的猶太人首次任職便擔任殖民地總督，是很難得的，更何況他從軍隊中脫穎而出。只有才智出眾、背靠得力政治後台的人物，才有可能獲得這樣的升遷。彌敦確實才華橫溢，他曾在張伯倫的殖民地防務委員會任秘書，得到張伯倫的青睞。彌敦雄心勃勃，能夠割斷可能會妨礙事業的感情紐帶。彌敦沒有親密的女性朋友，終身未婚，與許多富有才華和情趣的女性友人亦保持一定的距離。彌敦不愛出風頭，雖然他意識到他必須維護自身職務的尊嚴，卻很少流露出專橫的態度。他放手讓有 25 年香港管理經驗的梅含理去做他本人不願親自過問的所有事情。

彌敦離任後赴南非納塔爾任總督。1903 年獲封爵士。1939 年 4 月 18 日卒於西科克爾，終年 77 歲，遺體被安葬於倫敦威爾士登的猶太人墓地。

彌敦之治

為什麼人們稱彌敦時期為「彌敦之治」，主要是因為如下幾個方面的功績。在 20 世紀剛剛開始時，香港當時最大的工業就只有造船業，擁有幾個略具規模的船塢，如隔海相對的太古和黃埔兩個船塢。彌敦任內重視城市發展，在他主持下，港英政府制定了一個較完善的中區重建計劃。其任內廣九鐵路的興建和彌敦道的築成，使沿路地區的市場日漸繁榮起來。此前的九龍，以油麻地最為熱鬧，工匠和小商人多聚居這裡。其餘地區，除大角咀建有船塢外，多為零散的農村。九龍主幹道彌敦道的開闢，帶來了一個新的九龍市中心——旺角。

旺角又稱芒角、望角。19 世紀前期只有一些小的村落，村民以種菜栽花、飼養豬雞鴨等為業。經過彌敦時期的建設，旺角成為九龍有名的華人商業區。旺角的街道雖狹窄，但很整齊，商舖密集。當中以零售業為主，隨後銀行業、保險

業、房地產、股票業也蓬勃起來，消費娛樂業也很發達，酒樓、戲院等相繼興建。

在彌敦對九龍及新界發展的構思中，他認為新界工業的發展關係到香港的前途。彌敦的估計，為以後的事實所證明。

彌敦鼓勵發展工業和工業教育，創辦了香港第一所工程技術訓練學校，該校後來發展成香港工學院，再往後與西醫書院合併，增設文學院，組成了香港大學。

1904 年，港島由堅尼地城至筲箕灣的電車線，全線通車。它為香港交通帶來革命性的轉變，為經濟的發展創造了條件。

彌敦任內還做了一件重要的事情，就是把水坑口區的娼寮遷往石塘咀。從此，石塘咀發展成為聞名中外的香港「紅燈區」，周圍的酒店、飯店、商業都開始發展。至 1935 年港府決定全面禁娼時，這一地區才開始衰落。

由於經濟情況逐漸好轉，商業穩定上升，1905 年，港英政府稅收首次達到 1,000 萬元的紀錄。到 1907 年彌敦離港時，全港人口突破了 40 萬大關，其中華人達到 39.5 萬人。

一個被認為有作為的總督，為什麼任期還未完結就被調任呢？《香港史》一書中有這樣一段敍述，可供參考：美國在新征服的菲律賓和夏威夷等地粗暴實施「驅逐異族，捍衛我們的文明」的法律，所謂異族，是指華人。這激起了中國人的極大義憤。一位上海學生自殺以示抗議，這個事件在全國激起廣泛的抗議浪潮。民眾舉行罷工，全面抵制美國貨，美國香煙被當眾銷毀。1905 年香港華商公局計劃召開大會，以響應上海等地的抵制美貨運動，抗議美國迫害華工。彌敦立即下令禁止，說這是「侵犯一個友好國家的商業」，並將一家登載反美漫畫的報紙主編驅逐出境。殖民地大臣阿爾弗雷德·利特爾頓認為，彌敦採取的行動並不合法。鑒於上年英國政府因同意向南非輸入契約華工，曾遭到國內輿論的猛烈抨擊，引起了軒然大波，因此他擔心彌敦此舉可能再次帶來麻煩。於是，1907 年 4 月，他調彌敦到南非納塔爾工作，並減少其薪俸。

《香港史》作者弗蘭克·韋爾什認為，彌敦提前調職的真正原因是繼任者盧押急於到香港。盧押的夫人弗羅拉·蕭極為優秀，不但是成功的職業女性、有影響力的新聞記者，還是殖民地事務的行家。她想讓自己的丈夫遷到一個氣候宜人的地方。盧押夫婦的勢力是英國政府難以抗拒的。為了給盧押騰出香港的位置，殖民地部搞了一個搶座位遊戲。

修建廣九鐵路

香港不過是彈丸之地，英國政府向香港的攤派卻逐年增加，而且港府本身的開支也越來越大，如果不尋求出路以發展香港經濟，港英政府的前景將很艱難。要發展，香港必須加強與中國內地的聯繫。彌敦上任不久，就認識到兩地聯繫的重要性。於是，他着手籌備廣九鐵路的興建。1906 年工程全面展開。

早在 1895 年，清政府在中日甲午戰爭中戰敗，痛定思痛，決定大力發展經濟以富國裕民。要發展經濟，首先需要解決交通閉塞和能源不足的問題，為此清廷決定修建鐵路和開發礦產資源。修鐵路動輒花費幾百萬甚至幾千萬兩白銀，而當時清政府一年的財政收入不過是 8,000 萬兩，因此，利用外資修鐵路成為不可避免的事情。1898 年，清政府設立第一個主管鐵路和礦產的機構「路礦總公司」，其章程中寫進了借外債修鐵路、中外合辦礦務的內容，成為清政府的重大經濟政策。

1899 年 3 月，中英劃定新租借地界址後不到 10 天，英國即提出《九廣鐵路合同》的草稿，與清政府協商。《合同》把廣九鐵路分為二段：香港內一段歸港英當局修建，中國內地一段由清政府修建。《合同》草稿規定：清政府向英方借款 150 萬英鎊，以鐵路作抵押。合同還規定鐵路的內地一段，要重金聘用英國總工程師、總管理人員來修建，建造鐵路的全部材料也要以高價向英國購買。借款以 9 折交付，即若清政府借 100 英鎊，實際只得到 90 英鎊。年息 5 厘，每年分兩次付息，期限 50 年，鐵路未建成前，利息照付，並且可由所借款項中支付利息。按照《合同》，整個鐵路的修建可說是完全控制在英國人手中。因為條件如此苛刻，遭到中國廣大人民的強烈反對，協商遂停頓下來。

廣州部分商人與澳門葡萄牙商人協商，準備修建廣澳鐵路以取代廣九鐵路。1904 年 11 月，中葡雙方簽訂了《廣澳鐵路合同》。

彌敦一到任，就看準了廣九鐵路項目。他認識到，這是英國政府一直想解決而沒有解決的一個大問題，一旦與清政府達成鐵路協議，英國公司從中將獲取大量的利益。同時，清政府將不得不優先向英國要求附有政治條件的貸款，英國的勢力範圍也將在中國內地得到有效的延伸。為此，彌敦決意要把修路工程協定從葡萄牙人手裡奪回來。於是，他通過倫敦照會中國政府：

「香港政府希望就廣九鐵路的一些具體問題與中國政府進行談判，出於合作的誠意，我們也準備作出必要的讓步，希望中國政府能夠理解我們的良好動機。」

於是，英國在談判上作了一些讓步，借款改為94折交付，即中國如借英國100英鎊，實收94英鎊，期限改為30年，12年半之後開始還本。其餘年息5厘，借款150萬英鎊，仍以鐵路作抵押。當時，怡和洋行與滙豐銀行兩家英資洋行聯合組成「中英公司」，取得了廣九鐵路的建築權。

廣九鐵路的最初藍圖，是由駐港英軍陸軍總司令克勒克擬定的。彌敦到任後，因為其工程師出身，於是對以前的築路方案作了審核和修正，並制訂出新的方案。原來的廣九鐵路要經過惠州，而新方案是過羅湖到深圳，經石龍而達廣州，避免了工程上的浪費，縮短了行車時間。鐵路全線總長181公里，其中香港區內幹線長34公里，由九龍尖沙咀車站至深圳羅湖站，稱為廣九鐵路英段；廣東區內幹線長147公里，由羅湖至廣州火車站。

據白帆先生在「往事只能回味」的專欄裡記述，彌敦去任不久的1907年8月，廣九鐵路內地段工程開工，分三段進行：第一段由廣州大沙頭到仙村；第二段由仙村到橫瀝；第三段由橫瀝到深圳。工程由中國著名鐵路工程師詹天佑擔任顧問，英國人出任總工程師。鐵路全線共有大拱橋七座，分別為仙村橋、石廈橋、石灘橋、北江橋、間水橋、石龍東橋和東莞橋。

由於從尖沙咀到羅湖橋畔的一段九龍鐵路，是由英國人興建，所以在合同上有「各歸各辦」的規定，這段九龍鐵路，就是廣九鐵路香港段了。

興建香港段鐵路的資金，採用發行公債方式籌集。1906年7月26日，廣九鐵路香港段開始建造，最大工程是開鑿兩座大山的工程。其中獅子山隧道全長近2,200米，於1911年建成路軌。

1910年，廣九鐵路快將完工時，英國方面參照滬寧鐵路的通車辦法，提出了三點無理要求：一、由英方執掌全路行車權力；二、英人擔任車務總監；三、英國公司議定各班火車票價。

為了與英方解決通車問題，清政府設立全國鐵路總局，梁士貽出任總局長。關於廣九鐵路通車的談判，遂由梁士貽負責。由於英方所提要求過於苛刻，談判歷時一年才告完成。清廷郵傳部派詹天佑、黃仲良接掌粵漢公司，並將粵漢鐵路與廣九鐵路接軌地段交由粵漢公司建築，並且規定非至黃埔車站建成，粵漢鐵路

與廣九鐵路不得接軌通車。

1911 年 8 月 14 日，廣九鐵路全線正式通車，中英官員步行至羅湖主持接軌典禮。10月，又開通廣九直通車，由九龍車站和廣州車站開出，沿途不接載旅客，分別直達廣州和九龍總站。

關於借錢修路開礦政策，清廷內部自伊始就有分歧，反對者認為，「借外款則事權全落外人之手」，「華人永無可辦之日矣」，是出賣中國主權；而不少有識之士則認為，借債發展工業是中國工業化起步之時的必要之舉，是在當時的形勢下不得已的辦法。後來，粵漢鐵路廢約運動興起後，社會普遍排斥外國資本，便引起了「收歸利權」運動。但經過自辦鐵路的實踐，人們重新認識到借用外資的不可避免，關鍵只在於與外國簽訂借款合同之際，如何避免主權的喪失。

孫中山先生曾經對此做過分析，他說：「從前借債築路，或以鹽務抵押，或以厘金抵押，或以關稅抵押，或以所修之鐵道抵押，故路雖築成，而利權已入他人之手。從前一般人民多反對借債修路之事，探其實際，非真反對借債修路，係反對條件不善，喪失國權也。」他又提出：「滿清借債修路，其弊病在條約之不善，並非外資即不可借。」他把引進外資興築鐵路，作為他整個經濟政策的核心，打算在十年之內，大借外債，建成十萬公里鐵路。

繼續歧視華人

彌敦上任後，繼續以前港督的做法，依然歧視香港的中國居民。

在香港的一部分外籍人士，由於殖民統治制度所形成的民族偏見，歷來歧視華人。港英當局訂有許多限制和歧視華人的條例和制度。對於這些民族歧視，華人感到強烈不滿，並且一直堅持反抗。雖然華人經過團結與鬥爭，爭得了一些基本的權利，但是這種殖民統治所形成的種族歧視仍然沒有停止。英國人所辦的學校，向來不准中國兒童入學，也不准許英國兒童與中國兒童接觸。1902 年，華商何東捐巨款在九龍尖沙咀建造一所小學，聲明該小學不分種族和信仰招收學生。然而建成後香港當局卻強迫校方將該所學校讓出，作為英國兒童的專用學校，而由港府劃出油麻地一塊地方，另建一所華人學校。

彌敦時期的 1904 年，港島人口達到 361,206，其中華人有 342,306 人，比 1901 年增加了 6 萬人。港島華人居住區也迅速發展擴大，逐步滲入歐洲人住宅區，而歐洲人則逐步從半山區退居山頂區。立法局為了限制華人向山頂區發展，藉口公共衛生問題，特別通過《山頂區保留條例》，將山頂區劃為清一色的歐洲人住宅區，不許華人往上發展。九龍半島原是華人活動的主要地區，特別是西岸的油麻地、何文田和大角咀，東岸的紅磡和大口環，皆為華人社會中心。1906 年，彌敦當局為了限制華人在九龍城與尖沙咀之間的發展，以防止瘧疾流行為名，將兩區之間約兩萬英畝的地方，劃為歐洲人住宅區，限制中國居民進入該地區居住。

1906 年 9 月 18 日，強烈的颱風吹襲香港，半小時內死傷達兩萬多人。廣東沿海的災情也十分嚴重。清政府撥出白銀 10 萬兩救濟廣東和香港的受災同胞，兩廣總督岑春煊將這筆救災款項分出 3 萬兩給港英政府用於救濟香港災民。可是，港英當局收到那 3 萬兩白銀後，卻不用於救濟災民，而是將它做為救濟基金，留作以後緊急救濟之用。

開始限制中文報紙

清朝末年，中國政治局勢動盪不安，各種政治派別鬥爭激烈，許多在國內報刊上不能發表的言論，卻可以在香港報紙上刊登，然後再輸入內地，內地讀者也可以讀到。所以，不少愛國志士紛紛在港澳創辦報刊，宣傳維新和革命思想，香港遂成為資產階級維新派報刊、資產階級民主革命派報刊活動的重要基地，也是進步報刊同形形色色敵對政治勢力報刊進行鬥爭的戰場。彌敦任職後期的 1907 年，港英當局頒佈法例，正式開始對中文報紙的內容加以限制。從此以後，號稱「自由港」的香港，所謂新聞自由，已經有了嚴格的限制。

為了宣傳革命道理、喚起民眾的覺醒，孫中山先生於 1900 年指派陳少白和王質甫等人前往香港，租賃士丹利街 27 號，創辦了《中國日報》。陳少白任總編輯，楊少歐為總編輯助理。《中國日報》主要介紹歐美資產階級自由、平等和人權學說，抨擊清政府的腐敗統治，在廣州受到普遍歡迎。同時，這個報館也成為革命黨人聚集、傳播革命思想的地方。

鍾紫《香港報業春秋》一書認為,香港報紙之具有政治背景,是由《中國日報》開始的。1903年,洪全福、李紀堂、謝纘泰等在廣州起義失敗以後,廣州《嶺海報》發表文章攻擊全國各地的反清革命活動。《中國日報》針鋒相對,嚴辭駁斥《嶺海報》的文章,雙方筆戰長達一個多月。後來,香港保皇黨報紙《商報》鼓吹「保皇扶清主義」,《中國日報》又與《商報》展開論戰。在彌敦時期,《中國日報》為中國打開民主之窗、觸動封建制度的基石、喚起國人的覺醒,起了神聖的喉舌作用。

1906年,廣東總督岑春煊謀劃將粵漢鐵路收回官辦,民營股東黎國廉等表示反對,岑春煊下令予以逮捕,同時明令廣東與港澳的華人報紙不准刊登有關的敵對言論。《中國日報》率先發表文章,抨擊岑春煊的卑劣行徑與高壓手段,其他港澳中文報紙及廣東報紙也同聲斥責廣東總督的可恥行為。岑春煊為了維護自己的尊嚴,也為了維護清政府的統治,下令禁止香港出版的報紙輸入內地,得到港英政府積極合作。

《中國日報》曾經代銷《民報》的特刊——《天討》。《天討》曾刊登一幅漫畫,畫中出現清朝皇帝的頭像。香港當局認為這幅漫畫損害跟「友邦」的關係,針對《中國日報》和其他中文報刊的反清宣傳,港英政府在1907年頒佈了第十五號法令。法令稱「凡在本港發刊的報紙、書籍、文字、圖畫,流入中國內地能令全國人心作亂者,本港政府為邦交起見,得而取締之,罰款不過500元,監禁不過兩年,或罰款與監禁並施」。這就是香港當局管制中文報紙言論的開始。

但是,香港當局的限制措施,卻促成了中文報界的聯合,組成了「香港報界公會」,主持人為郭亦通。報界公會認為,要節省人力、物力與財力,在某些統一的資料搜集上,可由公會組織力量負責,於是各報所刊登的市場商品價格與各個服務公司的輪船航線與船期等資料,均由公會整理發送。這個「香港報界公會」後來改為「香港報界公社」,從1907年起,到1941年止,存在了三十四年之久。

造就「石塘豔名」

彌敦接任不久,中環發生水坑口火燒妓寨事件。彌敦決定趁此機會把妓寨遷

往石塘咀,石塘咀因此而走向繁華。

水坑口原名「大坑口」。「坑口」,是山澗溪水流入大海的河口。在一個半世紀以前,坑口本在馬路一側,水不深,坑周邊多山石縫隙,是龍蝦聚集的好地方。

約在1821年,原住九龍九華徑的幾戶村民先是泛舟每日到大坑口捕捉龍蝦魚蟹,後來乾脆搬往大坑口附近的山腳下,用茅草和毛竹搭起簡陋的居所,定居下來,亦農亦漁。他們在大坑口淺海豎起竹柵,竹柵的疏密僅容小魚小蝦出入。在竹柵的不同方位,開闢幾個柵門。漲潮的時候,龍蝦隨着潮水,從柵門闖進大坑口一帶,潮水不再高漲的時候,居民把各個柵門統統關閉起來。等到退潮,水位回復原位,居民便紛紛下海捕撈柵內龍蝦。捕撈獲得豐收,居民的心情十分舒暢。因為他們在泥水中捕撈,全身是濁水污泥,個個都變成泥人,於是彼此呼喚着:「到大坑口去沖涼嘍!」這種捕撈豐收的生動景象,實在令人神往。

大坑口日日夜夜為泥沙所沉積,數十年後,「坑口」愈來愈小,遂將「大」字省去,只稱「水坑口」而已。後來一直有「水坑街」流傳下來。「水坑口」之成為「街」,是自1904年以後,陸續填海的結果。

石塘咀在大坑口的西面,原是花崗巖遍佈的石山。花崗巖被廣東老百姓稱作「麻石」,堅硬耐用,是良好的建築材料。廣東惠州的客家人,多為石匠,以鑿石為業。他們聽說香港石塘咀的花崗巖質地純正,卻無人採用,於是成群結夥來到石塘咀,先從海濱一帶開始鑿石,漸漸擴展到高山頂上,後來花崗巖鑿空的地帶低窪,形成了大池塘,而從內向外望去,近海處狹而長,酷似鳥嘴。所以人們把這一帶稱做石塘咀。1772年,廣東長樂石匠朱居元,在這裡建立起第一個寨子,便叫「石塘咀村」。

20世紀初,港島西北部石塘咀填海工程完成以後,該地區仍然比較荒涼。彌敦想借大火之機,利用妓院搬遷促成石塘咀的繁榮,便下令將水坑口的妓院遷往石塘咀。隨着妓院而來的酒樓、菜館、煙館、客棧等行業,也遷移和興建起來。從1910年開始,石塘咀遂成為遠近聞名的妓院區,號稱「塘西風月」。

楊思賢先生所著《香港滄桑》一書曾有一段描寫石塘咀當年的情景:

「當殘陽西沉、皎月東升的時候,香港之夜的面紗也層層揭開了。在大坑口和石塘咀這兩個毗鄰的地區,不少富商巨賈,佩上貴重珍寶,坐上汽車,風馳電

掣地行駛在馬路上，又急速地停在氣派不凡的華廈門口。他們從侍役開啟的車門裡，大步跨出，進入擺開筵席的廳堂，盡情地享用佳餚瓊漿。然後，在爵士音樂的聒噪聲中，一對對、一雙雙，翩躚起舞。在浪漫的情調裡，獲得刺激，進行着狂慾的交流。舞娘們以自己色相的代價，取得了金錢和虛榮的補償。

「在騎樓下，在黑暗角落，三三兩兩的、面塗粉黛的陰影在徘徊。她們賣弄風騷，招搖惑眾，頻向路人暗送秋波，極盡逗引之能事。在黑暗中，她們跟『客人』進行了一樁又一樁的交易，博得了奢侈揮霍的代價。她們便是使人嗤之以鼻的『阻街女郎』。

「繁盛時期的大坑口和石塘咀，在夜間放射的霓虹燈光，五彩繽紛，附近海上的小船，燈火閃耀，猶似天上的星宿，燦爛奪目，確是一幅人間的絢麗畫圖。然而，它的光芒終究掩飾不了另一面景象——黑暗，卑污，齷齪。」

彌敦預想中的繁華，在石塘咀實現了。當然，這是一種畸形的繁華。

參考馬沅先生《香港法例彙編》可知，1932 年開始，香港政府下令禁絕娼妓，影響了餐飲等行業的生意。石塘咀的六大酒樓於 1934 年 4 月 18 日聯名向當時的華民政府務司活雅倫（A. E. Wood）請願，要求「給予一線生機」。他們在請願書中寫道：「竊敝同業等在遠年操業，多叢聚於上環水坑口。迨 1903 年政府以該地繁榮過剩，其時西環石塘咀尚在僻隅，為因地制宜起見，乃有明令飭上環水坑口所有娼寮剋日西遷之舉，而酒樓生活，本與相依，故亦隨娼寮同時播越。從此篳路藍縷，樂業安居，其間經歷三十年，逐漸繁榮。彼向日常人所不輕履之地，其時已冠蓋來往，轂擊肩摩；昔日蕪穢不堪之屋宇棧倉，其時已美侖美奐，陸續建築崇樓傑閣。即跨越水坑一段闊僅十有五尺之皇后大道，政府亦即擴而大之，瞻視一新，殊為埠上生色不少。」「綜核石塘咀全盛時代，有大小酒樓十八家，約僱用職工一千有餘。娼寮以字號計，大小有五十餘家，約容妓女二千餘人。……其時住舍充滿，居民住戶從無空歇。」請願書的上述內容反映出當時的酒樓和妓院相互依存的關係，也反映出彌敦時期石塘咀妓院區畸形繁榮的情景。

富園林氣息的彌敦道

彌敦離任後，香港政府在九龍以彌敦的名字命名了一條街道。據香港《新報》集言堂的專欄「里巷風情」的文章介紹，彌敦道是九龍早期開闢的主要馬路。它自梳士巴利道起到界限街止，由南至北，分為尖沙咀、佐敦、油麻地、旺角、太子共五段。

早在1860年，英軍工兵修築了這條路，是九龍半島最早築成的大道。1904年，彌敦將這條道路重新翻修，拓展成寬闊筆直的林蔭大道。

當年的彌敦道，路面寬闊，「路的兩旁老榕樹枝葉如傘，顯出一派優雅的園林氣息，兩旁的樓宇又騎樓寬闊，大都十多二十間同一式樣建築，更有氣派及高貴的格局」。「一條兩旁全是商家樓宇的大道而有這種令人閑憩的設計，在過去的日子，香港和九龍，除彌敦道外，似乎沒有第二條同樣令人喜愛的馬路。」當然，星移斗轉，經歷了九十餘年的變遷，樓宇取代了昔日的林蔭大道。今日今時的彌敦道，再也沒有往日的一派清靜，大榕樹在經濟繁榮的同時，已無蹤無影，有的只是商家招牌，車水馬龍，摩肩接踵。不過，在九龍公園旁還可以看到當年種植的幾株百年老樹。

當年彌敦道的各段街市，又各有自己的歷史及特點。油麻地一段的彌敦道，當年有些像北京的天橋。江湖雜技藝人，在街道的空地上搭起棚場，或表演雜耍，或耍猴戲，或耍槍弄刀賣武藝。雜技中的一絕是所謂「賣人頭」。「江湖上的雜技幫，在空地上以竹作柱，布幅作牆圍成表演場所，一人守住入口處招攬觀眾入內觀看『賣人頭』，每位觀眾收1個仙。所謂『賣人頭』是一張四方桌上，擺了一個人頭，桌子下面看到的是空空的，顯然不是裡面有人了。這人頭會唱歌、抽煙、眨眼。」雜技之外，還有唱南音的。傍晚時分，藝人彈起箏唱木魚書，附近居民傍晚沒事，圍在藝場周圍，聽南音背解紅羅、客途秋恨，聽眾全是女人。另外還有講章回小說的講古佬，圍着講古佬的聽眾全是油麻地街市店舖的夥計、車仔館的「駱駝祥子」，自然全是男性。隨着社會發展，後來便有了戲院，最早的有廣智戲院、普慶戲院，遲些時候便有大華戲院、平安戲院。這些戲院，設備都比較簡陋。

至於旺角段，是當時九龍有名的華人商業區，商舖密集於狹窄的道路兩旁，十分繁華。

第十四任
1907-1912

盧押 Frederick Lugard

盧押（1858-1945），也譯作盧嘉、盧迦、盧吉等，英國人，生於印度，畢業於英國皇家軍事學院。曾經在印度、阿富汗、非洲等英國殖民地服役，因在侵略殖民戰爭中有功獲封爵士。來香港前，任北尼日利亞專員兼駐軍司令。任內籌建香港大學，受到各界讚揚和支持。香港島山頂行山遠足徑第一段的盧吉道、香港大學的盧迦堂都是以他的名字命名的。

1907 年 7 月 28 日，盧押就任第十四任香港總督，直到 1912 年 3 月 15 日止，任期五年屆滿。

1900 年後的六年中，盧押在非洲與奴隸販子作戰，效力於聯合非洲公司的創始人、開發尼日利亞的喬治·戈爾迪爵士。為了平定和統一那個廣袤的地區，他一直與北尼日利亞的酋長作戰和談判，把大片非洲土地納入英國統治。盧押成為那個時代英國殖民地部傑出的青年。

1902 年，盧押與倫敦《泰晤士報》殖民地事務編輯弗羅拉·蕭結婚。盧押提出其妻子很不適應非洲的氣候條件，希望調換新職。英國殖民地部接納了盧押的請求，派他赴香港履職。他的著作有《我們的東非帝國》、《英屬熱帶非洲的雙重委任統治》。

盧押時期正是中國民族運動高漲時期，香港受孫中山革命活動影響，民眾思想也十分活躍。

盧押任內有幾件大事：一是中英經過多次協商，終於達成協定，英國減少在港經營鴉片貿易；二是內地爆發辛亥革命；三是香港大學成立，1907 年 12 月盧押提出創辦香港大學，這是他的前任們從來沒做過的事；四是 1908 年 11 月香港發生首次排日運動。當時日本輪船「二辰丸」運載軍火到廣州，被廣州當局查獲拘留。日領事提出抗議，要求廣州當局鳴炮道歉，廣州市民對此極為憤慨。香港報紙報導了有關消息，於是香港的中國居民掀起了抵制日貨運動，並搗毀售賣日貨的商店。

籌辦香港大學一波三折

1907 年 7 月 28 日，盧押到任。12 月，到聖士提反中學主持頒獎禮，他致辭時說，香港已經成為一個大城市，但尚欠缺一所大學，實屬美中不足。他認為，香港已經具備了建大學的條件，希望熱心教育的人士，致力創辦一所大學，為建設香港培育人才。

據元邦建在《香港史略》中介紹，英國佔領香港以後，着力滿足政治和經濟發展的需要，對於教育事業的發展並不關心，所以有人稱港英政府是「商業政

府」。香港最早的一所英文書院是 1843 年從馬六甲遷過來的英華書院，這所英文書院是由英國教會人士馬禮遜主辦。同年，另一所教會學校聖保羅書院在港島中環開辦。香港第一所官辦學院是 1889 年創立的中央書院，後來改名為皇仁書院。香港還有一所學校是由中國人於 1843 年辦的九龍義學。到了 1866 年，全港只有 16 所學校，學生人數有 1,870 人，而且全是英文學校。後來，又陸續興辦了一些中小學校。

1891 年，華商劉鑄伯覺得華人佔絕大多數的香港，只有英文學校而沒有中文學校，「實屬不當」，便發起開設中文學校——育才書社。這所學校以教中文為主，英文其次。1906 年，彌敦任總督時曾舉辦過一所工程技術人員訓練班，翌年改為香港工學院。

盧押上任之前的十年，即從 1896 年到 1906 年，香港教育處於衰退和停頓狀態，學校不但沒增加，反而減少了。1896 年全港也只有學校 120 所，學生有 7,301 人；到 1906 年，學校只剩下 85 所。在這種情況下，盧押提出創辦大學，是難能可貴的。

盧押創辦香港大學的建議，翌日見報，印籍商人摩地首先表示支持，並於當日謁見盧押，願捐助 15 萬元作為建設大學的經費，另捐 3 萬元作為大學基金。這是第一位回應盧押創辦大學的商人。

盧押估計，創建一所大學需要 100 萬元作為基金，另外還要支付建築和設備費用，港府只能撥給土地，款項則無法支付。1908 年 3 月 18 日，盧押邀請全港富商開會，即席組成一個籌款委員會，研究建校的全部計劃及開支。會上選出籌備委員八人、主席一人，共九人。主席由遮打勳爵擔任，委員計有：律師兼醫生何啟（華人）、總醫官愛建臣、工務司翟咸、狀師普樂、皇仁中學監督胡禮、醫生譚臣、西方商人端納和保利氏。

香港大學籌備委員會經過半年的工作，於 9 月 25 日完成一份與盧押觀點相反的報告書，呈給盧押審閱。報告書說，全體委員認為，建立香港大學的條件尚不成熟，因為要建一所綜合大學所需經費龐大，實無法籌集。根據該報告書所提出的經費預算，即使香港大學只設醫科和工科，基金也要 100 萬英鎊才能維持，購置校內用具也需要 1 萬英鎊，而建築費用尚未計算在內。

在大學興建計劃告吹之際，何啟提議，香港大學如果設有中文科目，海外華

僑及中國內地紳商和香港華人都會全力支援，經費是不必憂慮的。根據何啟的意見，盧押提出將華人西醫學堂與工業學院合併起來，就可成立一所大學。因為華人西醫學堂和工業學院都有正常經費，開支問題便可解決。摩地捐出 18 萬元，再加上其他捐款，就可興建校舍。以後慢慢再增設其他學科，一所具有規模的大學就可以逐漸成形了。

盧押命籌備委員會催收捐款，準備先建小規模的校舍。但是，原來答應捐款的英商摩地稱，籌委會曾經宣佈，籌款達到 11 萬英鎊時，才可收集捐款。現在所籌得的捐款，距離 11 萬英鎊尚遠，他有理由把捐款延期交付。盧押本來打算收到摩地的捐款後，先興建兩座普通校舍，大學就可以開課了，既然摩地不肯依期付款，那麼，建校的款項只有重新籌措了。

盧押邀請中西商界人士參加募款委員會，發動華人捐款開辦香港大學，答應文科、理科、醫科和工科全設。參加募款委員會的華人，計有何啟、劉鑄伯、吳履卿和鄭卓楷等。吳履卿和鄭卓楷都是捐款支持西醫學堂的慈善家，這次又表示支持開辦香港大學。不到半年，就募得款項近 128 萬元。各地華僑聽說香港大學設有中文科，可供華僑子弟入學就讀，紛紛寄款捐助，對於香港大學的興建立了大功。

摩地原以為自己捐出的 18 萬元是最大的一筆捐款，後來他獲知捐款最多的卻是兩廣總督張人駿的 20 萬元。摩地不甘示弱，增加捐款至 28 萬元，保持捐款首席。

團體方面，捐款最多的是太古洋行，捐出了 4 萬英鎊。所有捐款都於 1909 年 12 月 13 日繳交。

1910 年 3 月 16 日，香港大學在港島般咸道校址舉行建校奠基禮，由盧押親自主持，並自任校長。史家認為，盧押為香港做出的最重要的貢獻就是創建了香港大學。

1912 年 3 月 11 日，香港大學正式成立。最初只開辦醫科、文科、理科和工科等四個學院。當時工學院學生有 31 人，醫學院有學生 21 人，文學院有學生 20 人，總計全校只有 72 名學生。

香港大學興建時，各方面捐款源源而來，截至開幕日，共收到捐款 147.7 萬元。

香港大學創立初期，以英國曼徹斯特、列茲、利物浦、伯明翰等地的新城市

大學作模式去制定法例。法例規定設置管理部門，有校董職員會成員 41 人、評議會成員 17 人，校務委員會成員則有副校長、助理副校長、教授、全職講師及教育司。英語為教學語言。

當時攻讀的中國學生每年交學費 43 元，遠較去英國攻讀的 200 英鎊學費便宜。

為了紀念盧押為創辦香港大學而作出的貢獻，香港建成一條環繞太平山的道路，並命名為盧押道。該道環山向西的一面，全屬峭壁，只好建立一條棧道，成為香港八景之一，名曰「天橋霧鎖」。香港大學教學樓「盧嘉樓」、宿舍中的「盧嘉舍」都是用他的名字命名。

縱煙、禁煙之爭

1906 年 5 月，自由黨人希奧多·泰勒在英國下議院提出「印度—中國的鴉片貿易在道德上不可原諒」的動議，要求採取「一切必要步驟，迅速終止這種貿易」。與此同時，慈禧太后頒佈一道飭令，要求關閉鴉片煙館，限期十年銷毀鴉片製品。

消息傳到香港後，港英政府非常緊張，因為其鴉片專賣收益巨大。

1890 年，港府僅在港九地區就收得鴉片牌照銀 47.76 萬元，而該年港府總稅銀為 199 萬多元，鴉片稅收佔到 1/4。港九地區領牌照開設的煙館有三十餘家，至於零售鴉片處就更是不計其數，所以政府派有專職人員負責零售鴉片事宜。至於俱樂部、酒樓、妓院、銀行、米行、保險公司、南北行中，都設有鴉片煙床。轉輸至內地的，就更不用敍述了。據《香港史》所提供的資料，1905 年的鴉片專賣收入高達 204 萬英鎊，佔到當時總收入的 29%。

到了盧押時期，英國發生了一場有關禁煙的爭論。倫敦的禁煙總工會委員希利慈，於 1908 年在英國議院提出陳述。他說：「我在遠東，曾晤見各領事、教士及各朋友，均謂鴉片流毒中國極慘，倘英國不禁止運煙入中國，則英國之罪將歷萬古而不磨。我道經香港時曾晤見一著名之英商，與之討論禁煙問題，彼之持論謂，不應將中國人娛情逸樂之事禁絕之。我乃詢以假如你本身染有煙癮，你之子若孫亦復如是，你亦願為是娛樂否？他答云：如此又當別論。在己受害以為不

可，在人受害則又以為可，存心如是，豈得謂平？我深知煙毒之害，不只可以傷身，並且可以亡國，殊不解在遠東的英人尚謂無害於中國也。」希奧多・泰勒也重提兩年前的舊話，他說，「我們擁有的中國的一個偏遠角落」，卻「從這種鴉片貿易中獲取成百萬的金錢」。

雖然倫敦議會的禁煙派強調如不禁煙，便「不只可以喪身，並且可以亡國」的核心問題，同時尖銳地指出「英國之罪將歷萬古而不磨」，表現了他們對中國人民由鴉片所帶來的深重災難的同情。可是，前任總督卜力竟提出了兩點不可禁煙的理由：一為如若禁煙，鴉片公司每年將損失「40 萬元」的利潤；一為如若禁煙，政府將失去主要的稅收，而准許並懲患鴉片商的公開經營，港府將獲得巨額利益。

盧押不相信鴉片有害處。他着手進行調查，走訪眾多「吸煙室」。他更喜歡用「吸煙室」一詞，不喜歡用「煙館」。他說，「那裡一切都富於生氣、深思熟慮，沒有半點糊塗或眩暈……最後給人的印象是，這種所謂的『惡習』實際上是酒精等物的極其溫和、符合要求的替代品……在英國的酒館裡看不到這樣的情景。」

無論是倫敦的英國議會還是香港政府，都有主禁派和反禁派。主張禁煙的出發點是人道主義，反禁派的動機卻是「稅餉」與「財力」。這樣鮮明的對照，禁煙的主張理應得到熱烈的擁護，不禁煙的意見應當遭受激烈的抨擊。可是，連聲名顯赫的太平紳士如何啟、馮華川與劉鑄伯等華人領袖，都加入到反禁派的行列裡，實在令人哀歎！

巴圖所著《別了，港督》一書記載，就是否禁煙一事，《南華早報》曾列出八個問題，徵求香港市民的意見，請看華人馮華川、劉鑄伯是如何回答這八個問題的：

一、禁煙有益於港人之品行否？（馮：是。劉：是。）

二、禁後能防止港人之吸食否？（馮：否。劉：日後可望減少。）

三、承辦煙餉者應否彌補其損失？（馮：不答。劉：是。）

四、對於香港財政有傷害否？（馮：是。劉：是。）

五、如以上各問題均是，應以何法彌補餉源？（馮：應徵煙土等餉彌補。劉：減軍餉及加稅。）

六、港中商務有變遷否？（馮：否。劉：否。）

七、中國政府禁煙，人信之否？（馮：是。劉：中央政府而論，乃出自熱心。）

八、別有意見發表否？（馮：封閉煙館有益。劉：如禁煙後，每年少收稅餉，又須彌補煙商之損失，其數非少。若果加稅以補之，則目下加稅，必非眾人所願。）

在禁不禁煙的關鍵問題上，兩位名流或者完全站到了英國反禁煙派一邊，或者態度曖昧不清，模棱兩可。

由於英商的一致反對禁煙，華人太平紳士也表示支持，香港商務局遂於1908年5月16日舉行會議，決議反對禁煙。盧押將下述內容轉達英國政府：香港公眾意見，不贊成立即禁絕，以貶損香港之權利，但若果假以時日，逐漸推行，則為眾人所贊許也。這個決議在5月29日的定例局會議上，獲得議員士刁活的狂熱支持，華人太平紳士何啟也立即附和。

與此同時，英國下議院卻通過決議，要求盧押採取步驟，迅速廢除香港等地實行的鴉片煙館持照營業的制度。在殖民地部大臣的督促下，盧押於1909年才明令禁止向禁止入口煙膏的國家出口煙膏，並將年煮煙的限額由1,200箱降至900箱。

華人給經濟帶來了生機

盧押任內，香港經濟比較活躍，華人企業迅速發展。華人企業在港主要是經營商業貿易和發展工業。香港的織染業一直為華人所壟斷，華資在這個行業中始終佔主要地位。1908年利民興國織襪廠在港創辦。1911年紹興織造廠創立。1914年又有大興織造廠創建。在食品飲料方面，1906年安樂汽水廠創立。1908年林宏隆玻璃廠創立。這些中國人經營的工廠企業，規模雖然不大，資金也不是太多，但對於擴大香港市場，推動香港經濟的發展，卻作出了不可磨滅的貢獻。

這一時期，香港經濟進一步發展的原因有很多，但是，盧押以前的幾任總督通過戰爭，強逼清政府簽訂《展拓香港界址專條》，把新界劃入香港，是一個最基本的原因。新界是指英國人新租借的領土，包括大嶼山等二百多個島嶼，面積

約 975.1 平方公里,農田約 45,000 畝,佔新安縣全縣面積的 2/3,與南九龍連成一片。這片寬廣的土地,為香港經濟發展提供了廣闊的空間和充分的人力資源。新界原為農業區,這就有了為香港市民提供一定數量農副產品的基地。

第十三任總督彌敦認為,新界是香港的理想工業地帶。1907 年,他卸任前在立法局鄭重告訴香港市民:香港的前途將繫於新界工業的發展。彌敦確實很有遠見,經過 80 年的發展,新界已經出現了很多新的衛星城鎮,香港不少工廠都設在新界。

這一時期經濟的發展,還得益於中國內地一批資金和勞動力的流入。這時,中國內地民主革命運動蓬勃發展。1911 年孫中山先生領導的辛亥革命運動爆發,在全國範圍內衝擊着各個角落和各個領域。不久,廣東陷入了軍閥混戰與割據的混亂局面,一批前清遺老攜帶着家產和親眷逃到香港,也有一些工商人士出於尋找一個安定的經營環境,攜資帶員流入香港,為香港的經濟發展注入了資金和技術力量。這一時期還有一批從北美、澳洲、南洋一帶歸國的華僑,在香港停留定居。他們帶來了資金、設備和管理經驗,也為香港經濟的繁榮發展增加了動力。

一場種族歧視的辯論

盧押上任第二年的 9 月,在香港的報紙上,圍繞着種族歧視的問題,發生了一場激烈的辯論。當時有兩個美國人寫信給英文報紙《南華早報》,信件的大意是說,香港政府治理地方的辦法不恰當,公共場所充滿着不潔淨的華人,西方人欲避之而不可得,應當在電車及公園等公共場所,另設西方人專用的座位,以分別中西界限,並可避免與不潔的華人接近。《南華早報》發表了這封惡意的信函。

此信刊登後,全港的中國人為之譁然,認為這是鼓吹種族歧視的謬論。一位名叫李惠霖的華商致函《南華早報》,痛斥美國人的荒謬言論。他的信函說:「貴報十九、二十兩日所登美人之投函,立論荒謬已極,不得不辭而闢之。近日有一種外國人,初到中國未久,即忘其本來天良,奇想百出,自高自傲。當其未離祖國前,家中一切雜務,如刷鞋、掃地、洗滌碗碟等工作,多自料理,不以此為賤役而不肯為。來到中國後,不及數月,則氣象頓更,妄自尊大。余料投函貴

報之美人殆其類矣。此二君者，竟忘其在中國毫無所益。此等西人，華人皆欲速去。請問此二君，假如盡屏華人於香港之外，二君能挽回香港之地位否？蓋香港繁榮多賴華人之力也。彼若憎惡華人欲避之而不能，何不另圖他處以避之。本港建設進款多徵之於華人。此二君倡議禁華人入公園，劃分中西界限，直無異將華人自行出資購來的權益而剝奪之耳。吾忠告二君慎之，毋再為此謬言也。再者，前者詆謗華人者，華人雖鄙之而緘默不言。近日中國民智日開，有詆之者必不容已也。」

李惠霖的信函發表以後，有一個署名蘇格蘭人的，寫信給該報詭辯說：「閱李惠霖覆函，語近閃爍。查自開闢香港以來，至有今日者，皆英人之功也。吾是指全國人而言，非指個人而言。吾請李君直接答覆，不可支吾其詞。英國商人開闢香港之功何等偉大，英國海陸軍對於香港，其功之高又若何；英人輸納之賦稅，香港防備之費多半賴之，功又若何，李君之函，以英國因運鴉片入中國戰勝而得香港，引以為恥，然而非此之戰，香港何得為英屬乎？因鴉片與中國決戰之事，以為可恥者，只英國國內一部分之人而已。」

蘇格蘭人的信件發表以後，李惠霖很快覆函駁斥，信函說：「蘇格蘭人之信，殊欠情理。蓋吾人各有意見，各可抒發自己意見。不能強人意見如是，他人未必如是，況亦與現在所研究之中西界限，問題相離太遠。蘇格蘭人之意見雖如此，我華人之意見，未必為其所移也。伊欲分清英人之功若何？華人之功若何，此可聽之，吾人應置不理。華人的金錢為英人取去者，已不知多少矣，蘇格蘭人其亦思之乎？不有華人的工商及華人的資財，則英國商務又何能若是其發達。」

李惠霖信件中所闡述的觀點，反映了佔香港人口絕大多數的中國居民反對種族歧視、維護民族尊嚴的心聲。

明確「太平紳士」的職責

有人稱，「太平紳士」是英國侵佔香港後出現的土特產。該名詞由英文 Justice of the Peace 翻譯而來，是治安官或治安委員的意思。1843 年，英國駐華全權代表兼香港總督砵甸乍組織了治安委員會，任命了第一批治安委員。當時翻譯

把治安委員譯為「太平紳士」，這種譯法就一直沿用了下來。

　　早年的太平紳士，由港府兼任者，稱為官守太平紳士；由英國商人擔任的太平紳士，則稱為非官守太平紳士。不少非官守太平紳士竟是武裝走私的鴉片商。開埠之初，太平紳士的職責，表面上是管束在香港及中國其他地方的英國僑民。那時鴉片戰爭剛剛結束，在香港及內地，中國人民反抗英國侵略者的活動不斷發生。所以太平紳士的職責實際上是協助英軍及警察維持殖民統治秩序，鎮壓當地人民的反抗鬥爭。

　　早年的太平紳士對香港政治有着一定影響。最初立法局的非官守議員就是由太平紳士提名推薦的。到 19 世紀下半葉，太平紳士除了維持殖民統治秩序外，還參與許多行政事務。

　　第九任港督寶雲之後，署理總督威廉·馬殊於1886年頒佈的《維持治安條例》中，賦予太平紳士極大的權力。條例宣稱在發生擾亂治安的事件時，太平紳士有權命令在場及當地其他人協助維持秩序或拘捕擾亂者。拒絕協助者，要受一定程式審判處分，課 50 元以下罰金或判三個月以內監禁。而且，無論有無搜查證，太平紳士都有權自由進入民宅搜查嫌疑犯。

　　到了盧押在任期間，發生了「二辰丸案」。一名柯姓商人購買了日本軍械，用日本輪船「二辰丸」運抵澳門海面，被清軍艦隻緝獲。日本人為此向清廷提出抗議，兩廣總督張人駿懼怕日本人，竟賠償其所謂損失，並鳴炮謝罪。上海的兩廣同鄉會、政聞社等團體，致電廣東表示反對，並發起抵制日貨運動。香港同胞積極回應，組織了「振興國貨會」，大力抵制日貨。凡出售日貨的商人都受到了群眾制裁。出售日貨的商店，櫥窗被石塊擊毀，囤集的日貨被搜出焚燒，有的店主與店員甚至受到割耳懲治。愛國同胞還組織了「敢死會」等組織。西環海旁有兩座貨倉，存放着大量日貨。「敢死會」將貨倉包圍，準備衝到裡面將貨倉搗毀。正在這時，港府竟派出大隊警察趕到現場鎮壓群眾，開槍打傷數人。盧押甚至調動英軍進入市區，協助警察鎮壓愛國民眾。但是，愛國同胞群情激憤，「敢死會」依然四出活動。日本領事不斷找港英當局交涉，要求有效地鎮壓。根據日本人的無理要求，盧押依照《維持治安條例》的有關規定，進一步明確太平紳士的職責，頒佈了以下限制中國人抵制日貨行動的規定：

一、凡本港太平紳士見有擾亂之事出現，可飭令附近之人協同平亂，拘拿犯人，以保治安，倘無故而不允助力者，監禁三月；

二、太平紳士見有聚眾擾亂之事須先曉以禁例，着其即行解散，不聽則拘之於禁，監禁三月；

三、除日用手作器具外，凡一切軍械刀劍等類均不准攜帶收藏，倘有違犯者，監禁六月；

四、滋擾治安攜藏軍械之人除處以別種刑罰之外，兼可判以鞭笞之刑；

五、太平紳士可以自己或飭令差役人等入屋拘捕嫌疑滋事之人，並搜查軍械；

六、倘有聯同罷市或禁嚇舖戶貿易阻礙搬運貨物，或阻人購買貨物，則拘控罰銀 50 元，或監禁三月，或監禁罰款兼行；

七、倘緝捕查出犯例擾亂治安之人，報由督憲會同議政局不分其曾否入英籍，將其遞解出境。

根據這些規定，太平紳士完全站到了香港居民的敵對面去了。後來，在香港大罷工期間，太平紳士曾再次站在廣大中國愛國居民的對立面，承擔過檢查郵電、報紙新聞等事務。不過到了後來，由於警力增強，「太平紳士」這個稱號與「太平」（維持治安）二字已經沒有什麼聯繫，僅僅是港英當局賜予的一種榮譽頭銜罷了。

減低辛亥革命在港的影響

1911 年 10 月 10 日，武昌起義爆發，各省紛紛響應，先後宣佈獨立。清政府迅速解體。迅猛發展的革命形勢，在香港華人中也引起了強烈反響，香港多數的華人都同情和支持辛亥革命。據《德臣西報》的消息，每 100 個香港華人中，有 99 個對革命運動表示同情和支持，其中的「75% 是狂熱的、不顧一切的同情者」。

清朝在廣東的最後一任總督是頗具才幹的張鳴岐，他設法避免了廣州城爆發軍事革命，讓革命黨人得以和平地在 11 月 4 日接管廣州。11 月 9 日，廣東宣佈共和獨立，香港許多知名人士參加了廣東軍政府的領導工作。當時軍政府剛剛成

立，面臨着財政困難，香港的華商踴躍捐款支持。廣東政府財政司長李煜堂到港籌借資金，很快便籌借到近百萬元。

11月12日，香港不少的商舖停業舉行慶祝活動。據報載，這次慶祝活動，光是放鞭炮即花費了10萬港元。港人由清政府被推翻和革命發展而激起的狂熱情緒，於此可以想見。

對於辛亥革命運動的發展，港府感到十分不安。面對香港廣大民眾對革命運動的同情和支持，盧押既不得不做出某些讓步，表示理解民眾的情緒，又對革命形勢的發展極度恐懼。因此，採取種種措施加以控制，防止革命運動的發展危及英國對香港的殖民統治。

盧押對辛亥革命及香港華人的表現所持的態度，余繩武、劉蜀永先生主編的《20世紀的香港》一書有如下記述：

11月6日，香港華人為武昌起義成功舉行慶祝活動時，盧押即派出一支特別的警察巡邏隊在各個街道巡視，防止騷亂。他本人整個晚上守候在電話機旁，與警察保持聯繫。盧押準備，一旦發生騷亂，立即派巡邏隊前去制止。

當盧押獲悉香港華人準備舉行活動慶祝廣東宣告共和時，於11月11日將立法局的兩名華人議員何啟和韋玉請到督憲府詢問。韋玉解釋說：在香港，人們的感情很容易傾向共和派一邊，不可能制止舉行活動，而且這種活動僅限於燃放鞭炮兩小時和關閉店舖。盧押當即表示反對舉行任何活動。他指出：不能正式承認共和國，其地位尚不穩定。同時，因北京易幟而自發舉行活動是可以原諒的，當局可以視而不見，但對違反法律的事情，不能再次視而不見。經過何啟和韋玉反復解釋，港督最終決定，命令華民政務司就慶祝活動一事發佈通知，允許11月12日中午12時至下午2時燃放鞭炮，以慶祝廣州避免了流血。

香港政府對香港華人與廣東軍政府的緊密聯繫充滿猜忌和不滿。當獲悉香港華人在組織一個旨在恢復貿易的委員會的消息後，港督盧押借機於11月19日召集香港華人領袖在督憲府開會，表明港府對與辛亥革命有關的種種問題之態度。

盧押表示，他注意到大多數負責和處於領導地位的華人同情革命運動，他們完全有權這樣做。如果他們認為這場運動有利於他們的國家和民族，他們同情它是正確的。盧押表示，他並不敵視這場運動，但是在這個英國殖民地，政府的態度不容易忽視。華人領袖應事前將他們擬採取的行動通知港督，看是否超越了界限。

盧押說，他聽說過去數天成立了兩個與廣東事務有關的委員會，由於其目標為重建貿易聯繫和結束過去數周災難性的蕭條，他完全支援這些組織。但盧押又說，這兩個委員會關心的是純粹的中國政治事務，目的是促進革命，它們不應該在香港落戶。這種委員會的會議應該在廣州舉行，打算出席這些委員會的中國臣民應該在那裡去做。

　　盧押還說，一個英國殖民地應該與英國政府保持一致。只要與英國訂有條約的清政府仍在北京行使權力，而一個未被承認的新政府又已建立，就會使英國政府處於困難的地位。如果有人提出在香港人們公開支持革命黨是真的，不僅北京現存的政府會抱怨，日本、德國等列強也會有理由抱怨，而且強烈要求將此事作為在目前的衝突中支持一方的理由，甚至會偏袒清帝國政府而反對新黨。

　　盧押強調說，他說的這些適用於以任何方式與香港政府有聯繫的任何華人，特別是立法局的華人議員。

　　盧押還強調，不應該允許放置標語，也不應該允許廣州政府派遣正式代表來，或公開認捐支持革命。

　　武昌起義爆發後，孫中山擬經香港回國，要求英國政府撤銷對他的驅逐令。盧押在與何啟等華人領袖會晤中談到此事時說：「我剛剛收到朱邇典爵士的電報說，孫中山要求撤銷禁止他在香港登陸的命令。我不反對這樣做，但條件是，他不在這裡定居，亦不在這裡進行革命宣傳，因為他可以在廣州做這些事情。」

　　1912 年 3 月，盧押離開香港，重拾他在非洲的事業，至 1945 年去世。

第十五任
1912-1919

梅含理 Francis Henry May

梅含理（1860-1922），也譯作梅軒利，愛爾蘭人。畢業於哈羅公學和都柏林三一學院。長期服務於香港，是歷任港督中居住在香港最長的人。1893 年，擔任香港警察司，是唯一一位曾出任警察隊首長的港督。1901 年升任輔政司，後調往斐濟群島任總督。1912 年出任香港總督。香港島半山區的梅道就是以他的名字命名的。著有《廣州方言入門》、《在香港乘快艇遊覽》等。

1912 年 7 月 4 日，梅含理抵港就任第十五任香港總督。他任職後期，因患有心臟病，於 1918 年初由妻子陪同，去加拿大溫哥華休養，不料病情惡化，至 1919 年 1 月 27 日電請提前退休，獲批准後，由輔政司施勳署理總督。1922 年 2 月 6 日去世。

在港的三十八個春秋

梅含理大學畢業後考入英國殖民地部。1881 年做為官學生受招募來香港，在港擔任過政府中各種職務。曾任水師提督參議、庫政司、副華民政務司。1893 年至 1902 年任香港警察司，是唯一一位曾出任警隊首長的港督。港英政府接收新界時，他一手創辦新界警隊，即後來的鄉村巡邏隊，俗稱「穿山甲」。1902 年出任香港輔政司，署理總督。1910 年，由港派往斐濟群島任總督。1911 年封爵士，次年，再從斐濟調回香港任總督。

當梅含理抵港就職時，由卜公碼頭上岸，他和夫人夏蓮娜坐上兩頂轎子，去大會堂舉行就職典禮，途中突然遭人開槍狙擊，但未受傷。雖然有驚無險，但是本來嚴肅而隆重的就職宣誓儀式，卻要在驚魂未定中進行。所以，香港人稱他為「運氣不濟的港督」。

這件刺殺總督案，從歷史的角度來分析，原因有很多。梅含理是 1899 年錦田血案的重要製造者之一，新界人民有理由懲罰他。他多年署理警察局，不論是無辜的受害者，還是黑社會人物，也都不忘向他報復。但是，1912 年 8 月 11 日，梅含理致函《泰晤士報》駐北京記者莫理循稱：「針對我的襲擊沒有任何政治目的，我敢肯定那人是個瘋子，雖然在我的提議下，醫生對他檢查後認為他神智清醒。他反常地把斐濟與南非混為一談，還以為我是特蘭斯瓦的總督，把他的同胞趕出了那個國家。」這件刺督案發生之前，港督上任都是由轎夫從碼頭接往港督府，自此以後，港督都不再坐轎，而改乘坐馬車。

1913 年 7 月，梅含理將總登記官改名為華民政務司。華民政務司身兼行政局、立法局、潔淨局（市政局的前身）的當然官守議員，主管華人的慈善、社會福利、醫療、教育等工作，同鄉會、宗親會、工會等社團的活動。生死統計、婚姻註冊、

報刊登記亦屬它管轄的範圍。1969 年 2 月，華民政務司改稱民政司。

1914 年 8 月，英國對德宣戰，第一次世界大戰開始。英籍警官要回國服役，警務人員立即短缺。因此，港英當局決定設立警察學校，校舍就是作為敵產而被沒收的德國會所。自梅含理以後，香港警員都是警察學校畢業的學員。

1914 年起，港英當局加強島上的道路建設，從中環穿過島的另一面直達深水灣的道路於 1915 年建成；從中環到淺水灣的道路於 1917 年完成；往赤柱和大潭的道路均於 1918 年建成。

1915 年起，一些總行設在中國或新加坡的銀行，如華商銀行（1915 年）、鹽業銀行（1918 年）、中國銀行（1919 年）、新加坡華僑銀行（1923 年）、廣東省銀行（1929 年）等，都先後在香港設立分行，開展業務。

由於第一次世界大戰的影響，歐洲貨物的往返運輸中斷，一些小型工廠開始在香港設立，生產毛巾、內衣褲、餅乾、香煙、搪瓷用具、手電筒等輕工業產品。

1915 年，惠州督辦洪兆麟奉孫中山先生之命，起義反對袁世凱。起義失敗後，洪兆麟負傷逃到香港，當身體復原、正準備赴日本去見孫中山先生時，港英當局突然將洪兆麟拘捕。廣東都督龍濟光照會港英政府，指證洪兆麟為殺人犯，要求引渡他回廣州。洪兆麟請律師辯護，但香港法院竟站在袁世凱方面，宣判洪兆麟「罪名成立」。不久，袁世凱稱帝失敗，龍濟光也隨之失勢，至 12 月 24 日，洪兆麟才獲得釋放。

1916 年 3 月 26 日，尖沙咀火車站的大鐘樓正式啟用，成為此後半個多世紀香港的城市象徵。

同年，英國政府以參加歐戰為理由，要求港英政府廣開稅源，支持英國的戰費開支。港府稅源委員會提出，仿照錫蘭的辦法徵收利得稅和薪俸稅，所得稅款全部交付英國。這一建議遭到全港人士一致反對，他們聯合起來同港英當局抗爭，理由是香港人沒有支持英國政府對外作戰的義務。梅含理只好改變辦法，在香港發行「戰爭公債」，籌款支持英國政府打仗。

兩次署理總督

梅含理 21 歲到香港，59 歲離開香港，62 歲去世，一個英國人先後在香港三十八年，這是很少見的。他幾乎一生都交給了英國的殖民統治事業。

這三十八年中，梅含理在七任總督手下任職，曾兩度署理總督。第十二任總督卜力時期，梅含理任警察司、輔政司。1903 年 11 月，卜力離開香港，赴錫蘭任總督。在次年 7 月新總督彌敦到港之前，梅含理署理總督。卜力生於 1840 年，梅含理生於 1860 年。梅含理比其上司卜力年輕 20 歲，但是，他缺乏卜力那種對中國激進變革的熱情，十分憎惡革命者。他尤其懷疑中國一些革命者接近總督的動機。卜力任內，對同盟會的活動和支持者採取「睜眼閉眼」的策略。何啟同情孫中山的革命活動，梅含理任香港總督期間，猛烈抨擊何啟，指責何啟是個「奸詐之徒」。卜力剛離任，梅含理即改變卜力的治港政策，通過了《山頂區保護條例》，禁止非歐洲裔居民在太平山頂地區居住。梅含理的舉措惹怒了卜力。卜力從錫蘭致電英國殖民地部，抗議梅含理的做法。更讓卜力氣憤的是，梅含理驅逐了抨擊清政府的華文報紙的主編。卜力認為，梅含理無權這麼做，公民有「自由思考和發表言論」的權利，「只要遵守法律就可以依照自身意志行事」。對於卜力的抗議，殖民地部遲疑不決。

1904 年 7 月，新任總督彌敦抵港，支持梅含理的山頂保護法令。彌敦的偏見與梅含理的觀點不謀而合。彌敦放手讓梅含理做事。彌敦提前離開香港後，梅含理再次獨自管理香港，支撐局面。英國議會發生禁煙和反禁煙爭議時，署理總督梅含理給殖民地部發去一份措辭尖銳的備忘錄，力主維持鴉片專賣制度。

破獲警署包庇私賭受賄案

1898 年，梅含理任港府警察總監，破獲了一起警署自身包庇私賭的受賄大案，成為香港歷史上的著名案件。

當年，梅含理突然接到一個名叫鄭安的人密報，稱岑某聚眾私賭，受警署保

護。接報後，梅含理立即調集一批警長，親自率隊，馳往鄭安所報的上環華里東街搜查，果然破獲了岑某的私賭總機構。在總機構內的複壁夾牆裡搜出了支付賭款的總賬簿。賬簿上清楚地記載着岑某行賄的詳細情況：某人在某處任職，職務是什麼，每月派送賄款多少等。受賄的人除了警署官員以外，還有港府其他各機關官員，自最上層的人物到信差侍役都有份。從岑某特設的倉庫裡搜出了大批珠寶首飾等貴重物品，這些都是賭徒在各賭館拿來變賣或是賭輸了當作抵押品的，其中不少是已經報案的贓物。

本來，岑某操縱私賭營業，在各方包庇下，消息十分靈通，耳目眾多。若是在平時，即使總監親自來搜查，也會有人送來消息的，因為自有高層受賄人物秘密通知。可是，這次因倫敦在舉行大型慶典，和岑某有關的幾個高層人物都奉派回英國參加紀念典禮去了，沒有人能及時來通報，這才陰差陽錯地被梅含理破獲。

經過審查，岑某經營操縱私賭已有多年，1897 年是最盛時期。受警方包庇的私賭館，集中在上環華里東街、西街、長興街、四方街一帶。賭館派出招徠生意的「帶街」，每日黃昏之後，就分佈在大馬口、水坑口、大笪地、荷李活道、文武廟等處，拉攏途人去賭博，將他們領到設有賭館的街口，另有專人領他們到街內開設賭館的攤館去賭博。因為有官方保護，當時這種賭館對於賭客，還許諾一種保障：凡是在賭館界內遭警方搜查或是遭劫丟失財物的，事後館方一律負責賠償。可見他們所恃勢力之大。

這起大案的破獲，因為牽連太廣，影響了港府的名譽，官方竭力隱蔽真相，化大為小，淡化處理。但是，終究賬簿記載有據，相關人物卻是無論如何也無法掩蓋的。結果，警方為這一宗受賄案革退了 14 名英籍幫辦、38 名印籍警察，七十多名華警和翻譯人員。總登記官署方面因此而被革職的有首席文案奧斯孟，以及書記、翻譯、侍役等二十多人。清潔局、滅火局、裁判署等部門也革退了不少人。因為此案潛在勢力很大，那個告密的線人鄭安，兩個月之後就遭人殺害，棄屍河中。

馬棚大火和警匪槍戰

1918年，香港發生了兩起驚動世人的事件，一時成為香港新聞媒體關注的焦點，也是梅含理任內最頭疼的兩大事件。僅從香港英文《南華早報》的版面安排，就可看出事件所帶來的震撼。

《南華早報》封面版向來刊登廣告，任何重大新聞均刊登在內頁，即使1914年第一次世界大戰爆發的消息，也是放在內頁刊發。而1918年初香港發生的這兩起社會新聞，使頭版廣告不得不讓位。而且報社記者全力以赴，兩宗新聞均發表在頭版顯眼位置，報紙發行量急增，一時洛陽紙貴。

兩宗社會新聞之一是2月26日發生的快活谷馬場大火，遇難者達六百多人，傷者數以千計，是香港歷年最重大的災難性新聞之一。《南華早報》的記者深入現場採訪，附以圖片，比港島所有中文報紙處理得都突出。據記載，那時馬場的看台簡陋，觀眾席全是以竹料、木板、葵葉等臨時搭成的多層簡易看台，沿黃泥涌道搭架，直到高爾夫球會附近。2月26日是周年賽馬的第二天，農曆春節剛過，市民還沉浸在新年的濃重氣氛中，大批市民湧入馬場看熱鬧，或欲發新年財。下午2時半，賽事到第五場時，看台突然倒塌起火燃燒，馬迷奪路逃生，秩序大亂。靠近高爾夫球會的看台首先倒塌，大火迅速蔓延，此時風大物燥，救火設施又不足，大火遂一發不可收拾，人群擁擠，互相踐踏，現場遺留了屍體六百多具，傷者數千人。死者之中不少是顯赫世家子弟，當時欣賞賽馬是高級娛樂，平民百姓難有機會入場。

當局調查起火原因，證明是馬場內的看台倒塌，引着台下熟食攤販的爐火造成。場內看台下面有不少賣熟食的攤檔，現燒現賣，乾燥竹木材料落下，打翻爐火，燃着竹棚，慌亂之中，撲救不及，釀成這起慘禍。因為該年是戊午年，所以又稱「戊午慘案」。事後有關方面將遇難者遺骸合葬於咖啡園墳墓。

《南華早報》評論這次大火災，認為它比開埠以來任何一次災難都嚴重。火災之後，該報繼續報導遇難者的身世及善後事宜，封面版仍然大部分版面刊發追蹤新聞，保留一部分刊登廣告，報紙暢銷持續多日。

新聞之二是1月22日發生的灣仔機利臣街警匪遭遇戰。這是香港歷史上有

名的警匪大槍戰。當年香港人口少，明火打劫案件不多，匪徒敢於持槍向警方挑戰者更少。這次槍戰，雙方相持達十八小時之久，匪徒三人死亡，三人逃去；警方四名幫辦、警察死亡，五名受傷。

事件發生之前，警方正在追緝一批盜槍匪徒。22 日，幫辦和警官帶領一批華籍探員到機利臣街 4 號及 6 號調查，該處房屋前面是店舖門面，後邊是居室，裡面住了好幾夥人，剛好盜槍案犯是其中一夥。幫辦和警官進去檢查時，匪徒首先開槍射殺兩人。灣仔差館接報，立即派出大批警員趕往增援，結果又有兩名警員中槍喪生。中央警署接報，即派總監麥賽率隊增援，佈置包圍圈，嚴密封鎖機利臣街 6 號房屋。裡面既有警員又有居民百姓，一時不好下手。消息很快傳遍全港，趕來看熱鬧的居民人山人海。政府許多高級官員趕到現場指揮。到下午 1 時，警察司出身的總督梅含理與駐港英軍羅拔遜少校及陸軍一些軍官到現場視察指揮。

雙方進行多次喊話，最後成功制服了看守 6 號樓門的一名匪徒，警方才衝進屋內，發現稽查蘇利雲中彈五發身亡，警官可力身中四槍而死。結束槍戰時已是次日凌晨 4 時。

「五四」運動中的香港

1918 年 11 月 11 日，第一次世界大戰結束，中國作為參戰國的勝方之一，對提高中國在國際上的地位，抱有很大的希望。1919 年 1 月，戰勝國召開巴黎和會。中國代表團在和會上提出了廢除列強勢力範圍、歸還租界及租借地、取消《二十一條》等要求。但是，由英、法等列強控制的巴黎和會拒絕討論中國的提案，並且通過了一個損害中國權益的方案：日本將獲有膠州租借地和中德條約所規定的全部權利。

5 月 4 日，北京愛國學生舉行示威遊行，抗議巴黎和會承認日本接管德國侵佔中國山東的各種特權的無理決定，這就是偉大的「五四」運動。運動很快擴大到全國各地，成為規模空前的反帝、反封建的政治運動和文化運動。香港同胞也紛紛行動起來，以表達自己的愛國激情。對於中國人民的這場愛國運動，梅含理政府在香港充當了劊子手的角色。

第一次世界大戰爆發後，日本在香港的勢力得以擴充。當時，英國作為第一次世界大戰的參戰國之一，把主要精力集中在歐洲，在遠東地區的力量相對空虛。為了在遠東與德國相抗衡，英國政府策劃借助日本的力量去牽制德國。早在1914年8月4日，英國駐日本大使格林會見日本外務相加藤高明時提出，當大戰波及遠東，香港受到德軍襲擊時，英國希望日本能給予援助。8月7日，英國政府又正式照會日本政府，希望日本艦隊攻擊在中國沿海的德國艦隊。英國企圖依賴日本的力量，維護其在遠東的殖民利益。

英國的要求，正中日本軍國主義者的下懷。日本借第一次世界大戰歐洲各國忙於戰事之機，擴充在中國南部的勢力。日本在香港的僑民人數很快就遠遠超過了歐美各國。在香港島皇后大道一帶，日本人競相開設商店，經營古玩字畫、書籍文具、瓷器漆器、藥品雜貨，以及理髮店、照相店等。因為日僑人數眾多，他們還在香港開設了主要是為日本人服務的馬島醫院和日本小學。日本軍艦又經常在中國南海游弋，停泊在港島附近。

據顧維鈞的回憶錄記載，大戰期間，英國就對日本有過承諾，支持日本在中國的利益。大戰結束，英國非常感激日本「在戰爭中的貢獻」，所以在巴黎和會上，英國極力支持日本。

根據英國政府的親日政策，梅含理政府在香港一方面對中國居民採取高壓政策，嚴訂警律，凡集會遊行都要經過華民政務司及警察司許可才能舉行，否則便被宣佈為「不受歡迎的人」而被驅逐出境。另一方面港府對日本人則採取保護措施。

對於梅含理的媚日行為，香港居民非常氣憤。青年學生和知識分子不顧港府的規定條例，積極回應北京學生的愛國運動。各私立中文學校的教師在講台上慷慨激昂，陳述國恥，啟發學生的愛國熱情。有些學校以提倡國貨、抵制日貨為作文命題，引導學生參與愛國行動。許多學生把家裡的日貨清理出來，集中到荷李活道中環警署附近當眾焚燬，表示對港府鎮壓政策的蔑視。私立陶英學校的學生，手持「愛國傘」（內地生產的紙傘）上街遊行，高呼「提倡國貨」的口號。皇仁、聖士提反、英華、聖保羅等著名學校的學生也都分別舉行集會，並決定成立「學生聯合會」，草擬章程，準備聯合行動。

面對香港知識界高漲的愛國熱情，梅含理感到極度不安，他立即採取緊急措

施，防止事態擴大。港府首先命令全體警察一律取消休假，處於警備狀態，同時，加派武裝警察在日本人的商店門前及附近街道日夜站崗巡邏，對日本僑民嚴加保護，保證日本人的物品和飲水供應。梅含理還恢復了第一次世界大戰期間的辦法，徵集後備警察，配足槍支彈藥，日夜在街道巡邏，隨時準備鎮壓香港人民的愛國行動。

港英當局的鎮壓，更加激起了香港各階層民眾的反抗，紛紛行動起來加以抵制。居住在灣仔的市民湧至日本商店門前示威，投擲石塊，搗毀櫥窗，高呼抵制日貨的口號。家庭婦女拒絕使用日本火柴。商人在華商總會集會，議決提倡國貨。先施、永安、大新、真光等大百貨公司，宣佈以後多採辦國產絲綢、蘇杭雜貨，歡迎各界人士到公司檢查有無「仇貨」。一時間陰丹士林及愛國布等國貨十分暢銷。

對於香港民眾的愛國運動，日本政府十分恐懼，派出「長門」、「陸奧」、「扶桑」三艘新式巨型戰艦，駛泊在鯉魚門外，炮口直對香港，以示威脅恫嚇。日本駐香港領事館還發出照會，要求港英政府取締有反日言論的報刊書籍。港英當局與日本緊密勾結，共同對付香港的愛國同胞。港府華民政務司通知《循環日報》、《華字日報》等中文報紙，「不准煽動抗日愛國，妨礙治安，不准提帝國主義等詞語」。香港教育司指令漢文視學官檢查全港各私立中文學校，如有採用上海會文堂出版的《初等論說文範》作為課本的，一經發現，立即禁止。因為該書有提倡國貨、抵制日貨的內容。警察司還派出警探到書市搜查，看有無《初等論說文範》積存，如有發現，立即沒收。

儘管如此，經過轟轟烈烈的「五四」運動，反帝、反封建的愛國主義思想已經深入香港人心，香港的社會面貌發生了許多變化。部分愛國學生節衣縮食，解囊捐款，在西營盤及荷李活道租賃地方，設立「策群夜義學」，親自擔任教員，免費供應書籍紙筆，教育貧苦兒童。各行各業的進步工人逐漸團結起來，組織工會。青年學生拋棄舊禮教，提倡科學，提倡男女平等，社會風氣大大改觀。

「鄺苟記」解總督之急，劉郎中巧對撫華道

第一任港督砵甸乍時期的撫華道，後來稱做華民政務司，由吉士笠擔任。吉

士笠其人其事已於前章介紹過。1851年吉士笠在香港去世，港府為了紀念他，把位於中環俗稱紅毛嬌街的一條小街命名為「吉士笠街」。

吉士笠街是香港有名的補鞋街。街道兩旁一家挨一家的是大大小小的補鞋攤檔，招牌多用「××記」。金岡先生在香港《新報》「舊日風情」專欄裡介紹說，梅含理是一位典型的英國紳士，對於衣飾鞋帽十分講究，日常所用衣物，全部是從倫敦定購運來的。

有一次，梅含理要參加一個重要的宴會。會前突然發現，參加宴會要穿的黑皮鞋破了，無論如何不適於在禮儀場合再穿出去。而在倫敦訂做的新皮鞋一時還運不到，總督十分着急。總督府有一位警察幫辦，熟悉修鞋街的情況，聽到總督為鞋子着急時，馬上向梅含理推薦吉士笠街的「鄺苟記」修鞋舖為他修鞋。總督沒有別的辦法，只好接受幫辦的建議，讓人把鞋拿到吉士笠街去修理。「鄺苟記」鞋匠知道是總督參加宴會要穿的鞋子，自然精心修理。鞋子修好拿回來，梅含理看了非常滿意。修鞋匠解決了總督參加宴會的燃眉之急，也算一份功勞。事後，梅含理把「鄺苟記」鞋匠召到督轅，親自會見，給予獎勵。從此以後，吉士笠街的「鄺苟記」修鞋檔在全港出了名。

華民政務司專門管理中國居民的一切事宜。司署首長由英國人擔任。署內的職員被稱為「師爺」，「師爺」負責署內的文書，文書多用中文。居民有事上書政務司，須用「稟帖」，居民的稟帖或與政務司對話，抬頭稱「大人」。這一連串的名詞，都是中國傳統的詞彙，大概是英國人用以籠絡華人的手段，或是出於師爺們的杜撰。

華民政務司的日常事務很繁雜，港島與九龍之間、港島與澳門之間往返船隻的牌照，碼頭工人、街頭轎夫、車夫、攤販的牌照，全由華民政務司簽發。更夫巡邏街道，大小廟宇的承投，妓院旅館、慈善團體等都由政務司管理。在發放牌照、承辦投標等事務中，司署上下，明裡暗裡，收銀應當頗豐。

華民政務司除繁瑣的日常事務外，還有更重要的政務，例如，審查中國人的公開函件，檢查各單位的升旗降旗等等。陳謙先生在《香港舊事見聞錄》中，曾經記述過一個撫華道刁難華人文字的罕見故事，很能說明華民政務司的功能。這個故事，發生在梅含理總督上任初期的撫華道諾克（編者註：1912年撫華道應為蒲魯賢，後文仍從陳說）身上。

香港神廟的一切事務，例如神廟的歷次出會、舞龍、舞獅、點睛開光等活動，多在荷李活道的文武廟或銅鑼灣的天后廟舉辦。對於這些活動，華民政務司每每不惜紆尊降貴，親往主持。1912 年，上環荷李活道文武廟舉辦關帝爺誕辰慶典，在文武廟關帝誕勸捐小引裡，用了「華夷雜處」一句話。華民政務司看罷，對「夷」字大為不滿，認為是貶低英國人，有排外含義，執意追究。這篇小引出自誰手，並沒有署名。華民政務司不問情由，就把在水坑口開業的中醫劉香石傳訊。

　　當時劉香石正在醫館為人治病，差役突然到來，並且大聲說：「你是劉香石嗎？華民大人叫你到署談話。」對於這突如其來的傳呼，劉香石丈二和尚，摸不着頭腦，便向差役問清原因。差役陰陽怪氣說道：「你自己做的事自己知道，大人傳訊就是要問你自己，不關我事。」劉香石看到差役的惡劣嘴臉，便熱情招待茶水錢，並且陪笑臉請教，差役才告訴他，是因為文武廟建醮勸捐小引的一句話。在場的同仁都站在劉香石一邊，支持他去和華民司爭理。

　　劉香石讀過四書五經，通曉「夷」字的含義，如何與華民政務司對答，他成竹在胸，十分鎮定。按照指定的時間，他穿着白布長衫，手持象牙柄雕羽扇，鼻架金絲眼鏡，腳穿厚底氈鞋，大搖大擺走進華民政務司署。

　　華民政務司諾克一見劉香石即大聲斥責道：「你身為文武廟值理，為什麼勸捐小引內用『華夷雜處』一句。夷是『番鬼』，簡直是侮辱大英帝國。你在香港行醫，受了英國的好處，居然用此惡毒的詞句，煽動群眾，究竟是何居心？有無受別人指使？」

　　華民政務司氣勢洶洶。劉香石卻手搖羽扇，慢條斯理地說：「這小引是我自己執筆，並非受任何人指使。我是中國人，讀過《孟子》。《孟子·離婁上》篇內曾說：『舜，東夷之人也。……文王，西夷之人也。』這章書的『夷』字，明明說舜為東方的聖人，文王為西方的聖人。夷字是代表地方性的，不一定是指大人所說的『番鬼』啊！孟子既以『夷』字說舜與文王，所以我用『夷』字代表各國人，絕對是有所根據，不是存心惡毒。你大可翻開《孟子》看看。」

　　諾克聽了，明知是劉香石強辯，也無法加以反駁，更不能治罪，只好改變口氣，心平氣和地說：「劉先生真是博學，能引用古書來說明夷的含義。」同仁們都為劉香石駁倒華民政務司而高興。

任職末期，梅含理於 1918 年 9 月離職去加拿大治病。繼任總督司徒拔於 1919 年 9 月來港。兩任總督之間有長達一年的過渡期，輔政司施勳負責在此期間管治香港。

司徒拔 Reginald Edward Stubbs

司徒拔（1876–1947），又譯史塔士，英國人，畢業於牛津大學。曾長年在英廷供職，後來獲外調到錫蘭的殖民地政府工作，並且在十分短的時間內升任總督之職。曾先後出任香港、牙買加、塞浦路斯與錫蘭的總督。任內以作風率直強硬和不易妥協著稱。在任香港總督期間，就因為拒絕對海員大罷工與省港大罷工作出讓步，引起軒然大波。晚年，司徒拔退居於英格蘭肯特郡比爾斯特德，獲任肯特郡太平紳士。1947 年 12 月 7 日因心臟衰竭在比爾斯特德去世，終年 71 歲。連接香港島灣仔及灣仔峽的司徒拔道即以他的名字命名。

1919 年 9 月 23 日，司徒拔就任香港第十六任總督。任期至 1925 年 10 月 31 日，後延期一年。

司徒拔的父親是有名的牛津主教斯塔布斯，是當時一流的歷史學家。英國史學家弗蘭克·韋爾什說，司徒拔「繼承了父親的全部學術才華，在言談直率方面更是有過之而無不及」。司徒拔憑藉古典文學和經典作品兩門功課的第一名輕鬆過關，進入殖民地部。在政府部門工作十三年後，他決定轉到殖民地工作，43 歲就被任命為香港總督。

1920 年，司徒拔組織了一個專門委員會，負責調查香港的經濟資源，研究香港經濟及商業國際化問題，並制訂工廠法及有關法例。同年邀請社會人士和教育司署代表合組教育委員會，制訂香港教育政策，創立英文書院，以加強港島英文中等教育。又開拓港島東區及北角海濱的大片土地，興建筲箕灣至石澳，黃泥涌峽至淺水灣、深水灣、香港仔等的公路；開設九龍巴士公司和中華巴士公司。1925 年 10 月離港，赴牙買加任總督。曾受封爵士。1947 年 12 月 7 日，因心臟衰竭在比爾斯特德去世，終年 71 歲。

司徒拔任內，工人運動不斷，重大的就有「省港大罷工」、「香港海員大罷工」，使香港海陸交通陷於癱瘓。司徒拔來港前一直在倫敦政府和錫蘭平和的環境中工作，未能適應中國動盪和多變的環境，以至處理問題的策略不夠妥善。英國政府不得不把司徒拔調回倫敦，名為商討局勢，實際上是將他撤職。

兩次歷史性大罷工均發生在司徒拔任內，但責任並不完全在他。他上任前的 1910 年至 1919 年十年間，通貨膨脹嚴重，米價上漲，房租成倍提升，工人不滿情緒日益強烈，勞資雙方矛盾尖銳，勞資糾紛蓄勢待發。司徒拔對工人運動採取了敵對的態度，沒有恰當處理，連倫敦也不滿意。

從司徒拔開始，港督譯名逐漸中式化，如郝德傑、羅富國、楊慕琦、戴麟趾、麥理浩等。

百年罕見的糧荒

司徒拔上任伊始，便趕上了香港百年不遇的大糧荒。

香港居民的糧食來源，當時主要是東南亞各國，如越南、緬甸、泰國、老撾、柬埔寨等地。香港經營糧食的商行，擁有龐大的資金，與產米地的商人有着密切聯繫，每年收穫季節，就地收購，運返香港。資本雄厚的米行，在當地開設碾米廠，就地加工，運回香港存入倉庫，然後再批發給零售米商，居民吃到的糧食是零售商的轉手貨。米價的高低完全由米商操縱，香港政府不予過問。

香港人口不斷增加，到 1918 年前後，人口已達五十餘萬，對於糧食的需求日益增多。糧食問題日漸凸顯出來。

1918 年亞洲南部地區大雨成災，稻穀普遍歉收。而 1919 年該地區又遭受嚴重旱災，稻穀雜糧的收穫僅得二成。由於連年遭受嚴重自然災害，東南亞各國所產糧食僅夠當地居民食用，沒有多餘出口，香港的糧食來源遂發生問題。當時正值第一次世界大戰結束，海上運輸船隻受到戰爭破壞，處於修理和補充的階段。香港與外地的海上運輸很緊張。輪船公司也乘機提高米糧運輸的運費，更增加了香港進口糧食的困難。當時經營糧食的大商行倉庫空虛，糧源又斷絕，毫無辦法。港府當局對此置若罔聞，使局面越來越嚴重，市面米價一日數漲，原來每百斤 6元，後來升至 60 元，幾天之間便上漲 10 倍。

當時香港市民的收入一般都很微薄，家中無有積蓄，掙一天的錢，買一天的糧食，而零售米商又從中作梗，只賣給大戶，不賣給購米數量零星的市民，使市民經常買不到米。市民聚集在糧店門外等米，越聚越多，朝夕不散。而警察又不體諒市民的困境，反而以阻礙交通、擾亂治安為名，揮動警棍強行驅趕群眾。群眾忍無可忍，時常同警察發生衝突，出現流血事件。據陳謙先生回憶，初時只在維多利亞城的環頭環尾一帶小米店發生警民糾紛，後來愈演愈烈，中環荷李活道的振隆米店、文咸街的恒裕泰米店等繁華地段的大米店都出現毆鬥現象，致使全港居民人心惶惶。

香港當局看到局勢不可收拾，遂僱用太古洋行的輪船到中國上海、蕪湖一帶買米。糧食運到香港後，由港府出面定價，上等米 100 斤 20 元、中等米 100 斤15 元、糙米 100 斤 10 元。至此，米荒才算得以緩解，風潮暫告結束。

同孫中山的衝突

　　1920 年 11 月，孫中山在廣州重建護法軍政府，展開更大規模的護法鬥爭。對於孫中山的軍政府，英國政府採取的政策是，既不承認這一與北京對抗的地方政權，也不捲入該地方的紛爭。但是港英政府卻採取了與倫敦不同的態度，總督司徒拔先是與之保持友好的關係，後是相互對抗。香港當局與孫中山及其政府的關係，余繩武、劉蜀永先生所主編的《20 世紀的香港》曾作過具體深入的分析：香港與廣東有着特殊的地緣與人緣關係，因此，廣東在港英當局發展對華貿易上佔有舉足輕重的地位。一方面，香港輸往華南各地的貨物絕大部分須經廣東分發；另一方面，華南及西南各省的土特產品也要經廣東轉運香港出口。港英當局為此控制了廣東的水陸交通、鐵路和能源等主要經濟命脈。可以說，香港作為遠東轉口貿易中心地位的確立，除其自身的條件外，廣東起了非常重要的作用。因此，香港政府對於廣東政局的變化格外關注。中國民族民主革命的倡導者孫中山先生抵粵，是對在粵擁有巨大權益的港英當局的威脅，當然也就不為他們所容。

　　第一個衝突首先圍繞着廣州政府收回海關所欠關餘而展開。為解決財政上的緊張狀態，1920 年年底廣州軍政府照會北京公使團，要其飭令代管關餘的銀行委員會將廣東地方應得的 13.7% 的關餘立予攤分，遭到了公使團的拒絕。1921 年 1 月，軍政府毅然宣佈，將從 2 月 1 日起收回護法省區各海關的管轄權。對於軍政府這一舉動，香港當局擔心會直接影響粵港間的貿易，搶先採取了行動。在軍政府宣佈將接管海關後不久，港英當局即派遣兩艘軍艦駛往廣州，在粵海關示威恫嚇。英國外交部也要求香港對廣州實施經濟封鎖。但英國殖民地部對此則持謹慎態度，提出應首先聽取香港總督的意見。

　　另據《香港史》介紹，司徒拔曾收到廣東政府的提議，請他就關稅一事給予協助。司徒拔致函英倫殖民地部，請求不要反對孫中山對海關稅收的要求。外交部官員認為，一個小小的殖民地總督竟然插手國家對外政策，實在太出格了，斥責了司徒拔。司徒拔接受批評，改變了姿態。

　　司徒拔與香港總商會的代表磋商後，向殖民地部建議封鎖廣州，列強應聯合採取行動。若香港單獨採取行動，勢將危害香港的利益，而其他列強定將從中獲

利。孫中山鑒於列強態度強硬和廣東政局的動盪，認為採取行動為時尚早，宣佈暫緩接收海關。

廣州護法軍政府與港英政府的第二次衝突是圍繞着廢除「卡賽爾煤礦合同」一事進行的。所謂「卡賽爾煤礦合同」，是港英為掠奪廣東礦藏與桂系軍閥簽訂的合同。第一次世界大戰期間，為解決燃料缺乏的問題，英國打算在廣東開發能源。經港英政府安排，英華工程師協會派人對廣東省進行了地質勘探，香港英資企業滙豐、怡和、太古等大公司均參與了開發計劃的制定。經司徒拔推薦，英國政府最後選定了由退伍少校卡賽爾提出的計劃。1920年4月，卡賽爾公司與桂系軍閥莫榮新草簽了合股開採煤礦的合同。依照所簽合同，英方有權開發廣東的煤礦及控制全省的水陸交通，修建連接廣九和粵漢線的鐵路。

孫中山和護法軍政府趕走桂系後，宣佈該項掠奪廣東礦產資源並享有多種特權的合同為非法，不予承認。英國駐廣州總領事傑彌遜和港督司徒拔親自出馬，妄圖使廣州政府改變立場，奪回英國即將到手的利益。

傑彌遜多次致函廣州政府，聲稱他要保護英國公民的「權利」，要求廣州政府承認卡賽爾合同。卡賽爾公司同時表示願意修改合同，減少英方所獲利益。廣州政府外交次長伍朝樞明確指出，卡賽爾合同對廣州政府來說是一紙空文，無任何效力。廣州政府的總體思想是礦山國有，外國資本如欲開發，必須符合平等互利的原則。談判不成，司徒拔專程來到北京，以幫助北京政府「困迫新政府」、「售賣和運送軍械予廣西陸榮廷」為交換條件，要求北京政府承認和履行卡賽爾合同。孫中山廢止合同的決心毫不動搖，他對許多英國人說，「請他們到別的地方發財去，廣東的礦山，是留了給廣東人的。」

面對孫中山的強硬態度，司徒拔採取了從內部分化廣州政府的措施。廣州軍政府重建後不久，英國政府便察覺到孫中山與陳炯明之間存在的矛盾。對於孫、陳不睦，英國外交部堅持其不捲入中國地方紛爭的政策，而香港當局則加以利用，從中挑撥分化。

在司徒拔的授意下，立法局華人議員、港商劉鑄伯提出了一項援助陳炯明的計劃，在香港和廣州兩地為陳炯明募集資金，從財政上支持陳炯明，要求陳炯明向北京政府妥協，與孫中山斷絕一切聯繫。1921年3月26日劉鑄伯專程前往廣州，與陳炯明舉行了會談。

司徒拔向英國殖民地部報告說，他特別希望殖民地部同意這項計劃，因為這將會給香港帶來無窮的好處。殖民地部拒絕了司徒拔的建議，指出：「香港捲入廣東政府內部事務是極其不明智的舉動。」因為英國內部的分歧以及陳炯明的回絕，這一從內部分化瓦解廣州政府的計劃才告夭亡。

1921 年春天，孫中山建立正式政府。4 月 7 日，廣州非常國會選舉孫中山為非常大總統。5 月 5 日，孫中山正式宣誓就職。5 月 4 日，港府華民政務司派人貼出告示稱，接總督口諭，禁止香港華人集會慶祝廣州新政府成立。5 月 6 日華民政務司再次告示稱，接總督令，禁止為廣州政府在港籌募款項。

5 月 13 日，廣州政府照會英國駐廣州總領事傑彌遜，抗議港府頒發告示，禁止香港人民慶祝孫中山就任非常大總統和為廣州政府募捐。照會指出，港府這一舉動非常不合時宜，它不僅污辱詆譭了孫中山大總統和廣州政府，而且為外交史上所罕，要求香港總督對此做出解釋。

5 月 23 日，司徒拔對廣州政府的抗議作了答覆。他推託說，告示發佈時他不在香港，此事未經過他的批准，他對告示所使用的不禮貌語言深表歉意。同時又稱，他所反對的只是告示所使用的不禮貌措詞，對告示所表達的宗旨完全贊同。港府只承認北京政府，因此，香港政府不可能允許在港為敵對一方總統的就職舉辦慶祝活動和為其籌募資金。

5 月 24 日，伍朝樞致函傑彌遜，對司徒拔的說辭進行了駁斥。伍朝樞指出，香港當局干涉香港居民舉行慶祝活動和對本政府給予道義和物質上的支持，其行為明顯超越了英國政府所奉行的友好中立的界線，屬公開的敵對行為。香港居民中有 99% 為華人，他們中的大多數均強烈支持本政府，香港高級官員對本政府所作出的任何敵對言行，都將使香港居民感到憤慨。香港政府應徹底取消和廢棄所發告示，從而使粵港之間恢復友好關係。

英國駐廣州總領事傑彌遜認為，香港政府的舉動不得人心，致使一向敵視國民黨的一些中國人都對廣州政府表示了同情。明智之舉是取消所發告示。香港各英文報紙對港府的做法也提出了尖銳的批評。面對來自各方的壓力，司徒拔害怕事態惡化到影響商務關係，尤其是引起外交部的責問，不得不有所收斂。不久，香港政府將告示收回。

「沙田慘案」的製造者

1920 年，香港當局通過了一項新的社團法案，放鬆了對社會團體登記的限制。香港的工人運動，又恢復了公開活動。這一年 4 月，爆發了抗議生活費用上漲、要求增加工資的大規模罷工鬥爭。罷工的主要力量是 5,000 名香港機器工人。他們要求資方加薪 40%，反對外國資本家藉口經濟衰退辭退工人，有 26 家不同企業的 9,000 名工人參加了罷工。由於罷工工人的要求得不到合理解決，許多工人紛紛離開香港返回內地。在廣州他們得到廣州機器工人的歡迎和支持。經過反復協商，4 月 19 日，港英當局最後終於答應了工人的要求，提高工資 32%。隨後幾個月內，新的工會大量湧現，小規模的罷工連續不斷，以致醞釀成 1922 年的香港海員大罷工。

第一次世界大戰結束以後，各國商船的客運和貨運量迅速增加，輪船公司經營狀況改善，獲利不少，於是連續給船員加薪。但外國資方只給外國船員加薪，華人船員做同樣的工種，甚至比外籍船員工作量大，工資卻比外籍船員少很多，有些輪船上的雜役甚至不給工資，他們的收入就只靠乘客的小費。對於這種不合理的狀況，香港華籍船員一直心懷怨憤。

香港中華海員聯合工會首先發難，致函英國的太古、怡和兩洋行、日本的大阪商船株式會社以及美、荷等國的輪船公司，要求從 1922 年 1 月起，華籍船員月薪增加 30%，並限期資方答覆。

接到海員聯合工會的函件後，各輪船公司立即開會研究對策。據古魯先生的專欄文章記載，會上有人說，我們僱用華籍海員，是讓他們有飯吃，而且他們的情況已比國內的中國人好得多，而他們還不滿足，簡直是無理取鬧。對於海員工會的信函，可以不理。如果工人有什麼行動，就解僱他們，讓他們嘗受一下失業的滋味，別再身在福中不知福。

大多數與會公司代表都附和這種論調，結果，海員工會的函件便被丟在一旁，不予理睬。規定期限已到，各輪船公司都沒有回覆。海員工會知道，要求已被拒絕，於是在 1922 年 1 月 12 日發動了全港海員大罷工。最初參加罷工的有 1,500 人，但所有香港開往內地的輪船的海員和抵港的英、日、荷、法、美等國

輪船的華工，均採取一致行動。一周之內，參加罷工的工人急劇增加達到 6,500人，香港沿海各條航線幾乎全部停頓。罷工工人從 13 日起分批返回廣州，到 1 月 19 日，返穗的海員達五千人之多。廣州各工人團體熱情接待香港罷工工人，在廣東省總工會倡議下，全省 27 萬名工人，每人捐贈 1 天的工資，以支持罷工海員的日常生活費用。

司徒拔不顧海員的要求，完全站在外國輪船公司一邊，立即宣佈戒嚴令。命令規定：嚴禁集會演說；不得聯群結隊或手執旗幟、標語、傳單到處遊行；警察出巡，如有被認為可疑的人，任由搜遍全身，不准抗拒，倘有違抗即行拘捕、開槍，格殺勿論；攜帶包裹物件出街，警察有權檢查。

2 月 1 日，司徒拔當局又下令封閉海員工會，並將工會招牌拆去，但罷工工人毫不畏懼，仍然堅持罷工。為支持香港海員罷工的正義行動，2 月 7 日，香港海陸理貨員工會、同德勞動總工會、集賢工會和煤炭苦力等也參加罷工行動。

為了阻止工人返回內地，司徒拔召集定例局議員會議，通過決議，「一切離香港的人員，只能攜帶港幣 5 元，超額者沒收」。香港當局還以禁止米煤出口中國內地相威脅，企圖藉此阻止罷工工人返回內地。

2 月 13 日，民國政府外交部長伍廷芳以香港當局因海員罷工，竟然禁止米、煤出口，特致函向英國駐粵領事提出抗議。

由於各行業工人罷工，使香港機關、商行、銀行、餐館、學校等陷於癱瘓狀態，商場冷落，市場蕭條，糧、油、柴、肉、魚、蔬果供應緊張。這種形勢，不僅對香港當局，而且對英國本土也產生了不利影響。英國政府電令香港總督，迅速解決香港海員罷工問題。

3 月 1 日，香港已有十多萬人實行總罷工。3 月 4 日，又有一批工人徒步返回廣州，行經新界沙田時，遭到香港英國軍警開槍射擊，當場射殺 6 人，傷數百人，造成「沙田慘案」，這激起了罷工工人更大的憤慨，紛紛表示繼續堅持罷工，決不被槍聲所嚇退。當時廣東省長陳炯明、英國駐粵領事和廣東省總商會聯合出面調停，和勞資雙方協商。3 月 8 日，港英當局接受了海員工會提出的條件：由港督簽署新命令，取消封閉海員工會，並派專員前往工會道歉，將被拆去的工會招牌送返；在罷工期間，警署以嫌疑罪拘捕扣留的工人，一律釋放；撫恤「沙田慘案」的死難者及受傷者，遭難死亡者每名撫恤金一次性港幣 500 元，受傷者酌

量補償醫療費；增加海員工資，按月薪計算，增幅為 15%-30%；在罷工期間，工人的工資一律照發，不得扣除。

香港海員工人堅持罷工鬥爭 56 天，終於取得了完全勝利。香港工人歡欣鼓舞，全市燃放炮竹通宵達旦，以示慶祝勝利。同一天，廣州各工人團體 10 萬人，在廣州東較場歡送香港罷工海員返回香港，會後有 30 萬人參加示威遊行。

自由港變成死港

外國洋行無視中國籍海員的權益、司徒拔不人道的處理方法，使海員罷工延續近兩個月。罷工期間，香港與外地的水路交通陷於癱瘓狀態，懸掛英、日、法、荷、美等國國旗的輪船，停泊在港口無法動彈的達百多艘，海面也被堵塞。平日交通熙往攘來的自由貿易港，變成一個毫無生機的死港。

海員工會發動罷工之初，各國輪船公司主事人都不以為意，認為華籍海員不返回工作崗位，便沒有工資，捱不了幾天，就會自動回來。後來罷工態勢逐步擴大，各公司雖然口頭上答應給華籍海員加薪，卻沒有實際行動，要海員先復工再進行談判。罷工持續了十幾天後，留守在輪船上的外籍船長、高級職員和外籍海員，因為沒有小艇替他們運送糧食和淡水，也無法再堅持下去。美國駐香港領事臨時調動停泊在香港海域的淺水艦，前往廣州採購糧食、蔬菜、肉食，準備運回來供應各國輪船。結果，廣州港口碼頭工人支持香港海員罷工，不肯替美國軍艦運送貨物，美艦空手而回。

司徒拔的臨時戒嚴令，不但沒有嚇住工人，反而使事態發展更為嚴重，市面更加冷落。到了這個時候，各輪船公司的東主才感到了問題的嚴重性。於是，各國船東開始集會商討，派代表前往廣州，進行談判，以妥協結束了這場運動。

這件事雖然過去了，但是，司徒拔還沒有明白，也不會明白，香港這塊地方，離開了勤勞的中國居民，不要說發展，就連正常的生活都無法維持。

民田建屋補價政策失民心

　　具有愛國主義光榮傳統的新界人民，始終不與港英當局合作。司徒拔任職期間，港府與新界民眾的關係一直處於緊張的對抗狀態。

　　1923 年，司徒拔公佈了一項土地政策，這項新界土地新政策規定，新界鄉村的土地，分為屋地和農地。鄉民在農地上不得建屋，如果蓋房造屋，土地要補價上繳，房屋要交稅。這無異是限制新界鄉民增建新屋，顯然損害了新界人民的權益，所以鄉民群起反對。

　　新界鄉民的村落是他們的祖先整片開闢的，房屋是一間一間建築的，其中有些破舊或倒塌，有些還只是一個地基。港英剛一佔領新界，訂立官契時，港府偽裝體恤民情，進行安撫，動員村民把倒塌房屋和破舊房屋以及地基登記為農地，說是可以少收些土地糧銀，那時農地也准建屋，村民聽了官府的話。然而後來港府又出爾反爾，一律不准在農地建屋。一紙令下，村民這類屋地也算作農地，不准建屋。對於村內的街道，港府則強行宣佈為「官地」，限制村民使用。

　　6 月，荃灣鄉紳楊國瑞、上水鄉紳李仲莊、元朗鄉紳鄧煒堂集會商議對策，認為港府的規定違背傳統，應該起來反對。新界士紳會商後，推舉粉嶺彭樂三等六人為代表，與香港政府展開交涉。他們先見華民政務司夏理德，再見立法局議員周壽臣等，陳述鄉民的意見。並呈文新界田土官和港督司徒拔，要求「收回成命，以定人心」。但均無結果。於是，各鄉人民紛紛舉行聯鄉會議，議定上稟港府表示不服。

　　1924 年 8 月 24 日，新界各區士紳 102 人在大埔文武廟集會，商討反對民田建屋補價條例，決定由各區推舉代表，成立「九龍租界維護民產委員會」，籌劃與港英政府交涉。11 月，委員會經過討論發覺「須向衙門註冊方好辦事」，但用「維護民產委員會」名義去註冊，一定不會被批准，不如以委員會為主體，另用「農工商業研究總會」名義，訂立妥善章程，請律師代為註冊。結果，新界人民為維護本身權益而成立了「農工商業研究總會」，這就是新界鄉議局的前身。

　　總會成立之後，向港府進一步陳述鄉民的意見，要求撤銷民田建屋補價增稅條例。但是，司徒拔堅持不改變他制訂的新界土地政策，新界群眾繼續進行鬥爭。

港英政府掠奪新界，侵犯鄉民權益的問題歷任總督都沒能解決。雖然個別總督採取了暫時緩和矛盾的措施，但根本政策沒有改變。

送回連環鐵門

1899 年卜力血洗錦田吉慶圍，搶走了吉慶圍的連環大鐵門一對，作為戰利品運回英國。大鐵門便成為錦田人民抗英愛國傳統的象徵和驕傲。

吉慶圍的居民失去了這一對祖傳的鐵門後，一直耿耿於懷，屢次向港英統治者索要原物，始終不得答覆。1924 年，吉慶圍居民又向港英當局舊事重提，要求送回當年被劫走的鐵門。這時的總督是司徒拔，他靈機一動，認為有機可乘。吉慶圍的鄉人堅持要索回這一對鐵門，正可以利用這個機會緩和新界鄉民對他的憎恨。他暗中向倫敦請示之後，一面調查鐵門的下落，一面又讓錦田幾個鄧姓「鄉紳」正式出面遞了一個「呈文」，要求「發還」這一對鐵門。

這對鐵門是由一個愛爾蘭的軍官為邀功作為戰利品運到倫敦的，後來又運到愛爾蘭。經過一番查尋，終於在愛爾蘭鄉下尋獲，1925 年運回香港。英國人愛倫·索爾倍克對此事有所記載：

「錦田是新界最古的鄉村，建立於一千多年以前。直到現在為止，他們的許多小屋都用堅固的高牆圍繞保護着，居民僅憑兩道小門和外界溝通。許多年以來，這鐵門成了興趣的中心。

「在 1899 年 4 月，這地段由清政府租借給英國，用來擴張他們的香港九龍殖民地。當英國人進到這個地帶時，他們遭遇到當地居民的武力抵抗。軍隊包圍錦田這古老的村莊時，發現這個用高牆圍繞着的部分的鐵門已經關閉起來，阻擋他們進入。當他們攻入這村莊以後，便將這兩扇鐵門拿走，作為一種懲誡。

「新界恢復和平已經 25 年，錦田的居民已經變成馴良效忠的市民，著名的鄧族的現存領袖隨時都準備協助官吏執行有時很複雜的職務。於是在 1924 年，由錦田的鄉長們遞了一個呈文給香港總督，請求發還他們的鐵門，作為表示承認他們這種可資榜樣的行為的獎勵。英國政府立刻就以最誠懇的態度來辦這件事。不過，有一點小困難發生了：這鐵門早已不知去向。當時的總督已經去世，這塊

殖民地的早期前輩們也差不多都死了。

「搜尋鐵門的廣泛工作開始了，其經過記述在一大堆文件中，讀起來幾乎像一部偵探小說。終於，這一對鐵門在愛爾蘭發現了，是由當年的一個香港官員搬回去的。

「結果，它們被運回香港，在 1925 年 5 月 26 日的下午 4 點半鐘，這一對錦田的古鐵門，由香港總督莊嚴地又交回給歡樂感激的鄧族人士。」

這位英國人士的記述，有幾點事實沒敢迴避，一是英國擴張「香港九龍殖民地」；二是在佔領過程中「遭遇到當地居民的武力抵抗」；三是港英官員為了「懲誡」，將鐵門「拿走」。歷史的真實和侵略的本質，和吉慶圍的大鐵門一樣堅硬，誰也摧毀不了。至於新界居民「已經變成馴良效忠的市民」和「因送回鐵門而歡樂感激」，就屬記述者的一廂情願。新界鄉民反對港府的土地政策不是正置司徒拔於難堪境地嗎？

即將離任的總督司徒拔主持了這項「珠還」典禮，並立了一塊碑石來紀念此事。碑文的措辭是煞費苦心的，將當年吉慶圍鄉人勇抗英軍侵略的愛國行為，作了歪曲，而將港英終於發還鐵門，說成是一種「深仁大德」。碑記全文是：

溯我鄧族符協祖，自宋崇寧間，由江西宦遊到粵，卜居是鄉之南北兩圍，後因數孫繁衍，於明成化時，分居吉慶圍、泰康圍兩圍，四周均深溝高壘，復加連環鐵門，想前人之意，實欲鞏固茲圍，以防禦崔符耳。

迨前清光緒二十五年己亥即西曆一千八百九十八年，清政府將深圳河之南隅，租與大英國。斯時清政府未將明令頒佈，故當英軍到時，各鄉無知者受人煽惑，起而抗拒。我圍人民，恐受騷擾，堅閉鐵閘以避之，而英軍疑有莠民藏匿其間，遂將鐵閘攻破。入圍時，方知皆良民婦女，故無薄待情事，故將鐵門繳去。

現二十六傳孫伯裘，代表本圍人眾，稟呈港政府，蒙轉達英京，將鐵門發還，照舊安設以固治安，所有費用，由港府支給，又蒙史督憲（即司徒拔）親臨敝村行奠基禮，足見英政府深仁大德，亦為表揚吾民對於英政府之誠心悅服矣。特銘之於碑，以志不忘云爾。

大英一千九百二十五年五月廿號
中華民國十四年乙丑歲閏四月初五吉日立

碑文對於鄉民抗拒英軍的行動，表達得十分婉轉，既推究於清朝政府租借新界，「未將明令頒佈」，又指稱鄉民「受人煽惑」，同時又對英軍炮轟吉慶圍說成「疑有莠民藏匿其間」。既然開圍之後事實證明「皆良民婦女」，為什麼又「將鐵門繳去」？

不管怎樣，這對鐵門確實是新界近百年來歷史的見證，也是鄧氏家族樹立於南邦的「鎖鑰」，因而成了錦田的聞名古物，吸引遠近遊客觀瞻。

省港大罷工

1925 年 5 月，上海英租界軍警製造了震驚中外的「五卅慘案」。具有愛國光榮傳統的香港工人，為聲援上海「五卅」反帝愛國運動，抗議英帝國主義屠殺中國人民的暴行，於 6 月 19 日開始舉行罷工。最先起來罷工的是輪船、電車、印刷等行業工人，其他行業工人也爭相響應參加了罷工。半個月內，參加罷工的人數近 20 萬。全港工團委員會對香港當局提出了罷工條件和要求，支持上海工商學界聯合提出的要求條件。香港工人提出的六項要求，包括：

華人應有集會、結社、言論、出版、罷工之絕對自由權；香港居民，不論中籍西籍，應受同一法律之待遇，務要立時取消對華人之驅逐出境條例、笞刑、私刑之法律及行為；華工佔香港人口之 4/5 以上，香港定例局應准華工有選舉代表參與之權，其定例局之選舉法，應本普通選舉之精神以人數為比例；應制定勞動法，規定 8 小時工作制，最低限度工資，廢除包工制，女工童工生活之改善，勞動保險之強制施行等；政府公佈 7 月 1 日之新屋租例，應立時取消，並從 7 月 1 日起減租二成五；華人應有居住自由之權，扯旗山頂應准華人居住，以消滅民族不平等之污點。

從上述這些條件和要求可以看出，香港工人的罷工鬥爭，已經遠遠超出了工人階級本身的局部利益，而是從整個民族的利益出發，代表了香港所有華人的一致要求。因而它已經不僅僅是為了自己增加工資改善待遇的經濟鬥爭，而是為爭取中華民族的獨立、平等、自由，反對侵略、壓迫的政治鬥爭。香港工人的民族

覺悟此時已達到相當的高度。

司徒拔對於罷工工人的要求，根本不予考慮，並宣佈緊急戒嚴，調集英軍進入市區。英軍荷槍實彈，如臨大敵；對於華籍警員，全部繳械，不得配槍，害怕他們支持工人。同時，港府採取禁止糧食對內地出口、封鎖廣東革命政府等辦法對付罷工工人。

司徒拔召開港府官員緊急會議，藉口「廣東省內的『赤化』分子煽動誘惑香港的市民打倒帝國主義，危害治安」，通過非常時期的緊急法令，規定凡由中國各地寄給香港的一切信件必須接受檢查，倘若發現信內有宣傳「赤化」或打倒帝國主義的內容，由警方將收信人拘捕扣押審訊，追查與發信人的關係。郵政總監還藉口華人郵差罷工，人力不足，凡檢查過的內地信件，暫時不予發送。6 月 19 日，司徒拔命令查封了刊登「五卅慘案」消息和罷工聲明的《中國新聞報》，逮捕了報館工作人員，隨後又逮捕罷工工人。

港英當局的這些行動，更加激怒了香港工人和華商。工人罷工、商店關門，工人、職員紛紛離開香港返回廣州。皇仁書院的學生五百多人也在 6 月 21 日罷課返回廣州。全國總工會和廣東革命政府熱情接待返回廣州的香港工人，妥善安排罷工工人的生活。6 月 21 日，廣州沙面工人也同時罷工。6 月 23 日，省港罷工工人、廣州工人、廣州郊區農民、黃埔軍校學生和各界群眾 10 萬人舉行集會，抗議帝國主義屠殺中國人民的暴行，會後舉行示威遊行，高呼「打倒帝國主義」、「取消不平等條約」等口號。當遊行隊伍途經沙面租界對岸的沙基路時，沙面的英、法軍隊突然向示威遊行群眾開槍射擊，造成 52 人死亡，170 多人重傷，輕傷者無數，這就是「沙基慘案」。

「沙基慘案」的發生，更加激起了中國人的憤慨和反對帝國主義的決心，罷工進一步擴大。香港罷工工人很快擴展到 25 萬人，原先抱觀望態度的一些行業，如電報局職工、洋務工友、渡海小輪員工等，也紛紛罷工。6 月 27 日，酒樓、茶室、理髮、機器工人罷工。28 日，太古洋行華員、清潔工也罷工，有 13 萬人陸續返回廣州。

省港罷工工人為了統一領導，堅持罷工鬥爭，各派出代表組成 13 人的省港罷工委員會，推舉蘇兆征為委員長，李森為幹事局長，鄧中夏、廖仲愷等為顧問。罷工委員會屬下，設立財政委員會、保管拍賣處、會審處、工人醫院、宣傳學校。在幹事局下還設有文書部、招待部、庶務部、宣傳部、交際部、交通部、遊藝部等，

具體處理罷工鬥爭中的日常事務。罷工工人並組織有二千多人參加的工人武裝糾察隊。廣東革命政府宣佈對香港實行嚴密封鎖。糾察隊駐防各海口封鎖香港，抵制英貨，嚴格緝拿帝國主義的奸細，嚴禁走私物資出港，使香港交通運輸陷於中斷，工廠停工，商店關門，公用事業癱瘓，肉食蔬菜等供應短缺，街道糞便、垃圾等堆積如山，臭氣熏天，社會秩序陷入混亂。香港一時成為「死港」和「臭港」。

7月5日，銀行出現擠兌。港英當局規定：每日每人限提100元；並禁止攜帶金銀超過5元價值者出境。7月中旬以後，駐港英軍不得不負擔起很多工作，諸如渡海小輪和電車的駕駛、糞便的清理、街道的打掃等等。7月27日，港英當局召開所謂公民大會，以大會名義致電英國，要求出兵廣州。英政府未作回答。8月15日，港英當局召開第二次公民大會，再次請求出兵，電報呈送給英皇和首相，力陳進攻廣州才是解救香港的最佳辦法。

英殖民地部回電稱：「香港困苦，倫敦至深繫念，惟綜觀全局，現時無法出兵。」當時，英國本土正鬧着大罷工，英政府自顧不暇。看來殖民主義者可恃者惟有武力；但事實又證明，武力也未能解決一切問題。司徒拔無奈，於9月28日派出華商八人赴廣州試行談判，由於他們不是官方代表，所以沒有什麼結果。10月，港督司徒拔被調回倫敦，一去不復返。11月1日，港英政府再派華商為代表赴廣州談判。這次談的較深，雖然無具體成果，但為以後的會談奠下了基礎。

香港整個社會活動的癱瘓，迫使港英當局屢次派人要求談判，結束罷工。因為省港罷工而延任一年的司徒拔，被弄得狼狽不堪，英廷只好換馬。張月愛在《香港 1841–1980》一文中，對這一時期香港的歷史做過深刻的描述：「在辛亥革命的影響下，新的一代華人，已經大異於他們的長輩，西化、理想主義、接受較多的教育，能操英語和更具野心，他們開始爭取與英國人同等的地位，一群新的華人優異分子開始出現，孫中山正是他們的代表。香港大學的成立，提供華商世家子弟接受西方教育的機會，使他們有機會打進一向拒絕華人參與的歐人的上流社會統治階層，但種族間的樊籬仍無法打破，英人仍壟斷了整個最高統治階層。而1925年的大罷工，是第二次世界大戰前香港最重要的事件，在以前，香港只不過是一個避亂、牟利、無根和烏合的社會，1925年是香港歷史上的另一個分水嶺，香港社會已經開始產生出自己的認同，一個有機、多元化而以香港為中心的社群——華人社會已經出現。」

逼舊電話公司就範

到 1911 年,香港電話用戶還是只有二百多家。香港政府機關仍然不使用東方電話電力公司的電話設備,自設電話機樓,自備專線以防止東方的接線員掌握港府的機密。

1918 年,第一次世界大戰結束後,自動電話面世。香港政府要求東方電話電力公司改用自動電話裝置,如果該公司接受政府建議,改用新設備,政府機關就採用東方公司的自動電話,公司可以增加用戶,擴大經營範圍。東方公司考慮到,電話用戶只有二百多家,即使增加政府機關用戶,公司收入仍很有限,而把「駁線」式電話改成自動電話,東方電話電力公司需要動用數百萬港元來購置新設備,經過反復權衡,弊大於利,沒有接納港府建議,仍維持使用「駁線」式電話。對於東方公司的不聽話行動,司徒拔心存不滿。他認為,香港電話聯繫落後,不能吸引外商和外來的投資人士,有礙於經濟的發展。於是,港府着手籌劃新的策略,物色新的電話業投資者,以取代東方公司。

1923 年,香港一些商人得悉港府不滿意東方公司的服務,便積極籌劃組織新的電話公司。經過市場調查,新的投資人計算後認為,如果新公司重新興建機樓與海底電纜,投資很大,如果把舊公司的設備購買過來,不但節省財力物力,而且縮短改造時間。他們與東方公司協商,但是,東方公司不肯將原有設備賣給新公司,他們自有打算。東方公司分析認為,新公司若要重新建機樓、鋪海底電纜,成本驚人,而且需要時間,這樣一來,舊公司就有機會繼續經營下去。因此,東方公司繼續堅持不同當局合作。而港府已經把東方公司當作香港通訊發展的障礙,採取措施對其施加壓力。

1924 年,港府在立法局頒佈的《電話則例》中提出,強行終止舊公司的服務,把電話服務專利權給予新的香港電話公司。在這種情勢下,為香港電話業務奮鬥了四十二年的東方電話電力公司,如果不把全部設備賣給新公司,便只能全部報廢。東方公司權衡得失後,決定將所有設備賣給新公司,於是新的電話公司在司徒拔的支持下於 1925 年 7 月正式成立。

香港電話公司獲得專利權後,馬上向英國訂購新設備,以滿足港府對電話服

務的要求。但是，訂購了新的電話設備，並不是馬上就可以從英國運來，而是需要幾年的時間，所以，從 1925 年至 1929 年間，新電話公司仍然使用舊式的接線電話。香港電話公司在等待自動電話設備的時候，在港九地區開始鋪設埋在地底下的電話線，並且把服務範圍延長到跑馬地、筲箕灣、旺角、油麻地等地區。

直到 1930 年，新的自動接線設備才由英國運到香港，香港電話公司裝上新機後，香港的電話才進入自動電話時代。在新舊電話電力公司的更替中，港府扮演了積極干預的角色。

禁蓄奴婢新條例

到 20 世紀初，全港約有婢女（香港稱「妹仔」、內地稱「丫鬟」）1 萬人到 1.5 萬人，約佔總人口的 3%，並且以未成年的少女佔多數。奴婢受虐待的情形也很嚴重，例如性侵犯、虐打、不讓吃飽飯等。對此，各界有識之士紛紛提出譴責，並要求政府立法廢除奴婢制。

1921 年 7 月 30 日，立法局議員劉鑄伯、何澤生等邀請各界人士三百多人，在太平戲院開會，討論蓄婢問題。因為會議的主持人主張蓄婢，跟與會人士發生爭議。會後，香港出現了兩個關於蓄婢的對立組織，一個是「反對蓄婢會」，一個是「防範虐婢會」，雙方的爭議持續了數年之久。

8 月 8 日，在皇后大道中華商會會所內的楊少泉牙醫館，召開反對蓄婢籌備會議，參加的有楊少泉、黃茂林、麥梅生等 26 人。之後，由 8 月 15 日至次年 3 月 24 日，反對蓄婢會先後又召開了二十多次籌備會議，確定了組織宗旨，「維持人道，廢除婢制，使婢主得覺悟，婢女得解放」，並積極展開活動。

當時的英國殖民地大臣丘吉爾對蓄婢也感到非常不滿，丘吉爾一向作風強硬，他在 1922 年 2 月向司徒拔發電報，要求港府立即採取相應行動。然而，由於司徒拔反對廢除妹仔制度，而定例局內一些華人議員也對取締妹仔表示強烈反對，結果港府對丘吉爾的指令一再拖延。不久，丘吉爾在 1922 年 10 月因失去下議院議席而去職，未能作出跟進，港府於是繼續採取拖延策略。

1922 年 2 月 24 日，孫中山發佈嚴禁蓄婢令，大大推進了香港的反蓄婢運動。

3 月 26 日，反蓄婢會會員和各界人士六百多人在香港青年會禮堂舉行大會。大會以「務達革除蓄婢」為宗旨，通過了會務報告，選舉了領導機構，正式宣告「反對蓄婢會」成立。大會成立以後，組織成員及各界人士展開了各種大規模的宣傳活動，港府受到很大的震動。4 月 14 日，香港華民政務司發佈了《禁婢令》，宣佈在香港境內不准蓄婢。12 月，立法局制定了《禁婢新例草案》。

1923 年 1 月間，反對蓄婢會以及香港 154 個社團組織舉行集會，表示贊成港府頒佈禁婢新條例。2 月 15 日，立法局正式通過了《禁婢新例》，條例規定：不得僱用未滿十歲的女僕；不得轉賣婢女；不得讓婢女過於操勞等等，並對全港奴婢進行登記。此後，香港的廢婢活動持續進行了多年。下一任總督金文泰對奴婢問題十分重視，再次頒令所有奴婢必須註冊，禁止再有新奴婢出現。

對於第十任到第十六任總督這一歷史時期的特點，胡志偉先生曾有過一段概括，算是總結：

「從第十任至第十六任約四十年，天災人禍接連不斷，史稱『黑暗時期』。19 世紀末，香港流行鼠疫，十年內病死幾萬人；1906 年強颱風侵襲，死傷兩萬多人；1918 年 2 月，快活谷馬場發生大火，死六百，傷以千計。在第十一任威廉·羅便臣任上，強行取得新界租借權九十九年，再侵佔中國領土 376 平方公里，將英轄香港地區擴大了十倍。對於中國革命，歷任港督都採取排斥態度，如威廉·羅便臣驅逐孫中山出境，盧押限制香港同胞支持辛亥革命。在第十二任卜力任上，他派軍隊驅逐清朝官員出九龍城，強行接收新界，炮轟吉慶圍，死傷鄉民無數，史稱『喋血錦田』；司徒拔製造沙田慘案，鎮壓海員大罷工，死傷數百人。作孽者也受到了報應：錦田血案的主謀——警司梅含理出任十五任港督時，遇到槍擊；司徒拔則因激起香港大罷工，使香港成了死港，他自己也黯然離港。第十三任彌敦是最有遠見的一任，他對香港工商業發展頗有貢獻，如重建中區，用工兵開闢九龍主幹道彌敦道，建成市中心旺角，電車與廣九鐵路全線通車，此謂『彌敦之治』。這四十年內香港建立陪審員制度、供應居民用電、創辦香港大學。司徒拔離港的 1925 年成為香港歷史的另一分水嶺——華人社會已經出現。」

第十七任
1925-1930

金文泰 Cecil Clementi

金文泰（1875-1947），又譯作克萊門蒂，英國人。1875 年 9 月 1 日生於印度北方邦坎普爾，被送回英國接受教育。先就讀於倫敦的聖保羅公學，後來升入牛津大學莫德林學院。1899 年被招募為官學生來港，在廣州學習粵語和中國書法兩年。曾在新界土地測量處工作，1907 年任香港助理輔政司，1909 年代表港英政府出席在上海舉行的國際禁煙會議。次年任梅含理的私人秘書。1913 年任圭亞那輔政司，1922 年轉任錫蘭輔政司。英廷認為金文泰熟知中國文化，對中國的態度一向友善，於是委任他接替司徒拔為港督，以設法緩和省港局勢。金文泰是首位從皇后碼頭登岸履新的港督，從該處登岸履新成為了此後歷任港督的傳統。在新加坡供職期間，金文泰患上糖尿病，提前於 1934 年 2 月 16 日退休。1947 年 4 月 5 日因心臟衰竭病逝於白金漢郡，終年 71 歲。

1925 年 10 月，司徒拔被倫敦調回。11 月 1 日金文泰抵港，就任第十七任港督。1930 年 2 月金文泰任滿離港，任期共五年。

1930 年金文泰離港後，赴新加坡任總督兼馬來亞高級行政專員並受封爵士。1947 年去世。譯著有《嶺南情歌》、《英屬圭亞那的華人》等。

香港有的報刊認為，從金文泰以後的三位港督當政時期，是香港休養生息的時期，他們都為香港社會的穩定做出了積極貢獻。

英國史學家弗蘭克·韋爾什認為，金文泰是殖民地部門的一個怪人，他以優異的成績畢業於牛津大學，文官考試成績也異常出色，完全有條件挑選政府的任何部門去工作，例如印度事務部、外交部、財政部等。他選擇了被視為才智平庸之輩的避難所的東方殖民地司。1899 年金文泰來到香港，從事新界土地登記工作。

金文泰受到各方面的好評，尤其是他的上司十分欣賞他，稱讚他的才幹。卜力認為他是「東方司最具才幹者之一，一個學者和思想家，有朝一日必將有所成就」。盧押稱，金文泰才華橫溢，富有同情心，令人愉快。他來港前的署理港督施勳在寫給妻子的信中說，金文泰被任命為總督，不失為明智之舉，他會幹得很出色。金文泰很快理順了司徒拔遺留下來的糾纏不清的各種關係，不但與廣東政府，還與英國外交部及其駐北京、廣州的代表建立了聯繫。

着手解決罷工問題

1925 年 11 月 12 日，金文泰上任伊始，他以兼任校長的身份在香港大學發表演說。他表示，廣州和香港向來就親睦如一家人，這一次工潮，雙方都受到損失，深願廣州當局向香港伸出友誼之手，我們願意立即牢牢把握住。

司徒拔給金文泰留下的是一座「死港」。金文泰就任港督後，首先要處理的是前任留給他的大罷工和新界兩個問題。他和司徒拔的強硬態度不同，採取了較平和的策略。他親赴大埔作新界鄉紳的工作，通過他們勸說村民把蔬菜、雞鴨等副食品運送港島，解決因罷工而產生的市民生活供應困難。為了爭取新界人士，金文泰宣佈撤銷司徒拔頒佈的新界民田建屋補價增稅政策，提議將「新界農工商研究總會」改名為新界鄉議局，並認可鄉議局是港英政府在新界施行新政策的一

個諮詢機構。

在解決罷工的問題上，金文泰前後態度變化很大，開始他汲取了司徒拔的教訓，上任伊始，便一改以往港英政府敵對與強硬的態度。他向英國政府提出，由香港政府直接出面與廣州方面交涉聯絡。他主動多次表示願意和廣州政府通過談判來解決罷工。廣州方面也採取了積極態度，準備與港英當局派出的代表進行談判。

1925 年 12 月 15 日，金文泰提出廣州方面委派重要職員來港，交換意見。廣州政府派財政部長宋子文赴港，與港督金文泰及其他港府要員舉行了會談。會談中，宋子文提出，罷工欲求解決，港英政府必須在經濟上滿足兩個先決條件，即賠償罷工工人在罷工期間的損失與重新安排罷工工人的工作。港英政府則聲言，重新安置罷工工人已不可能，因為罷工工人先前的工作早已被人代替。宋子文表示，可以用賠償的方式予以解決。關於賠償問題，金文泰指出，港府認為這種賠償要求無異於敲詐。但是，由於對港封鎖曠日持久，香港的多數華商及一些英商寧願償付這筆費用，也不願讓這種狀態持續下去，而港府對於這類舉動不好加以阻攔。因此，賠償問題雙方還可以進一步商談。

雙方在廣州又舉行了多次會談。港方表示，應將罷工工人所提政治、經濟條件分開談判。關於經濟條件，港方可與罷工工人磋商。關於政治條件，港府願以廣州政府為談判對手。廣州政府表示，如果香港當局原則上能同意經濟條件，政治條件可另尋一方式磋商。

港方代表返港後，金文泰改變了主意，認為這樣的解決方式對香港將會產生不利的影響。他立即宣佈，港府不能參加此類解決方式的談判，但不妨礙華商自己籌集資金來解決罷工問題。港英當局如此缺乏誠意，就注定了談判已無法進行下去。12 月 30 日，香港華商代表抵穗商談經濟賠償條件問題，廣州方面拒絕與之談判。

金文泰對談判的失敗並不感到遺憾。他本人一直懷疑，向廣州支付這筆「勒索款」是否能確保香港的永久安寧。1926 年 1 月 4 日，金文泰召開行政局會議決定，「香港目前唯一可能的途徑就是維持現狀，直到廣州現政府被中國某一敵對將領所推翻」。

金文泰從最初主動提出願意通過談判來解決罷工，到後來態度變得越來越強硬，很重要的原因是他覺察到了廣州政府即將發生變化，國民黨右派勢力逐步擴

張。1月13日，金文泰召集港府要員舉行會議，進行了專門研究，與會者一致認為，廣州的右翼人士即將得勢，廣州政府不久即將分裂，罷工委員會就要被解散，對香港的封鎖也將隨之結束。1月25日，港英當局悍然對外宣佈，中止有關解決罷工的談判。

6月5日，廣州政府外交部長陳友仁致函金文泰表示：本政府現已準備與香港政府磋商罷工事件，並準備委派全權代表三人，深信香港亦宜委派負有同等權責之代表三人，進行磋商。6月16日，金文泰通過英國駐廣州總領事覆函廣州國民政府：香港罷工已成為過去之事件，但他已任命代表，願就排斥英貨問題與廣州政府談判。

廣州國民政府為了表明解決罷工的誠意，主動作出讓步。6月21日，陳友仁覆函英駐廣州領事，一方面聲明「罷工仍為政治上一件要事」，同時也表示可以「磋商廣東人民業已維持一年之久杯葛運動解決之方法與手段」。

7月15日，中英談判終於在廣州國民政府外交部舉行。談判從7月15日起至7月23日結束，前後共舉行了5次會議。在第二次會議上，中方代表團發表了《關於對英杯葛之意見書》，分析了此次省港罷工爆發的直接原因，是由於繼上海「五卅慘案」後，英國在廣州製造了「沙基慘案」，從而激起了廣東人民的極大憤慨與反抗情緒。《意見書》對港英當局與中國人民為敵，對廣東採取經濟封鎖的行徑進行了斥責，並對港英當局無理拒絕廣州政府在「沙基慘案」發生後所提出的解決條件提出了質問。由於英方對談判無任何誠意，5次會談均沒有取得任何結果。

9月，國民黨中央政治會議為全力支持北伐戰爭，決議主動取消封鎖港澳政策，恢復粵港交通，准人民自由往來。為解決罷工工人所需費用，決定對進口貨物加徵二五附加稅，用來賠償罷工工人損失，由政府和罷工委員會派員在海關徵收。罷工工人每人領取相當於十個月工資的100元。工人可以回港工作，也可以在內地工作，找不到工作的，罷工委員會繼續供給生活費。10月10日，正式宣佈主動停止封鎖香港，結束這次罷工鬥爭。至此，歷時十六個月的省港大罷工勝利結束。這次省港罷工使英帝國主義遭受沉重打擊，進出口船舶和稅收減少，估計貿易一項損失達幾億英鎊。

張月愛在《香港 1841–1980》一文中論及省港大罷工時認為：「香港傳統的華

人社會，已起了深刻的變化，華人社會開埠以來首次對英國人的統治，表示懷疑，隨着社會發展而出現的香港工人階級，也首次顯出他們的力量。」「香港政府也首次真真正正面對如何統治這一個華人社會的問題，統治的態度也相繼改變。」

收復和反收復租借地的較量

1921 年，以美國為首的帝國主義國家，為了對戰後遠東和太平洋的殖民地和勢力範圍進行再分割，召開了華盛頓會議。會議期間，中國代表顧維鈞提出要求取消和早日停止使用所有的租借地。顧維鈞在議案中「歷數了列強在華租借地破壞中國領土完整，危及中國國防、將中國牽入列強衝突的漩渦及被列強利用來建立自己的勢力範圍等事實，要求將此等租借地取消或從速廢止之」。由於中國人民反帝愛國鬥爭的壓力和列強之間的相互矛盾，以及世界民族解放運動的高潮，使列強不得不有所退讓。法國聲稱同意撤出廣州灣；英國後來聲稱在集體交還租借地時會放棄威海衛；日本也被迫表示同意交還膠州灣。但是，英國代表、樞密院大臣貝爾福在會上力圖避開新界的問題。他說，新界應該繼續由香港管理，「因為沒有它，香港就完全無法防守」。

在 12 月 7 日的第 13 次會議上，中國代表反駁了貝爾福的言論。中國代表指出，保留新界並不是保衛香港的唯一解決辦法。由於英國得到其他帝國主義強國的支持，中英雙方僅就新界問題進行過一次小小的交鋒，就不了了之。

1924 年 1 月，共產國際和中國國民黨第一次全國代表大會宣言明確提出：一切不平等條約，如外人租借地、領事裁判權、外人管理關稅以及外人在中國境內行使一切政治的權力侵害中國主權者，皆當取消，重訂雙方平等、互尊主權之條約。在這以後的幾年內，中國國內的反帝愛國浪潮不斷高漲。1927 年 1 月，在北伐戰爭節節勝利的形勢下，湖北的工人、學生和其他愛國群眾收回了漢口、九江的英租界。面對這些疾風暴雨般的反帝愛國運動，英國當局坐立不安。香港總督金文泰竭力鼓吹合併新界，長久佔據。1926 年 1 月，他在一封機密信件中建議保住新界。一年之後，他在一份電報中說，鑑於中國各地都有人在煽動收回一切租地和租界，現在十分重要的事情是，盡快使該租界地（指新界）永久化。萬一英

國最終不得不對中國南方採取軍事行動的話，可以把割讓新界作為事實上交還威海衛的補償，或者作為「慷慨地」修改條約的補償，或者以之作為重歸舊好的條件。

但是，英國駐華公使藍浦生認為，金文泰的建議只會更加激發中國人的反帝愛國情緒，加劇帝國主義對英國的指責，因此，藍浦生竭力反對金文泰的建議。於是，英國外交部決定按兵不動，免生事端。但是，稍晚些時候，金文泰被授權發表了這樣的聲明：「當內戰的戰火不幸在中國燃燒之際，英皇陛下政府全力保護香港及其大陸部分，他們絕對不會交出香港，不會以任何方式在英國統治的大陸的任何部分放棄或削弱其權利或權力，英皇陛下政府保有它們符合它的最高利益。」

正視港人的力量

香港民眾的抗英鬥爭，使英國和港英政府在政治上和經濟上都受到了嚴重損失。據巴圖所著《別了，港督》一書記載，英國官方估計，1925 年英國在中國市場的貿易份額比 1924 年減少了 21%，同期香港對內地的貿易額減少近 23%。英國和港府對華貿易商品價值共損失 32%。

香港罷工結束以後，金文泰致力於改善港府與民眾之間的關係。他懂得在香港如果排斥佔人口總數 98% 以上的華人，香港的政局將是不可能穩定的，香港的經濟更談不上繁榮。他設法多讓香港華人參與香港事務。他突破歷來行政局不許華人參與的傳統，首次委任華人為行政局非官守議員。金文泰的這一做法，受到殖民地大臣艾默里和外交大臣張伯倫的反對，他們認為華人在保密方面不可信任。金文泰一再請求，英國政府才同意這一任命。

被委任為行政局非官守議員的第一位華人是周壽臣。周壽臣於 1861 年出生，早年在中國海關和鐵路工作，以後在香港定居，1923 年出任立法局非官守議員。1926 年被委任為行政局三個非官守議員之一。

金文泰的這一行動，在香港歷史上具有一定意義。在此之前，華人長期被拒諸行政局門外。

金文泰致力於擴大立法局組織。1929 年，他將立法局非官守議員由 6 人增加到 8 人，其中華人議員由 2 人增至 3 人，新增加的華人立法局非官守議員是曹善

允，屬九龍區居民，他也是九龍首位立法局議員。

1927 年，金文泰正式命令香港大學設立中文系，聘請賴際熙、區大典二人為講師。對於港大中文系開設的經費，金文泰還撥款予以資助。

因此，香港人民逐漸恢復了信心，使這個已經癱瘓了的轉口港，逐漸恢復了正常運作。為了盡快收拾司徒拔留下來的爛攤子，金文泰請求英國政府撥款支持香港。1927 年 5 月，倫敦政府決定貸款 300 萬英鎊，協助香港重新發展貿易。到了 1927 年底，香港進出口船隻近 3 萬艘，總噸位達到約 3,500 萬噸，已經接近省港大罷工前 1924 年的水平。

隨着轉口貿易的恢復，香港的經濟又重新開始發展，香港政府的收入也逐漸增加。1930 年，港府收入有 3,000 萬元，達到歷史上最高水平。當年港島最高建築物，是高達九層的告羅士打大廈。同時開始建築城門水塘、啟德機場、廣播電台以及耗資 300 萬港元的九龍半島酒店。香港又恢復了轉口港地位的活力。

金文泰盡量為在港華人做些實事，緩和與華人以及內地的關係。1928 年 3 月 10 日，金文泰訪問廣東。3 月 11 日，廣東省政府招待到廣州訪問的金文泰，金文泰在演說中表示，對於粵港重新合作感到歡欣，希望粵漢鐵路同廣九鐵路早日接軌。

同年，前皇家空軍飛行員成立飛行俱樂部。港督金文泰給予大力支持，提請立法局通過撥款 6 萬元，並決定以後每年撥款作為俱樂部經費。同時，決定由政府接辦飛機場，因為地皮是由立法局議員華人何啟、區德投資開發，機場完成之後，就以他兩人的名字命名為啟德機場。

同年，教育當局的中國課程委員會訂定《中小學中文課程標準》，其內容與中國內地相同。當時，全港中文學校的學生約有 4.5 萬人，英文學校的學生約有 1.7 萬人。

同年，港英政府開展房屋計劃，將市區內的貧民窟拆毀後重建，積極改進公共衛生設施。

1930 年 1 月 4 日，中國確定將海關稅改為金本位，中英開展海關協定的談判，又有人向英國駐華公使藍浦生建議，以海關協定為杠杆，要中國同意英國保有新界延至 1997 年之後。當時正是中國人民反帝愛國革命運動發展時期，所以藍浦生認為時機不成熟，「毫無討價還價機會」。

省港大罷工結束以後，由於港督金文泰看到了香港華人具有舉足輕重的作用，因而促使香港英國人士與華人之間的交往和友誼進一步發展。金文泰的策略是英國全局政策的一部分，他只有首先穩住香港內部，才能保住香港。這對後來幾任港督也有一定的影響。

水荒和制水

香港最大的水荒有兩次，一次是 1895 年，一次是 1929 年。香港天文台由 1884 年開始記錄香港雨量，根據記錄，1895 年降水量為 45.83 吋。當年全港人口約為 24.8 萬，因為當年大旱，雨量突然減少，香港開始實行首次制水，不過只在晚間實行，未造成嚴重水荒。為了解決香港居民的用水問題，港府加緊城門水塘的工程建設。

1929 年，香港全年降雨量只有 69.82 吋，而人口接近 80 萬，造成了歷史上的嚴重水荒。據記載，當年 4 月，香港大旱，開始實行七級制水，6 月，大旱持續，六個水塘中有五個乾涸見底。當局成立了食水供應委員會以應付水荒，又宣佈緊急措施：樓宇水喉全部停止供水，居民須在食水供應站領水使用。全港 80 萬名居民只靠街上 306 個水龍頭，每天供水兩小時。7 月初到 8 月底，港九處在極度水荒中，全港各團體紛紛集會，請求當局改善水塘設備及供應。當局採取應急措施，將廣九火車的車廂全都改成水箱，到深圳河汲水運來供應，同時派船隊到珠江汲取淡水，運來供應居民。

當年有些投機分子，用水艇到寶安縣運水來港發售，每桶 2 毫，發民難財。為了逃避水荒，據統計約有 20 萬人離開了香港。

直到 9 月 5 日，水荒威脅才漸告解除。事後，金文泰力促趕快興建海底輸水管。1930 年 2 月底，海底輸水管建成，舉行引水禮。

居民為總督祝壽

　　新界人一直對港英政府沒有好感，這是因為英國通過不平等條約《展拓香港界址專條》，取得新界的租借權；在佔領新界的過程中，又曾對新界鄉民動用過武力鎮壓；在接管新界後，又以快刀斬亂麻的手段，推出了集體土地契約，將全新界的私人土地收歸為「皇土」，按年納糧。直到金文泰接任第十七任香港總督，在這位「中國通」的努力下，香港政府與新界人的關係才獲得改善。金文泰是在省港大罷工的大氣候下接任港督之職，當時香港經濟已成一潭死水，恢復香港經濟是他首要的任務。而這位港督採取了懷柔手段，不獨對新界鄉民，甚至對港九的華人，都一反其以前歷屆或多或少所採取的對抗態度，盡可能籠絡人心。

　　當時全新界的鄉紳都反對港府的民田建屋補價政策，他們組成了「租界農工商業研究總會」，與港府長期周旋，但屢次上呈意見，都不為第十六任港督接納。

　　金文泰一上任就贏得新界人的好感，一方面是由於他就任總督前，已經在香港工作生活了十四年，熟悉中國文化，懂得中國的風土人情；另一方面，與他曾在新界工作過也不無關係。

　　金文泰在 1899 年考選為香港官學生，曾隨宋學鵬研習中文，將招子庸的《粵謳》譯為英文。他是 1843 年砵甸乍就任香港總督以來首位通曉中文及能譯粵語的總督。1927 年，香港大學設立中文系，是他大力贊助的結果。後來港府將官立中文中學，改名為金文泰中學，就是用來紀念這位重視中國文化的港督。

　　1903 年，金文泰在新界田土法庭工作，有機會深入民間，熟識新界情況，在新界民眾中有許多老關係。因而他日後能體恤新界民情。

　　1925 年 12 月，金文泰接任港督後一個月，便訪問新界，當時新界鄉民所非議的民田建屋補價問題仍未獲解決，但一班鄉紳對於這位新任港督寄予厚望，以「租界農工商業研究總會」的名義，在大埔墟蓋搭葵棚為歡迎禮堂。在禮堂前的橫額，用花朵砌成「還我使君」四個大字，歡迎金文泰。所謂「使君」，是中國古代對奉使之官的尊稱，金文泰之職相當於中國古時州郡的長官，並且曾在新界田土法庭工作過，所以稱為「使君」。金文泰抱着與華人改善關係的態度訪問新界，新界鄉紳亦抱着新任港督會收回民田建屋補價增稅政策的期望作盛大歡迎。

1926 年，「租界農工商業研究總會」呈函金文泰，就民田建屋補價增稅政策重申反對意見，金文泰總督終於命令理民府取消此項政策。新界鄉紳自然視此為德政，就在當年 9 月 1 日金文泰 51 歲誕辰時，為金文泰祝壽。祝壽會在大埔墟舉行，由新界鄉議局蓋搭一座葵棚為禮堂，除舉行壽宴外，並呈送《金文泰制軍五一賀壽序文》。序文曾在《中立報》連載。

香港歷任總督中，能夠獲得民間團體為他祝壽，而且民眾對其家庭成員也相當友善的，相信只有金文泰一人，這也反映出他成功收買了新界的人心。金文泰本身亦喜愛新界，在工餘經常爬山涉水。屯門青山峰上韓陵片石亭之北豎有一石碑，記述了金文泰二遊青山的事蹟。

在港島，還有一條用金文泰夫人命名的山徑，即「金夫人徑」。這條小道位於金馬倫山道與香港仔水塘道之間，是港島山徑中比較有名的一段。沿途有幽靜的山林小徑、古老的石橋、高崖相接的石澗流泉，還有平靜清澈的水塘和近百年歷史的高壩。從皇后大道東上灣仔峽道，約四十分鐘的路程來到灣仔峽公園，在公園南面金馬倫山道往前行不久，向右拐入香港仔水塘道，走數分鐘後迎面便可看見寫着「金夫人徑」的路牌。這條為紀念金文泰夫人而命名的山間小路，寬只有一米多，前段狹窄幽深，過石橋後變得寬闊。走完此徑需四十分鐘，接着走灣仔峽道一段，全程需一個小時。

香港島的金文泰道、金督馳馬徑、金文泰中學，都是為紀念他而命名的。

1930 年，金文泰與夫人佩尼洛普一道離開香港，兩人都很悲傷。他說：「對於我們兩人來說，離開我們一直很愉快的香港是十分痛苦的……我寧願快樂的留在這裡，不想去其他任何地方。」

第十八任
1930-1935

貝璐 William Peel

貝璐（1875-1945），也譯作皮爾。1875 年 2 月 27 日生於英格蘭北部諾森伯蘭郡
的赫克瑟姆。早年入讀位於韋克菲爾德的錫爾科茨公學，1893 年入讀劍橋大學皇
后學院。1931 年，獲皇后學院頒授文學碩士學位。1897 年前往馬來亞任職官學生，
後任署理地方民政事務專員。1902 年，到新加坡出任署理助理輔政司。1911 年，
升任檳城市議會專員署主席。1918 年，為新加坡市議會專員署主席。1926 年，
任馬來聯邦布政司。貝璐為人較為隨和，作風沉穩，對英政府持合作的態度，並
不像前任時常與英政府持相左意見，甚而反對英政府的政策。當時英政府因財政
緊絀，所以對殖民地政府的事務，不論大小都愛一一過問，故貝璐就成了英政府
眼中理想的港督人選。1935 年 5 月貝璐卸任返回英國，開始退休生活。晚年退居
於英格蘭東薩西克斯郡的貝克斯希爾，1945 年 2 月 24 日卒於倫敦，享年 69 歲。

1930 年 5 月 9 日，貝璐接任第十八任香港總督。至 1935 年 5 月卸任，在職五年。

貝璐接任前，發生了 1929 年的華爾街危機和中國的長期內戰，香港經濟受到影響，港元因而暴跌。在 1920 年代，每 1 港元約可兌英鎊 3 先令，而 1931 年曾一度降至 1 港元兌換英鎊不足 1 先令，意味着 20 港元兌換 1 英鎊。由於情況嚴峻，1931 年貝璐組織了貨幣委員會，建議港元仍維持與白銀的聯繫，港元隨銀價自由浮動，維持港元穩定。貝璐上任當年，製造業也陷於危機，大小工廠倒閉了三百多家，佔當時全港工廠數量的一半。對外貿易額迅速減少。

由於中國軍閥混戰，大量內地人口湧入香港，據 1931 年 3 月 7 日全港人口普查結果，人口總數已近 85 萬。於是，貝璐又頒佈一條入境法例，舉凡乞丐、無業遊民、患傳染病、傷殘及不能證明本身經濟充裕者，均不受歡迎。

儘管港元因為大蕭條而貶值，但是，香港經濟卻沒有比想像中差，因為港元貶值期間，香港企業的競爭力增強，貿易額因而上升。在這種情況下，1931 年，港英政府的財政收入為 3,300 萬元，支出 3,100 萬元，盈餘 200 萬元。

因為資本主義經濟危機大爆發，香港稅收減少，財政困難。港英政府設立節約委員會，千方百計削減政府各項支付，以減少赤字，同時聘請大批廉價的非歐籍人士擔任政府各級部門職務，甚至醫院也開始聘用華人為護士。節約委員會建議成立市政局，統一接管衛生局及其他部門管理的公共事務，以減少機構，節省支出。貝璐也曾下調公務員薪酬，以減少政府開支。1934 年，貝璐還發行了2,000 萬元公債用於地方建設，以刺激就業。

1932 年，一些工商界人士受到英聯邦特惠稅協定達成協定的鼓勵，開始集資建廠，發展工業，主要產品為膠鞋、電筒、棉布、棉織品、罐頭、食品等。產品除供應本地外，也銷往海外市場，特別是英聯邦地區，對促進香港經濟發展，起到積極作用。

社會基本建設

貝璐上任後，十分關注香港的社會建設。首先在醫療方面，1934 年建成了長

洲醫院，在港島興建遠東規模最大的瑪麗醫院。在供水方面，1931年建成了九龍副水塘與香港仔水塘，1935年又展開城門水塘第三期工程。城門水塘第二期工程展開之時，正值英皇喬治五世登基25周年，貝璐遂將城門水塘更名為「銀禧水塘」。此外，在貝璐任內，香港的電話線路轉駁實現了全面自動化。

在貝璐任內香港的交通也有很大發展。1933年，他正式批准油麻地小輪引入汽車渡輪服務，從此汽車可以在港九兩地行駛。同年6月11日，他又分別向九巴和中巴兩家巴士公司發放為期十五年的專營權，准許九巴專營九龍、新界和離島的公共巴士服務，而中巴則專營於香港島地區，結束了香港公共巴士自由競爭的局面。與此同時，貝璐又借機會引入新的條款，加強監管本地公共巴士服務。港府除規定兩家巴士公司都要把收益的一定的百分比撥歸政府外，更對巴士車資作出監管。此外，巴士公司又須由英籍人士組成，而巴士也要購自英國。在航空交通方面，貝璐上任不久以後，粵港兩地正式通航，而啟德機場的指揮塔和飛機庫亦在其任內落成。

在市政服務方面，由於香港的家居排污問題引起了社會關注，立法局於1935年3月通過了《1935年市政局條例》，決定改組原潔淨局為市政局。市政局除擁有潔淨局的權力外，更加入了民選議員的席位。

1932年，貝璐提出將港督的別館山頂別墅搬到新界粉嶺，並趁中區重建計劃進行之時，將港督府拆卸，把港督府的貴重地皮以高價出售，以200萬元在港島馬己仙峽道興建一座現代化的港督府。1933年9月，輔政司翟文在立法局發言時明確指出：「政府放棄現時的港督府和山頂別墅有兩大理由：一、除了宴會廳之外，督轅的建築物殘舊得很，政府要花費大量公帑，將之修葺，加上府中的設備，早已不合時宜；二、隨着汽車流量的激增，督轅四周的交通日趨繁忙，令督轅的噪音到了令人難以忍受的程度。」由於興建粉嶺別墅及建新港督府兩事是分別向英國殖民地部提出，結果粉嶺別墅首先獲得批准，於1933年破土動工，斥資14萬元興建一座兩層高的白色別墅。1934年港督粉嶺別墅建成，保留至今，內有五間睡房。由於當時世界經濟蕭條尚未過去，香港吹起一片淡風，地價大跌，港府要發行2,500萬元公債去加強地方建設，以刺激工業商業，更要開徵差餉以增加庫房的收入。於開源之時，自然要節流以資配合。節流之道，其一是把可有可無的興建新港督府計劃無限期擱置，如此一來，已有近百年歷史的港督府才得以保全下來。

再逼九龍城寨居民拆遷

關於九龍城的問題，因中國北方義和團運動興起，清政府無暇顧及。但清政府堅持中國對九龍城擁有管轄權，只是城內中國官兵並未長期堅守在那裡。英軍也未長期駐守該城。

1933 年 6 月 10 日，港英南約理民府通告九龍城居民，他們所居之屋地限於1934 年底前由政府徵用，酌情給予補償，並指定城外狗蚤嶺為重建房屋的地段。當時城內共有中國居民 436 人、民房 64 所。居民多為農民、小販、泥瓦匠和苦力，在九龍城附近的市場謀生。居民擔心搬遷後遠離市場，會影響他們的生計。在狗蚤嶺蓋房至少需 500 元，南約理民府只給他們數十元到 200 元補償。用這有限的補償是無法蓋起新房的。他們知道九龍城應歸中國管轄，便向當時的中央政府和廣東省政府請求援助。

中國外交部五省特派員甘介侯，於 6 月 28 日奉外交部之命照會英國駐廣州總領事，重申《專條》關於九龍城問題的規定，並且說：清政府官員被迫撤離九龍城，民國建立以來亦未任命官員駐在那裡。但這並不能改變條約的規定，也不能取消條約賦予的權利。既然九龍城應該由中國官員控制，城內中國居民就有權自由居住。香港政府命令遷走城內所有居民，完全違背《專條》條文和締約的精神。他要求英國領事轉告香港政府撤銷遷移九龍城中國居民的決定。

1933 年 7 月 27 日，中國外交部在給英國駐華公使的信中，重申《專條》關於中國對九龍城擁有管轄權的規定，指出香港政府強制城內居民搬遷的命令顯然與《專條》條文相抵觸，希望該公使盡快要求香港政府撤銷其命令。

面對中國政府的一再抗議，英國官員編造「理由」說：中國行使管轄權仍「與保衛香港之武備有所妨礙」。英國按照傳統已獲得對九龍城行使管轄權的權力。中國政府心照不宣地默許此事已超過三十年，現在不能說英國在那裡是不正當的。

英國外交大臣西蒙主張避免同中國政府討論管轄權問題。他又表示，港督不應放棄或推遲實施有關九龍城的計劃。8 月 2 日，英國殖民地大臣李斯特在給港督的電報中表示，有關九龍城的計劃應該實施。這就是說，英國政府在九龍城問題上採取的策略，是避免就管轄權問題同中國政府正面交鋒，實際上卻又不停止

破壞中國主權的行動。

1934年6月20日，南約理民府再次通告九龍城居民搬遷，聲稱他們若一周內不前往申報，則作為拒絕接受該府所擬補償辦法。8月14日，英國駐華使館在給中國外交部的備忘錄中辯解說：港督並未發佈任何命令九龍城居民限期撤離的命令，只是與他們通信談及提供補償的期限，以便為了他們的利益實施改善衛生條件的計劃。港督的做法完全在他的職權範圍之內，並未出現違反條約規定的問題。大部分居民樂於接受港督的補償。因此，港督將實施他的計劃，並最大限度地考慮中國居民的利益。

9月7日，中國外交部在給英國駐華使館的備忘錄中，引用了九龍城中國居民的請願書，並且指出，香港政府根本無視條約精神和中國外交部的照會，於今年6月再次發佈通告，限期驅逐九龍城居民。中國外交部再次要求該政府以公道的精神重新考慮此事，撤銷或擱置有關搬遷九龍城居民的命令。

但英方不顧中國政府的一再抗議，一意孤行。10月1日，貝璐在致英國駐華公使的信中稱：拒絕承認中國對九龍城擁有特權，既不會損害英國在香港的利益，也不會損害其在全中國的利益。他建議繼續興建移民新村。1935年6月，香港政府安置移民的首批六所房屋在狗蚤嶺落成，六戶九龍城居民被迫遷往該處。6月29日，中國外交特派員甘介侯向英國駐廣州總領事抗議說：九龍城屬於中國領土，並未租與英國。香港政府在任何情況下都無權命令城內居民撤離。7月1日，中國外交部也致電英國駐華公使提出抗議。代理港督擔心城內居民反抗，要求英國政府授權他對拒絕搬遷者採取法律行動。8月9日，英國殖民地大臣麥克唐納在給代理港督的電報中，批准他根據1899年12月27日的樞密院令，在需要時對拒不遷走的居民採取法律行動。

1936年，南約理民府命令九龍城居民在年底前搬走。居民代表到廣州向外交部兩廣特派員刁作謙投訴，請求他出面與英方談判。刁作謙指派秘書凌士芬到九龍城調查。居民們都說：這裡是他們的祖屋，他們不願遷往別處。10月20日，刁作謙通知英國駐廣州總領事：英方關於城內居民樂於接受搬遷條件和港督未曾發佈命令要求城內居民搬遷等說法，皆與事實不符。目前兩國關係日益誠摯，為與友好的精神相吻合，香港政府應放棄搬遷九龍城居民的計劃。

但是，香港警察四人於12月29日帶領工人前往九龍城，督拆城內門牌第25

號民房。九龍城居民代表當天即用長途電話向刁作謙報告。31日，他們又前往廣州，向刁作謙和廣東省政府主席黃慕松請願。中國外交部聞訊立即向英國駐華大使提出嚴重抗議，並由刁作謙出面與英國駐廣州總領事費理伯交涉。不久，抗日戰爭爆發。接着，日軍在廣東登陸，攻陷廣州。有關九龍城的交涉再度被擱置一旁。

英國方面乘中國國內抗戰正酣之機，在九龍城採取進一步的行動。1939至1940年，香港政府探知九龍城居民欠債甚多，分頭通知債主領取港府賠償費，迫使城內居民揮淚拆遷。被拆者共52家，只有一家因無債務得以倖免。

逮捕蔡和森

最不能讓中國人民忘記的，是貝璐政府配合國民黨特務逮捕了中國共產黨的早期領導人蔡和森，並把他引渡給國民黨政府。

1931年初，根據中共中央的指示，蔡和森從莫斯科回國。他申請到中央蘇區工作，但是，他剛到上海，便遭到以王明為首的新的「左」傾錯誤的排斥和打擊。他們既沒有恢復蔡和森中央政治局委員的職務，也不批准他到中央蘇區去工作的請求，而派他去主持廣東省委的工作。當時，廣東的黨組織遭到嚴重破壞，省委書記鄧發被捕，廣東籠罩在白色恐怖之中，省委暫時設在香港。

1931年3月，蔡和森服從組織決定，離開上海前往香港。臨行時，剛從香港回來的外甥女劉昂對他說，香港的情況很不好，實在危險，勸他暫時不要去。蔡和森回答說，幹革命，哪裡需要就去哪裡，不能只考慮個人的安危。

到達香港後，蔡和森同他的夫人李一純住在一家洋酒罐頭公司樓上，對外的公開身份是這家公司的職員。為了替黨節省開支，他沒有在附近另租房子辦公，而是每天走一段很長的路，到秘書那裡去聽取彙報，批閱文件，研究工作。

蔡和森到達香港不久，黨內叛徒顧順章也到了這裡。顧順章因為過去職務的關係，認識長期在黨中央擔任領導工作的蔡和森。但是，蔡和森仍置個人安危於度外，每天照樣離開寓所外出工作。

1931年6月10日，香港海員舉行一次重要的會議，中共廣東省委考慮到這樣一個群眾性集會，很可能混進國民黨偵探、特務，所以沒有安排蔡和森去參加。

但蔡和森認為，會議既然這樣重要，不去不放心。會議從上午開始，地點距蔡和森寓所不遠。快到中午時分，他決定赴會。臨走時，他對李一純說：「下午 1 點前我一定回來，如果沒有回來，那就是被捕了。」果然，他一進會場，早在那裡蹲着的叛徒顧順章，便帶領港英警方的便衣特務將他逮捕了。

蔡和森被捕後，中共黨組織立即採取了營救措施。黨員李少石通過一個社會團體，與港英當局聯繫，答應付給一筆巨款，將蔡和森保釋。但是，當李少石籌足這筆款時，蔡和森已經被香港當局引渡給了廣東軍閥陳濟棠了。

但是，另據《香港史》介紹，貝璐任職期間，也曾經保護過許多持不同政見者和革命者。1930 年，胡志明在香港創立越南共產黨，該黨最終發展成為致力擺脫法國統治的越南獨立同盟，後來以「越共」聞名世界。1931 年，胡志明被捕，法國當局要求引渡胡志明。英國律師弗蘭克·洛斯比負責這個案子，把官司一直打到英國樞密院，最終達成了庭外和解，胡志明獲准前往他所選擇的一個目的地，上訴費用由香港政府承擔。

分樓層交差餉

所謂「差餉」，原是香港的一種居住稅。早期包括清潔道路、清理垃圾、警察費用、建設街道市面和公園、水費等各項在內，是一種很複雜的綜合性稅項。由於差餉的徵收對象是房屋，最初徵收差餉時，以一幢樓宇為單位。這與房屋觀念有關，從前買賣樓宇，也以一幢一幢計算。

貝璐上任時，正值世界經濟危機蔓延，香港經濟也十分不景氣，房地產業一度蕭條，往往一幢樓宇有數層空置。例如，一幢大樓共有四層，樓下和二樓有人租用，但三層、四層則空着，樓主卻必須繳交全幢樓的差餉，自然感到不合理。如果四層樓只租出一層，則該層樓的租金可能還不夠交差餉的。對此，樓主非常有意見，希望降低差餉。但是香港政府認為，差餉稅已經很低，無法再減收。

為了差餉，業主同港府之間的矛盾日益加劇，最後相持不下，立法局非官守議員羅旭龢在立法局會議上提出香港樓宇分層繳納差餉的提案。他說，解決差餉爭執的最好辦法，是將政府所定的差餉額，依照徵收差餉的樓宇的層數，分開來

徵收，已經租出的樓宇，可照租值繳差餉，未租出的樓宇，可以不必繳交差餉。

對於羅旭龢的提案，民間業主表示歡迎，香港政府又無更好的解決辦法，所以，立法局很快就通過了樓宇分層徵收差餉的提案。香港後來一直沿用羅旭龢的這個辦法去徵收樓宇差餉。這個提案對後來香港的房地產業影響很大，1931 年之後，香港興建了許多大廈，就與分層交納差餉的政策有很大關係。第二次世界大戰結束後，又發展出分層出售樓宇的制度，如果沒有貝璐時期的分層徵收差餉的立法，分層出售樓宇的辦法也就不會產生得那樣順利。分層出售樓宇，對於以後的房產業發展，又起到了推動作用。

賭馬形成熱潮

教堂、跑馬場和一個當地人不准入內的俱樂部，是英國殖民統治必須具有的三個傳統要素。這三個，香港都有。我們在第二任總督一章中介紹了跑馬地；在第三任總督一章裡介紹了聖約翰大教堂；而有關香港早期軍隊俱樂部的書面記載則散見於諸報刊，多語焉不詳。在本章裡我們繼續介紹香港殖民統治三個傳統要素之一的跑馬場的進一步發展。

把賽馬作為賭博的賭馬，開始於 1890 年代。香港政府於 1891 年修訂的《賭博條例》規定禁止發行彩票，但是，「賽馬或馬會舉辦之一切馬票除外」。這就肯定了香港賽馬會賭馬活動的合法性。當時迷戀賽馬的人不多，馬會收入有限，自己開設博彩彩池，人力、物力都感到不足，便採取了招商承辦的辦法。由於博彩者不多，承辦商也虧了本，不願再繼續承辦，馬會只好收回自辦。後來馬會再度招商承辦，承辦商仍然難於經營。1931 年，馬會再度收回自辦，並設立辦房制度。

賭馬形成熱潮，開始於貝璐統治時期。香港賽馬會於 1931 年起開始發行馬票，又稱「大馬票」。這是一種搖彩與跑馬結合而產生中獎者的一種賭博方式。這種方式一直沿用到 1977 年以前。正是這種賭博方式使香港的賭馬站穩了腳跟。魯言先生在《香港賭博史》一書中介紹說：「大馬票是用搖彩與跑馬兩種形式混合進行的一種彩票。每張馬票上印有一列號碼，公開發行，每張售價兩元。開彩的辦法是，到了截止日期，先由馬會用攪珠的方法，攪出數十個號碼。這數十個

號碼稱為入圍號碼。然後再從這數十個入圍號碼中，繼續用攪珠的方法，攪出十多個號碼。每一個號碼配上一匹在大馬票錦標賽一場中出賽的馬匹。然後在賽馬進行中，哪一匹馬跑第一，這匹馬所配的號碼，便算頭獎，跑第二名的馬匹，它所配的號碼就是二獎，跑第三名的馬匹所配的號碼是三獎。其餘的落第馬，以及那些沒有攪出配馬出賽的號碼，全部算是入圍獎。」香港的大馬票每年發行三次，有夏季大馬票、秋季大馬票和春季大馬票。大馬票利用人們僥倖發財的心理吸引公眾。例如，1931 年的頭獎大馬票可得 10 萬港元。按照當時物價，這筆錢買兩幢四層的樓房還有剩餘。當時一般工人的月薪僅有十幾元。10 萬元是他們每人一生所得工資的數倍。這樣巨大的誘惑力使不少人躍躍欲試，甘願上當，也就使大馬票成為一種最暢銷的彩票。

男女同台演戲和「女子茶檔」

1933 年以前，香港演出任何戲劇，都是男女分台，不能越雷池一步。男班劇團所演戲中的女主角，全由男演員反串，同樣，女班劇團所演戲中的男主角，都是由女演員反串。到了 1933 年貝璐時期，話劇和粵劇演出就有了一個劃時代的轉變。

1933 年春天，香港聖士提反校友會為母校公演話劇籌款，排練時準備男女同台演出，便請議員亨利·普樂幫助。亨利·普樂知道，香港法律並無禁止男女同台演戲的條文。之所以沒有男女同台的先例，完全是中國舊禮教男女授受不親所致，這種舊禮教已經被中國反帝反封建的民主運動打破。所以亨利·普樂議員默許男女同學同台排練。

但是，香港華民政務司向來負責監督華人風俗，如果要男女同台演出話劇，事前需要向華民政務司申請獲准才行，只要政務司會議中沒有人反對，事情就算通過。但是，當時的華民司有 15 個華人代表，其中李石泉思想守舊，如果他在會上反對，聖士提反校友會男女學生同台演話劇的提案就算告吹。亨利·普樂請立法局非官守議員羅旭龢幫忙，希望羅用「調虎離山」計，不讓李石泉參加討論該提案的會議。羅旭龢同意相助。在討論提案的當天，羅約請李石泉會面，使華民政務司討論聖士提反校友會男女同台演出方案的會議在沒有李石泉出席的情況

下，獲得通過。

香港開埠九十多年首次男女同台演出成功，震動了香港居民，西環太平戲院院主源杏翹受到啟發，拜訪羅旭龢，商討粵劇男女同台演出的可能性，羅旭龢表示支持。1933 年 9 月，源杏翹委託太平劇團馬師曾前往廣州，聘請全女班的粵劇團演員到香港。隨後，源杏翹、上環高升戲院院主呂維周、九龍油麻地普慶戲院院主陳珠、銅鑼灣利舞台代表利希立等四人共同起草呈文，正式申請男女同台演出粵劇。四院主的請願信，由華人代表羅旭龢、曹善元兩人聯名呈送給貝璐。11 月 15 日，貝璐批准了戲院東主的請願書，准許男女同台粵劇在香港的戲院演出。

馬師曾、譚蘭卿擔綱的太平劇團，薛覺先、蘇州麗領導的覺先聲劇團，於 1933 年 11 月 15 日分別在太平戲院、高升戲院響鑼，成為香港男女同台演出粵劇最早的兩個戲班。

婦女不甘受歧視，早在盧押當政之年，就曾發生過一場女子走出家門，爭作職業婦女的風波。

香港早年的職業婦女，只限於給人幫家務的女傭，此外就是媒婆、接生婆、梳頭婆，或接些裁縫、刺繡之類的針線活在家裡做的半職業婦女。

1910 年間，在繁華的西營盤地區的第四街上，出現了一家「女子茶檔」，以茶與糕點等食品供應顧客，攤檔內職工全是清一色女性，而且都是年輕的女性。這種破天荒的新鮮事，一出現就哄動了整個港島。許多顧客都趕到那裡去「吃茶」，看新鮮，一坐就是老半天。這樣的顧客當然都是男性。因為生意好，於是有人也在附近另開「女子茶檔」，有些茶檔還專門僱用幾個年輕姑娘，打扮得花枝招展，坐在店裡招徠顧客。這更使許多別有居心的男顧客爭着去飲「大姐茶」，使那一帶的秩序與風氣搞得很糟糕，引起了街坊的反感。不久還惹起了輿論的抨擊，再加上其他壓力，「女子茶檔」終於被盧押當局禁止而停業了。

不久，另有與色情完全無關的婦女新職業，也鬧出了如曇花一現的風波。澳洲歸僑開設了先施百貨公司，學習外國商店，僱用了好幾位女售貨員。這在當年也是非常轟動的新事物，哄傳開來，大家都趕到先施公司去看女售貨員，擠得水泄不通。華民司曾派出更練去維持秩序，但亦不能驅逐，公司客似雲來，公司一籌莫展之下，只好遣散女售貨員，仍用男職員。當時即使在香港這個受西方影響較大的地方，婦女要求得到平等工作的機會，也是很不容易的。

直到 19 世紀 20 年代初，有嶺南茶樓再次僱用女招待，同樣引起非議。太平紳士、鐵行輪船公司買辦黃屏蓀聯合多人，上書華民政務司請求禁止飲食行業僱用女員。上書說：「男女有別，禮教昭重。古今中外，不能例外。茶居酒樓僱用女員招待，招致狂蜂浪蝶，大啟淫風，敗壞禮教，貽誤青年，實非淺鮮。應宜立即禁止。」但是，當時正值海員罷工，商業蕭條，當局要應付罷工，自然無心聽取太平紳士陳述，於是，對聘用女招待一事未加禁止。

第一間舞廳創辦

「馬照跑，舞照跳」是當年形象地描述香港回歸後社會狀態的常用語。其實，香港開埠初期，沒有跳舞場所。因為到 19 世紀初期，跳舞在歐洲還只是貴族階級的玩意，來香港的軍人、海員和他們的家眷，大多數都是出身於農民和工人家庭，即使會跳舞，也只是農村的一些土風舞，不能用於社交場合。所以，早期的香港只有妓院而無跳舞場所。

隨着香港經濟的發展，英國的貴族和上流人士陸續來到香港，偶爾也開個舞會，但只在私人寓所舉行。而且，那時候的交際舞，形式和步法都還很保守。到了爵士樂由美國傳到歐洲之後，歐洲人士的舞步才變得多彩多姿起來。於是，狐步舞、快步舞、華爾茲舞，加上從美洲傳來的探戈舞、森巴舞便流行起來了，把歐洲人士所跳的小步舞淘汰出局。

在 1930 年到 1935 年貝璐任職期間，香港開始有跳舞場所出現。那時的舞廳，設備十分簡陋，只是一個稍為寬敞的地方，地下是花階磚，燈光是白色的，四周擺放櫈子，中間留空一處地方，便是舞池。

香港第一間舞廳叫做銀月舞院，開設在皇后大道中陸佑行樓上，由一位姓葉的華商開辦。當時，舞廳流行散跳，舞客進場時，先買舞票，舞女坐在一邊的座位上，音樂聲起，舞客就走過去請舞女共舞。一支舞曲完畢，舞客把一張舞票交給舞女，然後各自回座。

長得比較漂亮，或者舞跳得比較好的舞女，當然會受眾人矚目。所以，舞客便預先看準目標，聽到音樂響起，便立即衝上前去，請自己選定的舞女共舞。腳

步稍慢的舞客，就只好等待下一支音樂時再爭取機會了。

　　若是不想自己看準的舞女被別人爭去，便可請這個舞女坐台。坐台的代價是每小時 12 張舞票。由於以每支舞曲計算代價，若是舞曲太長，舞女的收入便會減少；但舞曲太短，舞客會嫌不划算。於是，舞廳老闆便吩咐樂隊領班要控制舞曲的長短，長的就要刪短，短的便要加長，每支舞曲大約在四分鐘內奏完，留一分鐘時間讓客人和舞女回座。因為一個鐘頭內有 12 支舞曲，即使叫舞女坐台，客人也不會吃虧。因為他付出每小時 12 張舞票的代價，也可以跳足 12 支舞，而且可以不必和其他人你爭我奪。不過，叫舞女坐台的客人也不會支支曲子都跳，他們叫舞女坐台的目的，是方便促膝談心。

　　銀月舞院的樂隊，是在一些粵曲音樂社的樂手中挑選出來。所以，他們吹奏歐洲音樂時，還帶着很濃厚的粵曲味道。

　　為了招募舞女，老闆葉某在舞院開幕前兩個月，便登報招聘，由他親自挑選和培訓。當時香港婦女沒有什麼工作機會，由於招聘舞女的條件很優厚，甚至在訓練期間也有薪金。訓練完畢，舞院還可以預借一筆酬金給舞女購置衣飾，以後分期攤還，於是，前往報名的人很多。葉某挑選了 30 名 18 歲至 24 歲的女子加以訓練，這就是香港的第一批舞女。

　　到了 1938 年，香港的舞院已超過了 20 家，但市民跳舞的風氣，還是不怎麼普遍。舞女只受過短期訓練，素質較差的只能濫竽充數。至於舞客，跳舞的水準當然是更差了。有些舞客走進了舞池之後，還弄不清楚樂隊演奏的是什麼舞步的音樂。所以那時每支舞曲演奏前，樂隊領班都要宣佈這該跳什麼舞步。

　　當時上海的舞廳設備比香港舞院要先進得多。香港一些舞院做做上海舞廳的制度，取消了樂隊領班宣佈，而改用燈光來說明這支樂曲該跳什麼舞。

　　在舞場初興之時，跳舞確實是一種很高尚的娛樂。因為那時候，客人到舞院消遣，確實是抱着為跳舞而跳舞的目的，極少會涉及色情。即使在舞院裡陪客人跳舞賺錢的舞女，也都是以本身的技藝和時間去賺取生活費用。尤其是流行散跳的時候，跳完舞之後就各自回座，連談話的機會也沒有。舞女每天依時上班下班，就好像到工廠或公司做工一樣。後來散跳制度被淘汰，舞女可以坐台和帶出街以後，由於舞女和舞客接觸機會多了，而且帶到夜總會去飲酒，本來很高尚的娛樂方式便開始變質了。

第十九任
1935–1937

郝德傑　Andrew Caldecott

郝德傑（1884–1951），英國人，1884 年 10 月 26 日生於英國肯特郡博克斯利。先就讀於阿賓漢姆學校，後憑獎學金考入牛津大學艾克塞特學院，成績優異。1907 年畢業後，加入殖民地部，被派往馬來亞供職。曾在馬來亞任行政官員 28 年，富有殖民地統治經驗。他以善於排難解紛及調和種族關係著稱，官聲卓著，屢獲英廷嘉獎。因為錫蘭局勢不穩，郝德傑於 1937 年 4 月 16 日匆匆卸任離港，調任錫蘭（斯里蘭卡）總督，並受封爵士。1951 年去世。

1935 年 12 月 12 日，郝德傑就任香港第十九任總督，至 1937 年離港，在職一年四個月，是任職時間最短的港督之一。

因為長期在馬來亞工作，他對馬來亞有着極深的感情。他曾回憶說：「在香港的時間裡，我幾乎每天都在想念着馬來亞的一切，總想找個機會回去看一看，調查一下我曾經安排的事情進行得怎麼樣了。好像我仍然是馬來亞的行政專員，只是臨時外出而已。我相信女皇只是讓我暫時代行這裡的總督職權，我不日將回到馬來亞去。在港期間，我甚至同我在馬來亞的朋友保持着在外人看來很不尋常的聯繫。」

郝德傑任職期間，因為中國大陸局勢日益動盪，他與中國內地交往較多。1936 年 9 月 17 日，郝德傑訪問廣州，拜會廣東軍政大員。這時在廣州的國民政府軍事委員會委員長蔣介石設宴招待郝督。9 月 18 日，郝德傑在廣州沙面英國領事館宴請蔣介石，後於 19 日離穗返港。11 月 4 日，廣東省政府主席黃慕松、廣州市市長曾養甫至港答拜。11 月 6 日，黃、曾返回廣州。1937 年 4 月 12 日，新任廣東省政府主席吳鐵城訪問香港。

1936 年郝德傑正式發佈新規定，凡港府公務員職位空缺，都要在報章上公開刊登消息，優先由本地人士報名應聘，除非本地沒有合資格人士申請，否則不能在英國招聘。港英政府長期歧視華人，政府僱員絕大多數都是英國人和歐洲人。貝璐在任時，為了解決政府經濟困局，開始考慮改革僱員傳統。因為僱用歐洲人費用高昂，而香港華人和其他亞洲國家人員的工資相對較低。所以，貝璐解聘了許多歐洲僱員，改用華人或其他亞洲國家的居民。郝德傑認為，貝璐的這一政策很好，應該繼續實施。他說，這是一個一舉兩得的提議，它的好處不僅在於可以節省財政支出，更重要的是，可以縮小華人與政府之間的距離，可以減少華人對英國統治的抗拒。郝德傑的這一項新命令，受到香港居民的歡迎。

由上一任總督提出成立市政局的建議，經過反復醞釀，於郝德傑上任第二年的 1 月 1 日實施，潔淨局擴組為市政局。市政局設十三名議員，其中五名議員為官守議員，由衛生局長、醫務總監、工務局長、華民政務司、警察司擔任。八名非官守議員，其中六名由港府委任，兩名民選產生。所謂民選也並非由市民選舉產生，因為民選議員的資格有嚴格規定，一定要是法院陪審團名單中列名的。

郝德傑任職期間，香港可謂多災多難，既有天災也有人禍。一方面由於港府

長期疏於市政管理，不關心居民的公共福利，所以房屋供不應求，居住環境十分擁擠。雖然貝璐時期開始注重醫療衛生建設，但是公共衛生條件仍然極差，各種傳染病流行。1937 年 8 月，天氣酷熱，九龍城區首先發現霍亂，隨後蔓延到旺角、深水埗、油麻地等區。不少居民遷居港島避難，露宿街頭者很多，但疫症終究蔓延到港島區。當時封建迷信盛行，有人借機散佈謠言，弄得人心惶惶。直至秋天，疫情才得以控制，總計市民死亡共達一千多人。9 月，颱風吹襲香港，風速每小時 167 浬。帆船、貨艇等 1,361 艘翻沉，六百多艘受創，狂風中有 2,569 人喪生。颱風帶來的大暴雨，造成了山洪暴發，令斜坡滑落，房屋倒塌。總計水陸居民死傷超過 10,900 人以上，財產損失超過 2,000 萬元。

郝德傑任職前後，世界經濟不景氣正影響着香港，火車、輪船競相減價，港澳船大艙收費 2 毫兼送叉燒飯，廣九鐵路雙程車票僅收 1.8 元。當時百業蕭條，市井蒼涼，居民難以為生。

港幣首次與英鎊掛鈎

在郝德傑的政績中，值得一書的，是他正式發行香港貨幣代替銀幣，為以後香港經濟的發展鋪了路。

開埠初期，香港沒有自己的貨幣。1842 年 3 月 29 日，首任總督砵甸乍宣佈：英國銀幣、中國銀錠銅錢以及其他各國貨幣，均可在市面流通。多種貨幣流通需要兌換，金融市場難免混亂，偽幣充斥市面。1845 年，港府宣佈英鎊為香港法定貨幣，實行金本位制。但因為對華貿易居香港對外貿易首位，香港商人習慣於按中國的貨幣制度進行交易，港府不得不面對現實，在 1862 年 7 月 1 日宣佈放棄金本位，改以「港元」為記賬單位，實際上又再同中國的銀本制一致。這種狀況持續到 1935 年。1935 年香港發行了一張編號 A001 的首張 1 元紙幣，不要以為這張 1 元是普通的「一炆雞」，以六十二年前的購買力來看，它很可能超過現在的 500 元。最重要的是，它標誌着香港的貨幣幣值不再與中國內地掛鈎。

1935 年，世界經濟蕭條，銀價暴漲，導致金本位的崩潰。美、日、法、英等國相繼宣佈放棄金本位制。中國白銀大量流出國外。11 月，南京國民黨政府宣

佈放棄銀本位，採用管理通貨制，將白銀收歸國有，發行紙幣。香港與中國內地相連，金融、商業與中國內地有密切關係，中國放棄了銀本位，香港如果不改變幣制，金融市場必然出現紊亂狀態。為了應付可能出現的嚴重局面，郝德傑向英國政府請示放棄銀本位，英國政府批准同意。於是，11月9日，港府召開立法局特別會議，通過了《外滙基金條例》，宣佈廢除香港貨幣的銀本位制，轉而正式與英鎊掛鉤。香港政府第一次能夠管理自己的通貨，也收到一定的成效，港幣貶值到有競爭力的水平，有力刺激了香港的貿易，使香港的財政收入穩步增長，從1935年的2,840萬元，增長到1939年的4,150萬元。然而，法幣改革，初由英國推動施行，改革結果，使中國成為英鎊集團的附庸。

劉蜀永《香港歷史雜談》一書記載，新幣制案的主要內容是：一、由1935年11月9日正午12時起，除輔政司、庫務司外，任何人均不能將英國銀元、香港銀元、墨西哥銀元、銀磚、銀條及香港1毫、5仙輔幣等，由香港輸運出口；二、庫務司發行新1元紙幣，以代替香港市面流通之銀元；三、庫務司設一法幣保證金。將收回的各種銀幣儲在一個或一個以上銀行，作為保證金。但庫務司可以隨時提回；四、庫務司發行兩種鎳幣，以代替香港市面流通的1毫及5仙的銀幣。當時1毫的鎳幣每枚重2.591克，5仙的鎳幣每枚重1.295克。1935年香港共發行1毫鎳幣1,000萬枚，5仙鎳幣100萬枚。

香港政府又宣佈，除以每安士純銀合港幣1.28元的價格收買市面銀塊外，凡擁有英國、墨西哥、香港銀元或香港銀質輔幣而面值超過10元者，必須在1935年11月9日起一個月內兌換成港幣。

從郝德傑任職開始，港幣才開始與英鎊掛鉤。1935年12月6日，港府正式頒佈《外滙基金條例》，香港收回的銀幣，已全部換成英鎊而作為保證基金。香港政府禁止運出的銀元，結果全部送到了英國的銀庫。

以後港府又通過《銀行鈔票發行條例》，規定由英資滙豐、渣打及有利等三家銀行發行鈔票。發行的鈔票為法償貨幣。發鈔銀行須以等值英鎊向外滙基金換取負債證明書，作為港幣發行準備。香港政府印就一種叫做「負債證書」的表格，由財政司簽字，填上應發行港幣的數目。得到授權發行鈔票的銀行，就照證書上所列的貨幣數目加以發行，由財政司支配。如果財政司認為要收縮通貨，即可從黃金、外滙或稅收中得回港幣，向銀行贖回「負債證書」。假使財政司認為通貨

膨脹未達標，可由財政司再簽發「負債證書」，增加鈔票發行量。

從郝德傑開始，一直到 20 世紀 60 年代後期，港幣都是與英鎊掛鉤。香港的幣制也沿用下來，沒有大的變化，不同之處，僅在於後來有了面額為 1000 元的港幣，而當時的最大面額為 500 元，以下有 100 元、50 元、10 元、5 元與 1 元。現在的 1 元紙幣已被 1 元硬幣代替，又發行了 2 元及 2 毫的硬幣。

廣開航線

郝德傑時期，港府重視發展商業航空交通，先後開闢了從香港至三藩市、檳榔嶼、倫敦、上海、廣州等地的航線。

1935 年秋天，香港帝國航空公司開始派出飛機從香港出發作一連串試飛，利用吉隆坡作中途站，逐漸把範圍擴大到倫敦和澳洲。經過多次試飛，達到了預期的效果。1936 年 3 月 24 日，帝國航空公司派出飛機作首次商業飛行，第一班飛機從吉隆坡降落啟德機場。帝國航空公司歷史性的飛行，大大地鼓勵了商業航空公司在香港開闢更多航線。不久，來往香港、廣州及上海的航線先後開航。

1930 年至 1935 年期間，啟德機場歸英國駐港空軍使用。為了發展商業航空事業，1936 年港府把啟德機場改為民用機場。3 月 24 日，第一架定期班機帝國航空公司的「多拉多」號降落啟德機場，受到郝德傑的歡迎。

10 月 23 日，泛美航空公司「菲律賓飛剪」號從美國出發，經過檀香山、中途島、關島、馬尼拉，歷時 5 天，降落九龍灣。1937 年，泛美航空公司將它自香港至馬尼拉的航線伸展到三藩市。歐亞航空公司也將它從北京到廣州的航線延伸到香港。從此，香港民航事業走上了有系統的發展階段。這為香港逐漸成為遠東地區的新航運中心創造了條件。

興建瑪麗醫院

為了改善醫療條件，郝德傑時期興建了瑪麗醫院，瑪麗是英皇喬治五世的皇

后。瑪麗醫院於 1937 年建成啟用，院址位於薄扶林道 102 號，是政府醫院，當時規模較小，科目不全，但為後來發展打下了基礎。後來港府實施醫療服務分區化計劃，瑪麗醫院成為一所設於港島區的區域性中央醫院。到了 20 世紀 80 年代，醫院已有病床一千三百多張、醫生四百多名，是香港大學醫學院的教學醫院，其設備和醫學水準在東南亞有一定地位。院內設有急症室、內科、外科、矯形及創傷科（骨科）、產科、婦科、兒科、精神病科、麻醉科、放射診斷、病理科、耳鼻喉科、眼科、牙科、皮膚科、物理治療、職業治療、腫瘤科及放射治療。港大兒科學系新開辦的兒科深切治療設於瑪麗醫院，其規模為東南亞最大。

城門水塘落成

　　司徒拔時期開始動工的城門水塘蓄水工程，其第一、第二期部分到了 1936 年正式建成啟用，儲水量達 30 億加侖，緩解了香港市民用水短缺的問題。

　　城門水塘位於荃灣東北面山腰，在城門郊野公園範圍內，是香港 17 個用作供水的水塘之一。港府於 1923 年開始興建。城門水塘分上下兩個，上塘為城門水塘，又稱銀禧水塘，為紀念英皇喬治五世登基 25 周年而得名；下塘稱下城門水塘，位於城門水塘東南方向，於 1965 年建成。兩個水塘的總儲水量共達 1,758 萬立方米。本來用於儲水的城門水塘，後來逐漸發展成為郊野公園。據香港報刊介紹，它是香港各個郊野公園中康樂設施最為完善的一個。遊覽範圍多集中在上塘周圍，不僅林木青翠、湖光山色，更有燒烤、野餐場地，亦有三色郊野步行徑、緩跑徑、自然教育徑及老少皆宜的家樂徑。

　　城門水塘借城門河而建。城門河是新界南部的重要河流。發源於香港最高峰大帽山正東。先由幾條溪澗滙合，通過一段深谷，向南即流入城門水塘。在水塘南端經水壩直角向東，切過一段深谷，形成曲流，注入下城門水塘，然後再經水壩向東北偏東流至氾濫平原。此後河道經取直通過香粉寮、谷寮、白石等地南面，在美林村以北轉向東南，經大圍，東折流過李鄭屋邨、沙田，最後出瀝源灣，全長僅 5 公里。從前每遇水漲，下游常氾濫成災，經過水塘工程並取直河道，以及修築堤防，情況已大為改善。

郝德傑在港時間雖短，但官聲甚佳。所以他卸任消息傳出後，坊間一度有民眾上書要求郝德傑留任。

　　郝德傑晚年備受疾病困擾。1951 年初，其健康狀況突然惡化，並因腎衰竭而一度陷入了昏迷狀態。雖然他後來恢復清醒，有好轉跡象，但病情不久又再度惡化，於 1951 年 7 月 14 日病逝於家中，終年 66 歲。郝德傑死後，香港政府深表哀悼，所有政府機關一律於當年 7 月 16 日下半旗致哀。

第二十任
1937-1941

羅富國 Geoffry Northcote

羅富國（1881–1948），英國人，1881 年 2 月 9 日出生於倫敦。羅富國為名門望族之後，祖父是資深保守黨政治家，歷任財相及外相；伯父諾思科特勳爵曾任孟買總督及澳洲總督。羅富國是英國資深殖民地官員，但因病長期療養。第二次世界大戰後，於 1948 年 4 月獲英廷任命為東非議會首任議長。不久，因病於 1948 年 7 月卒於薩里郡桑德斯特德家中，終年 67 歲。

1937 年 10 月 28 日，羅富國抵港就任香港第二十任總督，至 1941 年 9 月 6 日宣佈退休離港，在任三年七個月。

羅富國年少時入讀德文郡蒂弗頓的布倫德爾公學，成績優異，後來入讀牛津大學貝利奧爾學院，1904 年以榮譽資格取得文學碩士學位。旋即於 1904 年 5 月進入殖民地部服務，並獲派往非洲供職。他先在非洲等英屬地區任職，1927 年 2 月，調往北羅德西亞為布政司，同時任當地行政、立法兩局官守議員。1930 年，羅富國轉到黃金海岸任輔政司，任內曾兩度署理黃金海岸總督。1935 年 3 月，改派到南美洲出任英屬圭亞那總督兼三軍總司令，成為爵士。

羅富國爵士於 1937 年 10 月 28 日上午，由倫敦乘船正式抵港，於皇后碼頭上任履新，同日於督憲府內的立法局議事廳宣誓就任。羅富國在任後期因身體不適，需長時間返英國調養，政務遂交由他人打理。1940 年 4 月，羅富國返英休假，直到 1941 年 3 月，才返港復職。可是到同年 9 月 6 日，他復因病辭任港督一職，返回英國休養。接任港督的楊慕琦在 1941 年 9 月 10 日抵港，至 12 月 25 日即兵敗投降，淪為日軍戰俘。羅富國在香港保衛戰爆發前三個月及時因病脫身返英，因此倖免成為戰俘。羅富國性格平易近人，盡職盡責，但身體一直很差。

羅督來港後，曾經發生過一件令他難堪的事。他向英國殖民地部發出一封函電，發出後才發現忘記署名，卻又怎麼也想不起函電的內容，只記得自己不贊同這些建議。還有一件趣事就是，當時許多港府政務官員被晉升到超出他們能力的職位，羅富國把不稱職的一一清退。但是，他留下了最差勁的一個——福里斯特，並且讓他承擔當時公認的極其艱巨的任務，負責入境事務處。當時正值日軍侵略中國，政局動盪，每天數以千計的難民湧入香港，有時達到五千人。羅富國任職期間，就有幾十萬中國人逃往香港。入境事務處要為所有難民提供證件，任務可謂艱巨。而一個政府調查委員會發現，福里斯特是「一個不負責任的無能之輩，不適合主掌一個政府部門」。福里斯特成為香港歷史上僅有的兩個被勒令辭職的政務官之一。

羅富國上任時，他所面臨的是第二次世界大戰前期、英國殖民統治下的香港。如何處理戰前的各項事務，對他而言，確是一場考驗。

中立中有合作

1937 年 7 月，全面抗戰爆發，香港對中國的抗戰具有更不同尋常的重要地位。怎樣利用香港特殊的國際地位，把它變成進口戰略物資的重要通道，是中國政府最關心的問題之一。日本侵略者為了侵華戰爭的順利進行，想方設法採取措施切斷中國軍用物資的供給。1937 年底，中國沿海已經被日軍封鎖，只有澳門、香港和廣州未被阻斷。這時，中國與外界的聯繫只剩下了為數寥寥的幾條通路：一是經由新疆地區通往蘇聯的西北公路；二是華南的香港；三是法屬印度支那。然而，在日本的外交壓力和軍事威脅之下，1937 年 10 月開始，法國政府做出決議，對中國急需的武器彈藥、飛機及航空材料，均禁止過境。面對種種不利因素，中國不得不進一步倚重香港。

廣州及其西面廣州灣的一些小港口是國外貨物經過香港運進中國內地的重要入口。香港和廣州之間的貨物運輸，主要依靠廣九鐵路和香港至廣州的公路。1937 年 10 月，粵漢鐵路和廣九鐵路英華兩段貨物聯運合約正式生效。為數甚巨的軍用和民需物資經過廣九鐵路和粵漢鐵路源源不斷地運往中國內地。與此同時，香港至廣州的公路開通，為香港的物資轉運提供了又一便利條件。

日軍力圖切斷香港至廣州的運輸線，從 1937 年 10 月中旬開始，對廣九鐵路華段大肆轟炸，造成列車毀壞，交通一度中斷。1938 年間，日本侵略者變本加厲地轟炸廣九鐵路，但廣九鐵路仍然奇跡般地從未停止運輸。鐵路和公路並駕齊驅，成為中國抗戰時期最重要的補給線之一。英國方面認為：「保持該線路開放對中國人來說是生死攸關的。」

面對中日雙方對香港通道截然不同的要求，港英政府每每在中日之間苦苦周旋。從全面抗戰開始到 1941 年 12 月香港陷落，英國對香港轉運中國抗戰物資所採取的政策以 1938 年 10 月廣州陷落為界線，分為前後兩個階段。在前一個階段，英國政府堅持香港的開放地位，並保持其運輸孔道暢通；在後一個階段，則迫於日本人的壓力，步步退讓，抑制香港對華戰略物資出口。

1937 年 9 月，日方不斷就香港轉運抗戰物資一事向英國政府提出警告。面對來自日本方面的威脅與壓力，英國政府經過再三斟酌認為，在這個問題上，英國

政府不應該與中國人作對，除非是因為日本人的行動而被迫這樣做。這就確立了英國在香港轉運物資問題上的總原則。在以後的一年時間裡，羅富國堅持了這一原則。

10月14日，日軍開始轟炸廣九鐵路以後，中國提出在香港新界和廣州之間修建公路，英方立即表示全力支持。英國外交部指出，英國政府希望在適當的範圍內以各種方式支持中國人，使他們能夠抵禦侵略。香港政府應設法贏得中國人的友誼。在港英政府配合下，在1938年初，香港至廣州的公路順利開通。

11月，中國購自英國的九架飛機運抵香港。英國駐日大使克萊琪鑒於日方對此極度敏感，建議拖延飛機的對華出口，以避免刺激日本人的反英情緒。這項提議被英國政府斷然否定。英國外交部指出，從英國或香港出口武器到日本是不受禁止的，從香港出口武器到中國也不應受到禁止。根據國聯的決定，國聯成員國不應該採取任何可能削弱中國抵抗能力的行動。因此，不能實行有差別的封鎖令。隨後，港府協助把這批飛機如期運進中國內地。同月，在港英政府和日方的接觸中，羅富國明確表示，經香港向中國運送軍火是合法的。

1938年6月，日本外相在約見克萊琪時說，一個時期以來，香港成為蔣介石政府理所當然的軍火供給地，這在日本激起了強烈的反英情緒，希望英方多加注意。克萊琪則表示，任何國家向任何一方提供軍火，都是絕對合法的，關閉香港的軍火運輸線顯然是違反中立原則的。

從總體上來看，廣州陷落以前，英國政府、羅富國當局對中國經香港的物資轉運採取積極配合的態度，這一作法是從屬於其對華政策的，即「在保證大英帝國，包括香港整體安全的前提下支持中國，同時避免捲入對日戰爭」。日本侵華戰爭嚴重危害了英國傳統的在華利益以及其在遠東的地位，英日矛盾大大加深。從這個意義上說，英國在遠東的根本利益，是與中國的利益一致的。另一方面，英國政府也考慮到香港的利益。香港與中國大陸唇齒相依，香港民眾與大陸人民血脈相連，香港的長期利益最終取決於能否與中國大陸保持正常關係。為謀求此種友好關係，香港應在中國大陸最需要的時候伸出援助之手。因此，英國在向日本大量出口軍火的同時，也應滿足中國方面的某些需求，向中國提供有限援助，香港通道因之得以保持開放。中國政府對英方的合作也表示滿意。廣州當局也不斷就香港政府的密切合作表示感激。

與此同時，英國政策中的另一種傾向也表露得相當充分。英國政府認為，由於香港接近戰區，歐洲的政治局勢也很嚴峻。基於這種考慮，英國政府在一些問題上盡量避開日本人的鋒芒。1937 年 8 月，中方請求在新界建立飛機組裝廠，用於接收和裝配中國空軍定購的飛機；1938 年初，一家香港公司請求在香港為廣州建造兩艘炮艇。這兩項要求先後被英國政府拒絕。香港政府曾經就日艦侵犯香港領海主權的野蠻行為完成了調查報告，英國政府則以報告內容也許不利於英日關係為由不予發表。根據《展拓香港界址專條》，中國軍艦有權使用大鵬灣和后海灣。然而，1938 年 1 月 3 日，英國外交部指示羅富國，如果中國軍艦試圖在香港水域尋求永久或半永久庇護，或把香港水域作為活動或補給基地，那麼，應給予適當警告，不許它們調動，因為其行為威脅到香港的安全。

1938 年 10 月，日軍佔領廣州後，英國決意切斷中國的軍用物資供給，其態度空前強硬。英方更加擔憂在香港轉運物資問題上舉措失當，激化英日矛盾，因此對日政策越來越軟弱無力。同時英國陷入日趨惡化的歐洲局勢之中，無力自拔。英國力圖曲意迎合日本，以至不惜犧牲中國的利益以滿足侵略者的貪慾。

10 月底，日方在和羅富國的會談中表示，日軍佔領廣州的目的是：第一，切斷對華軍火供給；第二，打擊蔣介石政府的聲望。12 月，英國政府向日方作出讓步。英國殖民地部指示羅富國：「目前允許用卡車或沿海商船出口軍火給廣東南部的中國軍隊有悖於香港的利益。」於是，從 1939 年 1 月起，香港政府宣佈禁止經香港陸路邊界對華出口武器和彈藥。

1939 年 12 月底，中方請求在香港組裝由一家美國公司提供給中國的 4 架商用運輸機。1940 年 4 月，當飛機運抵香港時，為了不得罪日本，港英政府最終拒絕了中方的請求。

儘管英國政府一再妥協退讓，日本的進逼卻有增無減。6 月 24 日，日方向英國政府提出，關閉滇緬公路和香港邊界，英方無意抵制日本人的要求，丘吉爾、張伯倫、勞埃德（殖民大臣）均贊同退讓。中國政府十分擔心外援路線被截，遂加緊外交活動，力圖阻止英國接受日本的蠻橫要求。不幸的是，英國政府仍於 7 月 17 日與日本簽訂了《緬甸公路協定》，停止向中國運送武器、彈藥、卡車、鐵路物資和石油。

《緬甸公路協定》簽訂後，港英政府採取措施執行有關條款，稽查物資走私。

香港政府沿粵港邊界重新安排緝私人員，在新界某些可能從海路向中國走私貨物的地點也佈置緝私人員。10 月 14 日，《緬甸公路協定》期滿之前，英國政府又作出決定：不改變香港現有的出口限制。殖民大臣勞埃德指示羅富國：「在目前情況下，如果取消 1940 年 7 月份的禁令對英國或中國無益，我認為沒有必要取消禁令。但是，港督有權在協議期滿後酌情放鬆有關限制。」

1941 年 5 月初，羅富國建議英國政府，取消對華的汽車、石油出口禁令，以擺脫香港的經濟貿易困境。而英國政府認為，目前不宜改變香港的出口禁令。7 月底，羅富國請求英國政府重新考慮他的建議。英國駐華大使卡爾完全站在港督一邊，他認為「這是香港直接援助中國的最佳方式，在中國，每一加侖汽油都極其珍貴」。然而，英國政府仍然堅持原來的立場，認為收回對日本的承諾是不合時宜的。直到 12 月太平洋戰爭爆發前，英國政府的政策沒有發生實質性的變化。

儘管香港戰霾密佈，但羅富國仍關注社會建設，尤其專注教育發展。在 1939年，港府於西營盤醫院道成立一所全新的師範學院，名叫香港師資學院，後更名為羅富國師範學院。由於羅富國出生豪門，學院遂以羅富國的家族盾徽為校徽。羅富國師範學院於 1994 年併入香港教育學院。在羅富國任內，香港大學亦擴充其理學院，於 1941 年建成了羅富國科學大樓，供生物、化學、物理各系使用，大樓一直到 1990 年才拆除。

被逼備戰

香港是東西方各國和東南亞各國的交通要道，又是南太平洋的重要港口。1938 年 10 月，廣州淪陷以後，日軍進攻香港已只是時間問題。香港在太平洋戰爭中處於十分重要的地位，它既是英國在遠東的海軍基地之一，又是英國在遠東的經濟中心。日軍佔有香港就可以以之為繼續南進的中轉站，從日本本島經沖繩、台灣到香港，把菲律賓、新加坡、印尼以至南太平洋群島、澳洲等地區連成一片，保證兵源、物資的連續供應。日本佔據香港又可以與台灣和海南島形成對中國大陸的包圍圈，以海陸兩方面互相呼應，對中國加以嚴密封鎖，並切斷從香港向中國大陸的一切海上供應。

面對日軍的侵略，羅富國考慮的是如何保住和擴大英國在中國的利益，對於抵抗日軍進攻香港卻極少準備。而日軍對香港英軍的防衛力量估計得相當高，以為攻佔香港必有一場硬仗要打。因此，他們將力量準備和攻佔計劃考慮得十分周到，而且事先對在香港的情報工作也作了嚴密的佈置。

以羅富國為首的香港當局則恰恰相反，他們對日軍存有很大的幻想。誠然，這與第二次世界大戰初期英國當局綏靖主義的慕尼黑妥協方針有着很必然的聯繫。英國對日本一直採取妥協讓步政策，企望能繼續保持他們在亞洲的利益。因此，港府嚴格檢查中文報紙，限制和禁止抗日的言論，而對於日僑以及日軍第五縱隊的活動卻放任不管，根本不加干涉，使日軍在攻擊香港前就已掌握了香港的軍隊及佈防等詳細資料。

面對日軍的逼進，羅富國不得不備戰。1938 年 2 月 3 日，日艦集中粵海窺探，虎門被封鎖，省港澳輪船全部停航。2 月 28 日全港舉行燈火管制大演習。3 月 19 日，海陸空三軍實施軍事大演習。之後日軍在大亞灣登陸，廣州、深圳相繼淪陷。日軍已經到了香港的門口。香港當局開始挖防空洞；試行過幾次燈火管制的演習；海防線修築了一些機關槍堡壘；駐港英軍在維多利亞港入口的東西兩面，加設多門重炮，以防日艦突然侵入；沿新界公路的橋樑有些也埋放過炸藥設施。但是從總的方面來看，港府沒有積極佈置應戰的準備措施，更沒有在居民中做充分的思想動員。香港人照樣過着花天酒地、歌舞昇平的日子。他們抱有傳統「大英帝國不可侵犯」的傲氣，幾乎沒有人相信日本會侵佔英國殖民統治下的香港，更沒有感到戰爭將要臨頭的氣氛。

1939 年 2 月 21 日，羅湖被日機轟炸。造成 12 人死，18 人傷。6 月，日軍攻佔深圳，逼近香港邊境。21 日，香港學生舉行反日大示威。7 月，港英政府通過《戰鬥人員義務法令》，指令年齡在 18 歲至 41 歲之間的男性英籍人士必須服兵役。8 月，宣佈《戰時徵集條例》，徵召適齡壯男入義勇軍或入香港海軍防衛隊作後備兵。23 日，英軍下令封鎖上水至沙頭角公路，同時封鎖鯉魚門海港。9 月，英法對德宣戰。羅富國隨即宣佈香港進入戰時狀態，並實施外滙管制。港英當局隨即將德僑 62 人拘禁於九龍喇沙書院集中營。

1940 年 4 月 10 日，歐戰局勢急劇發展，港英政府宣佈實施緊急法令，扣留挪威、丹麥船隻 14 艘。5 月，羅富國命令，將超過 55 歲的外籍人組織起來，由

退休軍人休斯指揮。當時，人們稱它為「休斯兵團」，準備應付緊急情況。6月，日軍再度集結深圳，英軍拆毀連接深圳的橋樑，開始在港九各地興建防空洞，逐步實施燈火管制、糧食管制，進行各種演習。11日，港英政府宣佈香港已進入非常時期，徵集英人入伍，街道要衝皆堆置沙包和路障。同時，當局拘禁意大利僑民，封閉了意大利領事館，查封了意大利郵船及意僑商行。港英政府開始發行公債600萬元。23日，羅富國下令徵用民間物資，規定所有水陸交通工具和設備，如飛機、船隻、車輛、倉庫以及一般物資，總督隨時有權徵用。港府還限制本港男子離港，以保證戰時有足夠的服務人員。

羅富國委派一名撤退主管，負責撤退在港的英籍老弱婦孺。6月底，第一批共1,640名英籍公務員家眷，由香港起航，經馬尼拉撤往澳洲。7月，又一批英籍平民家眷約1,800名，經馬尼拉去澳洲。對其他歐籍人士，羅富國則勸告他們把家眷撤離香港。而當局唯獨對華人不管不問，沒有任何一個華人得到羅富國的任何撤退安排，以致引起廣大中國居民的強烈不滿和反對。於是，港英當局暫停撤僑。大約有600名歐籍婦孺仍留香港，以平息中國居民的不滿情緒。

宣傳抗日的重要陣地

1937年抗戰開始不久，北京、天津相繼淪陷。「八一三」上海軍民抗戰後，上海、南京也先後失守。平、津、寧、滬愛國人士和黨的工作者，紛紛疏散到祖國的南方來。香港逐漸成為中國人民抗戰的宣傳陣地和物資籌集基地。

從1936年6月到1941年，宋慶齡在香港籌備成立了「保衛中國同盟」，總部設於西摩道21號，向海外華僑和各國愛好和平人士宣傳抗日救國的主張，推動抗日運動，募集經費、藥品、醫療器械，以支援內地軍民的抗日鬥爭。

1938年1月，根據中共中央的決定，廖承志從武漢經廣東到達香港，和潘漢年一起作為八路軍、新四軍的駐香港代表，並負責南方各省的工作。辦事處設在皇后大道中18號。但是，當時羅富國政府站在國民黨一邊。迫於港府的態度和國民黨特務的活動，辦事處對外公開招牌是粵華公司，經營茶葉批發生意。

1938年冬，廣州、武漢又先後陷落，全國重要城市的愛國新聞工作者和文化

界人士也陸續撤退到香港，堅持抗日的文化工作。一批進步的報紙也遷來香港。1935 年創辦於上海的《立報》，於日軍侵佔上海後的 1938 年 4 月遷到香港復刊，由薩空了任總編輯，著名作家茅盾擔任副刊編輯。8 月 1 日，華僑企業家胡文虎出資在香港創辦了《星島日報》，聘請國際問題專家金仲華為總編輯，並邀請楊潮等進步人士參加編輯工作，先後刊發了一批宣傳抗日的社論和軍事評論，皆筆鋒犀利，一針見血，頗受讀者讚賞。天津《大公報》也到香港出版香港版，成為抗日的重要喉舌。

當時在香港要辦一張報紙，困難重重。首先是要過港府這一關，需要向香港政府辦理登記手續，而這時正是港府加強對中文報刊檢查的時候。9 月港英政府宣佈，對中國的抗日戰爭持中立態度，所謂中立，實際上對進步的報紙設置種種關卡。其次是資金短缺，《立報》、《大公報》原址陷落，來香港完全是白手起家。廖承志、潘漢年等中共的駐港人員，積極支持抗日報紙的復刊，支援《立報》3,000 元港幣，讓薩空了把《立報》辦起來。因為印刷廠迫於港府的壓力，一般也不接受進步報刊的印刷，所以《立報》出版日期一拖再拖。

1938 年 4 月 1 日，《立報》正式出版，一版發刊詞開宗明義：「我們主張：積極的，對外求中華民族的獨立；對內求民主政治的實現。消極的，我們決不屈服，不苟全，遇到必要的時機，是不惜一切犧牲，以堅定我們的立場，也就是堅定我們中華民族的人格。」茅盾在「言林」專欄的「獻詞」中說：「今日我中華民族正在和侵略的惡魔作殊死戰，『言林』雖小，不敢自處於戰線之外；『言林』雖說不上是什麼重兵器，然亦不甘自謂在文化戰線上它的火力是無足輕重的。它將守着它的崗位，沉着射擊。」巴金寫了《再給〈立報〉祝福》的文章，文章說：「我願再來給這新生的《立報》祝福一次：願它利用過去的經驗，更努力地為在艱苦中奮鬥的民族服務。把這最後勝利的信念傳達給同胞，使他們以同一整齊的步驟向着勝利的目標前進。」

《大公報》經過半年籌備，為紀念「八一三」抗戰，於 1938 年 8 月 13 日出香港版，負責人是胡政之、張季鸞、楊紀、徐鑄成等。創刊號發有社評《本報發行香港的聲明》。1937 年 4 月 21 日，新任廣東省政府主席吳鐵城拜會港督，作官方訪問。1938 年 7 月 27 日，羅富國乘廣九鐵路火車赴廣州，禮節性回拜吳鐵城。所以社評中說，「我們擇地於香港，只因商業上的便利。我們信賴中英兩國

的親善關係，欽佩一年以來英國輿論一致對中國神聖自衛的同情，特別認識香港政府對於增進中英親善促進港粵共存共榮的熱心和好意，所以我們毅然將顛沛流離中的一部分事業，寄託在友邦法律管轄之下。也可以說，我們本來志在增進中英邦交，才表示這樣的信賴。」這篇社評一方面很講策略地向香港各方面打招呼，減少不必要的麻煩；另一方面也說明創刊香港版的本意：「這一年的嚴重外患，毀壞了我們國家人民多少事業，本報是民族事業中的渺小一分子，當然亦不能例外。然所幸者，不獨人心不死，人亦未死。雖然備歷艱危，而一支禿筆，卻始終在手不放。今當香港版發行之日，請求香港各界同胞，兩廣各界同胞，以及南洋一帶的僑胞，特別愛護，特別指導，尤其望廣州黨政軍當局常常就近指示我們一些方針，我們當然根據其多少年來在津、在滬、在漢所目擊身受的國難中可歌可泣的經驗，抒其悃誠，以為貢獻。」《大公報》香港版從創刊到 1941 年底日軍偷襲珍珠港、發動太平洋戰爭、進攻香港，12 月 13 日停刊，經歷三年多時間，期間衝破種種阻力，為抗戰宣傳做出了突出的貢獻。

書信檢查中的亂子和笑話

1938 年 8 月，香港政府組建了檢查書信處，開始郵政書信檢查。凡是從日佔區、中國內地、歐美各國寄來的信件，一律要檢查。檢查的方法是，郵差將郵包送到檢查處，倒出信件，先揀出港府預先擬定的免檢人員的信件，如寄給香港太平紳士或知名人士的信件，不加檢查即可發送。其餘的信件由負責檢查的人員，用剪刀剪開信封，抽出信件，仔細察看，認為沒問題的，再用封條封好，蓋上「檢訖」的印戳，交郵差郵遞。信件中凡是被認為有宣傳「共產主義」，或提出「打倒帝國主義」、「抗戰救國」等口號的，甚至於字句含混不清的，一律被認為有嫌疑，交由警察署，將信件扣留，並由警署傳訊收信人，進行審查。

檢查處工作人員需要符合很多條件，要求也很嚴格，除港府有立案的中英文學校裡已領有大學高級入學試及格證明書的英文教員外，還要從由內地來港的一些軍、政、學人員選擇一部分，但必須由太平紳士保薦，才可錄用。開始工作之前，工作人員先集中進行培訓一周，熟悉掌握檢查方法，然後分擔工作。檢查處

共分三組：一組負責檢查外文信件；一組專門負責中國內地和南洋各地的中文信件；再一組專門檢查淪陷區和偽政權地區的中文信件。

戰爭年代，本來交通不便，郵路不通，又在郵政檢查過程中耽誤時日，信件送到收信人手中時，一般少則十天半月，多則已經月餘。

這種書信檢查，經常鬧出亂子或笑話。據陳謙先生回憶，有一個檢查人員誤拆了歐洲某國家領事的私人信函。該國領事接信後大發雷霆，到檢查處責問檢查人員說：「在世界大戰期間，非交戰國的外交人員私人信件，從未有拆開檢查者。現在你們公然拆開外交人員的私人信件，是否符合國際法例？」該檢查人員乖乖地賠禮道歉，才算無事。還有一次，由上海某商行寄給香港聯號的信中說：「貨已寄出，某日可到。」本來是很平常的事，但是，沒有指明是什麼貨，引起了檢查人員的懷疑，以為是含糊其詞，必有所指，應當傳訊查究。商行經過多方證明，提出單據，才免起訴。

羅富國安排的這次書信檢查，持續了一年多，直到 1940 年底，日軍的炮火打到香港，檢查處才告解散。

從金文泰到楊慕琦，即 1925 年至 1941 年，十六年中共交替五任總督。這一時期，中國內地既有內戰又有外國的侵略，國際上資本主義經濟危機不斷，這種大趨勢決定了總督們不可能有大的個人作為，香港也不會有根本性的發展。另一方面，中國內地大批人力、物力、財力流入香港，促使香港人口迅速增加，到 1937 年已達到 100 萬人，工商企業、城市建築都有所發展，面貌與維多利亞時代大為不同。新式的摩天大廈陸續在中區一帶出現：1927 年，九層高的告羅士打大廈落成，成為當時全港最高的建築物；1935 年 10 月，共十四層、高 247.5 呎的滙豐銀行新廈正式啟用，成為英國在遠東的金融勢力的象徵。與此同時，三四層高的中式樓房也大量出現，建築形式與內部裝飾佈置，中西日漸接近，傳統長廊式建築不再興建，城市面貌已經改觀。但是，到了楊慕琦上任不久，香港人民和在港外籍人士共同建設的成果，遭到日本軍國主義者帶來的一場浩劫所摧毀。

第二十一任
1941-1947

楊慕琦　Mark Young

楊慕琦（1886-1974），英國人。1886 年 6 月 30 日生於英屬印度。祖父原居英格蘭伯克郡，父親是印度的殖民地官員，曾先後擔任邁索爾參政司、古爾格首席專員以及旁遮普副總督等職。雖然生於印度，但楊慕琦早年被送回英格蘭接受教育，先後入讀伊頓公學和劍橋大學國王學院。畢業後，供職於殖民地部。1923 年至 1928 年在錫蘭任殖民地司助理，後任非洲塞拉利昂殖民地司。1933 年至 1938 年任英屬巴巴多斯總督，來港前任坦噶尼喀總督。兩任期內，以推行改革著稱，獲得英廷肯定。卸任港督後，楊慕琦退居英格蘭的溫徹斯特，晚年熱衷於音樂和彈奏鋼琴，研讀古典文學。1974 年 5 月 12 日逝世於溫徹斯特的貝雷域奇療養院，終年 87 歲。

楊慕琦於 1941 年 9 月 10 日就任香港第二十一任總督。當時侵華日軍正猛攻中國南部，12 月發動太平洋戰爭。侵佔了深圳的日軍繼續南下，12 月 8 日侵入新界。11 日駐港英軍放棄九龍，退守港島。20 日，日軍自港島東部登陸，攻佔北角和大潭，再向西攻佔赤柱、淺水灣等區。22 日攻陷淺水灣酒店，25 日，楊慕琦宣佈投降，雙方在半島酒店簽訂條約。由 9 月 10 日至 12 月 25 日，楊慕琦任職不到四個月，便成為戰俘。香港居民由被一個殖民主義者統治轉到了另一個軍國主義者的統治之下，度過了三年八個月更加苦難的歲月。1945 年日本投降。次年 5 月 1 日，楊慕琦重任港督，至 1947 年 5 月 17 日，任滿離港，成為第二位沒有以其名字命名街道、學校、建築物的港督。有論者說，不知是否與他曾親手簽訂投降書、做過三年八個月的階下囚有關。

聖誕節舉白旗投降

對付日軍進攻，英國政府曾經討論過三套防衛方案，最後達成一致意見——提供支援拖延行動所需的最低限度兵力。首相丘吉爾表示，一旦爆發戰爭，香港不可能得到增援。

在這樣的背景下，港英政府對於抵抗日本侵略軍進攻香港，沒有充分的信心和軍力準備。日軍已經包圍廣州，佔領了深圳，兵臨城下，危在旦夕的香港還是一片和平安閑的氣氛。劉蜀永所著《香港歷史雜談》記述，1941 年 12 月 7 日，即日軍進攻香港的前一天，香港「電影院場場滿座，酒吧間坐滿了客人，舞場裡不斷傳出爵士音樂，年青人成群結隊地到新界農村郊遊」。

港英當局的軍事準備極為倉促，直到 11 月 16 日才用一艘英國運輸艦載來兩營加拿大兵。這兩千多人的隊伍，多數是新兵，缺乏嚴格的軍事訓練。另外，還有羅富國離港前剛剛組成的、由退伍軍人休斯指揮的一支成員平均年齡超過 55 歲的外籍人士兵團。連同原有的軍隊——英軍兩營、印度軍隊兩營，以及高射炮隊、野戰炮隊、皇家工程隊、香港團隊，香港防衛兵力總合計有兩個旅。海軍方面，有驅逐艦一艘、魚雷快艇八艘、炮艇四艘、武裝巡邏艇數艘。空軍方面僅有三架魚雷轟炸機和兩架水陸兩用戰鬥機組成的一支皇家空軍中隊，且飛機殘舊過

時，機件不全，又沒有雷達設備。

楊慕琦任全港三軍最高統一總指揮。按照英國殖民傳統，總督只是名義上的三軍最高統帥。然而楊慕琦一上任，守衛香港的重擔就落在他的肩上，成為名副其實的最高指揮官。

1941 年 11 月，楊慕琦還分別成立了一些輔助部隊，如消防、運輸、醫療、供應等等。防衛部隊的主要力量駐守在新界、九龍一帶。香港島僅有英軍一營人，到開戰前一天，才將加拿大軍隊由九龍調回港島加強防衛。

日軍進攻香港的準備卻十分周密。為了迅速攻克香港，日本調集陸軍第三十六縱隊二萬三千多人作為進攻香港的主力部隊，又另調荒木少佐的六千餘人及炮兵五千八百多人加入作戰。日軍還配備一千三百多架飛機、二千三百餘部運輸車、近五百艘登陸艇。攻港日軍都受過嚴格的軍事訓練，實力遠遠超過香港的英軍。

12 月 8 日凌晨 3 時 20 分，日軍偷襲珍珠港，也於當天上午 8 時 30 分對香港進行空襲，首先在金鐘兵房投下第一顆炸彈。在極短的時間內，停在啟德機場的香港僅有的五架飛機和八架民航機，包括泛美航空公司的「夏威夷飛剪」號巨型飛機便一起被炸毀。僅僅幾分鐘之內，日軍就掌握了香港的制空權。11 日，日軍步兵攻破垃圾灣防線，英軍撤出九龍半島退守港島。13 日，日軍控制了新界、九龍。

日機不斷空襲港島，督憲府受到炮轟，楊慕琦躲到督轄地洞裡批閱文件，指揮政府運作和軍隊抗戰。12 月 13 日以後日軍是停停打打，逼迫楊慕琦投降。13 日，日軍派出小艇，挾持楊慕琦的私人秘書李氏夫人等三名英籍女人質，舉着白旗從油麻地碼頭駛往港島，勸楊慕琦盡快投降。當小艇靠近港島碼頭時，雙方的炮火暫時停止，日軍飛機也停止轟炸。這次勸說沒有成功。當小艇返回九龍時，炮戰又重新開始。17 日，日軍再一次派出小艇駛往港島勸降，楊慕琦仍然拒絕投降。實際上從 13 日至 17 日，日軍在作攻島準備。

12 月 18 日，日本開始大規模猛攻港島，精兵 7,500 人分別從鯉魚門和筲箕灣、太古船塢、北角和銅鑼灣三路強攻，全部登陸成功。12 月 20 日，圍城戰進入高潮，英軍雖然極力抵抗，力圖挽回危局，但日軍憑藉優勢兵力，銳不可擋。

12 月 21 日，楊慕琦致電倫敦，請求授予自行決定是否投降的權力。得到的回答卻是「希望你們抵抗至最後一刻」。

12 月 25 日上午，楊慕琦向英軍發表聖誕文告，鼓勵英軍繼續奮戰到底，抵抗日軍進攻。但英軍的抵抗已力不從心。下午日軍恢復猛烈炮轟，並向海軍船塢推進。英軍駐港馬爾比少將向港督報告，英軍已經無法繼續抵抗。香港政府的部分軍政人員共十幾人冒險突圍，乘快艇離開港島，駛向大鵬灣逃走。

12 月 25 日下午 3 時 15 分，楊慕琦終於打着白旗，渡海到九龍半島酒店的日軍指揮部，向日軍司令酒井隆投降，結束了這場僅僅十八天的戰鬥。從此以後，統治香港剛好一百年的英國，在香港降下了米字旗，而由日本人升起了太陽旗，繼續進行更加野蠻的殖民統治。

日軍本來準備用半年的時間攻下香港，完全沒有想到，香港的英國軍隊如此不堪一擊，只花了日軍所估計的十分之一的時間，就結束了攻佔香港的戰鬥。

其實，這個結局是丘吉爾早在 1941 年初就預料到的，他說：「倘若日本對我們宣戰，我們根本沒有機會可以防守得住香港，也沒有辦法可以把它從苦難中解救出來。」所以，他主張英國不但不應增加駐港守軍，相反還應該減少。

集中營裡受凌辱

日軍佔領了香港之後，在港島的七姊妹、九龍的深水埗、亞皆老街設置了三個集中營，囚禁被俘英軍。港府文員、外籍平民、婦孺，則囚禁在赤柱。據香港《新報》石姍的「滄海桑田」專欄記載，被囚於赤柱的俘虜，有輔政司詹遜、正按察司麥基利、副按察司祈壽樂、防空處長柏高、警察總監伊雲士等高官在內。祈壽樂於 1944 年在獄中受盡折磨而死。楊慕琦先是被關押在半島酒店，隨後即與馬來亞、新加坡、蘇門答臘、關島等地的總督，以及幾位首席法官等，一起被日艦押解到台灣囚禁。在集中營裡，他們的待遇和普通俘虜一樣。

日軍完全不遵守各國在日內瓦共同訂立的管理戰俘守則，尤其是因為這一批戰俘的官階都很高，日軍對待他們，更極盡侮辱之能事。戰俘晚上去廁所，經過崗哨時如果不向站崗的日兵鞠躬行禮，日兵就罰他們站在原地，兩手高舉水桶。戰俘憋不住，小便大便撒下來，圍觀的日兵便拍掌大笑。有好幾名英、澳、美軍的高級官員，都受過這樣的凌辱。

日軍把戰俘當作奴隸般看待，除侮辱、打罵之外，每天還押解他們出營外，與被俘的華工一起修築軍事設施。勞動量很大，而每餐只有一小碗米飯，加上缺乏醫療，不少戰俘被折磨得沒有人樣，甚至被折磨致死。

1945 年，日軍投降後，英軍找遍所有戰俘集中營，都找不到楊慕琦。當時，人們以為他已遭日軍殺害或病死在集中營裡。後來，英國政府接到蘇聯通知，說他們對日作戰攻入中國東北時，無意之間在瀋陽奉天俘虜收容所，發現了一個美國人和一個英國人。原來這個美國人是駐菲律賓的美軍總司令溫萊特少將，而那個英國人就是楊慕琦。

楊慕琦向日軍投降後，被囚禁在九龍半島酒店頂樓時，東江游擊隊的地下人員曾潛伏在半島酒店，打算把楊慕琦救出來。但因他的目標太大，日軍看管十分嚴密，故無法採取行動。但是，游擊隊員曾冒險潛入市區，深入集中營，先後成功營救了為日軍所囚禁的外國人士 81 名，其中包括英國 20 人、印度 54 人、丹麥 3 人、挪威 2 人、蘇聯 1 人、菲律賓 1 人。被救的英國軍官有賴廉士上校、京上校、譚臣警司、祁德尊少校等。楊慕琦後來被押解往台灣，至於為什麼會被送到瀋陽關押，至今仍是個不解之謎。

英國內部的爭吵

第二次世界大戰期間，對於香港問題，英國內部曾發生過一場爭執。1941 年底太平洋戰爭爆發後，香港淪陷，新加坡、仰光先後失守，英國在遠東受到沉重打擊。當時殖民地部為日軍進攻這些地區時，駐當地英軍得不到殖民地居民的全力支持而提出檢討，認為過去英國在這些地區的高壓政策太失民心，才會嚐到這樣的苦果。

英國主管東亞事務的助理殖民地次官鄭艾華指出，香港政府必須打破以前的作風，與中國方面保持密切聯繫，將英中關係帶入一個新紀元。為了拉攏蔣介石，1942 年 6 月 3 日，英國首相丘吉爾在接見國民黨政府駐英國大使顧維鈞時，曾經表示：「日本戰敗以後，它佔領的全部中國領土，將由中國收復。」

1942 年，美國從自己在遠東的利益出發，開始譴責英國的殖民政策，質問英

國為什麼不早把香港交還中國，為什麼不廢除在華的治外法權。1942 年初夏，英國外交部主管遠東事務的助理外務次官格善理到美國去，與美國有關方面交換兩國對遠東事務的看法。

格善理回國後向外交部彙報說，美國政府高層人士一般都反對殖民主義，並抨擊英國以往在殖民地的作為。假如中國要求收回香港，美國必會給予中國方面充分的同情和支持。而且，在他被問及香港前途時，不少美國官員都不能理解，香港陷落前，英國為什麼不願意將香港交還給中國並廢除在中國行使不合理的領事裁判權。

可是，格善理的彙報觸怒了殖民地部主理遠東事務的鄭艾華，他認為當時的外交部充滿了濃厚的失敗主義氣氛，而格善理簡直是被美國人洗了腦。稍後，英國外交部和殖民地部舉行聯席會議，格善理據理力爭，認為英國實力已大不如前，應該作壯士斷腕而保存全身，放棄一部分不重要的殖民地，以保存和鞏固一些重要屬地的利益。格善理還指出，香港和馬來亞本來都屬於放棄之列。

鄭艾華對格善理的看法卻不以為然，他認為英國不能只着眼於建立國際關係，尤其是英美之間的關係，去處理殖民地問題。1942 年 7 月，鄭艾華在香港政府政務官麥道高的協助下，草擬了一份遠東政策初稿，堅持英國在戰勝日本之後，重新行使對香港的統治。

在 1943 年 11 月舉行的開羅會議上，美國總統羅斯福敦促英國把香港歸還給中國。丘吉爾予以拒絕，他態度強硬地說：只要他還是首相，就不想使大英帝國解體。1944 年，副首相艾德禮在回答議員提問時解釋說，丘吉爾的話含義包括香港在內。與此同時，英國努力爭取與美國達成諒解。美國出於全球戰略對自身利益的考慮，態度發生變化。1944 年 9 月，英美達成協定，美國同意戰爭勝利後，英國在遠東的殖民地仍由英國決定處理辦法。

在英國內部，關於是否交還香港給中國仍在爭論着，鄭艾華雖然駁斥格善理主張戰後把香港交還給中國的論調，但他草擬的那份戰後遠東政策初稿也建議英國重新管治香港時，英國當局應盡快與中國政府接頭，共同研究香港的前途問題。談判的基礎是承認香港是中國的一部分。而且初稿強調在過去數年，中英兩國曾並肩作戰，共同進退，希望在戰後，雙方仍然保持戰時那種互相合作和信任的精神。

這份政策初稿最使香港人士注意的部分，就是鄭艾華建議：英國該向中國及國際人士表示，英國政府理解到把香港主權移交給中國，對改善國際關係的貢獻。假如中國政府期望，而香港居民又贊成的話，英國政府願意與中國政府進行談判，簽定新約，以達成上述目的。

英國殖民地部常務次官賈達在閱讀過鄭艾華的建議書以後表示：一、丘吉爾首相認為，大西洋宣言關於戰後讓殖民地次第獨立這一點，不適合在亞太地區推行；二、把香港主權移交給中國，這個提議該有保留。賈達只同意在戰後將與中國政府討論有關香港的前途問題。殖民地大臣格保爾更強調：縱然香港的地位十分特殊，在地理上是中國的一部分，在戰後英國也許需要同意把香港交還給中國，但是英國政府萬萬不得在這階段決定把香港拱手奉送他人。有關香港的前途，應該與戰後遠東的整體安排一起研究。如果英國要交還香港，那就要中國在國內或海岸做出一些讓步，使得英國得到某些利益。

鄭艾華和麥道高接到這些指示後，又重新草擬一份新的意見書。他們指出：中國是一個重關稅的國家，在戰後，中港貿易必然會受到諸多限制，香港的經濟重要性，自然會相應地下降。因此，英國實在不必再擁有香港，反而要從其他途徑取得比擁有香港更大的利益。

鄭艾華的意見得到英國外交部多數人士贊同，但是，柏德信爵士及印度事務大臣艾梅利卻堅決反對。他們認為，在戰後英國應該重建在遠東的地位，「尤其不能把英國百年來艱苦經營的成果，毫無代價地拱手讓人」。

從 1944 年開始，英國最高當局已經決定了對香港的原則和政策。英國內部有關香港的討論，也就變得沒有意義了。但是，這說明從 1840 年鴉片戰爭開始，到二次世界大戰，直至 20 世紀 80 年代中英會談，在英國內部，關於香港是歸還給中國，還是繼續佔領，都一直存在着爭論。

重慶修約談判

珍珠港事件以後，國際形勢發生了重大變化，中國和英美等國一同名列世界反法西斯陣營的「四強」，遠東戰場的作用顯得特別重要。美英兩國為了表明

對華友好，希望中國堅持抗戰。美國總統羅斯福向蔣介石表示將支持中國收回香港，並開始向英國施加壓力。當時英國朝野有許多人主張把香港歸還中國。

蔣介石看到了收復香港的有利時機，打算廢除不平等條約，收復失地。顧維鈞曾接到外交部訓令，要他在倫敦研究並試探英國對香港問題的態度。訓令指出，香港是中國政府渴望盡快解決的問題之一。

1942 年 10 月下旬，中英修約談判在重慶舉行，中方首席代表是宋子文，英方代表是駐華大使薛穆。英方提出的草案的主要內容是：廢除在華治外法權；中止 1901 年的《辛丑條約》；將上海、廈門公共租界歸還中國。但對香港問題避而不談。

中方針對英國的草案，於 11 月 13 日提出了一份《修訂草案》，要求廢除《展拓香港界址專條》，並提出「英方在九龍租借地之行政與管理權，連同其官有資產與官有債務，應移交中華民國政府」。

對於中方提出的僅僅要求歸還九龍租借地，未要求歸還整個香港地區的修正案，英國卻斷然不能接受。

針對中方的《修訂草案》，英國外交部遠東司司長格善理提出了三個可供英國政府選擇的方案：一、接受要求；二、斷然拒絕；三、盡量拖延。他認為第一個方案不行，因為新界在經濟和戰略上對香港至關重要；第二個方案也不行，會引起美國的不滿和非議。因此，他主張選擇第三個方案，能拖就拖。外交大臣艾登認為，格善理的主張既不堅決又不明朗，不能採納。他傾向採取第二個方案，即斷然宣佈九龍不屬於本次修約的討論範圍，拒絕歸還。艾登的主張正合丘吉爾的意思。11 月 30 日，英國戰時內閣會議作出了決議：英國不談租借地問題。

英方代表薛穆向宋子文宣佈，英國不準備同中國談判九龍租借地問題。宋子文反復重申了中國收回該租借地的原則和立場。雙方發生爭執，談判觸礁。薛穆打了折扣，實際上是按格善理的第三個方案向中國解釋的。他說英國政府的態度是「急事先辦」，而當前最急的問題是打贏戰爭，香港肯定要歸還的，但是要等到戰爭以後。有些中國外交人士，相信了薛穆的話。

蔣介石得知英國的態度後表示，中英新約如果不包括收回新界的內容，他就拒絕在條約上簽字。本來態度堅決的宋子文發生了動搖。為了打破談判僵局，他準備在九龍租借地問題上對英讓步。他對蔣介石陳述了他的主張，蔣介石不相信

英國的解釋。於是宋子文請求當時正回國述職的外交界元老、駐英大使顧維鈞去勸說蔣介石對英讓步。

顧維鈞見到蔣介石，但他不想自己先提出香港問題。經過敍談，蔣介石終於提出了這個問題。他問顧對英國關於香港問題的無理態度有哪些想法。顧維鈞說：「依我看來，英國是誠心打算歸還香港的，不過他們正在打仗，處於生死存亡關頭，情況確實十分危急，歐洲大陸幾乎全在德國的勢力之下。英國人真是憂心忡忡，焦慮萬狀。這次英國既然有意表示友好，建議締結新約，他們這項努力如果沒有結果，將會非常失望。如果我們因為新約不包括香港問題而拒絕簽字，英國會認為我們缺乏諒解，太不近情了。這次是由英國首先採取主動同我們磋商的，他們沒有料到會提出香港問題。締結新約，這是送上門來的禮。我明白委員長的意思，該送來的禮物應當一次送來；可是英國願意分兩次送。依我看還是先收下這第一份禮為宜，可以在收禮的同時暗示一下，我們在等待着第二份禮的到來，這樣可以不致引起什麼誤解。戰爭期間，盟國應該表示團結一致，這點極為重要。這回英國開始看到自己過去的政策錯了，或者至少看到現在需要作某些改變了。先締約不失為外交上有利的一着；同時我們可以公開講明，希望英國在戰後歸還香港。」

蔣介石聽得很仔細，最後對顧維鈞說：「我再考慮考慮。」

在顧維鈞勸說的基礎上，宋子文又去找蔣介石請示最後答覆。蔣介石命令宋子文徑行簽約，香港問題留待戰後再說。蔣介石向英國作了根本性的讓步，於1942 年 12 月 31 日指示國民政府正式同意不將收回九龍租借地問題與取消治外法權等問題合併提出。1943 年 1 月 11 日，中英在重慶簽訂了《關於取消英國在華治外法權及其有關特權條約》，條約中隻字未提九龍租借地問題。同一天，宋子文照會薛穆，聲明中國政府對九龍租借地「保留日後提出討論之權」。

劉存寬、酈永慶先生分析認為，這次中國未能收回九龍租借地，固然是英國堅持殖民主義所致，但與國民政府爭取不力、態度軟弱也有直接關係。當時收回九龍租借地，有絕好的國際和國內條件。本應掌握時機，據理力爭，堅持原則，以求成功。在當時世界反法西斯戰爭中，民族解放浪潮空前高漲，帝國主義殖民體系的崩潰已經不可逆轉。即使新約暫時不訂，戰爭勝利以後，英國豈能長期保持在華特權和租借地不放？宋子文作為中方首席代表，不能洞察世界大勢，目光短淺，心理軟弱，企圖以妥協退讓來換取與英國的「團結」。結果是中國愈退，

英國愈進，終於造成了中方有理而受挫、英方無理而制勝的局面。蔣介石雖然想收回九龍租借地，並為此作了一些努力，但在英國死硬的立場面前，仍沒有堅持到底，最終還是對英國委曲求全，致使收回九龍租借地一事功虧一簣，坐失良機。

誰來收復日佔後的香港

1945 年 8 月 15 日，日本天皇宣佈向同盟國投降。盟軍西南太平洋戰區最高統帥麥克亞瑟將軍，隨即就劃定區域接受日軍投降一事，發佈第一號總命令。其中規定：「凡在中華民國、台灣、越南及北緯 16 度以北地區之日軍，均應向蔣委員長投降。」

香港是中國的領土，位於「北緯 16 度以北地區」；佔領香港的日軍隸屬日本的「中國派遣軍」第二十三軍，該軍司令部就設在廣州，司令官田中久一中將兼任香港佔領地總督。蔣介石因此堅持中國戰區統帥擁有對香港日軍的受降權。8 月 21 日，他任命第二方面軍司令官張發奎，擔任廣州、香港、雷州半島及海南島等地的受降官，接受該地區日軍的投降。張發奎隨即命令第十三軍部署於廣九鐵路沿線，待命收復香港。

然而，在此之前，英國早已展開搶先收復香港的各項工作。1945 年夏天，英國已經制定戰後收復香港的計劃。8 月 13 日，英軍參謀總長提議，一旦日本宣佈投降，就應派遣一支特遣艦隊專程接收香港。當天，英國外交部致電在重慶的駐華使館，要求他們指示在粵港地區活動的「英軍服務團」，設法將英國政府的指令送達還關押在港島赤柱國際集中營裡的原輔政司詹遜。該指令稱：英國正在尋求美國參謀總長的同意，從英國太平洋艦隊中派遣一支艦隊，前往收復香港；詹遜應在日本投降後，設法恢復港英政府的行政管治，並在英國海軍特遣隊司令官抵港後，向他移交行政管治權。

8 月 15 日以後，詹遜在集中營裡得知日本已經宣佈投降，便向駐港日軍要求恢復他先前擁有的管理香港的行政權力，要求給他以及他任命的官員提供住所、使用無線電台。日軍很快同意他的要求。此後，詹遜宣誓就任香港代理總督。27 日，詹遜透過電台向港人發表講話，宣佈英國艦隊即將抵達香港，接受日軍投降，

恢復英國在港管治權。

　　先前贊同在戰後將香港歸還中國的美國總統羅斯福，不幸於 1945 年 4 月逝世。日本宣佈投降後，英國新首相艾德禮專門就恢復英國在香港統治的問題，致電美國新任總統杜魯門，請他「指示盟國最高統帥麥克亞瑟，命令日本最高統帥官保證駐英國殖民地香港的日本地方司令官，應在英國海軍部隊的司令官到達香港後，向他們投降」。杜魯門隨即同意將香港受降權讓予英國。

　　面對英美兩國已經達成的默契，蔣介石與中國政府依然堅持只有中國才擁有對香港日軍的受降權。8 月 16 日，外交部次長吳國楨奉命召見英國駐華大使薛穆，要求英國遵守麥克亞瑟將軍發佈的受降總命令第一號，不要派軍隊佔領中國戰區內的任何土地。當天，吳國楨還召見美國駐華大使赫爾利，請他轉達蔣介石寫給杜魯門的一封信，請杜魯門知會英國政府，不要違背總命令第一號和採取不適當的行動。

　　同月 20 日，蔣介石再次致函杜魯門，說：「我要強烈地提出忠告，不要對波茨坦公告和盟國最高統帥所發出的受降條款作任何片面的改變……英國應該遵照總命令，撤回要在香港登陸的部隊，打消在這一地區接受日軍投降的企圖。」「如果……您已致電艾德禮首相，為了不使您為難，我提出如下的建議：日本在香港的部隊應向我的代表投降；在投降儀式上，將邀請美國和英國的代表參加；在受降後，由我授權英國部隊登陸並重行佔領香港。」

　　這表明，蔣介石堅持中國戰區統帥在香港擁有不可爭議的受降權的基礎上，願意作出讓步——「授權」英軍重新佔領香港！此前，英國駐華大使薛穆曾經判斷：蔣介石在香港問題上將只爭面子，而不爭主權。這一判斷可謂有先見之明。

　　蔣介石這樣做，給以後中國爭回香港主權埋下了伏筆。何況，此時蔣介石已經不可能獲得像已故的羅斯福那樣的大國領袖支援，就國內局勢而言，蔣介石正急需依靠美國的海空軍運輸力量，將多年退縮在西南的「國軍」主力，緊急運往東北、華北和西南沿海地區，以便迅速恢復國民黨在全國的統治，並且準備和已經在抗日戰爭中迅速壯大起來的中共武裝打內戰。為此，蔣介石不僅不能以中國收回香港的言論，來冒犯美國的盟友英國，反而需要爭取英國的諒解，同意將香港作為「國軍」主力北上的重要運輸中轉地。於是，蔣介石堅持的底線只能是：以中國戰區統帥的名義，授權英國司令官接受香港的日軍投降。

8 月 30 日早晨，由兩艘航空母艦、兩艘巡洋艦、兩艘驅逐艦、一艘戰列艦以及多艘魚雷艇、潛水艇組成的特遣艦隊駛入維多利亞港，迅速蕩平日軍部分官兵自殺式的負隅頑抗。

9 月 1 日，英軍司令官夏愨宣佈成立香港臨時軍政府。當天，英國政府知會重慶，同意由蔣介石委託夏愨接受香港日軍的投降。中國軍事代表團隨即飛抵香港，就香港受降和「國軍」取道香港北上的問題，與港英當局談判並達成協議。雙方同意自達成協定之日起，至 1947 年 8 月 15 日止，「國軍」可以從廣州開入香港，然後乘海輪北上。此後途經香港北上的「國軍」超過 10 萬人。

1945 年 9 月 16 日，夏愨代表英國政府和中國戰區最高統帥蔣介石，在香港總督府舉行受降儀式，接受日本駐港陸軍司令和華南艦隊指揮官的簽字投降。中國、美國和加拿大的軍事代表出席了受降儀式。從此，香港由日本的軍事統治，又回到了英國的殖民統治之下。

楊慕琦的政改方案

日本投降以後不久，楊慕琦從瀋陽的集中營裡被蘇軍釋放出來。楊慕琦返回倫敦，經過一段時間的休養，便於 1946 年 5 月返回香港，復任總督。夏愨的軍政府也在這同時宣佈結束。楊慕琦復任總督以後，委任行政、立法兩局新成員，恢復過去會議舊例，任命麥道高署理輔政司，同時健全港府各種組織機構。除戰前原有一些機構和軍政府設立的機構外，為適應香港戰後恢復發展的需要，楊慕琦新設立了復興計劃委員會、房屋建設委員會、擴充海港委員會、勞工仲裁委員會等。上述機構陸續開展工作，促進香港秩序的恢復和經濟的發展。

早在日軍投降之前，英國殖民地部已設立了一個稱為「香港計劃小組」的機構，負責研究和制訂戰後香港的工作計劃。麥道高於 1944 年出任該組主任，楊慕琦從瀋陽返回倫敦後，也參加這個小組的工作。英國有關當局鑒於二次大戰中在東南亞各地被日軍打敗，英國的聲譽和地位日漸降低，因此計劃重返香港以後，在政制上做一些改革，以挽回失去的威信。

楊慕琦在復職演說中，向市民宣佈了英國政府關於在港實行改革的決定，

「英皇陛下政府考慮在香港採取一種能使居民在管理他們自己的事務中承擔更多責任的辦法」，即設立市議會，「將政府的一些重要職能移交給它」，使香港各界人士均有通過其代表積極參政的機會。總之，「英皇陛下政府的方針是盡快在開明的基礎上修改憲制」。

6月8日，楊慕琦委派夏素力為改制審查專員，以制定具體方案。8月28日，楊慕琦發表廣播演說，提出了這個政改方案。

據余繩武、劉蜀永先生所著《20世紀的香港》一書介紹，楊氏方案的主要內容是：

一、市議會職權所及的範圍限於港島、九龍和新九龍，不包括新界大部分地區在內。

二、市議會議員人數共三十名，其中通過直選產生的華人及非華人議員各佔三分之一，其餘三分之一議員分別由香港總商會、中華總商會、非官守太平紳士、香港僑民協會、九龍僑民協會及官方承認的工會等團體提名。

三、市議會負責消防、公園、花園、車輛執照、娛樂場所及市政局的全部工作。將來可逐步接管教育、社會福利、公共工程及監督公用事業等工作，具體辦法另行研究。

四、選民資格：年滿二十五歲，具有擔任陪審員的條件或每年納財產稅二百元以上；非英籍的華人必須在過去十年中在香港住滿六年，英籍人士須在年滿二十三歲後曾在香港居住一年。

五、市議會議員資格：必須通曉英語，包括口語、閱讀和書寫。非英籍的華人必須在近十五年中在香港住滿十年。

六、立法局議員從原來的十七名減為十五名，其中有官守議員七名、非官守議員八名。非官守議員中，仍按慣例由香港總商會和非官守太平紳士各提名一人，新成立的市議會提名兩人，其餘由港督提名。

政改方案公佈後，港府徵求市民意見，主要是聽取兩局議員、華人社會領袖和當時香港比較重要的社會團體，如葡萄牙人協會、基督教協會、居民協會、街坊福利會等類團體的意見。同時，英文報刊曾刊登過一份民意調查，請讀者

將他們的意見寄給報館，然後將意見反映給總督。徵詢意見的結果是，市民反應冷淡。大部分團體給楊慕琦的答覆是，會員不關心政制改革。兩份英文報紙所刊登出來的民意調查，總共只收到一百封回覆。曾銳生先生分析認為，當時的香港人，特別是香港的中國人不甚關心這個問題，他們只關心香港的經濟。因為1946年戰爭剛剛結束，百廢待興，有錢的人只關心如何建立他們的商行企業，沒錢的人只為餬口奔波。大多數的香港華人，都沒有時間和興趣花在這個殖民地的改革問題上。

楊慕琦的這個政改方案，雖然在名義上成立了市議會，多增加幾名華人議員，但這個機構的職能僅限於管理一些服務性的市政工作。香港的大權如行政、立法、司法、財政、警務等仍然由港督牢牢掌握，所以香港政府還是香港那個政府，改來改去，只不過是加強英國對香港的控制。

曾銳生在《楊慕琦計劃夭折內情》一文中一針見血地寫道：這個計劃的目的是「令香港人士建立對香港的歸屬感，從而令香港能夠擺脫被中國政府收回的命運」。市議會只不過在形式上多擺幾名華人議員上去，以點綴一下民主的門面而已，根本沒有什麼實際權力。正因為如此，香港市民對於楊慕琦這個計劃，才反應十分冷淡。在香港的中國人，他們經歷了抗日戰火的洗禮，民族觀念日益增強，戰後關心的是香港經濟的恢復和發展，而對於政制的改革，一般都漠然置之。他們懂得，在英國對香港實行殖民統治的條件下，無論怎樣改，仍然是英國人統治香港，再多增加幾名華人當議員，對於香港廣大的中國人來說，不可能得到更多的實惠。況且，這個所謂「英皇陛下政府考慮，在香港採取一種能使居民在管理他們自己的事務中承擔更多責任的辦法」，有濃厚的種族歧視色彩。華人佔香港人口的98%，非華人僅佔2%，而華人議員與非華人議員佔有數額相等的席位，這種表面的平等掩蓋着實際的不平等。在選舉資格上又實行雙重標準，對華人充當選民和議員資格嚴加限制，對英國人則特別予以照顧。

香港兩局的非官守議員也另有自己的想法，他們認為香港環境特殊，市民教育水平低下，並不關心政制改革，所以一致反對楊慕琦計劃。

第二十二任總督葛量洪上任後，對楊慕琦計劃毫無興趣，長期拖延不辦。直到1948年底，成立市議會的計劃仍是一紙空文。隨着中國革命形勢的急劇發展，英國內部對於香港政制的改革意見也有分歧。最後，這個計劃也就不了了之。

第二十二任
1947–1957

葛量洪 Alexander Grantham

葛量洪（1899–1978），又譯作亞歷山大‧格蘭瑟姆。1899 年 3 月 15 日生於英國倫敦瑟比頓的奇彭納姆。早年入讀威靈頓公學，後入讀桑赫斯特皇家軍事學院，第一次世界大戰中服役。戰後入讀劍橋大學彭布羅克學院。1922 年被招募到香港作官學生，曾在廣州、澳門學習中文。其後在香港政府各個不同部門供職多年，熟悉香港事務。後來出任牙買加、百慕大、尼日利亞等地輔政司，由輔政司轉任斐濟總督兼西太平洋群島高級專員。

葛量洪在他的回憶錄中描述港督的地位時，寫道：「在這個英國直轄殖民地，總督的地位僅次於上帝。他每到一處地方，人人都要起立，在任何情況下都要遵從他的意見——永遠都只能說『是，爵士』，『是，閣下』。」港督在香港的特殊地位，150 年不變。

葛量洪於 1947 年 7 月 25 日抵港接替楊慕琦，就任第二十二任香港總督。直至 1957 年 12 月 31 日離任，在職十年。

葛量洪在任期間，面對的形勢比較複雜。經過第二次世界大戰，英國逐漸衰落，經濟上陷於重重危機；政治上，殖民體系日漸瓦解，在亞洲，印度、錫蘭、緬甸等先後宣佈獨立。美國在兩次世界大戰中坐收漁利，逐步強盛。英國無論在經濟還是政治上，都不得不依賴美國的支持。據《20 世紀的香港》記載，1945 年、1948 年英國從美國兩次共獲得五十多億美元的援助和低息貸款。就香港島來說，二戰之後，社會經濟需要恢復發展，需要中國這個大市場。在中國內地，美國正支持國民黨發動內戰。他和港英政府要面對的是，國民黨政府的崩潰之勢已十分明顯以及國共兩黨在香港的衝突迭起。美國站在國民黨一邊，封鎖、制裁、破壞新生的共和國，隨後又發動朝鮮戰爭，對新中國實行全面禁運。英國不能不跟着美國的屁股轉，但同時又不得不顧及香港與中國內地的特殊關係。葛量洪時期的各種事件和他的作為，必然受制於多種複雜的因素。

葛量洪上任第三年的 8 月，美國駐廣州總領事蘭勤來到香港，接替原美國駐港總領事霍珀的職務。美國的對華政策就是通過蘭勤對葛量洪施加影響的。在回憶他們的私人交往時，蘭勤說：「我非常欽佩幾位英國殖民官員，尤其是港督葛量洪爵士。他們在非常複雜的政治、經濟和社會勢力之間成功地保持了平衡。香港實行的並非民主政治……自由是有的，管理也是有效的。在香港，我和夫人波林經常去看望葛量洪夫婦，在離開這個殖民地以後，還訪問過他們好幾次。葛量洪夫人生於美國，是個特別可愛的能幹的主婦。我總覺得亞歷山大爵士知識淵博，敏於洞察問題的正反兩面，必要時也能當機立斷，並有幽默感，對他所處的地位來說，最後一點尤為重要。」

加強內部控制和管理

1948 年底，英國外交大臣貝文提供了一份備忘錄，是關於新形勢下的對華政策。他建議，從長遠考慮，英國應力圖在這世界最大的潛在市場之一站住腳。英國最大的希望可能在於採取「保留立足點」的辦法。這就是說，由於實際上並不存在生命危險，英國應該盡量留在原地不動，與中共保持不可避免的聯繫。英國政府最終接受了在中國「保留立足點」的政策。

但是，英國政府最擔心的是，中共可能通過在香港內部製造騷亂，以達到收復香港的目的。1949 年 3 月，葛量洪分析認為，短期內香港面臨的威脅有三：一、左派工會可能在香港內部製造騷亂；二、難民大量湧入；三、共產黨的游擊隊從外部入侵。

於是，葛量洪先後提出了一系列削弱和防止共產黨在香港活動的建議。4 月 1 日，他在給內閣的電報中，建議立法強制香港所有社團登記。他說，國民黨當政時，社團曾是民族主義在香港的集合點。一旦中共執政，可能像國民黨一樣，會在香港擁有一個基地，成為製造不滿和麻煩的中心。香港應當立法防止這種事情發生。他又提出，共產黨控制的香港報紙毫無顧忌地對英美的政策發起一系列攻擊，令人越來越難以容忍，應該封閉這些報社。但是如果採取這樣的步驟，與英國政府的總政策相衝突，當然是不可取的。根據以上的認識和思路，葛量洪採取了一系列加強香港內部控制的措施。

香港政府首先擴大了警察的隊伍，繼續招募一批印度籍、華籍警察以及後備警察。1948 年 10 月 27 日，立法局通過了《1948 年度便利維護公眾秩序與治安條例》。條例賦予香港警察很大的權力，除原有職權外，再加上有權以徵用、沒收、拘捕等手段，防止和彈壓暴動。11 月 6 日還舉行了一次海陸空軍警的防暴演習。12 月 23 日，香港當局又通過《香港防衛軍條例》，除了英軍外，還可以再招募 6,000 名新軍。這一系列措施的目的，在於加強香港的防務力量，限制本港的民主運動。

1949 年 8 月 17 日，立法局通過了《人口登記法》，規定除海陸空軍、警務人員、經港督特許者以及未滿 12 歲的兒童外，其他人士一律需要到指定的機關

登記、編號、交相片、按手印，以領取身份證。香港居民身份證制度就是從葛量洪時期開始的。

香港當局還通過了《驅逐不良分子出境條例》、《修訂 1922 年的緊急法》、《公共秩序法例》、《社團登記條例》等等。還有徵用房屋、戶口登記、限制物質出口內地、警察有權不經法律手續搜查與逮捕中國居民並加以驅逐等等的條例和措施，使居住在香港的中國人行動上失去了自由，精神上增加了壓力，損害了香港當局與香港中國人之間的正常關係。

在這一系列的條例中，以《1949 年驅逐不良分子出境條例》最有代表性，雖然它規定的內容很多，但從第四條規定所謂「不良分子」的十四項標準中可以發現，只要當局或某個具體執行者認定要驅逐一個人，隨便找出一項套上去就可以了：比如第一項，「有病的、殘廢的、殘老的、瘋子、獃子，倘他們無人供養，且不能謀生的」；第三項，「有可怕的傳染病的人」；第九項，「沒有入境防疫證的人」；第十一項，「在隧道洞穴或在公地搭蓋木屋居住的人，或在任何不合法的建築物居住，或在衛生幫辦宣佈為不合衛生的地方居住的人。上述各種人物，苟其不能證明他可能取得正當的房子居住，即為不良分子」。又如第十四項，「依靠『不良分子』生活的人」，等等。對於上述人等，香港當局都可以隨時加以逮捕，用簡易方式審訊後，下令把他們驅逐出境。

這些條例的實行在香港造成了恐怖氣氛。這比 1842 年宵禁限制華人行動自由的規定，還要嚴酷得多。香港從此以後出現的一系列動亂不安，都可以追溯到這些完全逆潮流的條例和措施。

1949 年末，警務處分別致函中國科學工作者協會港九分會等 38 個社團，拒絕接受他們的註冊。註冊官解釋說，這項行動是根據 1949 年《社團條例》第五條作出的。第五條的條文為：「註冊官如認定本港社團係為港外地方創立，屬於政治性質機構或團體之分社或與之聯合或發生關係者，得拒絕其註冊，如認定本港社團，似乎受利用作違法事情，或妨害本港治安、福利或良好秩序者，拒絕其註冊。」

這 38 個團體對於註冊官的決定，先後發表聲明，表示強烈抗議。聲明指出，他們設立的團體是非政治性的，設立的目的只是為社會上的勞動大眾服務。他們要求葛量洪撤回取消註冊的決定，但都沒有結果。

最早醒悟過來的英國人

1949 年 10 月 14 日，中國人民解放軍解放廣州，但繼續南下的解放軍四野鄧華所部之十五兵團攻取深圳後，並沒有跨過羅湖橋，以武力收復香港，而是按兵於深圳河畔。當時解放軍方面傳話給英國人，說他們的任務是維護和平並準備恢復貿易和重開廣州至九龍的鐵路。10 月 19 日，英國殖民地大臣鍾斯向下議院所作的通報中指出：「中港邊界是平靜的。」

解放軍攻佔廣州後，香港的氣氛更加緊張起來，許多香港人的心都提到了嗓子眼兒，但是解放軍遲遲沒有動作。這是怎麼回事呢？誰能打開這個悶葫蘆呢？

葛量洪是最早醒悟過來的英國人之一。在新中國未成立前，他就注意到香港《文滙報》發表了一篇題為《論中英關係與香港的前途》的社論，這篇社論中有一段意味深長的話：「香港正遇着最有利形勢，新中國開始建設以後，貿易將空前高漲。香港如果在空前的好運之前惶惑起來，不積極對新中國採取友好措施，這將是歷史的不智。」當時有許多人認為《文滙報》是替共產黨說話的，因而對它發表的文章不肯相信。但葛量洪卻敏銳地意識到，這是北京向港府發出的一個再明確不過的「信號」，如果能抓住這個機會，香港的現存地位會維持很長一段時間。

葛量洪的推測很快就被證實了。中國政府通過秘密途徑，傳來了周恩來總理的三項條件。只要港英政府很好地遵守這三項條件，香港就可以長期維持現狀，這三項條件的基本內容是：一、香港不能用作反對中華人民共和國的軍事基地；二、不許進行旨在破壞中華人民共和國威信的活動；三、中華人民共和國在港人員必須得到保護。這三條要求很合理，港英政府欣然接受，並和北京方面約定，將此秘而不宣，就算是中英之間的約定俗成吧。

1951 年春，當時的新華社香港分社社長黃作梅去北京請示對港政策，周恩來總理作了指示。很快，未經核實的周恩來總理談話主要內容就傳到了香港，又被一些報紙披露了出來：

「我們對香港的政策是東西方鬥爭全局戰略部署的一部分。不收回香港，維持其資本主義英國佔領不變，是不能用狹隘的領土主權原則來衡量的，來作決定

的。我們在全國解放之前已決定不去解放香港，從長期的全球戰略上講，不是軟弱，不是妥協，而是一種更積極主動的進攻和鬥爭。

「1949 年建國後，英國很快承認我們，那是一種半承認，我們也收下了。艾德禮政府主要是為了保全英國的利益，保存大英帝國在遠東的殖民地位。香港是大英帝國在遠東政治經濟勢力範圍的象徵。在這個範圍內，英國和美國存在着矛盾和鬥爭，因此，在對華政策上美英也有極大的分歧和矛盾。美國要蠶食英國在遠東的政治經濟勢力範圍，英國要力保大英帝國的餘輝。那麼，保住香港，維持對中國的外交關係，就成了英國在遠東的戰略要點。

「所以，可以這樣說，我們把香港留在英國人手上比收回來好，也比落入美國人的手上好。

「香港留在英國人的手上，我們反而主動。我們抓住了英國人的一條辮子。我們就拉住了英國，使它不能也不敢對美國的對華政策和遠東戰略部署跟得太緊，靠得太攏。這樣我們就可以擴大和利用英美在遠東問題上對華政策的矛盾。

「在這種情況下，香港對我們大有好處，大有用處。我們可以最大限度地開展最廣泛的愛國統一戰線工作，團結一切可以團結的人，支援我們的反美鬥爭，支持我們的國內經濟建設。

「在這種情況下，香港是我們通往東南亞、亞非拉和西方世界的視窗。它將是我們的瞭望台、氣象台和橋頭堡。它將是我們突破以美國為首的西方陣營對我國實行封鎖禁運的前沿陣地。近兩年來的發展證明，我們在解放全國時留下個香港是正確的。」

周恩來總理說的「解放之前已決定不去解放香港」，是中共中央早在西柏坡的時候就已經定下來了：「對歷史遺留下來的領土爭端問題，我們擱一擱，暫時不動香港。」20 世紀 50 年代末，周恩來又提出，對香港要實行「長期打算，充分利用」的八字方針。後來的歷史表明，新中國的領導人對於香港問題所作出的決策是無比正確的。有學者認為，即使把「遠見卓識」、「高瞻遠矚」這類辭彙全都搬出來加以形容，也實在不過分。

1950 年，朝鮮戰爭爆發。聯合國在美國的操縱下，通過決議下令會員國不得與新中國通商。日本、加拿大、比利時、法國、緬甸等國家先後對中國實行禁運，港英政府也下令禁止 96 種軍需物資輸出。後來，華盛頓方面覺得把香港劃在禁

區之內不合適，便允許香港進口貨物，但仍維持對中國大陸的貿易禁令。後來，英國統治下的香港就成了中國通向資本主義世界必不可少的門戶。英國也實現了「保留立足點」的願望。

1950 年底，葛量洪的辦公桌上出現了這樣一份資料：1948 年，香港與中國內地的貿易總值為 7.1 億港元，輸出 2.8 億港元，輸入 4.3 億港元，入超 1.5 億港元；1950 年，香港對中國內地的貿易一下子從入超轉為出超，其出超數額達 5 億港元之多。

國共內戰爆發期間，大量國民黨的餘部與支持者隨着國民黨的失勢逃到香港，共產主義風潮也因為共產黨的執政傳到香港。這兩股主要勢力在葛量洪任內曾造成了不少嚴重的衝突和政治事件，使葛量洪大為頭痛。此外，基於香港的種種特殊背景，葛量洪政府也曾與國民黨及共產黨有過不少衝突，例如「大公報案」、「兩航」起義、「喀什米爾公主號」事件、「雙十」暴動等等。這些棘手問題全都擺在葛量洪面前。

「大公報案」和高明的辯護律師

1951 年 11 月 21 日，九龍城東頭村發生了一場大火，一萬多人痛失家園。中國政府和人民很重視這次災情。廣州市多個社團隨即組織「粵穗慰問團」，定於次年 3 月乘火車赴港慰問災民。港府對此消息甚為重視，1952 年 3 月 1 日除加派軍警佈防於羅湖、上水以至尖沙咀一帶外，並通告禁止慰問團入境。慰問團決定延遲慰問日期，並於當天電告華商總會。

因為九龍居民沒有接到慰問團延期到達的通知，所以組成了歡迎粵穗慰問團籌備委員會，二百多人按原定日期赴羅湖迎接慰問團，3 月 1 日上午 10 時 40 分，火車到達粉嶺時，便被香港當局攔截停車，強迫該次列車乘客全部要在粉嶺下車接受檢查。

另一方面，籌委會負責人莫應溎亦由深圳返港，步出尖沙咀車站，向在車站停候準備歡迎慰問團的人群說明慰問團未能來港的原因，人群在對港府的不滿聲中陸續散去。當人群走到九龍佐敦道口一帶時，與警察發生衝突，警方向群眾開

槍，造成了一人死亡，多人受傷。警方事後拘捕了一百多人，判處其中18人有罪，遞解了12人出境。由於事件發生於3月1日，故被稱為「三一事件」。

3月4日，《人民日報》發表了短評，向香港政府提出抗議。翌日，香港《大公報》全文轉載了《人民日報》的這一篇短評，並在同一版刊登了「粵穗慰問團」在廣州發表的一篇聲明，以及路透社關於李特爾頓在英國下議院發表談話的新聞稿。《大公報》所有人兼督印人費彝民、承印人鮑立初、編輯李宗瀛三人因此被香港政府控告。告詞稱，在英國的殖民地香港內，在《大公報》上刊載涉及英國殖民地政府的煽動性文字。這就是香港有名的「大公報案」的起因。

《大公報》諸人在接受傳訊的過程中，據理力爭。控辯雙方舌劍唇槍，爭持激烈，轟動一時。《大公報》的辯護律師陳丕士形容，被告等人當時是被法庭「蒙蔽着雙眼」受審的，因為他們是先被邀請到警察總部而在那裡被捕的，並且逮捕的依據也不是高等法院簽署的逮捕狀。實際上，「三一案」和「大公報案」都是葛量洪制定的那些所謂條例造成的惡果。

另一辯護律師貝納祺也指出，由於逮捕狀是由裁判署法官簽署的，而裁判署法官對於逮捕狀的簽署是「沒有權宜決定之權」的，因此費彝民諸人之被捕是非法的。因而此案直到審結為止，所有控訴程序都是無效的。

陳丕士當時的表現相當出色，對他的辯論內容，香港各界人士十分讚賞。《大公報》對《人民日報》短評的處理方式，很有頭腦。它除了刊載《人民日報》的短評之外，在同一版內也刊載了廣州《南方日報》的一篇關於粵穗慰問團在廣州發表的聲明，和李特爾頓在英國下議院發表談話的路透社新聞稿。陳不十的辯詞正好抓住了這一特點，他說：「對於一張貼在牆上的報紙，若此一報紙曾把上列三個消息並排地刊載出來，我們應當認為那張報紙編得不錯，因為他把所有有關材料，都刊載出來，形成了整組的新聞。」《大公報》這樣的行為是客觀的報導而非所謂存有煽動意圖。他在結案陳辭中對陪審團說：「現在，許多例證已擺在我們的面前，說明《大公報》編輯的意圖是怎樣的了。第一，他是有意地，並不是偶然地，把三篇新聞擺在一起。第二，這三篇新聞是可以互相參照的。我的有學問的朋友（指主控官律政司律師胡頓）並不能證明被告有煽動的意圖，他只是假想被告有煽動意圖。但是，我說沒有煽動意圖，卻是有證據的，那就是3月5日那份《大公報》，你們說他有煽動的意圖嗎？」

陳丕士還力圖證明，《人民日報》的短評是沒有煽動性的，他說：「關於《人民日報》的短評，照我自己看來，這是北京方面對發生在香港九龍 3 月 1 日事件的反應，這篇文字提到了『這充分表現了英帝國主義是在繼續順從美國的意旨，蓄意迫害香港的我國居民，以圖實現其把香港變為帝國主義侵犯我們的基地的陰謀。』（即違反了周恩來的三條件）我覺得這一段話的意義就是說北京願意和你們友好，願意和你們做生意，但是做生意就是做生意，並無政治意義，完全像你們英國人做生意一樣，不像美國人做生意那樣。但是假如你們要跟隨美國政策，像『禁運』一樣，那麼，你們等於自己割自己的頸。」

陳丕士還指出：「香港的居民有 99% 是中國人，因此，如果因追隨美國的政策而使香港發生了什麼意外，誰受苦難呢？就是那些 99% 的中國人。由此可見香港的福利，實際上就是中國居民的福利。因此北京的抗議只是對香港中國居民表示關切，而不是要煽動他們。香港的中外居民是很融洽的，但並不是沒有例外的。這些例外就是那些迫害居民的官僚。」

但主控官胡頓在結束辯論時說：「那篇文字（指《人民日報》的短評），是轉載了中國官方的意見，是向本殖民地的中國人發出的；而中國人在本殖民地卻佔到 90% 以上，惟其是從中國官方發出的意見，惟其是從一個有四億多人口的國家的官方發出來的，它對本殖民地中國人更具危險性與煽動性。」他又說：「用這種方式來對本殖民地內的中國人說話是具有高度的危險性的。」「《大公報》的負責人刊載這篇文字，也可能出於愛國熱誠，但這是與本案無關的。在本港，煽動還是煽動。」

「大公報案」在香港高等法院經過接近兩星期的審訊後，於 1952 年 5 月 5 日審結宣判。《大公報》的所有人兼督印人費彝民及編輯李宗瀛被威廉士法官裁定罪名成立，前者被判罰金 4,000 元或囚刑九個月，另支付控方訟費 1,500 元；後者被罰金 3,000 元或苦工監六個月，另支付控方訟費 1,000 元。而承印人鮑立初則獲判無罪，當庭開釋。威廉士同時還根據主控官胡頓的要求，根據《管制出版統一條例》，將《大公報》停刊六個月。

費彝民及李宗瀛等在被宣判之後，以法律程序不當為理由，向高等法院合議庭提出上訴，要求撤銷控罪及在上訴期間中止執行停刊令。合議庭在 5 月 13 日開庭研究。結果經由侯志津、頤德和、魯怡士組成的合議庭一致裁定在全案上訴

確定或續頒命令之前，中止執行停刊令。但上訴案始終被駁回，而停刊令就不再執行了。「大公報案」就此宣告結束。

當時的香港和內地的關係顯然深受國際形勢的影響，東西對立，壁壘鮮明，香港處於東西方的夾縫中，政治敏感度自然強烈，「大公報案」可說是當時的政治氣候下的產物。

阻撓「兩航」起義

「兩航」，即中國航空公司和中央航空運輸公司，一般分別簡稱「中航」和「央航」。

1949年1月底起，南京國民黨政權的各個軍政機關爭相南逃，並迫令「中航」和「央航」的總公司及其基地從上海分別遷往台南、香港和廣州。當時「兩航」除抽出一部分運力去進行公司的搬遷工作外，仍為垂死掙扎的國民黨政權效力。

1949年7月，南京國民黨政府將「中航」的73架飛機轉運到香港。8月初，港英當局決定徵用「中航」的發動機翻修廠房，並以所謂「緊急法令」強行下達徵用命令。分析認為，港府這次行動是出於業務競爭的嫉妒。因為「兩航」在香港的業務發展，令英資航空運輸企業的業務利害衝突更加尖銳化了。

10月1日，中華人民共和國宣告成立，極大地推動了「兩航」起義的進程。10月14日廣州解放，使起義條件日趨成熟。經過周密的思想準備和組織準備，「兩航」於11月9日組織了12架飛機北飛起義。劉敬宜、陳卓林兩位總經理等乘坐由潘國定機長駕駛的飛機，由香港直飛北京；其餘11架飛機由陳達禮機長帶隊，從香港直飛天津。毛澤東主席於12日致電劉、陳及「兩航」全體員工，表示歡迎和慰問，並指出這是一個有重大意義的愛國舉動。同日，周恩來總理也致函勉勵「兩航」員工堅持愛國立場，為建設新中國的人民航空事業而奮鬥，並宣佈「兩航」受中央人民政府管轄，任命劉敬宜為「中航」總經理、陳卓林為「央航」總經理。

在處理和解決在香港發生的與美國有關的事件上，英國政府多從國際戰略和英美關係上考慮，香港政府則多從英國在香港的利益來考慮，兩者經常存在意見分

歧。在這種情況下，香港政府無疑要服從英國政府的決定，但在具體執行時，往往打折扣。在「兩航」起義過程中，英國政府完全照顧同美國的關係。葛量洪一方面要遵從倫敦意旨，另一方面又要考慮完全偏袒美國一方，會否引起中國不滿，給香港帶來麻煩。所以，香港政府在很長時間內沒有採取明顯的不利於中國政府的行動，並且在與英國政府的通訊中，迴避可能有利於美國方面的任何資訊。

11月9日，劉敬宜、陳卓林在四千多員工支持下宣佈起義。16日，葛量洪表示，在英國未承認新中國前，不許兩航飛機飛回內地。11月24日，國民黨當局通過沈德燮、戴安國向香港高等法院申請《臨時禁制令》，凍結兩航在港的飛機和資產。同一天，兩航員工也申請到了《臨時禁制令》與國民黨針鋒相對。

12月3日，周恩來總理發表聲明，指出兩航受中央人民政府民航局管轄，其留港資產只有中央人民政府及其所受委託的人員才有權處理。「如兩航公司留港資產有非法侵犯、移動或損壞，香港政府必須負完全責任，並將引起相應的後果。」

在「兩航」問題上，美國利用陳納德的名義，從中作梗。12月19日，陳納德以美國民用運輸航空公司負責人的身份，向香港高等法院申請接收兩航留港的飛機和資產。他編造理由說，該批飛機和資產是國民黨當局賣給他的公司的。

1950年1月4日，前美國戰略情報局長唐諾文和前戰略情報局在華負責人理查拜會了葛量洪，要求他把飛機移交給美國，如果不合作，葛量洪要承受嚴重後果。葛量洪予以拒絕。同月，英國宣佈承認中華人民共和國。2月24日，香港高等法院宣判，駁回陳納德對兩航在港資產的申請，裁定這批飛機屬於中華人民共和國的合法財產。陳不服，上訴香港高等法院合議庭。5月15日，合議庭也駁回陳的上訴，宣佈維持原判。

關於美國插手「兩航」事件，當時的美國駐香港總領事蘭勤曾寫回憶錄記載，兩家民用航空公司「約有八十架飛機擱置在香港。這兩家公司及其裝備具有相當重要的軍事意義；大多數的飛機是美國製造的，並且是按非常優惠的條件從美國政府那裡取得的。美國人和英國人都不願看到它們落入共產黨人手中」。蘭勤說出了歷史真相：第一，這批飛機是美國政府優惠提供給國民黨用作打共產黨的；第二，美英兩國無論如何不能讓這批飛機落入共產黨之手，因為它有「相當重要的軍事意義」。

4月2日，兩航留港飛機中的七架在港英軍事禁區內被國民黨特務炸毀。4

月 3 日，周恩來總理發表聲明指出，七架航機被炸，港英當局應負完全的直接責任。5 月 10 日，葛量洪接到英國政府授權，扣押停放在啟德機場的兩航飛機七十架。17 日，中國外交部就上述扣機事件向英國政府提出嚴重抗議。

與「兩航」事件的同期，1951 年 2 月 7 日，上海油輪公司的「永灝」號在港修理，黃埔船廠與台灣當局串通向香港高等法院申請「永灝」號的產權。3 月，中國交通部發表聲明，予以嚴正駁斥。4 月 7 日，港英當局宣佈徵用「永灝」號運送軍用物資赴朝鮮。12 日，港英當局根據倫敦的意思，出動武裝警察登上「永灝」號，驅趕中國船員離船，強行奪走「永灝」號。4 月 18 日，中國政府向英國政府提出嚴重抗議。30 日，中方下令徵用英資在中國各地設立的亞細亞火油公司的部分財產並徵購其全部存油。

1951 年 3 月 27 日，陳納德又向香港高等法院申請中央航空公司的產權。5 月 21 日，陳的申請又被駁回。23 日，美國國務院竟發表聲明稱：「即便法律步驟又告失敗，該項飛機亦不能向共產中國輸出，因為聯合國決議對共產中國禁運軍用物資。」6 月 19 日，陳納德向英國樞密院上訴。7 月 28 日，英國樞密院推翻香港高等法院的判決，改判陳納德取得央航飛機的業權。不久，港英軍警即封鎖啟德機場，並進駐兩航公司，兩航員工為維護人民財產，與英警發生衝突，多名工人受傷，二百多人被捕。

8 月 2 日，章漢夫副外長就此事發表聲明，提出嚴重抗議。8 月 15 日，上海軍管會徵用英國在上海的英聯造船廠及馬勒機器造船廠全部財產。此後，陳納德又向香港高等法院申請中航飛機業權。10 月 8 日，該批飛機被判歸陳某所有。

原美國駐港總領事蘭勤回憶說，「兩年後，這家美國公司才得以將這些大大貶值的飛機和其他裝備撤出香港。我們不讓這些東西落入共產黨人之手的主要目的達到了；否則，共產黨人在幾個月之後爆發的朝鮮戰爭中將看到這些飛機大有用處」。

「喀什米爾公主號」事件

1955 年 4 月 11 日，中國政府代表團參加萬隆會議，包用了印度國際航空公司

的星座式客機「喀什米爾公主號」前往。除中國代表團的工作人員外，該機還乘載了越南代表團工作人員及隨同前往採訪的中外記者共 11 人。飛機於 11 日 12 點 15 分由香港啟德機場起飛，原定前往雅加達，再轉飛萬隆。但該機在飛越沙撈越西北海面時，突然爆炸起火，除了一名機組人員僥倖生還外，其餘人員全部遇難。

萬隆會議是具有重大歷史意義的會議，這個會議代表着亞洲和非洲擁有 14.4 億人口的 29 個國家，受到亞非廣大人民和全世界一切愛好和平人民的熱烈擁護。美國及國民黨特務千方百計予以阻撓和破壞。

原來周恩來總理也打算乘此機參加會議，後因事另乘他機。中國方面認為，「英國政府和香港英國當局對這一次不幸事件是負有嚴重責任的」。要求英國和香港當局徹底查究這一事件。英國政府當時答覆說：香港警察已經盡了最大力量進行保衛工作，且該飛機是在英國領土以外炸毀的，不應由英國或香港政府負其責任。

印尼就此事件組成了調查委員會，調查結果斷定，這次事件的原因是由於放在飛機右翼輪艙處的一個定時炸彈的爆炸所造成。爆炸打穿了第三號油箱而發生了無法控制的大火。飛機在賈塔爾上尉的指揮下從香港起飛。飛機是完全適於飛行的，並且帶有足夠的供飛行之用的燃料。飛機同地面各站互相交換了例行的電報，飛行完全沒有發生事故，一直到將近五小時以後，當飛機正在距海面 1.8 萬呎的高空飛行時才發生事故。在這個時候飛機上聽到爆炸聲。煙就開始通過冷空氣導管進入機艙，隨後不久就發現了在第三號引擎機艙後面的右翼上局部着火。

飛機立刻開始迅速下降以便使飛機在海上實行強迫降落，並且用無線電發出呼救信號。儘管進行了救火的行動，在這期間放慢了第三號引擎的轉動，但火勢蔓延得非常迅速，使水力液體設備失靈，電力設備也繼之失靈。在極度困難的情況下進行的下降飛行的最後階段內，濃煙進入駕駛艙，使得能見度降低到幾乎等於零。最終飛機墜毀。

從海底打撈飛機殘骸的工作於 4 月 25 日開始，進行了十天，在這期間打撈到了將近百分之九十的殘骸。在對殘骸檢查以後發現了確實的證據，證明生還的機務人員所提到的那一部分起火。有肯定的跡象證明，爆炸是在右翼起落架下輪艙處發生的。

5 月 27 日，港英當局就「喀什米爾公主號」爆炸事件發表公報說：在飛機殘

骸受到技術專家的檢查之後，「香港政府即接到通知說，飛機失事幾乎可以肯定是由於右翼的爆炸而造成的，而爆炸是由於在右翼第三號引擎背後所安放的爆炸物所引起的」。又說：「鑒於時間的因素（因為通常類型的定時炸彈是要在12小時以內爆炸的），看來最可能的是，爆炸物事實上是當飛機在香港停留的時候被安放在飛機上的。」港府懷疑爆炸與一名男子周梓銘有關。港府表示會努力調查此事，「使肇事者歸案法辦」，結果卻任由罪犯溜往台灣。港府曾向台灣方面要求引渡該嫌疑分子，但台灣方面並無明確答覆。事件逐漸不了了之。

港府事前沒有採取嚴密的保安措施；事後發現疑犯行蹤，又不及時追捕緝拿，並且釋放了在押的嫌犯；主兇犯逃台之後，更沒有堅持強行引渡。其立場是顯而易見的。

國民黨特務策動的「雙十」暴亂

1956年10月10日，九龍，一批國民黨特務利用九龍李鄭屋徙置區的督察撕去了國民黨旗幟的事件，聚集香港黑社會勢力，發動了預先策劃好的一場暴亂。暴亂開始後，暴徒首先是搶掠和搗毀與內地有貿易關係的公司和商號。後來，暴徒又攻擊他們認為屬於左派的工會和工人。根據英文《南華早報》記者現場報導，在荃灣地區的暴亂中被殺者超過三十人。

令人目不忍睹的是暴徒對港九工聯荃灣醫療所的攻擊。五百多名暴徒用木杠、竹杠、水管、石塊、啤酒瓶以及火水電油輪番發起進攻。在這場慘劇中，該診所全體女職工均被暴徒當眾輪姦，男職工中三人被折磨致死，八名重傷。

這場暴亂從10月10日下午2時開始，至10月12日止，暴動致死者至少有47人，重傷者無數，損失在600萬元以上。

暴亂期間，周恩來總理於10月13日、10月16日兩次約見英國駐華代辦歐念儒，對港英政府未能制止暴亂提出抗議，指責葛量洪政府對國民黨特務採取了縱容和包庇的態度。在中國政府的嚴厲譴責下，葛量洪於12月23日就九龍及荃灣暴亂事件向英國殖民地部呈函，掩蓋事實真相，洗刷國民黨特務分子製造暴亂的罪行，推卸自己的責任。

對於葛量洪的報告書，中國外交部於次年 1 月發表聲明。聲明認為，長期以來，港英當局對國民黨特務在港九地區進行的危害中國和平居民和敵視中華人民共和國的活動一向採取包庇和縱容的態度，使港九地區事實上成為國民黨特務分子對中國大陸進行顛覆活動的基地。國民黨特務分子曾經爆炸過中國航空公司和中央航空公司的飛機，劫奪過「漁晉」、「漁楊」、「漁連」、「漁浦」、「漁瓊」等漁船。對於這些案件，港英當局從未認真地將罪犯逮捕法辦。1955 年 4 月 11 日震動中外的「喀什米爾公主號」飛機爆炸案中，港府不但未使首犯歸案法辦，相反，卻把原在扣押中的有關案犯全部釋放。1956 年 1 月 31 日，台灣蔣介石集團的戰鬥機竄入大陸上空進行騷擾後，為逃避中國空軍飛機追擊而逃到香港降落。港英當局有責任把這一作戰飛機和機上人員予以扣留。但是，英國政府卻不顧中國政府的正當要求，竟然將該戰鬥機上的人員放回台灣，公然容許香港被利用為對中國進行軍事破壞活動的基地和逃避的場所。國民黨特務機關在港英當局的縱容之下，還一度利用港九作為訓練特務和對中國進行顛覆活動的基地。1956 年 10 月 10 日晚上在廣州進行破壞活動以策應九龍暴亂的十多批國民黨特務分子，都曾先後在九龍佐敦道龍華酒店等處，受過爆炸、放火、散發傳單、進行煽動等破壞活動的技術訓練。正是港英當局一貫包庇和縱容國民黨特務分子的做法，使他們的活動更加猖獗。九龍暴亂事件正是港英當局這種政策所造成的結果。

暴亂事件發生時，葛量洪正在外地旅遊，事件完全由署理港督戴維德處理。由於暴亂不斷擴大，警方無法遏止，10 月 11 日下午港府召開高層緊急會議，戴維德決定頒佈戒嚴令，並調派英軍進入市區，以維持秩序。晚上香港電台、麗的呼聲電台同時播出戒嚴令，整個九龍地區實行宵禁。

《香港與中國》一書對此暴亂事件中的葛量洪有如下描述：

「香港方面——由於中國提出嚴厲抗議，使行裝甫卸、遊罷歸來的港督葛量洪有點緊張了！ 13 日整個下午，香港各部門高層人士不斷接觸，商討如何收拾殘局，作善後設計。警務處提議在宵禁時間之內，全力搜捕黑社會各堂口首要人物，這個建議即被葛量洪所接納，訓令迅速執行。」當天晚上，整個九龍的警方車輛，幾乎全部出動，英軍軍車也隨警車之後，分為十餘組四處拘捕黑社會人物。至 14 日凌晨，已拘捕超過三千人。

「14 日晚上，葛量洪在香港電台及麗的呼聲廣播講話，強調此次參加暴亂

的歹徒，定必予以嚴厲懲罰。同時也指出局面雖然已被控制，但仍未能恢復常態，因此，局部地區仍須繼續施行宵禁，而英軍亦暫時留在市區，協助恢復市面秩序。至於北京方面的抗議及指責，則避而不說，隻字未提。」

青天白日調景嶺

在調景嶺成長的前香港中文大學歷史系教授劉義章說：「你在哪裡都看不到像調景嶺這麼多青天白日滿地紅旗。甚至到了 90 年代，仍有人說：『即使台灣，也沒有一個社區看到這麼多青天白日滿地紅旗。』」

調景嶺居民黃錫輝說：「我爸爸是國民黨官兵，在解放的時候來到香港，我們住過黃大仙，火災之後就搬到調景嶺這兒住。」經過八年抗日戰爭、三年國共內戰，神州大地滿目瘡痍，香港又一次面臨巨大的挑戰，人口在五年裡激增了一百多萬，洶湧的難民潮令港英政府措手不及，調景嶺居住區是那次史無前例的難民潮的產物。對有國民黨背景的人士來說，香港就好像一個政治的避風港，所以他們願意選擇香港作為他們暫時的棲息之地。

長期以來，國共兩黨都可以在香港自由活動，在香港法律的限制下，雙方的地下鬥爭表現得尤為突出。1953 年，以總理周恩來為團長的中國代表團包下印度飛機「喀什米爾公主號」，準備赴雅加達參加萬隆會議。飛機在香港停留期間遭台灣特務放置炸彈，導致新華社社長黃作梅等十一人罹難。事件發生之後，港府受到中共方面的壓力，覺得有必要對香港的國民黨勢力採取一定的限制，同時盡力分隔開兩派的勢力範圍。

1950 年 6 月，一班左派人士來到港島摩星嶺大跳秧歌舞，同居住在那裡的親國民黨人士發生了衝突。

調景嶺居民王國儀說：「香港政府有一種恐懼，認為調景嶺這班難民有軍人背景，他們來到香港，對香港的威脅性很大，總是想辦法去處置他們，於是產生了調景嶺。當時的調景嶺地處偏僻，叫天天不應，叫地地不靈，對外沒有陸路的交通，只有水路，水路又沒有船，（政府）只說你們去吧，那裡有飯給你們吃。」

港府為了方便管理有國民黨軍人背景的難民，在調景嶺免費提供膳食兩年。

台灣領導人馬英九就是調景嶺的新生兒，他一歲的時候就被抱在媽媽懷抱裡去了台灣。但不是所有人都這麼幸運。一些傷兵和老兵抱着國民黨很快會反攻大陸的天真想法，以為調景嶺只是他們暫時的棲身地，沒想到一住就是半個世紀了。

調景嶺居民郝次航說：「那個時候，雖然在荒山上面，可是人相當多，在調景嶺住房子不需要錢，你只要有個位置住就可以了。」台灣政府雖然沒有收容調景嶺的難民，但就透過香港九龍總商會，成立了港九各界救濟調景嶺委員會，自此來自台灣的救濟從未間斷。直到陳水扁上台、國民黨喪失政權之後，資助才被中斷。

在共產黨取得中國政權的頭幾年，香港的親台勢力相當龐大，國民黨員鼎盛時有幾十萬人。每年的 10 月 10 日，他們都會大事慶祝，到處懸掛着青天白日滿地紅旗。

港九工團聯合總會主席李國強認為，當時調景嶺的難民想回大陸，是因為他們沒有打算在香港長久居留，認為很快便會回去，1956 年的「護旗」事件遂觸發了暴動。

1961 年，港府將調景嶺設立為徙置區，居民誓死反對，但後來得到政府承諾，居民可以無限期居留及使用該地。調景嶺與世隔絕的境況一直維持到 20 世紀 70 年代末。1979 年港督麥理浩訪問北京，香港回歸被提上日程，調景嶺被清拆的命運終究不能避免。

1997 年之後的調景嶺，已成為超過 30 萬人居住的將軍澳新市鎮的一部分。原調景嶺居民經過極力爭取，獲政府集中安置在公共屋邨。經過半個世紀，調景嶺的難民及其後代終於完全融入了香港這個大家庭。

葛督訪京話天氣

在中英關係惡化的情況下，葛量洪於 1955 年 10 月 4 日偕夫人一起到北京作私人訪問。當日下午 2 時，港督在羅湖乘坐由廣州鐵路局的車頭牽引的香港鐵路局的專列，駛往深圳。當時只有香港鐵路局局長杜利華陪同港督夫婦乘車由羅湖到深圳，而警務處長必明達、新界高級警司哥頓、新界副警司格萊斯及港督副官韋

特，只在港督登車前與之話別。港督當日抵穗，下榻愛群大廈，次日轉乘飛機飛抵北京。葛量洪曾經多次訪問北京，但是，中華人民共和國成立以後這還是首次。

1955 年 10 月 3 日，香港英文《南華早報》發表評論說：「看來有些人懼怕這次旅行可能會增進香港與共產中國之間的友善關係。假如真的這樣，香港居民是不會不滿意的。」對港督訪問北京可以增進中港之間的友善關係，「有些人懼怕」，香港居民則會感到滿意。社論顯然是話裡有話，特別說出「懼怕」的只是「有些人」，而沒有專指「香港居民」。從社論的語氣來看，足見當時香港居民對葛督北京之行，是充滿期望的。儘管港督伉儷聲稱，他們這次的北京六天之行是私人性質，只作為英國駐華代辦歐念儒的嘉賓而來。但訪問起了緩和中英緊張關係的作用。港督夫婦在北京受到周恩來總理的接見，並共進午餐。

10 月 12 日，港督自北京返回香港，在尖沙咀車站月台上向中外記者發表談話和觀感時，說：「這是一次純粹的私人訪問，我們到了北京之後，和我們的朋友英國駐北京代辦歐念儒夫婦住在一起。我在北京遊覽了五天，到過北京的人，一定知道如果要全部遊覽完畢，將需十倍於此的時間。那便是我們在北京真正所做的全部的事了。

「我也向中國外交部副部長章漢夫先生作了一次禮儀上的訪問，談了約十分鐘。這是一次禮儀上的訪問，我們討論的是天氣。在這次談話中只有一次提到了香港，那還是我提起的。我說每年這個時候香港的天氣要比北京熱。

「我們也獲得了與周恩來總理一齊進午餐的禮遇，也可說是榮幸。歐念儒夫婦也在座。這一次也是國際應酬，你們知道在這種應酬的場合是不會談論國家大事的。當然我們也談了一些嚴肅的事，傾談的主要是或者全部是關於中國建設發展方面的事。

「周恩來先生問了一個有關香港的問題。他問到在解決『喀什米爾公主號』飛機出事事件方面有沒有進一步的發展。我說自從發出通緝周梓銘歸案法辦的命令之後尚無進一步的發展。我還告訴他自從我離開香港後也沒有聽到有進一步的發展。

「除此之外，香港並沒有在談話中被提到。正如我所說，這是一次純粹的社交訪問。在我到北京去之前，我國駐北京的代辦也已向中國當局說這是一次純粹的私人訪問。即使有一些嚴重的事務要談的話，那也不是本人的事。那將是英國

駐北京代辦與中國外交部間或英國外交部與中國駐倫敦代辦間的事。

「也許我這番談話，會使你們感到失望，不過事實經過就都在那裡了。」

除舊佈新建新城

葛量洪於 1947 年抵港履新時，香港可謂百廢待興。二次大戰期間，香港受到猛烈轟炸，四分之三的房屋遭到破壞。儘管港府在戰後已立即着手重建，但是，二次大戰和三年的國共內戰期間，香港人口數量迅速增長，1946 年已恢復到戰前的 100 萬；到 1950 年中，人口達到約 240 萬。人口膨脹使居民的住房問題突顯出來。加上歷屆港督只關心高級樓房的建築，而對人數眾多的勞動人民的住屋並不注意，以致成千上萬的勞動居民要在平頂房、鐵皮房、草席棚、棄船，甚至在廢棄房屋的樓梯、平台以及走廊及街邊屋簷下等居住，造成了疾病多、火災事故多的情況。1951 年 11 月，九龍城東頭村失火，導致一萬多人無家可歸。1953 年 12 月，深水埗石硤尾大火，焚燬木屋七千多間，六萬多人無家可歸。12 月 25 日，港英當局決定撥款 1,600 萬元，在石硤尾村火災區面積 45 英畝的原址上，開始修建 H 型 6 層徙置樓，每層有寬 120 平方呎的居住單位 64 個，每單位住 5 口人，月租 14 元，全座合計可住 2,000 人。當局計劃建成居住單位一萬個供災民居住。大力推行徙置事務是由葛量洪開始的。1954 年 7 月，大坑東木屋失火，燒燬木屋兩千多間，災民超過 3.4 萬人。這就不能不引起社會人士的關注，於是敦促港府出面解決廣大居民的居住問題。

在社會人士的關注下，葛量洪開始重視解決居民住房的問題，先成立非牟利團體香港房屋協會，有計劃地興建廉租公屋。1955 年，港府通過建築新條例，廢除了從 1903 年以來規定的普通民房五層高度的限制。從此，十幾二十層的高層建築在香港陸續出現。同期，港府還通過了《1955 年業主與住客條例》，規定業主收回樓宇時須給住客賠償，以便住客租購新房。

葛量洪關於居民樓宇建設的計劃，推動了香港房地產建築業的迅速發展。1957 年 11 月，當局完成了北角渣華道廉租公屋的興建。接着，西環加多近街廉租公屋、深水埗蘇屋邨也陸續興建。到 1957 年底，港英當局已建成居民大樓

六十多幢，分別開闢了六個居民區。據當局公佈的數字，新居民區共安置了居民 13.7 萬人。到 1964 年約 240 幢廉租樓房建成，安頓了約 50 萬人。到 1970 年，港府共蓋起五百幢大樓，從此香港已有近 110 萬人住上了由政府補貼的廉租公屋。

廉租公屋的具體興建辦法是，由港府廉價撥地給房屋協會，並且給予長期的低息貸款，用以興建樓房，低價租給居民。1952 年興建了上李鄭屋邨，安置居民一千八百多人。石硤尾大火之後，促使政府直接參與公屋的建設，提供了大量公屋以安置災民，開始了以照顧災民、低收入居民等為對象的公屋政策。1954 年成立了徙置事務處，負責拆除木屋和修建徙置區，安置木屋區居民。同年還成立了房屋建設委員會，為月入 900 元以下、居住環境極為擁擠的家庭提供廉租公屋。

繼葛量洪之後，港府又推出了多項房屋政策，當中有「政府廉租屋計劃」以及後來的「十年建屋計劃」等。因此，香港政府的房屋政策受到了世界注目，被人們認為是發展中國家和地區在城市化和現代化進程中，解決城鎮低收入群體住房問題的典範。

轉移式的工業起飛

香港在 20 世紀 50 年代出現了工業起飛，這是毋庸置疑的事實。但究竟是什麼因素，促使香港經過整整一百年近乎零工業之後，搖身一變成為了世界工廠呢？

香港浸會大學教授薛鳳旋等學者認為，香港的成功，同英國的管治，同當時英國政府的政策是完全無關的。有一種觀點稱，香港的成功是完全在於市場和政府的自由貿易主義、不干預政策；另一種則認為是英國統治的成功，其實這兩點都是非常嚴重的誤解。在這麼長的一百多年內，香港並未因為她是英女皇王冠上的明珠，而得到最老、最強大的 19 世紀的工業化國家英國在工業發展上的任何幫助。

二戰結束之後，上海的工業家們紛紛向外國訂購工業設備，預備東山再起。可惜抗戰的硝煙還沒消散，內戰的槍聲又再打響。由於對局勢缺乏信心，上海工業界又紛紛將已訂購的設備轉運香港。在 1949 年，香港倉庫堆存的機器設備和原材料，價格達數十億元。

隨着中國內地政權易手，這些滯留的資金和設備，成為了香港工業起飛的重要資本。碰巧這個時候，香港經濟陷入了嚴峻的危機。因為朝鮮戰爭開始後的禁運，香港的轉口貿易出現衰退。當時香港政府看到這個問題，所以很鼓勵工業。而內地實行自立更生，不需要依賴西方的原料，也不需要依賴西方的市場。

　　大量湧入的勞力，以及變法求存的需要，給了香港工業發展所需的天時、地利、人和，政府只需提供自由的營商環境。香港工業的起飛，表面上好像是奇跡，實際上卻是由各種因素交織而成。香港的工業所需的人才、技術、資金，都是由中國內地轉移至香港的，這可以說是一個轉移式的工業化的過程。

　　1950 年 6 月，隨着朝鮮戰爭的爆發，美國與聯合國先後於 1950 年 12 月和 1951 年 5 月 18 日，通過對香港實施貿易禁運阻止物資進入中國大陸，以切斷其物資供給。禁運對香港所造成的打擊是致命性的，一方面使港府的財政收入大減，另一方面大大助長了走私活動。禁運實施以後，不少走私分子趁機在香港水域和偏遠的離島與內地進行貿易。除此以外，美國由於擔心中國貨品會冒充香港貨品進口當地，於是對進口的香港貨作出十分嚴格的檢驗。

　　儘管香港的轉口業急速收縮，但出口貿易卻有長足的發展。香港正好鄰近戰區，有地緣上的優勢，對物資的需求在朝鮮戰爭期間反而有着意想不到的增長，促使香港從轉口貿易慢慢過渡到出口貿易。朝鮮戰爭完結以後，在葛量洪政府的扶持下，香港製造業繼續有強勁的發展。

　　香港工業挽救了香港的經濟，根據 1954 年的統計，香港成衣業工人的數量佔全港勞工總數的 30%。然而，當時英國的傳統紡織工業區卻因此導致生意一落千丈，致使他們多番向葛量洪提出抗議。從這個例子就可以看出當時香港紡織業發展之蓬勃。到了 1955 年，隨着局勢的進一步平靜，葛量洪還廢除了自日佔時期以來香港所實行的米糧配給制度。自此以後，香港的工業和經濟在很長時間裡，都獲得持續和大幅度的增長。

　　由於工業產品外銷大有進展，地產、建築等基礎建設行業日益興盛，地價不斷上升，吸引外地資金源源流向香港。1957 年的外來投資約有 2 億至 3 億元。這些資金除投入地產和股票市場外，大部分投向工業，該年的股票成交額達 3.33 億元，為戰後最高紀錄。

英國史學家弗蘭克·韋爾什為葛量洪的十年任期做了這樣的總結：

1957 年，辛勤工作十年之後，葛量洪在一片讚譽聲中退休。葛量洪的任職經歷不同凡響，原因主要在於他巧妙擺脫了各種困境。他妥善處理與中國、台灣和美國的關係，香港儘管發生了種種具有潛在危險的事件，卻始終沒有出現公開的敵對。葛量洪以嫻熟的手法恢復了英國的統治。在英帝國面臨民族主義壓力，日益分崩離析的時刻，香港維持了政局穩定，顯示出異乎尋常的包容性。

不論從哪一個方面來說，葛量洪都在很大程度上劃定了香港未來的方向。楊慕琦的民主改革計劃被客氣地打入冷宮，香港商界、殖民地當局與英國政府全都抱有一種可以理解、甚至值得稱道的憂慮：不能動搖香港本來就不平穩的局面。這也是葛量洪的繼任者在此後二十多年裡一直奉行的政策。

柏立基 Robert Brown Black

柏立基（1906–1999），英國人，生於蘇格蘭愛丁堡。蘇格蘭愛丁堡大學歷史系畢

業。父親是一個男童院的監管人，能講流利的拉丁語和希臘語。在父親的鼓勵下，

柏立基遵從蘇格蘭的傳統，於 1930 年進入英國殖民地部服務，到馬來亞任公職。

在那裡，他與一位愛丁堡同鄉姑娘結婚，育有兩個女兒。1939 年，他在特立尼達

做過短暫工作。二戰爆發後，他被派到情報部隊，在爪哇島參與組織抗日游擊隊。

1941 年，柏立基被日軍俘虜，先拘禁在新加坡，後關押在日本九州。在那裡，他

看到了長崎的原子彈爆炸，並一直被拘禁到戰爭結束。

柏立基於 1958 年 1 月 23 日接任第二十三任香港總督。1962 年 8 月 26 日，英國女皇批准柏立基任期延長一年，至 1964 年 4 月 1 日離任，在職共六年。

柏立基出任香港總督時，日本政府為與他修好，希望他不計當年在戰俘營所受之苦，特地派來代表到香港，邀請他到大阪接受名譽市民的榮譽。柏立基雖然表面上接受榮譽，但最後卻推讓由他的副官接受此項殊榮，以示他未忘當年所受日軍之苦。戰後，柏立基出任婆羅洲（即加里曼丹）副輔政司。1952 年至 1955 年任香港輔政司，並曾多次代理港督。1955 年至 1958 年任新加坡總督，之後來港接替葛量洪。

因為葛量洪表現太突出，在港人心目中，他已經是總督的理想形象，以致很難接受其他新的面孔。而柏立基曾任葛量洪的輔政司，葛量洪不能視事時，往往由他代理，他熟悉葛督的治港方略。所以，當葛量洪離任時，倫敦政要都將目光盯在他身上。他上任後，平靜地處理各種事務，盡量避免發生衝突，穩定了對華關係。英國朝野一致認為他的表現讓人滿意。

為發展經濟創造了條件

柏立基在任期間，香港經濟開始迅速發展，20 世紀 60 年代，紡織品及收音機的出口，成為香港的大型產業，每年為香港帶來 10 億港元的外滙。柏立基完成了香港從轉口貿易型經濟到工業產品出口型經濟的轉變，為香港的經濟發展打下了基礎。

從 1959 年起，港英當局發表對外貿易資料時，將香港輸出貨物分別列為香港產品輸出和轉口輸出兩種。這表明戰後香港工業逐漸發展，轉口貿易已退居次要地位，對外貿易的重點是積極擴展香港產品的外銷市場。20 世紀 50 年代初，美國等西方國家封鎖中國內地，中國工業品難以經過香港輸出，於是促使香港發展自己的工業，從而慢慢地改變了香港的產業格局。

20 世紀 50 年代後期，美國仍然禁止對華貿易。從香港運往美國的產品，常常被懷疑為中國貨而被禁止入口。為此，港美雙方達成協定：凡是香港產品輸美，均由香港工商署發給證明書。這項協定促進了香港本地產品輸美數量迅速增加。

1959 年，港貨輸美總值為 5.6 億港元，轉口輸出僅為 3,000 萬港元，已經超過同年對英輸出的數字。1965 年，港貨輸美總值增至 18 億港元。1959 年以前，香港對美貿易一般都是入超，每年入超約在 2 億至 3 億港元；而從 1959 年起，逐漸有數千萬元的出超。1965 年，香港對美貿易出超達 8 億港元，1970 年更高達 31 億港元。整個外貿出口業發展很快，僅紡織業一項，每年外銷額就達 19 億元。

香港工業迅速發展的重要原因之一，是香港當局為工業發展提供了一些必要的指導。如果說 20 世紀 50 年代香港的工業發展，是由於美英等西方國家對中國內地實行禁運，而促成了香港企業界的一種自發的行動，那麼到了 20 世紀 60 年代，香港政府就是主動為工業的發展提供了一些更為方便的條件。從 1960 年起，香港當局制定法例以加強對工業發展環境的指導和研究。

1960 年 11 月 22 日，柏立基組織成立了香港工業總會，由周錫年出任首屆主席。該會推動廠商開拓海外市場，鼓勵廠商按國際標準改進經營管理，提高產品質量，並向廠商提供各種資訊和有關資料。這一年，全港註冊工廠一千五百多家，工人達 21 萬多人。其中製衣廠有 689 家，佔工廠總數的 12.9%；僱用工人 4.2 萬，佔製造業工人總數的 18.9%。與 1950 年比較，製衣工業增加了 16 倍，僱用工人增加了 20 倍。一些新興的工業，例如電子、玩具、塑膠等，也發展很快。

1958 年 9 月，啟德機場長達 8,350 呎的新跑道舉行啟用禮，由柏立基親臨剪綵。隔年，啟德機場大廈落成。之後，德國德華銀行、美國銀行、法國國家銀行、馬來亞銀行先後在香港設立分行，讓金融業迅速發展。1960 年 5 月，港府拍賣美利操場北段土地 3.9 萬平方呎，美商集團以 1,425 萬元投得，並投資 6,000 萬元興建第一流的酒店，即希爾頓酒店。

20 世紀 60 年代，香港工業發展的另一個重要原因，是內地大批移民流入，解決了勞動力供應的問題。當時香港的工業還是勞動密集型工業，而且以小型工業為主。這種工業的特點是需要大批熟練、半熟練及非熟練勞工。而就在同一時間，中國內地遇上大饑荒，有大批難民湧入香港，為香港擴大了勞動人口的供應。

張月愛在《香港 1841–1980》一文中，有這樣一段生動的描寫：「在徙置區內，白髮蒼蒼的老婆婆和幾個稚齡的孫兒，圍着一個小型半導體收音機在穿塑膠花，兒子到地盤開工，兒媳則去製衣廠車衣。」

「香港大多數的貧苦家庭，就是依靠這樣的『就業』形式，辛辛苦苦地積累

了一點積蓄，對下一代供書教學，新一代的少年，長大後已有不少成為所謂『中產階級』的一分子。」

這是一幅生活圖畫，它生動描地繪出當時香港居民家庭生活的情景，也寫出了當時香港工業的特點。香港的每一個家庭就是在自己求生存、謀發展的同時，默默地為香港的各行各業的發展做貢獻。

由於工商業的發展，香港本地的消費市場也慢慢地出現和擴大。高度就業讓香港市民的消費水平提高，自置樓宇居住的要求也開始增加。20世紀60年代初期，香港透過紡織及製造業的發展，加上新式的製作生產技術及外國資本的輸入，帶動了20世紀整個經濟，後來又形成了一個地產和投資的熱潮。

香港工業體系的一種獨特性格是，具有數量龐大且和舉足輕重的中小型企業。以工廠數目為例，50人以下的小型工廠，於1961年佔工廠總數的79%，1977年增至92%。1961年，在製造業中小工廠工作的人數佔就業總人數的30%。

香港工業一直依賴出口消費品市場，於是海外的市場需求、品種花樣、口味的變化，都是影響香港工業發展的主要外因。另一方面，香港勞工價錢便宜、工人工作賣力、效率高，是降低成本、增強產品外銷競爭能力的重要內因。這兩種內外因素，成為這一時期香港工業化過程的特徵。工業產品製作過程中需要大量勞動力，而勞動力正好有來路。小型企業具靈活性、創造性，且創業成本低。所以，戰後以來，中小型工業對香港的發展起到舉足輕重的作用。

香港中文大學的成立

港英時代香港教育的最大弊端，就是實行歧視華人的教育政策。重英文輕中文的現象，在英國人佔領香港以後的一百多年時間裡，從來沒有改變過。

據港英當局統計，1965年全港人口共有546.69萬，除去16.2萬外籍人士，剩下的華人就有530.49萬人。華人佔人口總數的97.1%，外籍人士僅佔人口總數的2.9%。而中文中學的學生卻只佔中學學生總數的8.6%。這就十分清楚地反映出香港殖民統治當局在教育方面歧視華人和中文教育的傾向。

1949年，香港教育司署在年報中承認，「過去政府在教育的資助方面，側重

於英語教育，尤以中學為然。小學華文教育幾乎為民辦」。當時的教育司署計劃要在十年內發展更多的中文學校，但形勢的發展並不如教育司署所計劃的那樣。20 世紀 50 年代，由於政治上的原因，香港當局在教育方面不但沒有給予更大的重視，反而時常出現破壞中文教育的現象。所以，香港的教育事業，特別是中學以上的中文教育，在當時沒有多大的發展。

進入 20 世紀 60 年代，鑒於香港的政治地位短期內不會有變化，而經濟基礎又略具規模，為鞏固英國在香港的統治和繼續發展，柏立基認識到，他們需要培養一批能為當局所用的政治人才和社會領袖人物。早在 1959 年，柏立基即邀請富爾敦為新亞、崇基、聯合三所私立文理學院的全面發展提供意見。1960 年，港英政府開始給予三所學院以財政支援。1961 年，三所學院組織成立大學籌備委員會，研究在香港設立第二所大學的可能性。1962 年，成立以富爾敦為主席的專責委員會，研究設立一所以中文為主要授課語言的大學的可能性及其相關問題。1963 年 4 月，港府發表了《富爾敦調查報告書》，建議創設中文大學。報告書認為，崇基、新亞、聯合三所學院各有其獨有的起源和歷史，為了保持三所學院的特點和風格，唯有實行「聯邦制」才能全面兼顧和充分發揮各學院的優點。1963 年，大學臨時校董會成立，成員包括大學校長和三院院長。9 月，校方通過中文大學條例與規程。10 月 17 日，中文大學正式宣告成立。

原三所學院的校址分在三處：崇基學院於 1951 年創辦，院址在新界馬料水；新亞書院創辦於 1949 年，院址在九龍農圃道；聯合書院創辦於 1956 年，院址在港島般咸道。中文大學的校址選在新界接近沙田的地方，佔地超過 210 公頃，經費大部分來自香港政府的補助金。

1963 年 12 月，港英政府宣佈聘任李卓敏為首任校長。1975 年發表第二份《富爾敦調查報告書》，把大學的教學範圍作了清晰的劃分，分設文學院、理學院、社會科學院、工商管理學院、醫學院等五院。1976 年，校方開始醞釀中文大學的行政體制改革，準備由「聯邦制」改為中央統一領導制。

1977 年，馬臨出任中大校長。馬臨在接受記者訪問時說，中文大學與香港大學比較，最大的特點是授課語言以中文為主，中英文並用。有人認為「這反映了中國文化傳統在香港的地位得到承認，為真正活躍和加速中西文化交融提供了條件」。馬臨認為，中大是一所世界性的大學，中大的經費除來自港府支援和香港

各界支援外，也來自世界各地，例如世界衛生組織捐贈了 14 萬美元協助中大的中藥研究專案，洛克菲勒基金會捐助了 8 萬美元給中大翻譯中心，等等。

深圳水庫供水予香港

在 20 世紀 60 年代以前，用水問題仍然是香港居民最煩惱的問題之一。特別是住在木屋區及徙置區的居民，每日都要花費大半天的時間才能取得一桶半桶水使用。嚴重「制水」時，街上更排起了漫長的鐵桶陣，可見居民缺水的狀況真是苦不堪言。

那時候，香港人的「樓下閂水喉」的呼叫聲和因爭水而引致的流血事件常有發生。當時洗澡後的水，還要留下來洗衣服或作其他用途。直至 1960 年以後，情況才獲得改善。1961 年 2 月 1 日，深圳水庫供水予香港，為香港居民初步緩解了水荒。

1963 年香港又遇上了天旱，那時四天供水一次，每次供水四小時。不少舊樓居民，十多家人住在一起，每戶幾口人，才得一兩桶水使用。不少人還要停工在家等候開放食水。當局採取了很多措施，例如禁止外洋船隻來港取水，並派出運水船隻到珠江口取淡水運回香港。運水船隊在新界青龍頭隧道將水卸入一條特製的輸水管注入大欖涌水塘去，然後供應居民。但這些都不能徹底解決問題。

打破單憑天雨和建水塘來解決香港用水的傳統觀念的是柏立基。1960 年石壁水塘興建期間，柏立基覺得水塘雖多，但仍需依賴天降甘露，與其「睇天」，毋寧用人定勝天的方法解決食水問題。這時，廣東省長陶鑄說：「淡水嘛，我們這裡有的是，叫他們來取吧。」因此，柏立基主動派代表到廣東省寶安縣洽商供水問題。

1960 年 4 月 15 日，香港政府派出副工務司毛謹、助理工務司莊信和助理工程司孫德厚到深圳會談，由於當時廣東省長陶鑄大力推動，所以會談相當圓滿。當時寶安縣人民委員會出席會談的代表有曹若茗（寶安縣人民委員會委員）、李錫源（深圳水庫工程師）、吳文鏡（廣州市自來水公司工程師）。初步協議由深圳水庫供給香港食水。11 月 15 日，協議正式簽字。簽字儀式在深圳舉行，由香

港代表和廣東省寶安縣代表正式簽字。協議規定，全年供水 50 億加侖，每千加侖收費人民幣 1 角。

深圳水庫位於深圳沙灣香園圍和草塘圍之間，於 1959 年 11 月 15 日正式施工，動員了寶安縣 13 個人民公社的兩萬多人參與工程。這是一個蓄水 4,000 萬立方米的人工湖。主壩長達 614 米，壩高 29.35 米，集水面積達 52 平方公里。當水庫滿水時，可灌溉 11,950 畝農田，既可供給深圳工業用水和生活用水，又可以發電和防洪。

供水協定的簽訂在香港各界引起了熱烈反響。1960 年 11 月 17 日，《星島日報》說：「消息傳來，本港三百萬市民，不論國籍立場，咸認此舉對於香港的供水情況，是一種深具價值的輔助。」「數十年來，威脅港九市民生活的是食水問題，預料缺水的惡劣情況將獲得改善是必然的。」

《南華早報》於 11 月 17 日的社論說：「供水協議的簽定是完全令人滿意的。」「我們有理由相信，協議是在高度友好和瞭解的精神下簽定的。」又說：「這一種安排將給香港人民帶來好處。」「將使水務當局可在整個的乾旱月份裡維持每日供水，可能不少於目前的十小時。」《德臣西報》於 1960 年 11 月 16 日的社論說：「這將意味着明年春季將不會有嚴厲的制水了。」

在 20 世紀 60 年代初期，因為香港的「恐共」氣氛還很濃烈，所以深圳水庫向香港供水的協定達成後，輿論界的反應是不一致的。大多數人認為這是好消息，是好事，但也有些人持有相反的意見。

1960 年 4 月 19 日，一家報紙的大字標題說：「從各種跡象可以明顯地看出，中共必憑藉水源，向港作政治敲詐。港府向中共買水，市民表憂慮」。到底是市民感到憂慮，還是這家報紙的老闆感到憂慮，誰也說不清，反正居民是有了水用。

直到 1966 年 3 月，還有一位專欄作家發表意見說：「這一年來，東江水負擔了香港用水量之半，這是事實。但東江水之來主要屬於政治性，若政治局勢有變，立時可以涓滴不至；故香港非未雨綢繆，力求自給自足不可。其次是它的經濟性，水亦有價，每年要從香港人荷包中拿去數千萬元，若本地之水路夠自給，這數千萬元就可省下，過得幾年又是一個淡水湖，豈不是更為合算。」不管這高論是否可行，但香港一直引內地之水，而且數量有增無減。具有商業頭腦的香港人和港英政府，不知為什麼始終沒有接受這位專欄作家的高論。而且幾十年來，

供水並未因任何政治變故而「涓滴未至」。

中方一直遵守協議，每年從深圳供給香港 150 億加侖用水，供水期由每年 10 月 1 日至次年 6 月 30 日，共九個月。1966 年底，香港政府向中國內地要求增加供水，內地方面答應平均每日額外供水 317 萬加侖，即使在「文革」動亂之年，也沒有停止供水。而每逢香港遇上大旱之年，深圳方面都額外增加供水。

時間急、難度大的工程

香港政府動用了龐大的人力、物力與財力，解決從深圳引水來港的技術問題。此項工程於 1960 年春開始作初步測量，並分別向日本及澳洲訂購了 48 吋巨型水管。鋪設水管工程由港府招商承造。

根據港府當時擬定的計劃，工程共分三段同時進行：甲段由文錦渡至上水；乙段自上水至粉嶺—錦田公路；丙段從粉錦公路至大欖涌。每段工程，當時需款 200 萬元，三段工程合計約需 600 萬元左右。同時，港府為求早日完成此項龐大工程，決定加緊進行施工。因此，招商承造合約規定承包商必須於六個月內完成。

由於工程期限短促，承造此項工程的公司每段每天需要用工人達 200 名之多。除了動用龐大的人力之外，還有運輸及燒焊等問題。當時香港的貨車寬度只有 76 吋，而鋪設的水管則為 48 吋。因此，若以貨車作為運輸水管的交通工具，每次只能運載一條水管。每日僅可送一次。每條水管長約 25 呎，則每段便需鋪設約 700 條水管。

在燒焊方面，既然每段約需鋪設 700 條水管，即約有 700 個焊口之多，而當時的燒焊機，每機就算以每八小時工作計，也只能完成一個半焊口而已，而合約上規定全部工程要在六個月內完成。以此計算，每天必須完成四個半焊接口的工作，因此，每段工程至少必須用燒焊機三部之多。若遇雨天或其他原因不能工作，則翌日又須加倍工作。

為解決上述問題，港府的水務局與鐵路局一起合作，解決了運輸難題。水務局先將水管用貨船運至當時的紅磡新填地，晚上由火車專車運往上水，以便承包商搬至工程地點。但火車運輸方法，需要在每晚尾班火車過後才可進行，且又必

須於翌晨六時前完全將貨物卸離鐵路，以免影響日間火車交通。

工程進行過程中，還遇到許多問題。例如，在元朗八鄉鋪設的水管，全長二萬餘呎，水管直徑達 48 吋，而且不少輸水管道需經過農田。由於技術問題，又不能把水管置於地下，因此輸水管道需佔用大量農田，影響到農民的正常種植。八鄉鄉事委員會曾召開村民代表會討論此事，八鄉蓮花地村鄉民數十人曾經前往工地阻止工人施工。村民及業主百餘人連署向元朗理民官抗議。經政府調停及作出改善措施後，事件才算平息。工程於 1965 年 1 月完成。

根據港府與內地在 1964 年 4 月 22 日所訂協議，廣東從 1965 年 3 月起每年向香港供水不少於 150 億加侖，即每天供水約 6,200 萬加侖。售價為每 1,000 加侖 1.06 港元。

適度的憲制改革

在 1950 年代，香港新興的中產階級曾經有不少要求改革的呼聲。當時以中產人士為骨幹的香港革新會和香港公民協會，在 1960 年聯合前往倫敦，要求英國政府在香港展開憲制改革，為行政、立法兩局引入民選議席。可是，當時的殖民地大臣卻以香港政制「不能有大幅轉變」為理由而斷然拒絕。柏立基也私下認為，香港無法像新加坡一樣步向獨立，因為如果香港獲得自治或獨立，將為中共所不能接受。雖然如此，柏立基仍然在任內進行了適度的政制及行政改革。

他繼續推動港府一直推行的公務員本地化，並特別以更多本土的香港人出任高層職位。1961 年，出任港府高級職務的華人約有 730 人。1962 年，柏立基又批准 90 名在本地招聘的華裔公務員前往海外深造，讓他們作好準備接任更高級的職務。另一方面，華人政務官的人數也是穩步上升。其實自二戰結束後，港府早在 1948 年便聘任徐家祥為首位華人政務官。至於柏立基任內獲聘的華人政務官，則包括陳方安生、霍羅兆貞和楊啟彥等。柏立基認為，香港作為一個以華人佔多數的商業城市，讓更多的華人去管治這個城市是理所當然的，而他推動公務員本地化也是「盡為帝國服務之任矣」。

可是，在柏立基任內，行政、立法兩局的議席分佈始終沒有變化，行政局維

持在七席官守議席和六席非官守議席，而立法局則維持在十席官守議席和八席非官守議席，兩局均以官守議員佔大多數，而所有非官守議席仍然全部經過委任而產生，使柏立基可以穩固地控制兩局。市政局方面，議席的分佈也一直維持在六席官守議席、八席委任非官守議席和八席民選非官守議席。一直到卸任前夕，柏立基才同意增加行政、立法兩局和市政局的議席數目，並調高非官守議席的比例。可是，這些改革要到戴麟趾在 1964 年繼任港督後才得以落實。

1964 年 4 月 1 日，已屆退休年齡的柏立基正式卸下香港總督一職，從皇后碼頭乘遊船「慕蓮夫人」號到九龍，再於啟德機場乘飛機，與家人返回英國。港督一職由時任輔政司的戴斯德署理，直到 4 月 15 日由戴麟趾接替為第二十四任港督為止。

晚年的柏立基隱居於伯克郡雷丁一處兩層高的鄉間宅第。1999 年 10 月 29 日，柏立基於雷丁的丹尼丁醫院去世，終年 93 歲。他是繼第二任港督戴維斯在 1890 年以 95 歲高齡去世後，歷史上第二長壽的香港總督。柏立基逝世後，香港報章多有撰文悼念，而時任香港特區首任特首的董建華和前布政司鍾逸傑分別對其逝世表示哀悼。其喪禮於當年 11 月 8 日舉行，由前港督衛奕信宣讀悼文。

第二十四任
1964-1971

戴麟趾 David Clive Crosbie Trench

戴麟趾（1915-1988），英國人，1915年6月2日出生於英屬印度奎達。1925年入讀肯特郡布里奇的湯布里奇公學，後入讀劍橋大學耶穌學院。1947年由所羅門群島返回英國深造，先入英國聯合參謀學院，後入帝國國防學院。1959年至1960年任香港副輔政司。1961年至1964年升任西太平洋高級專員。1964年4月14日至1971年10月19日任第二十四任港督，任期七年六個月。

戴麟趾於劍橋大學畢業後，加入英國殖民地部工作，被派往英屬所羅門群島。後入伍，二十幾歲即任英軍高級將領。第二次世界大戰期間，日軍侵犯所羅門群島，當時戴麟趾正是所羅門群島英軍司令。戰事發生期間，美國曾派出一支戰地醫療隊協助英軍，醫療隊中有一位美國護士，名叫瑪嘉烈。戴麟趾對這位眉清目秀、工作勤懇、性格開朗的美國姑娘一見鍾情。和所有亞洲的英屬殖民地一樣，所羅門群島同樣陷落。戴麟趾因為在戰爭中表現英勇，獲英國和美國頒授十字勳章和軍功勳章。同時，他獲得了瑪嘉烈的愛情，兩人結為終生伴侶。

晚年，戴麟趾回到他的故鄉。1988 年在睡夢中逝世，終年 73 歲。

工人運動接連不斷

戴麟趾在任的 20 世紀 60 年代，香港的工人運動表現得比過去任何時候都要活躍。據香港勞工處統計，從 1950 年至 1960 年的十年間，罷工總數共 68 次，最多的一年也只有 12 次；而從 1960 年至 1970 年的十年間，罷工次數達 193 次，最少的一年有 9 次，最多的一年達到 47 次。當時的工人運動，是工人階級為了爭取增加工資和改善生活待遇而開展的。

1960 年代，香港工人罷工活動之所以頻繁，英國人喬·英格爾和約翰·里爾所著《香港的勞資關係與法律》一書中認為，是有三個方面的原因：第一，生活費用猛烈上漲，工人無法應付不斷上漲的物價。1966 年至 1975 年間，消費物價指數上升了 90%。第二，企業解僱工人，卻沒有發給合理的工資補償。第三，勞工維權意識增強。從外部因素來說，中國內地的「政治運動」對香港工人的影響，也是本港工人運動增多的重要原因。

1966 年 4 月，天星小輪申請加價，一批青年工人自發舉行示威遊行。港英當局不瞭解工人抗議的實際原因，就急忙出動警察鎮壓。1967 年 4 月，中央、上海、大中等計程車公司工人要求增加工資，改善生活待遇，舉行了罷工。同年 5 月，香港人造塑膠花廠工人為了增加工資和改善生活待遇而舉行罷工，警方毆打、逮捕罷工工人和有關群眾。從此，罷工、罷市、罷課、示威遊行，甚至武裝衝突，變得越來越頻繁。面對這一系列的罷工，如果港英當局能認真地對待，正確瞭解工人罷工的

根本原因，及時調解勞資關係，並且健全勞工法例，做一些必要的疏導工作，並改善廣大工人的生活待遇，就不致於發展成為規模越來越大的社會運動。

1967 年 5 月 22 日，一批工人、學生、群眾前往港督府靜坐並遊行示威，抗議英國政府和香港當局鎮壓群眾的政策。進入 6 月份，罷工、罷市規模越來越大。6 月 10 日，港府機關及英資企業一萬多名工人聯合舉行大罷工。6 月 24 日，港九海運、水陸交通、公共事業、船塢倉庫及紡織工人大罷工，港英當局則用停職、解僱、關廠等辦法，對付罷工工人和機關職員。

據元邦建《香港史略》介紹，經過 1967 年幾個月的工人運動，港英當局逐漸意識到對付工人的罷工鬥爭，並非武力鎮壓就可以解決問題，而只能從解決工人的工資福利、合理地解決勞資糾紛方面找出路。1966 年以前長久被漠視的勞工處，戴麟趾亦不得不迅速擴大其規模，並開設新的總辦事處和分處，以加強對勞資關係的處理。1968 年 2 月 14 日，勞工處處長宣佈了一系列新的勞工法規。在《就業條例》中規定，勞工每年有六天假日，規定病假和津貼，還特別規定對女工和年輕工人逐步採用每天八小時或每周四十八小時的工作制。

1967 年一連串的罷工事件使戴麟趾認識到，政府與基層市民之間的矛盾很尖銳，隔閡很深，這個問題不能漠然視之，所以必須積極推行所謂社區建設，開展社會服務，改善市民生活條件，從根本上解決下層市民的經濟利益問題。1969 年 2 月，港英當局將華民政務司正式改名為民政司，推出了民政署計劃。該計劃將港九分為十多個民政區，與新界的五個理民府平行，成為各行政區樞紐。民政區署的職權和工作不單是「上情下達、下情上達」，還要負責區內各部門的協調，以瞭解區內的民意、社會、政治情況。

「文革」帶來的衝擊與當局的殘酷鎮壓

1960 年代的香港工人運動，在初期的發展是正常的。由於港英當局對於工人運動採取了鎮壓措施，引起了香港工人強烈的反感。而 1960 年代中期以後，文化大革命在全國範圍內廣泛進行，全國各地都陷入了動盪不安，人們被極左思潮牽着鼻子走。與中國內地一河之隔的香港，很自然地也受到其波及和影響。一批

青年工人和學生，在極「左」思潮的影響下，不適當地搬用了中國內地的一些做法，而港英當局又採取了殘酷的鎮壓措施，結果激化了矛盾，導致了這一時期香港的工人運動受到了嚴重的挫折。

「文革」初期，廖承志曾經指示，港澳地區不必跟內地一樣搞文化革命。但是，他很快就成了批鬥的對象，中央港澳工作的話事權就落在「造反派」手裡。

1966 年 12 月，澳門發生「一二·三」事件。這是一起警民衝突事件，結果引發澳門左派到澳督府示威，要求警方道歉。澳葡政府出動軍警鎮壓，導致十多人死亡，二百多人受傷。1967 年 1 月初，澳門左派發動罷市，中國更斷絕澳門的食水供應。葡萄牙政府最後屈服，接受左派的要求。香港的左派到澳門祝賀，並學習澳門左派的鬥爭經驗。

1967 年 4 月，位於九龍新蒲崗大有街的香港人造塑膠花廠，頒佈了極為嚴苛的規定，包括損壞生產機器的工人不發工資、不允許工人請假等。勞資雙方談判不果，廠方於 4 月 28 日以「生意收縮」為由，解僱了 92 名包括勞方代表的工人。5 月 4 日，工潮開始惡化，部分工人強行入廠要求跟資方談判，又在工廠外張貼大字報。5 月 6 日，約 150 名工人在廠外集會，抗議資方的無理解僱，並要求與資方談判，下午 4 時，管工與示威工人發生肢體衝突，警方調停不果，局面更趨混亂，防暴隊立即採取行動，逮捕了 21 名工人，多名示威工人受傷。事後，港九樹膠塑膠總工會主席馮金水與兩名代表到黃大仙警署交涉，遭當局扣押。5 月 7 日晚上，港九樹膠塑膠總工會舉行控訴大會，指事件是警方「有計劃、有組織、有預謀的對我愛國工人和愛國同胞進行瘋狂的迫害」。同日下午，港九工會聯合會派出楊光、郭添海等人會見警務處長，提出「嚴重抗議」，但警方代表以案件進入司法程序為由不願置評，而一些報紙開始將事件政治化。

5 月 11 日，工潮正式演變成暴動，工人在新蒲崗街頭聚集，與警察對峙，又用石頭和玻璃瓶襲擊警員。警方六百二十多人的防暴隊以木製子彈開槍鎮壓，並到黃大仙徙置區搜捕騷動者，一名 13 歲少年疑遭石塊擊中而死亡。鑒於事態嚴重，港府宣佈當晚 9 時半起在東九龍實施宵禁，所有警察取消休假候命。5 月 12 日，警方在東頭村施放催淚彈驅散群眾，騷動至 5 月 13 日已蔓延至黃大仙東頭徙置區和土瓜灣，大批群眾在街上聚集，放火焚燒汽車及黃大仙徙置區職員宿舍，又攻入新區辦事處和學校。當局出動大批英軍和警察鎮壓。到 14 日止，共

逮捕了四百多人。

5月15日，中國外交部發表聲明，譴責港英當局鎮壓群眾，向英國政府提出「最強烈最緊急」的抗議。同時，內地的紅衛兵開始發起聲援香港工人的行動。當天晚上，戴麟趾發表聲明說，中國的抗議是向英國政府提出的，因此必須由英國政府答覆。戴麟趾重申了「有關維持和平和秩序方面」的「保證」，指出港英當局的政策「是為了全體的利益，盡量的公正，不偏不倚的方式維護法律」，「在勞資糾紛中不偏袒任何一方」。英國政府隨即發表文告表示，全力支援港英當局的政策。

5月16日，香港各界倣傚內地的「文革」方式，開展群眾運動，成立了「港九各界同胞反對港英迫害鬥爭委員會」。「鬥委會」以「反英抗暴」為口號，聯合各界團體，前往港督府示威遊行，張貼大字報。

5月22日，銀行、工會、書店等機構的職工向港督府進發，當隊伍行經花園道口時，被數百名防暴隊員阻截。示威人士高舉標語口號，與防暴隊員對峙，防暴隊員動用警棍毆打群眾，結果有二百多人受傷，多人被捕。港府宣佈「緊急法令」，使事態進一步擴大。憤怒的示威群眾，到處張貼大字報、大標語。此後，北京主要報刊連續發表社論，支持香港左派的鬥爭。

從5月23日起，港九巴士、電車、中華煤氣、九龍船塢、天星小輪、油麻地小輪、紅磡發電廠、北角發電廠、太古船塢、太古糖廠、郵務、海事、牛奶公司等工廠企業工人，陸續實行罷工，抗議港英當局逮捕和打傷工人。這就是「五月風暴」。

進入6月份，香港當局雖然繼續出動警察、防暴隊、軍隊到處鎮壓罷工和示威群眾，但是，罷工、罷市仍然沒有停息，反而規模越來越大。6月10日，港府機關及英資企業一萬多名工人舉行聯合舉行大罷工。6月24日，港九海運、水陸交通、公共事業、船塢倉庫及紡織工人舉行大罷工。港英當局及企業則用停職、解僱、關廠等辦法，去對付罷工工人和機關職員。港九糧油、百貨、食品、土產山貨、南北藥材、建築材料、南洋辦莊等行業聯合罷市四天，以示抗議。

7月，港英警察與罷工、罷市、遊行示威群眾的對壘，已發展為大規模的武裝衝突。8日，約百名大陸民兵在沙頭角與香港的警察槍戰，港英警察開槍打死十名中國居民，打傷八人。深圳民兵掩護居民撤退，打死港英警察五人，打傷

十二人。7月5日，內地報紙再次發表支持香港左派反英抗暴的言論。社論稱：「以其人之道還治其人之身，殺人要償命，血債要用血來還」。香港市面甚至傳言，指北京打算收回香港。7月10日，周恩來傳達毛澤東指示，對香港「不動武」。7月中旬，發生了駭人聽聞的炸彈事件。為了對付港府的殘酷鎮壓，工會組織開始造土製炸彈，用汽水瓶製造燃燒彈襲擊警署，並以鏹水從高處襲擊經過的警車及公交車輛，左派學校的實驗室成為了炸彈的製作工廠。據港府統計，警方在暴動期間共處理了 8,074 個懷疑炸彈，其中 1,167 個是「貨真價實」的炸彈。

8月，戴麟趾政府頒佈了一連串的鎮壓法令，封閉工會、學校，拘捕和毒打無辜群眾。在圍捕僑冠大廈及華豐國貨公司裡的群眾時，更出動警察一千多名，並用直升飛機運載大批攜帶現代化武器軍警，降落在該大廈的天台。

港府還拘捕了《香港夜報》、《新午報》、《田豐日報》的負責人和記者、職工，控以刊登煽動性文字。三報被勒令停刊六個月及罰款，負責人被判囚禁。

8月20日，中國外交部照會英國駐華代辦處，要求英國政府必須在 48 小時內撤銷對香港三家愛國報紙的停刊令，釋放所有被捕的愛國新聞工作者。直到 1968 年 2 月 28 日，戴麟趾政府才准許三家報紙復刊。8月22日，英國駐北京代辦處被紅衛兵燒燬，周恩來次日向英國政府道歉。

8月，文錦渡的搬運工人與港英當局的武裝警察又發生衝突，局勢十分緊張，中英關係降到最低點。12月中旬，周恩來向香港左派下令停止炸彈風潮。中國政府表態為港英政府解圍，此次暴動才逐漸平息。這次暴動造成 51 人死亡，800 多人受傷，超過 5,000 人被港英當局逮捕。

1960 年代的香港工人運動，由於受到「文革」極左思潮的影響，結果付出了很大的代價，但是也正是由於工人階級的鬥爭，爭來了一些過去所沒有的權利。港英當局經過這場衝突以後，逐漸意識到對付工人的罷工鬥爭，只能從解決工人的工資福利等方面找出路。

三局六中心與經濟超升

戴麟趾在任期間，為香港經濟的發展找到了合適的發展途徑，在經濟上擺正

了政府和企業的位置，為吸引投資創造出良好環境。

戴麟趾成立了三個對香港基層企業發展有着重要支持作用的半官方工商機構：香港貿易發展局、香港生產力促進局、香港出口信用保險局。同時成立了六個技術中心：香港標準及檢定中心、工業設計中心、包裝中心等。這些機構的設立，使香港工業發展從環境、生產技術和設計、品質檢定到包裝出口等各方面，都獲得較及時有效的指導和資訊。這無疑是對香港工業和金融貿易業起到了一定的促進作用。

1966 年成立的半官方性質的香港貿易發展局，成為香港與海外出口商之間的橋樑。貿易發展局的主席由戴麟趾親自委任，其他成員則是各主要工商機構的代表、工商界的領袖人物和兩名政府高級行政官員。該局在海外各主要國家和地區設有辦事處，負責處理有關貿易方面的查詢、促進貿易計劃以及進行市場調查等各項活動。成立後的十年中，貿易發展局共組織了大約六百項貿易拓展活動，為一萬二千八百多家製造商和出口商服務，處理了一百多萬項進出口諮詢事務，向海外廠家定期寄出超過九百萬本介紹香港產品的刊物。

1967 年成立的香港生產力發展局，其理事會主席及委員共二十餘名，全由戴麟趾委任。下設 17 個部門，計有電腦服務部、電子服務部、工程服務部、企業組織及系統部、電腦輔助設計中心、化學及冶金部、製造工程技術部、紡織製衣部、顧問服務部、訓練部、資料服務部、環境管理部、人力資源發展部、公共關係組、市場拓展組等。其職員具有廣泛的專業和技術知識。該局的職責是扶助香港工業，促進香港工業生產力的發展，為工業界提供各種類工業與管理顧問服務、技術輔助服務及人才培訓等。

上述機構的工作，促使香港本地工業和外資企業迅速增加。據統計，在香港註冊的外地和外國公司，1955 年僅有 328 家，到了 1970 年就已經達到 655 家，增加了一倍，其中美國公司佔 172 家，英國公司佔 94 家，日本公司佔 66 家。外國投資者在紡織業，以及比較尖端的科技工業，如電氣產品、金屬產品、塑膠和電子產品等領域裡，比起香港具有更為優越的技術條件。1964 年 11 月 24 日，戴麟趾批准中華電力公司和美國標準石油公司共同組建發電公司計劃。這是美國資本第一次滲入香港公用事業，也是繼興建希爾頓酒店後又一項龐大的投資項目。新電力公司於 1966 年開始供電。原中華電力公司在 1965 年的總發電量為 66.25 萬

千瓦，而新發電廠的發電量達到 114.25 萬千瓦。外資企業的增加，加速了香港工業的發展和科技的進步。

據國際棉花與紡織業同盟於 1965 年對亞太地區 11 個國家和地區所擁有的紡織機裝備情況所進行的調查表明，只有香港和菲律賓全面採用自動織布機，而香港的每台織布機平均使用的時間最長，達 8,160 個小時。香港所擁有的織布機總數僅次於日本、印尼和巴基斯坦，達 2.4 萬台。紡紗業、織布業和成衣業的增長速度很快，塑膠和電子玩具等行業也迅速發展。

戴麟趾上任的 1964 年香港開始生產電視機，1965 年香港出口第一批電視機，到了 1960 年代末，香港不僅生產矽電晶體和晶體管收音機，還生產擴音機、磁帶錄放影機、電腦部件。電子行業已經成為香港的重要行業之一。

到了 1970 年，香港的生產總值已達到 192.14 億港元，比 1960 年的 58.95 億港元，增加了 133 億港元，增長了 2 倍。每人平均值從 1960 年的 1,917 元，提高到 1970 年的 4,853 元，增加了 2,936 元，其發展速度之快是驚人的。

1960 年代，香港工業迅速發展的原因是多方面的。首先是中英關係好轉，中國政府實行對香港穩定的政策，使很多投資者對香港的發展具有信心。而戴麟趾亦善於抓住這種時機，採取適合於香港實際情況的經濟策略。

緊緊抓住機遇

香港這個彈丸之地，資源缺乏，市場狹小，適於採用出口導向型的工業發展模式，而港府又遇到了發展這種模式的大好時機。1950 年代初，內地大量的資金、技術、人才流入香港。第二次世界大戰結束後，西方工業國家尚處於恢復時期，國際市場的工業品普遍缺乏，西方國家普遍主張貿易自由。此時亞太地區其他國家的工業模式還未確定，而且一些國家政局混亂，軍事衝突頻繁。香港當局看準了這一時機抓住不放，採取了適當的政策，把世界各地投資者的經營中心吸引到香港。這是香港經濟繁榮發展的重要原因之一。所以，葛量洪、柏立基、戴麟趾這三位總督，對香港經濟的發展，起到了重要作用。

但是，從根本上來說，佔香港人口絕大多數的華人的勤勞和智慧同樣促成了

香港經濟的發展和繁榮。正如經濟學者、英國人楊森教授所指出的那樣：「工業發展是香港得以擺脫 1940 年代後期經濟衰落的推動力，但又是什麼使工業發展成為可能呢？從根本上講，是華人的功勞。在已經取得的成就中，很多是居住在香港的華人，或居住在中國大陸、台灣、新加坡和東南亞其他地區的華人創造的。」

葛量洪、柏立基、戴麟趾這三位總督在任期間，香港實現了由轉口貿易港向以出口為導向的國際製造中心的轉變。製造業在香港生產總值和就業總數中的比例連續上升，香港成為一個工業化的城市。這個工業化的過程分為三個階段。1952 年至 1954 年是醞釀階段。當時西方國家對中國實行禁運，使香港轉口貿易受到嚴重影響，迫使香港廠商利用從內地轉移過來的資金、技術、人力，重點發展本地的紡織、成衣等製造業。1954 年，香港的對外貿易總值從 1951 年的 93.03 億元降至 58.52 億元，但製造業的工廠和僱員分別從 1951 年的 1,720 家和 8.61 萬人，增至 1954 年的 2,201 家和 9.82 萬人。1955 年至 1962 年是起步階段。這一階段，工廠和僱員分別增加了 1.8 倍和 2.6 倍，本地製造成品的出口值以平均年率 8% 增長。1959 年的本地產品出口額超過轉口額。1962 年的本地產品出口值達 33.17 億元，為轉口值的 3 倍多。1963 年至 1970 年是香港起飛階段。其間，紡織、成衣、塑膠、假髮、金屬製品以及新興的電子、鐘錶、玩具業都迅速發展，生產和出口規模都急劇擴大。

1970 年，全港工廠達 16,507 家，僱員達 54.92 萬人。製造業產值為 59.13 億元，出口值為 123.47 億元，僱員佔香港就業總人數的 40% 以上，產值在香港生產總值中的比重高達 30.9%，產品出口值比轉口值的 28.92 億元多 3.27 倍。製造業在本地生產總值及佔就業總人數中的份額遠遠超過貿易、金融等行業，成為香港規模最大的產業部門。這標誌着香港已經實現了工業化，成為一個新興的工業城市。

中文運動與保釣風潮

戴麟趾時期，香港學生的思想比較活躍，參與公共事務的熱情越來越高，愛國情緒亦蓬勃發展。

香港一直以英文作為法定語言，中文一向受歧視。1967 年 11 月 1 日，香港

大學學生會主辦的《學苑》發表文章，提出中文應與英文並列為官方語言的主張。1968 年 1 月 12 日，崇基學院學生會舉辦座談會，研討中文列為官方語言的問題。1970 年 3 月，香港一些學生團體組成了中文運動聯席會。7 月 12 日至 16 日，香港 17 個學生團體和文化組織舉辦了「公開論壇」，討論將中文列為官方語言的問題。10 月 19 日，香港大學學生會評議會通過決定，成立中文運動工作委員會，發動萬人簽名運動。於是，將中文列為官方語言的運動成為戰後香港的首個大規模的學生運動。

1969 年 2 月，《學苑》刊出文章，對香港大學體制提出了批評和建議，經過學生會全體會員大會討論，通過了幾項決議提交學校。港大校方採納了建議中的部分內容，其中包括讓學生代表出席校務會議等。這是香港學生首次對教育制度主動地表示關心，提出批判和建議。6 月，《大學生活》月刊刊登一篇批評珠海書院壓制學生思想的文章。珠海書院懷疑這篇文章是該校 12 名學生所撰寫的，於是開除了這些學生。因為當時已近暑假，所以開除之事沒有在學生中引起反響。到 9 月新學期開始後，被開除的學生以及數十名支持他們的學生，於 9 月 13 至 14 日兩天在學校門前靜坐示威，要求學校當局撤銷開除他們的決定。這是香港學生第一次用實際行動來抗議學校有關當局的不合理措施。

1970 年，大學撥款委員會決定，削減中文大學四年發展計劃的財政預至 23%。對此，中文大學師生極為憤慨。4 月 23 日，中文大學的三所書院聯合舉行罷課，以示抗議。這是戰後香港大學生首次的罷課。隨後，香港浸會學院決定增加學費，引起學生不滿，5 月 27 日，為反對院方的決定，三百多名學生在校園內靜坐，表示抗議。

到了 1970 年，學生提出的把中文列為法定語文，與英文居同等地位的要求，逐漸發展成為一股浪潮，並且受到廣大香港市民的支持。一系列的學運浪潮，使港府不得不回應學生的訴求。1970 年，戴麟趾決定成立中文問題研究委員會，對中文列為法定語文進行探討。3 月 1 日，委員會公佈了第一份報告書，建議立法、市政兩局的公開會議，應採用即時傳譯，並建議開始時只限用英語、粵語，然後擴展到國語。

在中文運動如火如荼之際，香港還有另一個學生愛國行動，就是「保釣運動」。

釣魚島一向是中國的領土，但是，日本軍國主義者聲稱其有佔有權。1970 年代，釣魚島一帶海域發現儲有豐富的石油，因此有關釣魚島主權的爭端，就變得更加激烈。1971 年開始，由於愛國情緒的激發，一些愛國的中國留學生首先發動了「保衛釣魚島運動」，並迅速在世界各國的中國留學生中發展。

香港學生也受到這一運動的影響，開展了保釣運動。1971 年 2 月 14 日，香港學生成立「香港保衛釣魚台行動委員會」。18 日，委員會向日本駐港領事館遞交抗議書。2 月 20 日、4 月 10 日，學生先後兩次舉行示威活動，抗議日本侵佔釣魚島。後一次示威，竟然遭到港英警察鎮壓，21 名示威學生被拘捕。4 月 17 日，香港大學學生會在校園的荷花池畔舉行和平示威，抗議日本的侵略行動，參加的學生約有一千人。7 月 7 日，香港學生數千人就釣魚島事件再一次舉行大示威，反對美日勾結，侵佔釣魚島。港英當局出動大批警察進行鎮壓，藉口香港「專上學聯」未向官方註冊，不是合法團體，企圖製造分裂，挑起衝突。但是，香港學生的愛國熱情和學運並未因此而消沉下來。1972 年 5 月 13 日，香港愛國青年知識分子組成了「保釣聯合陣線」，二百多人同香港「專上學聯」的保釣運動成員滙合成千餘人，列隊到日本駐港領事館和美國駐港總領事館遞交了抗議書。

從「中文列為官方語文運動」開始，經歷「保衛釣魚島」行動之後，不僅香港學生本身，廣大香港青年也受到影響更多地關心國內的政治和經濟發展，積極參與對本地的政制、社會諸問題的探討。

現代航運中心的裝卸工人

香港是世界上裝卸貨物效率最高的港口之一，很多人以為香港裝卸貨物迅速，主要原因是發展了貨櫃碼頭，運用貨櫃起重機迅速裝卸貨物。然而，貨櫃碼頭只裝卸遠洋輪船貨物的44%，其餘的56%是靠香港裝卸貨物的工友們完成裝卸的。

從前的遠洋貨船運輸貨物，是將貨物用箱或袋裝好，然後搬進船艙，當運抵目的港口時，工人從船上將一袋袋或一箱箱的貨物搬出來，船上的起重機把貨物吊到船邊的駁船上，再由駁船上裝卸貨物的工友從起重機上把貨物有秩序地放到

駁船上。這種遠洋船叫散裝貨船。

香港的勞工一般是 8 小時工作制，但允許加班，於是負責裝卸貨物的工人就跟承包裝卸貨物的公司協商，採用一種嶄新的、叫作「三工三不」的制度。

所謂「三工」是指乘駁船到停泊於港內的遠洋貨船上處理貨物時的工資制度。由上午 8 時開始工作計算，到中午 12 時為 4 小時，12 時是午飯及休息時間，由下午 1 時工作至 5 時為一工，共 8 小時。5 時是吃晚飯及休息時間，下午 6 時繼續開工，這加班的工資是 5 小時作一工計，至晚上 11 時吃宵夜，12 時又繼續工作，至凌晨 3 時，這便是「三工」，即 3 份工資。就是說，工作共 18 小時，可得 3 天的工資。

至於「三不」，則是增加貨物吞吐量的方法。按照規定，中午 12 時吃飯，然後休息 1 小時才開工。但吃完飯在駁船上閑泡，也沒有什麼意思，不如吃完飯後立即開工，不休息。午飯吃完不休息，這是「一不」；晚飯後不休息，繼續工作，這是「二不」；宵夜後不休息，這是「三不」，3 次不休息，工人就有 3 小時的工資。一位裝卸貨物的工人所得的「三工三不」的工資，一般有 600 元左右。

由於他們從早上 8 時工作至深夜 3 時，故第二天便要回家全日休息，由第二批工友開工。他們是隔日開工 1 天，一個月只做 15 天。不過，工人並不是天天都是「三工三不」的，有時貨物裝卸不多，或做「兩工兩不」，有時做「一工一不」，這是由貨物的多少以及貨船的要求而定。

在裝卸貨物的工人當中也有女工。女工的工作不在於體力勞動，而是帶着針線和膠紙到貨船上工作。一般散裝貨船在裝卸貨物時，最少也要請兩位女工工作。她們的工作有個名詞，叫做「補包」。若發現袋子和箱子有損壞，工人便將這些損壞的袋子、箱子放到一旁，由女工進行修補。布袋用針線縫補，紙箱破了則用膠紙將它貼密。

當時香港有二千多艘駁船，分為鐵船和木船兩種。鐵船的載重量大，船上有起重機，木船載重量小，也有簡單的起重設備。但是鐵製駁船是沒有發動機的，要靠拖曳力強的汽艇絞索拖行，通常一艘汽艇可以拖着兩艘駁船。

因此，一般遠洋貨船的兩邊船舷，都經常泊滿了駁船，在左邊的船舷上停泊的駁船，是從貨船上卸下貨物的，船上的貨物卸下後，右邊的駁船就裝貨上貨船。一裝一卸，節奏緊湊。如果沒有辛勤的裝卸工人肯以「三工三不」的勞動制度來

工作，香港港口的貨物吞吐量就不會那麼大，香港也不會成為世界吞吐量最高的三大商港之一了。

　　不少香港人都有這樣的疑問：香港為何有如此強盛的生命力？為什麼香港百多年來經歷了各種各樣的風浪都沒有垮下來？ 1925 年省港大罷工結束後，香港經濟很快就恢復過來了；雖然經過了三年八個月的日佔歲月，香港卻是戰後亞洲復原最快的城市之一；雖然經歷過了「六七」暴動，但香港經濟卻在 1970 年代開始起飛，成為「亞洲四小龍」。香港特有的螺旋式發展，有學者稱之為「香港現象」。今天香港所取得的成就，除了歸功於港英政府制定的「自由港」政策外，香港人自強不息、靈活變通的特質，也發揮了重要的作用。

第二十五任
1971–1982

麥理浩 Murray MacLehose

麥理浩（1917–2000），英國人。1917 年 10 月 16 日生於蘇格蘭格拉斯哥。曾入牛津大學修讀歷史。1939 年進殖民地部從事文職工作，後派駐馬來亞為官學生，再被派往中國福建廈門學習語言。後入英國皇家海軍志願後備團任上尉。二次世界大戰結束前夕被派到中國工作，在漢口、福州歷任署理領事及署理總領事。1947 年調回英國外交部工作，1950 年至 1954 年被派駐捷克布拉格任商務秘書及領事。1954 年後，歷任英國駐惠靈頓高級專員，駐巴黎商務秘書、參贊等。1963 年任英國外交部遠東司司長。1967 年任英國駐越南大使。1969 年出任英國駐丹麥大使。和第二十二任總督葛量洪一樣，麥理浩在港任職時間長，對香港的發展貢獻大，不少香港人認為他們是最理想的港督。

1971 年 11 月 19 日至 1982 年 5 月 8 日，麥理浩任第二十五任香港總督。這其間英國女皇兩度批准麥理浩延長任期，共任職了十一年。他是二十八任總督中任期最長的一位。

麥理浩出任港督，打破了英國舊有傳統。在此之前，被任命為港督的人選，不外是兩個來源：出身軍部的將領或資深的殖民地部官員。尤其是 20 世紀以來，港督職位一直是殖民地部官員晉升階梯的最高位置之一。麥理浩卻是屬外交系統的官員，緊接他的兩任總督尤德和衛奕信也都是外交官出身。這標誌着英國的治港方針發生重大轉變。由此開始，英國力圖改變舊的統治香港方式，以彌補多年來統治者與民眾之間由於長期殖民壓迫和種族歧視而形成的鴻溝。

經過 1964 年的中文運動、1965 年的華資銀行擠兌、1967 年的暴動、1970 年的港幣貶值、青年學生運動、反貪污運動，麥理浩所接受的是一個風雨飄搖的政府。他剛到任，就要面對股市突然暴跌，及國際石油禁運所帶來的全面經濟衰退，因股市暴跌而破產的市民、家徒四壁的工人、遊手好閑的年青人、貪污成習的官僚政府、環境惡劣的徙置區、嚴重的通貨膨脹，不景氣所帶來的種種社會不安，輿論越來越多地批評政府。面對這樣的形勢，麥理浩不能再用傳統的殖民地統治手法應付日益複雜的香港社會。

與內地關係發展良好

雖然香港社會百病叢生，但麥理浩上任之後，仍遇到許多有利條件。首先是中英關係得到改善。麥理浩上任時，全世界 138 個國家中，已有 76 個與中國建立了外交關係。1972 年 2 月 21 日，美國總統尼克遜到中國訪問。2 月 27 日，中美發表聯合聲明，簽署了《上海公報》。公報涉及台灣處宣佈：「美國認識到，在台灣海峽兩邊的所有中國人都認為只有一個中國，台灣是中國的一部分。美國政府對這一立場不提出異議。」

在這種情況下，英國政府決心拋棄對中國的錯誤的兩面政策，與中國建立正常的外交關係。中國對於英國政府願意建立正常關係表示歡迎。但是，香港問題是中英關係中一個最敏感的問題，必須首先加以明確。過去，毛澤東、周恩來在

同英方人士和外賓談到香港問題時，都一再申明中國在香港問題上的一貫立場。1963 年 3 月 8 日，《人民日報》在《評〈美國共產黨聲明〉》一文中表達了這一立場：「香港、澳門這類問題屬於歷史上遺留下來的帝國主義強加給中國的一系列不平等條約的問題。」「我們一貫主張，在條件成熟的時候，經過談判和平解決，在未解決之前維持現狀。」

1972 年 3 月 8 日，在中英關於互派大使聯合公報發表前夕，中國常駐聯合國代表黃華特別致函聯合國非殖民化特別委員會主席，再次申明中國對於港澳問題的立場。黃華指出：香港和澳門是被英國和葡萄牙當局佔領的中國領土的一部分。解決香港、澳門問題完全是屬於中國主權範圍內的問題，根本不屬於通常的「殖民地」範疇。因此，不應列入反殖宣言中適用的殖民地地區的名單之內。聯合國非殖民化特委會於同年 6 月 15 日通過決議，向聯合國大會建議從上述的殖民地名單中刪去香港和澳門。11 月 8 日，第 27 屆聯合國大會通過決議，批准了該特委會的報告。

英國本來希望由外交部出面反對中國的立場，進而提出英國一貫堅持的觀點。但是首相希思和外交大臣道格拉斯沒有採取任何行動。當美國在台灣問題上表明態度後，在香港問題上，希思採取了順乎歷史潮流的行動。歷史證明他是一個有遠見卓識的政治家。

1972 年 3 月 13 日，中國與英國在北京達成兩國互派大使的協定，該協定於 3 月 14 日以聯合公報的形式公開發表。此公報使中英關係正常化向前推進了一大步，從此中英關係進入了一個新階段。香港與內地的關係也就得到進一步發展。這種歷史大背景，為麥理浩在香港施展其政治才華，創造了條件。

1979 年，麥理浩先後到廣州、北京進行友好訪問，受到中國政府領導人鄧小平的接見，並提出了「經濟合作，雙方受益」的主張。4 月 6 日，麥理浩在內地訪問結束返港時，在拱北行六樓政府新聞處放映室舉行記者招待會，報告了這次訪問的情況，回答了記者提問，並轉達了鄧小平「叫香港的投資者放心」的話，表示今後香港與內地在經濟等方面將會更好地合作。

麥理浩說：這是一次親善訪問。以往有一種屏障，阻隔着香港官方機構與在香港、廣州及北京的中國官員溝通。隨着雙方關係的改善，這種屏障便日漸消失，如今已經沒有了。這次訪問標誌着雙方更為正常及坦誠的關係，顯示大家認識到

這種關係對雙方都有好處。

麥理浩還特別強調說：「我們各人受到良好的接待，許多地方可稱得上是非常的禮待。在廣州時，我們得到豐富的資料；在北京時，得到鄧小平、廖承志、黃華及這次作為主人相邀之李強及其他高層人士所接待。我們之娛樂及行程安排均顯得有條不紊，旅途舒適暢快……這並非是我們數人之光榮，我認為這份光榮應歸於整個香港。」麥理浩轉達了鄧小平請本港投資者放心的信息，但他並沒有將鄧小平會收回香港的講話公諸於眾。麥理浩這次訪問以後，內地與香港在人員的往來、經濟的合作這兩方面都有了更進一步的發展。

麥理浩的另一個有利條件是，1970 年代末，內地推行改革開放政策，讓香港經濟的受益不亞於內地。

麥理浩離任前幾個月，還訪問了深圳，希望加強本港同深圳的合作。據 1982 年《香港年鑑》記載：「1981 年底，麥理浩在政務司鍾逸傑、港府政治顧問麥若彬陪同下，訪問深圳兩日。他經文錦渡返港時發表談話，宣佈設立多個小組，與深圳研究解決六個問題，包括大小梅沙與香港的交通聯繫、擴闊文錦渡通路、簡化羅湖出入境手續、電氣化火車伸展到深圳福田、興建落馬洲大橋、雙方配合解決深圳河的污染問題。」

當時，許多香港人都正在關注着，設在香港邊境的深圳經濟特區和蛇口工業區在未來的日子中對新界甚至香港的經濟發展有什麼影響。麥理浩這次訪問顯然是為了要進一步瞭解中國第一個特區的發展情況，及其今後對深圳與香港兩地之相互影響。麥理浩所要解決的六個問題，正是適應內地改革開放後，雙方經濟聯繫增強的新形勢。

1982 年 1 月下旬，麥理浩在香港總商會晚宴上致辭時指出：「中英關係及與香港有關的中英關係發展如此良好，實屬至為滿意。」他還指出：「本港官員及商人與中國官員的關係，不論在此間或廣東或北京，均如此良好，亦屬至為滿意。」他說：「為各有關方面均感滿意的安排所帶來的利益看來很大。而且，來日方長，不必急躁。」由此顯示，麥理浩對香港前途有極大的信心，同時亦鼓勵香港人要增強信心。

中英關係、香港與內地的關係的改善以及內地的改革開放，使麥理浩時期香港經濟的起飛有了一個穩固的大後方。

為解決香港問題投石問路

1979 年麥理浩訪問北京，在公開的新聞報導之外，還有一項重要任務沒有公佈。按照 1898 年中英《展拓香港界址專條》，1997 年新界租期將到，香港投資者開始裹足不前，英國政府開始着急。中國方面有何種安排，英國需要摸清底細，以便採取相應對策。據《新民周刊》記者錢亦蕉記述，原港澳辦主任魯平回憶：當時香港有人出主意，說不管北京怎麼想，反正偷偷地把土地契約跨越 1997 年，造成即成事實。那時候中國外貿部在香港有個華潤公司，英國人出了一個餿主意，在新界天水圍批了一塊地給華潤公司。這個地契上的期限就是跨越 1997 年的，這是他們偷偷幹的。有關方面知道後，就提醒華潤公司，一定要把這個契約退回去，不能要這塊地，再便宜也不要。英方的意圖沒成，是因為北京一直在關注這個問題。麥理浩訪問北京，英國交付了探尋北京口風這一重任。

對於這次訪問，英國外交部做了充分的準備，擬訂了策略，要求麥理浩在訪問中盡可能迴避政治敏感問題，從側面進攻，由商業事務的角度出發，要求中方答應港府批出超越 1997 年 6 月的新界地契。用這種方式試探中方的反應，如果中國政府同意新界地契年限可以延長，英國政府即可乘機提出更進一步的要求——「續約方案」。

1979 年 3 月下旬，香港油麻地小輪公司一艘豪華飛翔船，停舶在海外線碼頭沿岸，船裡只有七位乘客，他們是麥理浩夫婦、港府政治顧問衛奕信夫婦、行政局首席議員簡悅強夫婦，另一位是新華社香港分社外事辦主任譚幹。他們這次坐船借道廣州轉飛北京，是香港總督有史以來，第一次正式訪問內地。

據周南回憶，3 月 29 日，鄧小平會見了麥理浩。麥理浩表示，由於港英政府批出的新界土地契約不能超過 1997 年，可能會影響到香港未來的繁榮。他的意思是想勸說中國政府不反對香港政府在新界批出超越 1997 年的土地契約。中國政府如果同意，就等於同意英國在 1997 年新界租約期滿之後有權繼續管治整個香港地區。鄧小平覺察到了他的意圖，明確表示不同意 1997 年 6 月後新界仍由英國管理的意見，並指出中國政府的立場不會影響投資者的利益。在 20 世紀和 21 世紀初相當長的時期內，香港還可以搞它的資本主義，我們搞我們的社會主

義。這實際上已經把「一國兩制」構想的核心部分向英國透露了。

麥理浩回港後，儘管英國外交部知道了中國的態度，但還是通過駐華大使柯利達正式提出，要求中國同意港府批出超越 1997 年的新界地契。9 月，中國外交部答覆英方，拒絕了他們的建議。

不管怎麼樣，麥理浩的北京之行畢竟摸清了中國將於 1997 年前後收回香港的意向。對此，英國政府和港英當局做了一系列準備對策。1980 年 7 月，英國政府公佈了《英國國籍白皮書》，把絕大多數的持有英國護照的香港居民列為「英國屬土公民」，使他們既無權在英國居留，也無權參與英國的政治選舉，這一舉措是為了防止在中國恢復行使香港主權時大量香港居民移居英國。

港英政府也相繼制訂了《地方行政白皮書》、《區議會條例》，積極推行香港地方行政計劃，一方面要加速港府公務員的本地化，一方面通過設立區議會，為推行「代議制」改革做準備，為將來撤退做人事方面和政治架構方面的準備。

麥理浩在任的後期，是中英雙方解決香港問題的醞釀階段，真正的談判期是在他的後任。

營造經濟起飛的環境

1971 年，麥理浩提出了一個龐大的住宅村和各種大型公共建設計劃，發展重點從港九逐漸向新九龍和新界轉移，各種大型的工程陸續出現。1972 年 8 月，連接港島和九龍的海底隧道通車，是香港歷史上第一條海底隧道，它全長 1.8 公里，雙管四車道，單向二車道，是香港一號公路幹線的樞紐，日均通車 12.2 萬輛次。港府是公司股東之一，有 25% 的權益。1978 年 10 月，連接九龍與沙田及新界各地的獅子山隧道加設第二管道，成為雙管四車道，全長 1.4 公里，由運輸署管理，日均行車 7.8 萬輛次。1975 年 9 月，港府為修建地下鐵路專門成立了地鐵公司，由政府撥款 8 億元，另撥 3.5 億元作為股份，共計 11.5 億元。其餘資金由政府做擔保，向各方籌措。11 月 3 日，地鐵建築工程在九龍三處地盤同時動工。首期工程於 1979 年 9 月 30 日建成，10 月 1 日開始通車，連接港島金鐘與九龍尖沙咀，是香港第二條海底隧道，全長 1.5 公里，共耗資 58 億元。

私人的商業大廈、住宅樓宇、工廠貨倉等也同時大幅度增加。1960 年代以來，香港每年的公私建築費開支達五六十億港元。1970 年代以後，在工務局註冊登記的建築商號、公司有三千多家，較大的商號有五六百家。外資建築公司也有十多家。

1972 年 9 月，由海外貨櫃運輸公司、聯合貨箱運輸公司、太古洋行共同投得的葵涌地皮，建成了第一號貨箱船碼頭及倉庫。該碼頭共有六個泊位，可同時停靠六艘萬噸以上的遠洋航輪，僅次於紐約港和鹿特丹港，居世界第三位。1973 年樓高 52 層的康樂大廈建成，刷新了辦公大樓高層建築紀錄，為當時亞洲最高的建築物。建築呈方柱形，佔地 5,000 平方米，高 183 米，外觀線條簡潔嚴整，滿牆整齊排列着直徑 1.8 米的圓窗，極富特色，被譽為電腦化時代的象徵。1981 年，合和中心辦公大樓在灣仔開張。樓高 64 層、215 米，超過康樂大廈。這座圓柱形大廈襯以垂直的窗排線條，穩健柔和，是著名建築師貝聿銘的傑作之一。其內部設施先進，管理科學，有商場、寫字樓、食肆，第六十二層為旋轉餐廳，可俯瞰港島景色。這些建築設施的完成既為投資創造了優越的環境，促進了多元化經濟的發展，又標誌着香港這一時期建築業的興旺。

1980 年，香港的房屋及建築工程費用支出共達 129.44 億元，比 1969 年增加了 14.6 倍。1980 年政府出售了 39.8 億平方米土地，收入達 82.3 億元。香港的建築業在香港生產總值中所佔的比重，從 1970 年的 4% 增至 1981 年的 8%。其後雖然發展略微放慢，但 1984 年仍佔 5%。港府這一系列基礎設施的興建，為香港內外的投資商創造了良好的條件。

麥理浩上任後採取了一些適合於國際和香港新情況的政策措施。20 世紀六七十年代以前，香港採行「積極不干預主義」的經濟政策，實行貿易自由、企業經營自由、滙兌自由、商品與資金進出自由，實行簡便的低稅制，以吸引外資。這些政策起到了促進經濟發展的積極作用。

柏立基、戴麟趾任職期間的港府財政司郭伯偉，開始推行「積極不干預」的政策。他認為，政治家和文職官員不必像工商界人士那樣通曉經濟，政治家也不必為商業衰退承擔責任。政治家應當集中精力處理自己份內的事務。市場機制會自動調節經濟運行，政府只需為了赤貧者的利益，進行最低限度的集中干預。郭伯偉得到兩任總督的支持，也受到商業界的擁護。結果他的政策取得成功，香港

經濟亦得以發展。郭伯偉任職十年中，扣除了通貨膨脹因素，香港的實際工資增長了 50%，月收入低於 400 港幣的家庭從 50% 以上下降到 16%。香港已經發展成為「一個穩定、日益繁榮的社會，幾乎每一個方面都堪與發達國家相媲美」。當然，郭伯偉的政策在執行中，也有許多瑕疵。

到了麥理浩時期，對自由經濟政策又作了明顯的改變。當時國際經濟競爭日趨激烈，西方國家的貿易保護主義開始抬頭，亞太地區的台灣、韓國、新加坡經濟迅速發展起來，成為香港的強大競爭對手。香港經濟高速發展的同時，也先後出現了銀行擠兌、地產風暴、股票災難等危機。面對新的形勢，1977 年，麥理浩的財政司夏鼎基繼承他前任郭伯偉的做法，在立法局會議上再提出「積極不干預主義」。港府一方面繼續推行自由經濟政策，創造出更好的法治環境和基礎設施，保證市場有效運作和經濟活動的廣泛自由；另一方面，在市場經濟發生故障不能有效地發揮作用時，政府予以必要的干預。

麥理浩採納了這一建議。1977 年之後，港府不干預的方面包括：貿易自由；一般商品進出自由，既不資助本地廠商到海外傾銷產品，也不輕視在港的外國企業；企業經營自由；資金、黃金、貨幣、技術進出自由；貨幣滙兌自由。合理、積極干預方面包括下列情況：由於市場不完善而引致壟斷情況的出現；市場增長過速以致常規無法加以抑制；為公共利益着想而須加以監督；某些人毫無限制地追求個人利益的行動對總體經濟產生不良影響。這就把市場機制與政府干預有機地結合起來，保證了社會的經濟效率，推動了香港經濟向現代化、多元化發展。

由於土地狹窄、資源缺乏，香港不具備發展鋼鐵、化工、車輛裝配等重型工業的條件，輕工業便成為香港經濟的基礎。在輕工業中，紡織工業又是香港工業的先導，一直到 1970 年代，紡織業仍然是香港的支柱產業之一。

1970 年代以後，由於政策對路，先進科學技術不斷傳入，香港工業生產從過去低檔的「勞動密集型」向高檔的「技術密集型」逐步轉變。紡織製衣這種「勞動密集型」工業在出口總值中的比例逐漸下降，一些「技術密集型」工業則相應增加：電器、電子行業從 1976 年只佔出口總值的 11.3%，到 1982 年 9 月上升為 16.8%；照相機、鐘錶出口也從 1971 年佔總值 2%，上升到 1983 年的 15.9%。電子業迅速成為僅次於紡織業的香港第二大支柱工業。1960 年香港僅有電子工廠 3 家，1979 年增加至 1,041 家，就業人數有 90,454 人。1984 年香港有 1,500 家工廠

製造電子產品。電子產品種類繁多,包括收音機、電腦記憶系統、電子電腦、電視機等。1976年,探測火星的美國太空船「維京」1號和2號內部的電腦系統裝置,就有香港製造的電子記憶配件。

1977年3月,香港工業村公司成立,負責興建及管理工業村,謀求解決地價高漲及工業用地缺乏等問題,以便吸引海外和本地廠商對工業投資的興趣。該年10月,港英政府又設立一個工業多元化諮詢委員會。1970年代以後,香港經濟向多元化發展,製造業總產值在香港生產總值中的比例逐漸下降。1971年製造業的總產值為64.55億港元,佔總產值的28.1%,到1974年製造業總產值為90.87億港元,佔香港總產值的25.8%,1982年又降至20.6%。香港製造業從總的方面看,發展仍然是很快的。但是,其產業結構已經發生了變化。

外貿是香港經濟的導向,它一直引導着香港經濟發展的方向。憑藉優越的地理環境和香港人從事貿易的經驗,外貿行業增長一直很快。香港地方狹窄,1980年代人口僅有五百多萬,原材料的供應和產品的銷售全在外地。香港能夠發展成為具有國際地位的經濟區,完全依靠對外貿易的發展。一句話,生產是為了出口。所以有人形容外貿是香港經濟的「生命線」,離開了它,香港經濟就無從發展。香港地處亞洲太平洋中心,所以成為遠東貿易運輸的樞紐,特別是經過多年的經營,已有了完善的港口設施,吸引着世界各地貿易界人士。香港作為自由港,除少數幾類商品外,絕大多數商品可以自由進出,免予課稅。這一系列的條件都是香港外貿得以發展的原因。

經過麥理浩十一年的經營,到了1980年代,香港已與世界上170個國家和地區建立了貿易關係。香港也在世界各大地區設立了25個貿易辦事處。世界各國很多著名的大公司,也都在香港設立總部。1985年已有五十多個國家和地區在香港設立了2,005家公司,有七十多個國家在香港設有總領事、專員或高級商務專員。

麥理浩任內,香港的外貿增長很快。1968年至1984年的十七年中,外貿總值增長了18.3倍,而同期生產總值只增加了14.9倍。據統計,1950年代香港的外貿遞增率為11.96%,1960年代為13.07%,1970年代為19.13%,進入1980年代以後,除1982年受到世界經濟的影響外,其餘幾年的年均遞增率均為22.4%。

由於世界保護主義的興起,1970年代香港的對外貿易,特別是在產品的出口方面遇到了種種限制。1971年美國經濟出現衰退,港貨在美國市場受到影響,香

港政府遂發起一場向歐洲推銷商品的運動。可見善於貿易的香港人，能夠打破層層障礙，使外貿繼續發展。香港土地面積佔全世界總面積不到十萬分之一，人口也只佔千分之一多一點，而 1983 年的對外貿易總值達 460 億美元，佔世界進出口貿易 33920 億美元總值的大約 1.36%。1984 年香港的外貿總值約為 568.95 億美元，與當時內地的外貿總值接近。1985 年，香港商品貿易總值達到 4,665 億港元，在全世界 165 個國家和地區中，排名第 13 位。如果按人口平均計算，當時的香港外貿甚至超過了美國、西德、日本、英國、法國等工業發達的國家。

銀行多過米舖

麥理浩政府為香港金融的國際化採取了一系列措施。1973 年以前，香港存在着兩個外滙市場，一是法定外滙市場，二是公開市場。法定市場參與者有外滙基金、外滙審計官和指定的銀行。香港是英鎊區的成員，實行嚴格的外滙管制，每一筆交易都要獲得許可。麥理浩於 1973 年取消外滙管制，1974 年港元實行浮動滙率，與世界各國貨幣之間交易增多，外滙市場逐漸國際化。同年又開放黃金市場。楊慕琦時期的 1947 年 5 月，港英政府宣佈實施黃金進口管制，致使黃金由澳門走私進口香港。4 月 1 日，麥理浩政府宣佈撤銷管制，黃金交易逐漸活躍。英國、瑞士、西德等各地的大黃金商紛紛到港設立分支機構或代理機構，使香港變成國際性黃金市場。香港黃金市場的交易時間，正好銜接紐約金市和倫敦金市的營業時間，填補了空檔，成為全世界 24 小時黃金買賣的一個重要組成部分。其地位僅次於紐約，超過了倫敦。

1970 年代末期，香港金融業的發展遇到了兩個障礙：一是港府對外幣存款徵收 15% 的利息預扣稅；二是港府在 1965 年出現銀行業危機時，實行對外資銀行停止發放經營全面性銀行業務的牌照政策。這兩條規定，後來受到跨國銀行越來越大的壓力，而且金融業競爭日趨激烈，於是，麥理浩政府於 1978 年 3 月宣佈恢復和放寬向外資銀行發放牌照。有實力的外資或本地銀行紛紛申請開業。到了 11 月，持牌銀行總數增至 98 間，銀行業務日益擴展。1982 年 2 月，港府又取消外幣存款利息預扣稅，並把港元存款的利息預扣稅降至 10%，這些調整措施對香

港金融業的迅速發展起了重要作用。

　　麥理浩的這一系列措施，使香港金融機構增加很快，而且日益國際化。1970年代香港商業銀行有 42 家，到 1980 年共有商業銀行 115 家。其中外資銀行有 88 家，佔 76.5%。外國金融機構通過控制和收買部分華資銀行股權和直接在香港設立分行的辦法，使其數量增加迅速。1964 年至 1980 年先後有八家華資銀行被控股，四家華資銀行被滲股 10% 到 30%。以後的控股比重越來越大，如滙豐對恒生佔 61%；美國花旗銀行對遠東佔 76%；日本三菱對廖創興佔 25%；富士銀行對廣安佔 55%。1978 年香港政府放寬限制後，隨即就有 41 家國際性商業銀行獲准在港營業。1982 年，世界 100 家最大的銀行中，已有 63 家在香港設有分行或辦事處。1980 年，設在香港的外國銀行代表處共有 108 家，1985 年增至 131 家。

　　銀行業之間的競爭，也隨着外資銀行不斷進港而更為激烈。銀行業務競爭，最初是以廣告招徠客戶，因此有所謂「聚沙成塔、滴水成河」的宣傳字句。踏入 1970 年代之後，為增加銀行在市場上的佔有率，銀行便必須擴大對市場的接觸面，增加分行，才能廣納客戶。此時渣打與滙豐及部分華資銀行便大規模擴展分行數目，為顧客提供方便。1980 年，全港銀行開設的分支機構共達 1,033 家，連同總機構共達 1,148 家，比 1960 年代中期的 292 家增長近 3 倍。按當時香港人口有 514 萬計算，每 4,500 人可以享有一家銀行提供的服務，所以香港人稱香港是「銀行多過米舖」。

　　香港經濟學家饒餘慶在《金融中心、貨幣制度和香港前途》一文中，分析了香港發展成為國際金融中心的主要特徵。他指出：1969 年底香港的離岸貸款僅為 3,400 萬美元，至 1983 年底，這種對外貸款竟增至 170 億美元。向香港金融體系借款的國家和地區，在亞洲有台灣、韓國、印尼、印度、馬來西亞、菲律賓、泰國，在南美洲則有阿根廷、巴西、墨西哥等國家。香港金融體系和資產負債結構，也明顯地反映國際化傾向。例如 1969 年底，香港的對外負債佔負債總額的 11.2%，對外資產佔資產總額的 41.9%。至 1982 年，這些比例已升至 41% 和 46%。同時特許銀行（俗稱持牌銀行）資產總額中的 61.7% 是以外幣為計算單位的，接受存款公司比例則為 75% 和 72%。由上述數字可見麥理浩時期香港金融業的國際化程度。

成立廉政專員公署

　　廉政專員公署是麥理浩時期新成立的反貪污機構，它的前身是警務處的反貪污部。由於香港貪污情況日益嚴重，麥理浩為了糾正貪污行賄的惡劣風氣，1974年2月15日，他將警司屬下的反貪污部獨立出來，成立直屬港督領導的廉政公署，總稱是「總督特派廉政專員公署」，簡稱「廉署」。它是負責肅貪倡廉的獨立機構，根據《總督特派廉政專員公署法案》第五條規定：廉政公署「只須聽命於總督及受其管轄」，而不受香港政府其他任何機構的管轄和控制。《法案》第十條還規定：對於貪污受賄的嫌疑案犯，廉政公署有權直接逮捕，「專員所授權之人員有拘捕及拘留權」。這樣，廉政專員公署就被授予很大的權力，它可以不受任何機關人員的限制，行使總督給予的權力，獨立進行工作。廉政專員公署可以自由選用、培訓一批廉潔奉公的所屬機構人員，而不受政府公務員銓敘委員會的管轄，使廉政公署人員可以放膽進行工作。麥理浩成立廉政公署的目的在於，對付和懲治當時港府中極為嚴重的貪污罪行，亦挽回港英政府的聲譽。

　　反貪機構原本是警務處下設的部門。但因為香港貪污風氣最嚴重的就是警察系統，麥理浩感到，警察部門由於自身的腐敗，已經不具備負責全港肅貪的條件，需要建立一個完全獨立的、與政府任何部門都沒有關係的單位，來負責反貪行動。這樣才能取得社會公眾的信任。

　　廉政公署下設行政總部、執行處、防止貪污處、社會關係處等四個部門。執行處是廉署最主要的部門，它負責對貪污罪案的偵察、拘捕和引渡罪犯、根據法律提出起訴等。防止貪污處負責調查研究政府部門和公共機構中存在的可能被貪污分子利用的漏洞，從而提出預防措施，完善各種規章制度。社會關係處主要負責肅清貪污、廉潔奉公的宣傳教育工作。

　　麥理浩還保證給予廉政公署以足夠的人員和經費。據1981年統計，廉署工作人員達到1,005人，1981年到1982年所撥經費達到8,168萬元，這就保證了廉署有開展工作的必要條件。

　　麥理浩設立廉政公署是一件十分有意義的事。在英國殖民統治下的香港，當然不可能完全杜絕貪污現象，但是有了這樣一個嚴肅的機構，對於打擊貪污犯

罪、防止貪污的蔓延與擴大，確實有一定的成效。廉政公署成立後，集中主要力量偵破和處理集團性大案，而其中又以與警務人員有關係的案件作為重點。

1974 年廉署調查了葛柏案。葛柏，英國人，原任香港警務處總警司。1973 年警署發現他的私產有 430 萬港元以上，約為他 26 年薪金總和的六倍，分別存在六個國家的銀行裡。調查此案期間，警務處要他作出解釋，但他不解釋，卻棄保潛逃，逃返英國。市民群情洶湧，要求引渡葛柏回港受審，但港英有關當局宣稱難以引渡。香港大專院校學生多次舉行集會、示威、遊行，提出「反貪污，捉葛柏」的口號，但學生的正當行動竟然遭到警方的打壓。廉署承辦此案後，決心查處到底，最終排除種種阻力，成功從倫敦將葛柏引渡回香港，調查並指控葛柏兩項嚴重的貪污罪行。1975 年，法院判處他囚禁四年。葛柏一案在香港引起了很大的震動，廉政公署由此樹立了威信。

接着廉政公署對警司韓德、鄭漢權、蕭統炎等大案要案，都分別進行了審理和懲處。警方與涉案者有牽連的多名高級警官，有的提前退休，有的棄職潛逃。廉署之所以有如此作為，全靠麥理浩的全力支持和廣大市民的回應。

1976 年廉署又偵破和查處了戴福案。戴福原任探長，他擁有的財富比他官職應有收入多 180 萬元，且無法向法庭解釋財富來源，終於在 1976 年 7 月被判處入獄六年（後經上訴減刑為四年），罰款 10 萬元，沒收財產共五百多萬元。1977 年，廉署又偵破、查處了尖沙咀警署的一宗集體貪污案。案犯包括警司一名、總督察兩名、高級督察兩名、警署警長九名、警員一名、已卸任警署警長兩名、前任警長兩名及兩名商人。經法庭審判，十名主犯分別被判處入獄一年半至兩年。市民見到廉政公署確實敢於碰硬，真正查處案犯，所以很多人紛紛向廉署舉報揭發，協助廉署偵破案件。據廉署的統計，僅 1981 年度共接獲舉報貪污案 2,344 宗，其中 60% 敢於具名檢舉，可見市民對廉政公署的信任和有力支持。這一年被檢控的有 509 人，定罪有的 358 人。

廉政公署的辦案成績很突出，得到廣大市民的普遍讚揚，但由於得罪了一部分權貴，特別是觸動了掌握有很大權力的警察系統，因而不可避免地引來了阻撓和抵制。1977 年 10 月，在有關方面的支持下，5,000 名警察及警察家屬，舉行集會、示威、遊行，有一百多人衝進廉政專員公署總部進行搗亂，毆打廉政公署工作人員。這本來是違法行為，理應受到法律制裁，但是警方的這一行動震驚了香港當

局。港府害怕他們帶來更多的麻煩，麥理浩不得不讓步，急急忙忙頒佈特赦令，對於 1977 年以前犯下一般性貪污罪行者，可以不予追究，以此來緩和警察方面的不滿情緒。當局的這種做法，在英國殖民統治下的香港，完全在意料之中。然而這樣一來，對於廉政專員公署，無疑是潑了一盆冷水，大大降低了廉署的辦案效率和社會威望。

進入 1980 年代，被廉政專員公署檢控的人士數量逐年下降。1983 年為 449 人；1984 年為 392 人；1985 年為 284 人，包括候審 61 人、定罪 160 人，開釋 61 人、不起訴 7 人。這個統計數字，從好的方面去分析，是由於廉政公署的嚴厲查處，貪污案件逐年減少，犯罪率下降；但是從另一方面去分析，市民看到廉政公署並不像剛開始那樣敢於碰硬，連廉署總部被警察搗亂、工作人員捱打也毫無辦法，對它逐漸失去了信心，從而令市民協助廉署辦案的積極性大大降低。事實上，香港貪污之風仍然很盛，有人說廉署只是反小貪而不反大貪，只打蒼蠅，不打老虎。港督麥理浩也承認：「事實上本港貪污之風仍盛，而能容忍賄賂行為者仍大不乏人。」總之，麥理浩主政的港府在廉政專員公署面前，確實遇到了新的考驗。

十年建屋計劃

麥理浩於 1971 年 11 月上台，1972 年就宣佈實施「十年建屋計劃」。根據這個計劃，每個家庭都要有自己居住的住房；全部單位都屬獨立式單位，水、電、廁、廚設施齊全；每人居住面積不少於 3.25 平方米。1973 年，港府成立了直屬於港督領導的房屋委員會。房屋委員會除了管理和改建原先的出租公屋外，還負責提出「新型屋邨」的意見與規劃。

在推行「十年建屋計劃」的過程中，曾經遇到了 1970 年代中期和末期的西方經濟危機和香港經濟過熱，對計劃的實施帶來了一定影響。但是，「計劃」所取得的成績是顯著的。1973 年至 1983 年十年間，當局共花費 68 億元，興建了 72 個屋邨，其中 12 個是改建早期徙置居民的屋邨，共解決了 150 萬居民的住房問題。據有關方面的資料統計，1973 年至 1984 年 3 月底的十一年中，香港公共屋邨的數目增加了一倍多，由 51 個增加到 115 個，居住單位增加了 19.2 萬個。應該說，

麥理浩開創了有計劃地興建新型公共屋邨的新時期。

繼「十年建屋計劃」之後，為了解決中下層收入市民自購居所的迫切需要，港府根據一個工作小組的建議，推出了「居者有其屋計劃」。這個計劃也是由房屋委員會負責實施，政府提供資金，稱做「居者有其屋計劃基金」。計劃中興建的樓宇，以低於市價 30% 左右的價格，賣給中下等收入的家庭和租戶。居民購買這類房屋，是有條件限制的：一是申請者本人沒有自置物業；二是家庭月收入不得超過一定限度，1985 年時規定不得超過 7,500 元，以後限額連年增加；三是申請人必須年滿 21 歲；四是屬於公屋住戶或已獲批准有資格入住公屋的住戶，在購得居屋單位後，必須交回原租住公屋單位，或者放棄居住公屋單位的權利。居民申請購買計劃內的房屋，分別先填寫兩種表格，一般市民填寫白表申請。公屋住戶、臨時居屋區和臨時安置所的住戶，經審核有資格申請公屋的住戶，可填寫綠表。綠表申請會獲優先照顧。

從 1977 年起，房屋委員會作為政府的代理人，負責從設計、興建、銷售，直到管理公營房屋的一切工作。1978 年 2 月即推出的第一期「居屋」，建設進展較快，水平比以前的房屋也有提高。有關資料表明，到 1990 年代初，房屋委員會先後出售房屋近 20 萬個單位給予合格的家庭，其中 2/3 是港府出資興建的，1/3 屬私人機構參與興建的，到 1993 年約有 300 萬人住進 286 個公共屋邨和居屋苑。

隨着鱗次櫛比、排列整齊的公共屋邨在市區和新市鎮的出現，香港也引來了社會對自負盈虧的房屋政策的批評和不斷的拆遷糾紛。

在 1972 年港督宣佈「十年建屋計劃」，並推行「居者有其屋計劃」的同時，1973 年成立的香港房屋委員會訂立了公共房屋租金政策，租金的經常增加，不斷引起各界人士大大小小的爭論和居民的不滿與抗議。結果房屋署職員和市民都有一個印象，就是公屋居民「逢加必反」。

1976 年以前，建屋以港府出資為主，到了 1977 年以後，則採取以房委會建屋為主，與私人機構參與居屋計劃相結合的方式。後者的優點是建設速度加快，但價格也隨着經濟發展而不斷提高。對於公屋房租，港府採取「羊毛出在羊身上」的方針。

香港六百多萬人，超過一半住在政府各類型的公屋和資助房屋中。這是發達國家和許多大國都做不到的。縱觀港府數十年來的公屋政策，不論其出發點是什

麼，從客觀效果看，確實為不少市民提供了安身之所，為中低下階層帶來了實惠。但是，任何一個現代化大都市，都很難完全解決所有人的居住問題，香港也不能例外。

籠屋、木屋與臨時屋

從 1972 年麥理浩宣佈「十年建屋計劃」以解決香港居民的住房問題，到尤德任職的 1986 年，時間已經到了第十五個年頭。這時香港的全年生產總值已達到 3,003 億元，人均收入達到 54,292 元，香港已成為「東方明珠」。而十五年前總督許下的「居者有其屋」的諾言，究竟兌現了沒有呢？香港居民的住房問題有沒有得到解決呢？

香港《天天日報》曾有一段關於籠屋的報導：最使外國人感到驚異的，不是山麓上重重疊疊的木屋，而是大廈林立的市區內分床出租的那些白鴿籠式「公寓」。公寓之內，分列兩行三疊式的「碌架床」，床位的長闊度約為 69 吋及 30 吋，下格的高度僅有 33 吋，最上格距天花頂有 65 吋，算是最「寬廣」的天地，不過要爬上第三格才到達棲身之處。每一格床位，便是住客的全部天地。為了保管財物，每格床位外面都用粗鐵絲或細鐵絲設欄，從可開可鎖的「洞口」進出。

據估計，香港的白鴿籠床位住客達萬人之多。他們多是收入低微的體力勞動工人和年老無依的獨身男女。床位的月租，一般在港幣二三百元之間，視公寓的地點、新舊和設備而有所不同。靠老年社會福利救濟金生活的人，每月收入只有700 元左右，他們也只好租住這些床位了。

63 歲的「床位公寓」住客張佳老先生，他所工作的工廠於 1984 年歇業後，他便因年老無法再找到新工作，只好住進「床位公寓」。張先生說：「最初住進這種床位，我有一種極大的困逼感。整間房子都是一格格的牢籠，每一格都塞着一個人，人數多，空氣流通的情況又不好，悶氣的感覺是免不了的，每當我縮進床位中，把『閘口』關上，自然會把自己比作動物園中的動物。午夜夢回，睜大眼睛，躺在囚籠中，孤獨淒涼的感覺，自然地泛上心頭，禁不住淌下眼淚。」

張老先生總算還有一間「籠屋」可住，比他更慘者，也不乏其人。馬來西亞

《南洋商報》有一篇題為《香港的露宿者》文章，透露了另一方面的實情：在中區和尖沙咀一帶鬧市中，不乏衣衫襤褸、蓬頭污面、靠行乞維生和四處流浪的乞兒，他們或蹲踞路旁，或橫臥街頭。此外，在油麻地、深水埗的橋底和橫街亦很容易發現很多以做苦力及無牌小販維生的單身露宿者。

比露宿、籠居者闊氣的是木屋區的市民。木屋區早在香港開埠之後就一直存在。但是，香港政府對木屋問題一直採取放任態度。進入 20 世紀 50 年代以後，隨着香港人口急劇增加，木屋區越來越多。這些木屋大多是一些無房戶用木板、紙板、鐵皮、塑膠板、草席等蓋起來的簡易房舍。木屋區內的用水、用電都十分困難，環境衛生和治安情況也異常惡劣。由於這些木屋區一般都建在靠近市區的山坡空地上，所以經常遭受火災、風災、水災以及山坡崩塌、山泥傾瀉等災害的威脅。幾十年來，木屋問題一直是香港的一個嚴重的社會問題，也一直是香港社會輿論的一個熱門話題。儘管如此，木屋問題一直沒有解決。據香港政府公佈的數字，1980 年，香港有 75 萬人住在木屋區內；1986 年，仍有近 50 萬人為木屋區居民。

為什麼木屋問題一直沒有得到解決呢？據香港社會輿論分析，有以下幾個原因：一、人口迅速膨脹。木屋區幾度擴大，都與大批移民湧入香港有很大關係；二、社會貧富懸殊。香港經濟從整體上看有了迅速發展，人均年收入約 6,000 美元。但是，經濟收入分配懸殊很大，低收入的家庭大約佔總人口的10% 以上；三、香港的地價房租之高，名列世界前茅。通貨膨脹，房地產價格急升，都直接影響到居民的住房問題。曾有一項調查顯示，過半數的木屋區居民曾經是私人樓宇的住戶，由於房屋租金昂貴，不得不改住木屋；四、香港政府缺乏獨立完整的木屋政策。港府制訂徙置計劃的目的並非為了消滅木屋，改善民生，而是為了配合政府的市區重建和土地發展，因為當時的木屋區佔用了很多可供發展的土地。後來，很多木屋區都建在沒有發展價值的土地上，所以香港政府放緩了徙置計劃。

由於木屋佔用了土地，又經常發生各種災難，於是出現了所謂「臨時屋區」，其中包括臨時房屋區、臨時安置所和平房區。這些臨時性質的房屋，雖然十分簡陋，但卻為房屋供求脫節的問題提供了一種臨時的解決方法，使一些新移民和沒有能力負擔樓宇租金的市民有了棲身之所。據統計，1978 年居住各種類型的臨時性公共房屋的人數達 43 萬多人，到 1988 年尚有 13.23 萬人。

臨時房屋區，最初是由政府提供混凝土地台和房屋上蓋，一些受拆遷影響的

木屋區居民在入住臨時房屋區時，自行搭建四幅牆壁。整個臨時房屋區只有公共食水和公廁，設備十分簡陋，甚至同木屋區沒有太多差別。1980 年，房屋署開始興建兩層的「複式」臨時房屋區，改善臨屋的居住條件，使新建的臨屋成為整齊劃一的搭建物，單位內設有電力裝置和獨立供水系統，並留有供作廚房和浴室的地方。臨屋區還設有消防設備、公用廁所和兒童遊戲設施等。這樣，臨時房屋區實際上已經成為另一種「永久」性的房屋類型。香港有五十多個臨時房屋區，居民接近 12 萬人。

臨時安置所和臨時房屋區差不多，也是為無家可歸的人士提供急需的臨時居所。安置所的居民，大多是受火災、風災、水災和其他天災影響的災民。1986 至1987 年度，全港共有九個臨時安置所，可容納 5,200 人。

論資排輩，籠屋、木屋、臨時屋三者之中，應該說木屋是最長輩，中國南方居民世代居住的就是這種屋，而籠屋恐怕是最新生代，是香港現代化大建築群中的新產物。要設計出這種住人的房屋，需要一定的現代商業頭腦。

港大第一任華人校長

香港大學創辦六十一年之後的 1972 年，麥理浩委任了港大創校以來第一位華人校長黃麗松，引起香港各界人士的關注。當任命公佈後，香港大學學生會出版的《學苑》馬上發號外，介紹黃麗松的生平事蹟，發表祝賀文章。其中陸文強的一篇文章說：「黃麗松教授是我們第一位華人校長，且讓我們期待一位真正從中國人本位來辦事的校長。」

香港大學之所以聘請黃麗松，按照黃麗松於該年 6 月 11 日在馬來西亞檳城的說法，主要是因為「港大同學希望有一個懂得中文的華人出任校長」。黃麗松1941 年畢業於香港大學，擁有芝加哥大學哲學博士、馬來西亞大學理科博士、牛津大學理科博士、香港大學榮譽理科博士四個博士頭銜，「是個地地道道的在大學『紮了根』的成功的高級知識分子」。他曾任馬來西亞大學化學系主任及理學院長，一度出任馬來西亞大學代副校長，1969 年出任南洋大學校長，具有豐富的大學行政經驗。香港人士認為，他實在是港大校長最合適的人選。

黃麗松所說的港大同學希望由懂中文的華人出任校長，確是事實。但熟悉情況的人都知道，由英籍校長治理香港大學的時代已一去不復返了。自該校學生於1972年12月間組團回內地「旅行學習」以來，《學苑》一直非常積極地「談政治說中國」，除了主張「回歸」，更呼籲以「革命的改良主義」去展開大學的改革，他們喊得最響亮的一個口號是「使香港大學成為一個中國人的大學」。

　　香港人士認為，前任校長樂品淳那種但求無過的作風，實在是創下了「開倒車」最可怕的例子。據1972年9月1日《學苑》阿蟲的短文說：在港大兩年，未曾親眼見過樂品淳校長一面，更談不上與他友善一番。香港政府眼見學生運動越來越激烈，再不好好地處理，這所「帝國大學」很可能不久就變成「反帝國大學」了。同時校方又知道，即使再從英國搬十個樂品淳來，保管也都是兩年不和學生見一面的人，於是改弦易轍想到請華人出任校長的絕招。

　　麥理浩選中黃麗松做校長，不是沒有自己的標準。香港一位人士分析說，以英國人的成熟和機智，當然不會請陳獨秀、李大釗式的人來執掌港大，就連蔡元培、傅斯年這樣的人也要敬而遠之。凡是獲得英國政府信任的，必須和英國有相當的淵源，最好沒有民族意識，而且是有其他國籍的華人。黃麗松最符合以上的條件，他畢業於港大、牛津，是新加坡公民。港大由他出任校長，在學生看來，他至少是懂中文的，可滿足學生的初步要求，至於黃氏能否「從中國人的本位辦事」，能否把港大變成激進學生期望的「一所中國人的大學」，則是另外的問題。

　　港大到1972年已有六十一年的歷史，是東南亞最古老的大學之一。據1972年的統計，它擁有三千三百多名學生、教職員四百多人，教職員對學生的比例是一對八，這個數字港人認為非常理想。到了1970年代，港大的本質起了急劇的變化。

　　1970年以後，由於中國形勢的急劇變化，越來越多的大學生開始覺察到他們以前的短視。於是《學苑》提出「為中國而立」的口號。在港大是一所帝國大學的時期，「為中國而立」的含義是「捍衛英國的在華利益」。《學苑》現在提出的「為中國而立」，它的含義是香港最終是要回歸中國，所以港大的教育要注重認識中國，課程要結合中國的需要。

　　在平靜的港大校園內，正有一種精神彌漫着，就是中華民族的自覺！不少港大學生都感到做「假洋鬼子」做得太久了，所以要走出那個買辦製造所，打破「象牙之塔」，要校方訓練他們「站在中國的立場說話」，要與工人休戚與共。而他

們希望的校長，則是一個「敢看前一步，深入思考」，且能「誠心誠意為中國人造就人才」的人。黃麗松上任後，雖然港大不會大幅度修改課程，配合「回歸」，但能夠開辦國語課程，常常舉辦一些中國問題的講座等，至少表現了一些誠意。在他的行政權力範圍以內，黃麗松希望能本着「中國人的本位辦事」，雖然他本人早已入籍新加坡。據一位有機會與黃麗松晤談的基金會負責人的觀察，當地踏進港大新辦公大樓時，即能感到往昔的「殖民地氣味」已減少了很多。他說：「進了辦公大樓的電梯，按電鈕升上頂樓，你知道你要見到的是一位華人校長，那種感覺，和過去是有很大分別的。」

當局聘請黃麗松出任港大校長，無疑是一步上上招。黃皮膚、黑眼珠、身材瘦削的新校長，在校園裡出現的時候，已贏得其他同種族的同事與學生的親切感。他那種讀書人的風度和不擺架子的態度，使人覺得易於和他接近。經過兩年時間，人們就發現，即使黃麗松沒有四個博士頭銜，不是化學家，他也可以成為港大的一位好校長。

1982年5月8日，65歲的麥理浩告老還鄉，結束了十年又六個月的港督生涯。在他離別前夕，香港各大報紙紛紛讚揚他在任期內所取得的成績。《文匯報》指出，麥理浩在港施政十年多，可以說是獲得市民大眾普遍歡迎的。新華社香港分社社長王匡在新華社大廈設宴為麥理浩餞行，稱讚他具有遠見卓識。王匡在致辭中說，香港和內地的關係從來沒有像今天這樣良好，這樣令人充滿信心。麥理浩對促進雙方經濟和其他方面的合作所表現出的熱忱，得到各方面的良好評價，充分體現了麥理浩的務實精神和遠見卓識。

麥理浩退休後被英國女皇授予終身貴族，並加入英國上議院。後來，他對香港問題的態度，也是令人讚賞的。他對1984年中英兩國簽署的關於香港問題的《聯合聲明》給予了極高的評價。他認為，中英協議包括了所有重要的問題，是一個詳細的、莊嚴的和有約束力的好協議。他還強調，在過渡期內，英國必須同中國政府保持合作，使香港在政治、經濟和心理上處於良好狀況，以便政權能夠順利交接。他逢人便說，香港的存在和繁榮，並不是英國政策的結果，而是中國政府的政策所致。中國政府本來可以隨時收回香港，但是一直沒有這樣做。如果中國政府決定提前收回香港，英國政府是沒有辦法的，所以他相信香港的未來是光明的。

尤德 Edward Youde

尤德（1924–1986），英國人，1924 年 6 月 19 日生於威爾士格拉摩根谷珀納思。

幼年在當地維多利亞學校就讀，1942 年考入倫敦大學東方及非洲研究學院，1943

年加入英國皇家海軍自願後備軍服役。1947 年到英國外交部工作，開始任英國外

交部中國事務司三等秘書。1948 年被派到中國，同中國有密切的聯繫，曾四次任

職於英國駐華使館。1986 年 12 月 5 日，尤德在訪問北京期間，因心臟病發猝死

於英國駐華大使館邸，成為唯一一位於任內逝世的港督。

1982 年 5 月 13 日尤德抵港，5 月 20 日宣誓就任第二十六任香港總督。1986年 12 月 4 日，尤德在英國駐華大使館邸睡眠中逝世，在任四年七個月，是一位卒於任內的香港總督。

　　尤德於 1956 年任英國駐華盛頓領事館二等秘書；1965 年任英國駐聯合國辦事處參贊；1969 年任威爾遜首相負責海外事務的私人秘書；1970 年進帝國國際學院進修；1974–1978 年任英國駐華大使。他熟悉中國情況，通曉中國語言文字，人稱「中國通」。

　　尤德接任香港總督，是英國於 1981 年 12 月下旬宣佈的。據香港《華僑日報》出版的《香港年鑑》介紹說：「尤德爵士為外交長才，……曾出任英駐中國大使，被認為是一位熟悉中國問題的專家，由他繼任港督，相信對英、港、中三方面俱有貢獻。」

　　英國公佈任命尤德繼任港督後，香港新聞界通過電話訪問尤德。尤德回答記者提問時強調，他熟悉香港狀況，對繼續現行政策信心極強。他還表示他對深圳經濟特區以及香港與該區和廣東省間的發展關係非常熟悉。他又說，他本人欣賞香港現有的制度，而其目標將會是盡力確保這種制度繼續成功。

　　前任總督麥理浩對尤德繼任港督表示甚感欣悅。麥理浩認為，「尤德爵士有超卓之資歷」。而尤德則稱：「麥理浩爵士乃一位傑出的總督。雖然要步其後塵將會十分艱難，但這正是他的意願，今後朝着繼續促進香港繁榮，謀取市民福利的前途邁進。」

　　尤德在任時，正值中英會談香港前途問題，所以香港輿論界說：「隨着中英開始了漫長的香港前途問題談判，尤德夙夜憂勤，斡旋於中英港三方面。」

　　尤德在任期間，香港輿論界表示：一般市民相信，「尤德爵士履新後，香港與中國仍將保持良好關係，而對深圳經濟特區有關的幾個問題亦將獲得解決」。「尤德爵士繼任港督後，香港人所殷切期望者不外 14 個字——『民之所好者好之，民之所惡者惡之』。」

鐵娘子自討沒趣

在中英談判初期，香港曾出現數次波動，這與英國的觀念和政策有着直接關係。到了 20 世紀 80 年代，英國領導人還想用 19 世紀的殖民主義、帝國主義者的態度來對待已經站起來的中國人民，這犯了歷史性、時代性的錯誤。

香港是中國神聖的領土，英國通過三個不平等條約侵佔香港，這是鐵的歷史事實。按照國際法精神，以非正義的戰爭手段非法侵佔別國領土，或用武力威脅而締結的條約都是無效的。中華人民共和國成立之後，中國政府一直不承認這些不平等條約。中國政府的觀點一直十分鮮明：香港、澳門是中國領土，98% 以上的居民是中國同胞，香港、澳門問題是歷史遺留下來的問題，待條件成熟時，用適當的方式和方法，收歸中國。中國政府的一貫立場，世人共知。

1970 年代末期，距離 1997 年《展拓香港界址專條》強租新界的期限，雖然還有 20 年時間，但是英國的有關人士便開始叫嚷着香港的前途問題。他們的理由是，新界土地的批期問題、土地新契約的期限問題不好解決；銀行貸款期限，最長只能貸到 1997 年，結果影響到香港工商業的發展。1979 年初，當麥理浩訪問北京時，英國前外長卡靈頓和前掌璽大臣阿特金也接着來北京訪問，其目的都是想摸清中國政府的底線，以便制定對策。而中國政府並不着急，一再重複過去已經表達的立場：在時機成熟時，採取適當方式解決。同時又申明，希望香港投資者放心，中國將會保護中外投資者的利益。

1982 年 3 月 15 日，英國國會議員代表團應邀正式訪問中國。據外電報導，他們在北京會見了副總理姚依林、人大委員長副彭沖。代表團促請中國盡早討論香港前途問題。中國方面表示，已經注意到他們的意見，但這問題不急。中國領導人同時表示，香港應該維持自由港的身份。

1982 年 4 月底，《中華人民共和國憲法修改草案》公佈，總綱中有一條當時並不為人所注意的規定：「國家必要時得設立特別行政區，在特別區內實行的制度按照具體情況由法律規定。」6 月，香港地區的一批全國人大代表和政協委員，相繼前來北京訪問，鄧小平分別會見了他們。雖然他們沒有公開發表鄧小平在談話中涉及香港問題的具體意見，但是社會上已經傳出中國對解決香港問題的原則

和立場：收回香港，穩定繁榮。具體做法是「一個國家，兩種制度」，「港人治港」等等。7 月 16 日，全國人大常委會委員長彭真在公開發表的談話中，談到香港設立特別行政區時指出：「我們要尊重歷史，尊重現實，展望未來」。從中國領導人這一系列的活動，聰明的香港人已經可以看出中國政府對於解決香港問題方案的輪廓，四出摸底的英國人也應該瞭解到中國對香港問題的立場和態度。

9 月初，尤德返英，同行的有行政局、立法局非官守議員五名。英國首相戴卓爾夫人會見他們一行後表示，當她同中國領導人會談時，會充分反映並代表香港 500 萬居民的意願及利益。香港評論界對此發表看法說，「長久以來，香港政府都強調英國人繼續留在香港，有助於中國的外滙收入及經濟發展，到了戴卓爾夫人訪華前會見兩局的非官守議員代表，更是刻意渲染港人意願論調。」這就是所謂的「民意牌」。

9 月 22 日，戴卓爾夫人到達北京，與中國領導人展開了第一階段的談判。戴卓爾夫人由於在與阿根廷爭奪馬爾維納斯群島的戰爭中獲勝，所以幻想繼續保持英國侵佔香港的三個不平等條約。她直截了當地提出，三個條約仍然有效，只能通過協商修訂，不可以單方面廢除。然而，中國不是阿根廷，香港也不是馬爾維納斯群島，戴卓爾夫人找錯了對象。中國的態度十分堅定和明確，主權問題根本就不能談判，要談判的是如何穩定香港，保持繁榮。

據參與中英談判的著名外交家周南回憶：9 月 24 日，鄧小平在人民大會堂會見戴卓爾夫人，全面闡述中國政府對香港問題的基本立場。這次會談也是最重要的一次談判，用鄧小平的話講就是「定調子」。

戴卓爾夫人一開始就要求在 1997 年後繼續維持英國對整個香港地區的管轄不變，並以威脅的口氣說：「要保持香港的繁榮，就必須由英國來管治。如果中國宣佈收回香港，就會給香港帶來災難性的影響和後果。」

鄧小平立刻針鋒相對地頂了回去。他指出：我們對香港問題的基本立場是明確的，這裡主要有三個問題：一是主權問題；二是 1997 年後中國採取什麼方式來管理香港，繼續保持香港繁榮；三是中英兩國政府要妥善商談如何使香港從現在到 1997 年的 15 年中不出現大的波動。他強調：「主權問題不是一個可以討論的問題。不遲於一兩年的時間，中國就要正式宣佈收回香港這個決策。保持香港的繁榮，我們希望取得英國的合作，但這不是說，香港繼續保持繁榮必須在英國

的管轄之下才能實現。香港繼續保持繁榮，根本上取決於中國收回香港後，在中國管轄之下，實行適合於香港的政策。」

當戴卓爾夫人提出有人說一旦中國宣佈 1997 年要收回香港，香港就有可能發生波動時，鄧小平指出：「我的看法是小波動不可避免，如果中英兩國抱着合作的態度來解決這個問題，就能避免大的波動。中國政府在作出這個決策的時候，各種可能都估計到了。」他嚴肅地指出：如果在 15 年的過渡時期內香港發生嚴重的波動，中國政府將被迫不得不對收回香港的時間和方式另作考慮。

這次會談打下了戴卓爾夫人的氣焰，但她當時並沒有接受中國的明確立場。她在北京和香港多次對記者談話表示：「管理香港的條約，至今仍為國際法所公認，在雙方未同意作出其他安排之前，英國將依條約處理香港問題。」中國對戴卓爾夫人的談話，很快做出反應：主權問題不能談判，要談判的是如何保持香港的穩定與繁榮。

戴卓爾夫人發表了一系列堅持三個不平等條約的談話，香港的輿論為之譁然。各報紛紛刊登批駁戴卓爾夫人堅持英國侵略中國條約有效的理論。許多有識之士紛紛指責她把一百多年前使中國人民屈辱的不平等條約，強加於今天的中國人民。香港中文大學、理工學院和柏立基教育學院等學校的多個學生團體發表聲明，強烈譴責戴卓爾夫人堅持侵略條約的頑固立場。9 月 27 日，各校代表向戴卓爾夫人遞交了抗議信。他們拉起「侵華條約，不容肯定」的大字橫幅，代表胸前掛着寫有同樣的口號的字幅，在香港布政司署門外進行抗議示威。中文大學和理工學院學生還發表聯合聲明說：「我們不能接受英國首相修改條約的建議，這樣等於忍讓這些條約，無疑令我們的民族尊嚴再次受損。」香港浸會學院學生會時事委員會發表聲明說：「《南京條約》、《北京條約》等都是不平等條約，應予廢除。香港是中國神聖領土的一部分，收回香港是中國人民的神聖職責。」《大公報》、《信報》、《財經日報》、《東方日報》等都發表文章，駁斥戴卓爾夫人的言論。

由於英國政府堅持不平等條約的立場，中英雙方第一階段會談沒有任何結果。香港市面出現了股市猛降現象，不到兩周時間，恒生指數以 1,117 點下泄至820 點；美元兌港元則以 6.1 上升到 6.7。10 月 27 日，港幣滙率指數跌至 79.7，為空前低點，香港外滙市場每 100 美元兌港幣 694 元，創下戰後以來的最高紀錄。

股市波動導致了香港物價上漲，工商業經營出現困難。香港有些居心不良的人士興高采烈地以為，香港離開了英國統治以後就會完蛋了。

香港經濟評論家指出，港元對外滙價走勢疲弱，而今每況愈下，主要是英資財團從中操縱，企圖藉此影響中國對解決香港問題的原則和立場。中國政府並沒有被這些人為現象所動搖，堅持一貫立場——收回香港，穩定繁榮。對港英有關人士玩弄這種經濟手段的陰謀，人大常委會副委員長廖承志表示，如果香港出現動亂，不排除提前收回香港的可能性。廖承志的話是警告這些玩火者，不要把造成香港不穩定做為對中國施加的壓力。

香港不穩定，中國人固然會有損失，但英國財團也同樣要蒙受損失。香港局勢不穩定，港府稅收也會減少。英資財團們要考慮 1997 年前後，他們在香港的利益。而事實上，英國堅持不平等條約有效論，在國際上只有喪失威信，不會得到任何的同情和支援。這些利害關係不得不使英國有關當局重新考慮和確定他們在香港問題上的對策。戴卓爾夫人終於將中英談判權力退交給外交部去處理，給自己找了個台階下。

以主權換治權

1982 年至 1984 年是歷史性的兩年，是中國人民，特別是香港人民關鍵性的兩年。中英兩國政府關於解決香港問題的談判分兩個階段：第一階段從 1982 年 9 月英國首相戴卓爾夫人訪華，至 1983 年 6 月雙方就主要原則和程式問題進行會談；第二階段從 1983 年 7 月至 1984 年 9 月，兩國政府代表團就具體實質性問題進行了 22 輪副外長級的會談。

周南回憶說，一個議程問題談了幾個月還沒談下來。中方要求英方首先承認中國對香港整個地區的主權，然後才進入磋商如何保障香港的穩定繁榮與移交主權等技術性問題。英方認為，談判不應該有任何先決條件，主權問題只能作為更廣泛、更具體的一籃子交易的一部分來加以討論。談判就這樣一直拖着。

1982 年 5 月尤德上任後，於 11 月初任命港府原保安司戴宏志為司級官員，協助港督及布政司處理「由於香港前途問題會談而帶來的額外工作」，並設立處

理香港談判事宜的常務司。12月，英國外交部次官鮑斯達訪港，提出「讓香港作為一方參與談判，發揮獨立作用」。

1983年，中國政府按照自己的立場，積極為解決香港問題在完善立法、制定治港方案等方面做準備。英國駐華大使柯利達開始着急。他知道，中國在一些原則問題上不會讓步，英國要保持在香港的最大利益，就只有妥協。於是，他和尤德立即返英，說服戴卓爾夫人做出「妥協性」安排。

3月9日，英國首相府會議接受了柯利達的建議。會後，戴卓爾夫人致函中國政府，表示英國不反對以其對香港主權的立場進入談判，只要雙方能就「確保香港未來繁榮與穩定所作的行政安排達成協議，並能為英國議會、香港人民和中國政府所接受，她願向議會建議：整個香港的主權應交回中國」。中國政府作出善意的回應，表示同意盡快舉行正式會談。

中國方面提出了實質性談判的三項議程：主權的移交；1997年之後的安排；1997年之前的安排。但是，英方只同意討論後兩項，不同意在議程中出現「交還香港」或「主權移交」一類的字樣。經過雙方協商，在文字上作了修改，5月底，中英雙方就談判議程問題達成協議。議程安排先從1997年後怎麼辦談起，避開主權問題的障礙，直接進入實質性談判，讓英國人「不失面子」，「給英國人下台階」。

關於「主權的移交」的說法，中國外交部法律顧問邵天任認為在法律上用這種字眼不大好，主權本來是屬於中國的，英國侵佔了香港，不能說主權就歸它了。因此他建議改成「恢復行使主權」。從此，中方的說法就改變了，由「主權的回歸」、「主權的移交」改成「恢復行使主權」。

5月，以立法局非官守議員李鵬飛為團長、張鑒泉為副團長的專業人士代表團訪問北京。6月7日，該團送給中央的《關於香港前途問題的意見書》附本交由香港報紙公開發表，其中心內容是陳述港人治港方案難以維持香港繁榮。6月11日，中文大學學生會舉行記者招待會，評論李鵬飛等專業人士代表團的《意見書》的觀點，學生會人士認為：「現在就說港人治港不可行，未免言之過早。」

6月22日，英國女皇在國會年會上談到香港問題時說：「英國政府將會繼續就香港前途與中國進行會談，以期達成一項為本議會、中國及香港居民都能接納的解決辦法。」

7月1日，中英兩國政府同時發表公報，宣佈香港前途問題第二階段會談將於7月12日在北京開始。

7月7日，尤德自倫敦返港，在記者招待會上宣稱，他將以總督身份代表香港市民參加中英第二階段會談，引起記者的質疑。有記者問他：「你是代表英國，還是代表誰？」在記者的追問下，尤德回答說：「我以總督身份代表香港市民參加會談。」他說，第二階段會談的不同，是有他參加。他重複英國外交部上月底的聲明說，關於英國放棄香港主權的報導，純屬猜測。

針對尤德的言論，中國外交部發言人隨即發表談話，指出尤德作為英國代表團成員參加會談只代表英國政府。中英談判是兩個主權國家間的對等談判，香港政府只是從屬於英國政府的地方政府，從來不是獨立的政治實體，不能與中英兩國政府處同等地位。香港絕大多數居民是中國人，港督無權也不可能代表他們。9日，中國外交部通知港英政府，拒絕了以「港督私人新聞主任」身份赴京的曹廣榮的入境申請，因為曹廣榮不在英國政府代表團名單之列。

香港評論家指出，英國此時的立場是要以主權換治權，堅持1997年後繼續管理香港，會談因而陷入僵局。第四輪會談結束時只定下下一輪會談日期。

黑色星期六

1983年8月4日，尤德參加了第二階段第三輪會談回港後，立即召集行政局會議，報告會談經過。

9月10日，英國前首相希思訪華。鄧小平會見他時說，英國想用主權換治權是行不通的，並要在座的英國駐華使館人員轉告戴卓爾夫人改變態度，以免出現到1984年9月中國不得不單方面公佈解決香港問題方針政策的局面。希思由北京抵港，對記者表示：中英談判是合理的，相信可以達成兩國政府滿意的解決辦法。結果，在出席港英政府為他舉辦的招待會上，希思遭到非官守議員的謾罵，指責他是中國的代言人。希思氣得中途退席。

9月16日，港元兌美元滙價狂跌。港府財政司彭勵治說，中國對香港談判所作的言論及作法直接影響了港幣的表現。除非中國在談判中有明確的表示，否

則，港元的弱勢將會持續。他企圖藉此蒙騙香港群眾，對中國施加壓力。

9月23日，戴卓爾夫人在倫敦接受美國記者採訪時聲稱，香港由於前途不明，正面臨着重大的金融和政治動盪。英方談判是為了香港人的利益，英國未從香港拿走一個便士。又稱，香港若非地位特殊和有個新界的租約問題，應早已獨立成為另一個和新加坡差不多的地區。

鐵娘子這段話真是令人瞠目結舌。英國到底從香港拿走多少便士，以前的暫且不說，後來的首相馬卓安講了真話：「英國在香港有巨大的經濟利益，其直接投資在900億至1,000億英鎊之間。」每年淨利潤至少達到近百億英鎊。「玫瑰園計劃」的主要工程，都承包給了英國公司，特別是顧問公司。他們通過這些公司把香港的錢拿回英國。

9月25日，市政局民選議員葉錫恩，在給英國國會部分議員與新聞界寫的一封信中，指出了戴卓爾夫人政府所說的代表香港人利益的真正含義。信中說：「目前，一些主要英國保守黨議員蜂擁來港，收集市民意見，但顯而易見，他們所吸收的是一些高貴而富有的中國人的意見，這些高貴的人自然希望香港繼續在英國的管治下，以期保留他們家族的特權……但是那些僅夠餬口的工人，卻沒有人注視他們的困境。」

中國代表團團長周南駁斥英方說，「你們想拿主權換治權，延續1997年後對香港的殖民地統治，這是根本行不通的。」「你們搞所謂的『民意』，實際是英國的『官意』，不是香港的『民意』，是你們製造出來的。打什麼『民意牌』、『民心牌』、『經濟牌』，一概是徒勞的。」

談判桌上沒有進展，鐵娘子又發高論，以致香港再次掀起一股所謂「九月黑風」。1983年9月23日，第二階段第四輪會談剛結束，香港市面就出現了拋售港元的風潮。23、24日兩天內，美元兌換港元從8.12猛漲到9.7，個別銀行一度叫價到10元大關。恒生指數也跌至700點。金價暴漲，金融市場一片混亂。香港的一般市民看到港元大幅度貶值，害怕生活受到影響，也馬上將手上僅有的一點港元，到街上去搶購大米、花生油，甚至罐頭、餅乾、衛生紙也搶購一空。市面的正常貿易出現了混亂，有些行業已宣告封盤，商店貨物不敢出售，市場更加緊張。有人形容這次風潮是「黑色的星期六」（9月24日是最混亂的一天，這天是星期六）。

9月27日，國務院港澳辦主任姬鵬飛斷然宣佈，中國政府決不允許香港獨立，1997年7月1日一定要收回香港。10月3日，外交部發言人指出，英國負責人接連發表「不恰當的談話，只能增加談判的困難，而不助於問題的合理解決」。

香港媒體分析認為，這次混亂，完全是港英當局和英資財團暗自策劃的，而這種局面再混亂下去，英資財團也逃脫不了遭到毀滅的命運，港英政府的利益也會受到危及。尤德參加第二階段第四輪會談後從北京回香港，立即召集行政局會議，討論港元滙率問題。25日晚，他發表聲明勸告市民不要輕信謠言，強調港元兌換率相當不合理，不能反映香港經濟和政治實況。27日，香港政府趕快出來干預，通過緊急立法，宣佈從28日零時接管恒隆銀行，因為恒隆銀行已經有1.4億元支票不能兌現。恒隆如果倒閉，將會造成連鎖反應，亂局更難以收拾。雖然香港政府在「黑色星期六」之後，曾一再聲言不干預港元滙價，但是到了這個地步，再不加以限制，香港政府就難以控制局面。港府終於在10月15日宣佈美元兌換港元的固定滙率是1：7.8，同時也宣佈取消10%港元存款利息稅。這些措施馬上使美元迅速下挫，恒生指數回升，金融局面開始穩定下來。

這場金融危機，除了與一些對香港歸還中國抱有敵對情緒的人從中操縱有關之外，與香港政府一開始就有意放縱，任其發展而不加干預，也有很大關係。

短暫的合作

中國政府在主權問題上的堅定立場，以及國際形勢的壓力，使英國不得不改變態度。

1984年10月5日，尤德偕同行政局非官守議員赴倫敦。參加7日至18日的首相府會議，討論柯利達為「避免對抗」、推動談判所提出的書面建議。該建議說，既然中國不接受英國繼續管治香港的觀點，我們便應當探討能否作出足以保證香港長期穩定和繁榮的安排。對此建議，與會的行政局非官守議員表示反對。但剛剛在聯大會議上見過中國外長的傑弗里·豪回到倫敦彙報說：據吳學謙面告，中國已決定於1997年收回香港後，其現行的社會、經濟制度將保持五十年不變，那時英資財團在香港仍有所作為。這一保證已使香港前景較前明朗，不首先全面

研究中國的立場就準備實行對抗，是不智之舉。戴卓爾夫人不願因冒關係破裂的風險實行對抗而付出高昂的代價，遂接受了柯利達的建議。

10 月 9 日，尤德返港後對記者表示，港府與英國對香港前途的見解一致。

10 月 19 日至 20 日，中英舉行了第二階段的第五輪會談。香港評論家指出，在這輪會談中，英國不再要求以主權換治權，但卻堅持 1997 年後繼續發揮英國行政管理作用。英國政府的理由是，香港必須同英國憲法相聯繫，只有保證英國人以某種形式或形態仍然留下來，香港人才會接受妥協。中國政府駁斥了這種說法，不同意英國在 1997 年後再扮演任何管理角色。所以，會談進展不大。

11 月 8 日，英國女皇批准伊文思出任駐華大使。15 日，伊文思抵港停留六天，與尤德磋商。

11 月 14 日至 15 日，中英舉行第六輪會談，英方表示，確認雙方如能達成新的安排，不再堅持英國管治，也不謀求於 1997 年後維持同香港的任何聯繫。

為了更有成效地談判實質性問題，雙方更換了談判代表團團長。英方由伊文思大使代替柯利達為談判代表團團長，中方由周南接替姚廣任團長。1984 年 1 月 25 日至 4 月 12 日，中英舉行了第八至十二輪會談。據香港的《每周經濟評論》報導：「這次會談顯示了中英進入了合作階段。」

中英聯合聯絡小組

據參與主持領導中方會談的周南回憶，1984 年 4 月 11 日舉行第十二輪會談時，談判開始進入第二個議程——1997 年之前的安排問題。為了保證過渡時期香港的局勢保持穩定，以便順利實現 1997 年的平穩過渡，中方認為需要成立一個中英聯合機構進駐香港，有問題就可以在那商量。中方擬了個草案，開始的名字叫「中英聯合委員會」。英方一看，大吃一驚，無論如何都不同意。他們說，你們搞個「聯合委員會」進駐香港，那不就等於 1997 年之前香港就由中英共管了嗎？中方對英方反復解釋，不是什麼「共管」，設委員會只不過是為了貫徹中英《聯合聲明》和處理跨越 1997 的重大事務。好說歹說，英方就是不同意。他們特別怕的是，中英聯合機構進駐香港以後變成第二個權力中心，港督就成了

「跛腳鴨」，走不動路了。香港老百姓有什麼官司、有什麼問題就不找港府，找聯合委員會去告狀了。

這個問題一直僵持到 1984 年 7 月，時任戴卓爾夫人顧問的柯利達建議外交大臣傑弗里．豪再到中國訪問，討論此事。傑弗里．豪來訪前，中國代表團請示鄧小平。鄧小平說，中英聯合機構進駐是必需的，名稱可以改變，進駐時間早晚可以鬆動。大家可以互諒互讓，但必須進駐，晚兩年進駐也無所謂。你們爭取按此方案談出個結果來。

頭一天中午，周南約請柯利達、高德年等人共進午餐。吃午飯的時候，周南打出底牌，說：「現在已經到了這樣的時刻，這個問題需要早一點解決。我們考慮再三，提出一個方案來。聯合小組必須進駐香港，除了明確規定任務之外，進駐的時間可以晚點，1985 年、1986 年、1987 年三年在外邊，到第四年，即 1988年 1 月 1 日進駐香港。同時為了照顧你們，1997 年之後再過兩年半，到 2000 年聯合小組結束。這是中國最後的方案。如果你們還不接受，我們就撤回方案，撤回方案的後果你們負責。」柯利達一聽到這個情況，馬上意識到中國要攤牌，不能不嚴肅地考慮。

柯利達馬上向傑弗里．豪和港督尤德等人作了彙報。傑弗里．豪一聽，說不要在屋子裡談，屋子裡可能有竊聽器，到外邊找個大樹底下談。那時候是 7 月份，驕陽如火，熱得不得了，他們不得不忍受炎熱。傑弗里．豪認為，這是中國底線，不能再拖延和僵持了。尤德不同意，說要逼中國做更大的讓步，最好能打掉聯合小組。尤德屬於少數派，多數人認為搞不好要破裂，應馬上向倫敦發報提出建議。因此，那天下午的會談柯利達缺席，他大概是跑回英國駐華使館發電報去了。第二天，姬鵬飛請吃飯，「第一道菜剛喝了個湯，英國那邊來電話，使館又把柯利達叫回去。我想，是英國政府回電了，結果果然是這樣，戴卓爾夫人同意跟我們達成妥協，只是還要他們爭取更好的結果。所謂更好的結果，就是要再晚些年才讓聯合小組進駐香港。我們說要 1988 年進去，英方提出要 1993 年才進去，在吃飯的時候我們就拒絕了。英方又提出聯合小組要再晚幾年結束工作，想拖到 2002年，我們也拒絕了。傑弗里．豪沒辦法，但是他要跟戴卓爾夫人交賬啊！結果他見中國國務院領導的時候說，1988 年 1 月 1 日讓聯合小組進駐香港，時間太早了，再鬆一鬆，就 7 月 1 號吧。我們同意了他的建議，這樣雙方達成了協定，確定聯

合小組自 1988 年 7 月 1 日進駐香港，而不是 1993 年才進駐。」

隨後，鄧小平接見了傑弗里‧豪，表示歡迎英國女皇來訪。

歷史的里程碑

1984 年 9 月 26 日，中英兩國政府在北京草簽了關於香港問題的《中英聯合聲明》和三個附件。中國政府聲明：「中華人民共和國政府決定於 1997 年 7 月 1 日對香港恢復行使主權。」英國政府聲明：「聯合王國政府於 1997 年 7 月 1 日將香港交還給中華人民共和國政府。」

中英兩國政府關於香港的聯合聲明草簽公佈以後，人大常委會開會審議《聯合聲明》時，與會代表一致表示贊同。英國議會上下兩院對《聯合聲明》進行辯論時，也一致通過。1984 年 12 月 19 日，由中國總理趙紫陽和英國首相戴卓爾夫人在北京正式簽字。《聯合聲明》圓滿地解決了中國恢復對香港行使主權問題，也為香港的長期繁榮和穩定提供了堅實的基礎。戴卓爾夫人說：「我保證，英國政府將盡其所能使這個協議成功。」經歷了兩年共 22 輪慎重和耐心的談判，成功衝破了重重阻力和障礙，香港問題終於獲得了圓滿解決。

香港市民一直關心中英關於香港問題會談的進展。1984 年 9 月 26 日，香港電台預告，上午 10 時將直播中英在北京草簽關於香港問題《聯合聲明》的現場新聞，引起香港全市市民的關注。直播開始以後，不少市民停止了工作與活動，在機關、學校、公司、家庭，圍在電視機旁收看這一偉大的歷史性場面。根據中英談判保密的原則，規定《中英聯合聲明》的具體內容，於 9 月 26 日下午 7 時，在北京、倫敦、香港三地同時公佈。當天距離公佈時間還很早，香港許多下班的職員、工人和放學的學生，已經跑到新華社香港分社門口、各區政務處和政府指定處，排隊等待派發聲明。幾十萬份《聯合聲明》和文本在幾個鐘頭內就全部派發一空。很多人來不及回家，接過《聯合聲明》文本就在街邊、車上或是路上邊走邊看。這種動人場面，在香港歷史上是從來沒有過的現象。香港處處都在談論《中英聯合聲明》。人們奔走相告，歡欣鼓舞，稱讚這個協議，為香港未來的穩定和繁榮，為 1997 年中國恢復對香港行使主權而歡呼！經歷過苦難歷程的老一

輩香港人，回顧過去自己走過的道路，深深懂得這一天確實來之不易。香港一些社會團體也紛紛聚會，熱烈暢談和稱讚《聯合聲明》，出現了滿城爭頌聯合聲明的盛況。香港人把這一歷史事件看成是當代世界歷史上的重大事件，是香港歷史的里程碑。

空前的反響

尤德在出席北京草簽儀式以後，於 9 月 26 日下午即乘機返回香港，7 時就主持立法局特別會議。這次特別會議除立法局議員參加外，全體行政局非官守議員以及駐香港 16 個國家的領事也列席了會議。

尤德在會上詳細介紹了《中英聯合聲明》的內容，他指出：「這是一份將要支配香港未來半個多世紀前途的歷史性協議。」他鄭重地向立法局和廣大市民推薦這份協定，因為「協定構成香港發展新階段的藍本」。他表示，堅信香港人一定「能依着這份協議為自己締造一個成功美好的將來」。

香港的知名人士紛紛發表感想，支持《聯合聲明》。原來參加赴英遊說的九議員之一，也是上北京訪問的三議員之一的行政局首席非官守議員鍾士元，在參加立法局會議後，立即代表行政局全體非官守議員發表聲明，認為協定內容比許多人所期望的為多，相信「此份協議將會令港人對香港前途重獲信心，並能繼續維持香港繁榮和安定」。鍾士元的話反映了曾經對中英會談有過種種看法的人士的心聲，大家笑逐顏開，終於為中國的誠意和允諾所感動。

1984 年香港工業署資料表明：《中英聯合聲明》草簽以後，外商在香港的投資的數目還在繼續增加。署理工商司易誠禮說：「《聯合聲明》草簽後，貿易發展局駐海外辦事處接獲外資查詢投資問題竟陡增五至六成。」美國駐香港總領事李文 10 月 29 日在三藩市國際市場協會上宣稱：「在許多方面，香港今年對美國商人更有吸引力，首先是租金與經營成本均已由 1981 年時有如天文數字的水平回降下來，再加上中英會談成功所達到的保證，美國公司今年大量進軍香港，有如下一些實例：美國施碧電子工廠在九龍成立，年產電容器 1.44 億件，同時僱用 220 名員工；德士古石油公司投資 2,500 萬美元，購置新的石油輸送設備，並僱

用了 160 名員工；美國太平洋銀行動用 4,500 萬美元，收購廣東銀行股份。」

《中英聯合聲明》的發表，也受到日本經濟界的普遍重視和歡迎。其中產業界、金融界人士表示，從此「可以安心下來」，繼續利用香港這一資訊中心和商業基地，發展同中國和東南亞地區的經濟交往。三菱集團開始計劃增強在港的子公司；西武集團等大百貨公司加快向香港發展步伐；日本許多商業銀行和地方銀行紛紛在香港增設分支機構。日本三和銀行香港分行總經理吉水信二說：「中英表明會維持香港資本主義的制度不變，今後日資將會源源不斷地流入香港。」

英國有兩家公司在中英協定草簽後，決定在香港投資 2.4 億港元。歐洲其他國家也看好香港前途，積極向香港發展。法國國家巴黎銀行中國香港地區總經理謝懷志表示：「中英聯合聲明之後，香港前景明朗，香港銀行業將因此進入新的蓬勃期。巴黎銀行決定把握時機，大力拓展中國和香港業務。」

香港的財團和企業家更加充滿信心，準備以新的姿態，為香港的穩定和繁榮做出貢獻。1985 年內共有 18,465 家新公司註冊，比 1984 年增加了 5,031 家。新註冊公司的註冊資本總額為 36,064 億元，註冊資本額在 500 萬元或以上的新公司有 104 家。1985 年內有 5,312 家公司增加註冊資本，增加額達 144.12 億元。1985 年底已註冊的香港公司總數有 147,636 家，比 1984 年的 130,726 家增加了 16,910 家。可見，1985 年香港的企業家比起 1984 年對香港的信心更強，投資的積極性更高。

一任奔勞溘然而逝

1986 年 7 月，尤德訪問美國，走遍三藩市、西雅圖等地，到處演說講話，強調《中英聯合聲明》為香港的未來提供了穩固的建設基礎，是解決香港這一歷史遺留下來的難題的一個富有創意的方法，使香港在 1997 年後繼續與今天一樣發揮效能。訪問的目的主要是宣傳香港是一個旅遊及貿易的地方，是一個繁榮穩定的地方，能給商人提供新機會，是自由貿易區，歡迎美商投資香港。

11 月 14 日，他接受英國《西部郵報》記者訪問時說，他對香港前途充滿信心。記者問到：「現年 62 歲的你已經遠超 55 歲退休年齡，當你將來離開香港後，你希望怎樣打發時間呢？」他回答說：「我將繼續留在香港，至少到 1988 年底。

一直以來，港督的職位被視作獨立於整個公務員架構之外。不過，我相信自己若然繼續留在香港直至 1997 年，就未免太老一點。不過，我至今仍對東方研究學問或遠東事務教育的發展感到興趣。」

當記者問到「展望未來 20 年，你最憂慮香港哪一方面」的問題時，他回答說：「我對香港沒有任何重大憂慮。我對香港具有信心，因為它具有應付任何艱難時刻的能力，亦可以在困難過後逐步恢復活力。香港人幹勁十足和精明勤奮，即使是遭逢千辛萬苦的局面，亦有決心排除萬難。

「香港經常是一個容易受到外在世界干擾的地方，事實上，假如世界經濟表現出色，香港亦必然獲得理想的經濟發展。否則，香港便面對艱巨的局面。香港最易受到外來因素影響是其面對的一個大難題。

「香港完全沒有天然資源，唯一擁有的是一個深水港口和很多非常吃苦耐勞的市民。

「我希望目睹《中英聯合聲明》能夠成功地執行。當然，我亦希望見到香港經濟像現時那樣成功。我希望香港的第三間大學能夠順利成立，還有廣大市民的福利較我去港履新時有所改善。我相信這一定會出現。」

尤德正沉浸在聯合聲明的樂觀之中，從英倫返港，即來北京訪問，為促進中英雙邊貿易而努力。誰能料到，1986 年 12 月 4 日，他便溘然而逝。

新華社於 12 月 5 日發表了如下的消息：「香港總督尤德昨天夜裡睡眠中在英國駐華大使館邸逝世。外交部發言人今天上午發表談話表示哀悼。發言人說，今天上午 8 時 20 分英國駐華大使館向外交部通報，香港總督尤德爵士於昨夜因病去世。」

當消息傳到香港後，各界甚感哀悼。《華僑晚報》於 11 月 5 日作了如下的報導：「尤德爵士自 82 年 5 月 20 日上任本港總督以來，僕僕風塵，曾經 56 次出外，分別為 21 次去倫敦，28 次去北京，其中 22 次為參加中英香港前途談判。此外，他亦去過美國、日本、澳門。與歷任港督比，尤德在任期內去北京的次數最多，並且出席及親眼目睹了《中英聯合聲明》之草簽及正式簽署的儀式。」

《華僑晚報》同日發表社論說：「尤德爵士是死於任內的第一位港督，亦可說是為香港鞠躬盡瘁的第一位港督。在 1982 年蒞任以來，無論對外與對內應負的任務，都比任何一位港督沉重與複雜，這位酷愛中國的英國外交家，都能以祥

和與審慎的態度，揮灑自如地應付過去，單就這點已值得我們長為追憶。

「尤德爵士不幸客死北京，很可能是心臟病復發，以最近的行動推測，亦很可能積勞所致。他剛由英國述職回來，即以嘉賓身份隨香港經貿高層代表團北上，為促進中港雙邊貿易，合資經營及加強中國內地與香港聯繫而努力，同時與中國高層交換對香港問題的意見，顯出其不辭辛勞。尤德爵士之死，無疑在許多方面是巨大損失。在今後中英與中港的各種聯繫中，少了這位『中國老手』穿針引線，自不免有時要多費些功夫。」

12月9日上午，尤德的喪禮在香港的聖約翰大教堂舉行。作為英國女皇代表的署理總督鍾逸傑以及行政局首席議員鍾士元先後在喪禮儀式上致輓詞，介紹尤德的一生，讚頌他在就任港督期間，為《中英聯合聲明》的簽訂和執行作出的努力和貢獻。喪禮結束後，尤德的遺體由香港政府官員以及他的夫人和女兒送到火葬場火化。英國外交部次官李連登、常任次官韋沛達、助理次官衛奕信和英國駐華大使伊文思等分別從倫敦和北京到港參加尤德的喪禮。

尤德觀鳥園

按照香港的習慣，為了紀念尤德，行政局和馬會協手興建了香港公園尤德觀鳥園。1992年11月，尤德去世6年之後，他的夫人來香港主持公園揭幕典禮。對此事，《大公報》作了這樣的報導：「尤德夫人昨日（11月4日）為香港公園尤德觀鳥園主持開幕禮。觀鳥園以已故港督尤德命名，尤德生前亦為一位熱愛觀鳥者。」

尤德夫人說，市政局與馬會協手建造香港公園，為本港市民提供了一個消閑的好去處。觀鳥園飼養了四百五十多隻原產於馬來西亞群島熱帶雨林的雀鳥，許多屬罕有品種，有些更是瀕臨絕種的雀鳥。不過，現在它們都全部安然棲息在觀鳥園內，得到專業人員的悉心照料。

尤德夫人說，很多在建造觀鳥園前已有的成齡樹，現已變為新造雨林的一部分。新栽種的樹木、一條天然溪澗，以及那些長有大塊板狀根、造型異常逼真的巨型人造樹，為雀鳥營造了合適的棲息環境，也令遊人得以樂在其中。觀鳥園內

其中一項特別設施是一條 200 米長、高度幾達樹頂的高架行人天橋。遊人可漫步橋上，觀賞樹木、灌木叢及翱翔的雀鳥。

有關部門安排尤德夫人放生五雙華麗吸蜜鸚鵡，隨後尤德夫人便遊覽觀鳥園。當她行至一半左右，突然聽到一隻雀鳥吱吱唱歌。有關人員表示，這正是剛才尤德夫人放生的吸蜜鸚鵡當中的一隻。這隻鸚鵡似乎是為感謝尤德夫人放生，故特意高歌一曲，聊表謝意。尤德夫人亦應眾人要求，走到鸚鵡旁邊，高高興興地與它合照。

一別經年，尤德夫人看來別來無恙，精神也很好，她表示其夫十分喜歡觀鳥，這觀鳥園以他的名字命名再理想不過，她認為尤德爵士必會十分喜歡。

第二十七任
1987–1992

衞奕信 David Wilson

衞奕信（1935-　　），蘇格蘭人，1935 年 2 月 14 日出生於蘇格蘭克拉克曼南郡的阿洛厄。早年就讀於格蘭諾蒙特的三一學院，畢業後加入黑衞士兵團，曾被派往英屬圭亞那服役。1955 年退役後，憑獎學金入讀牛津大學基布爾學院，1958 年畢業後，進入外交部東南亞司。衞奕信對中國文化有深厚的興趣。1960 年外交部派他到香港大學學習中文。1968 年衞奕信辭職深造，研究現代史，1973 年成功取得現代史博士學位。

1987 年 4 月 9 日，衛奕信就任第二十七任香港總督，至 1992 年 7 月 3 日為止，任期五年兩個月。

衛奕信的原中文名叫魏德巍，是出自香港大學的老師所贈的一副對聯：「德者當以道為本，巍峻應有穩定基。」到香港上任前，有媒體認為，這個名字是「雙鬼拍門」，魏和巍中有兩個鬼字，而且諧音「危」、「偽」並不吉利。再者「巍」字由「山」下「八千女鬼」組成，全名諧音成了「危得危」。遂改名為衛奕信。他的夫人中文名字是顏麗珊，後改為黎丹霞。

1987 年 1 月 16 日，英國政府同時在倫敦和香港宣佈，英國女皇已批准任命衛奕信為香港總督及駐港三軍司令，以繼任突然病故的尤德。衛奕信上任時，因為英國女皇給他的委任狀並沒有說明委任年期，當時有消息指出，他的任期會直至 1997 年，但也有人猜測他的任期不會超過五年。

由於衛奕信是在已故港督尤德於北京逝世後上任的，所以他在宣誓就任的典禮上致辭時，首先強調將他承接尤德的責任。因此，衛奕信也像尤德一樣，經常在中、英、港三邊走。有人說，他任職幾年，頭上的白髮增添了不少。承接尤德的責任，與中方周旋的衛奕信，任務異常艱巨，不少中英雙方爭論極大的香港事務，都由他去打頭陣處理。最令他感到頭痛的，恐怕是與中方幾經波折而會談未果，最後要通過外交途徑才得以拍板的香港新機場問題。曾有報紙報導指出，衛奕信在這次事件中的處理手法，令英國政府不滿。

英國政府為衛奕信的上台做了充分的準備，衛奕信所處的時期是英國在港統治的關鍵時期，所以倫敦和港府在班子問題上頗下了一番功夫。衛奕信到任前，英國政府和港英當局宣佈了一系列人事調動，替衛的到任做人事準備。2 月 1 日，署理港督鍾逸傑赴倫敦，4 日返港。在英期間會晤了候任港督衛奕信和外交及聯邦事務部大臣傑弗里·豪。2 月 10 日，港英政府宣佈，署理港督鍾逸傑將在新港督衛奕信上任後，擔任港督特別顧問六個月，到 9 月為止。同日，港府還宣佈署理布政司霍德於 2 月 12 日正式擔任布政司。2 月 10 日，外交及聯邦事務部宣佈，英駐菲律賓大使麥若彬代替衛奕信出任中英聯合聯絡小組英方首席代表；冠立夫、廖本懷分別代替布義德、何鴻鑾出任小組英方成員。

1987 年 4 月 9 日，衛奕信在就職典禮中簡短致辭。他說，《中英聯合聲明》必獲穩步實施，將竭盡所能，確保香港繁榮。他強調，政制改革宜審慎從事。「珍

惜安定，循序漸進，維持獨特制度，有利吸收投資。」這是當時中英雙方的共識。

喜愛攀山跑步聽音樂

衛奕信童年時代很活躍，喜歡多種體育運動，喜歡聽音樂、跳蘇格蘭舞，愛讀書。

由於少年時代是在寄宿學校渡過，因此衛奕信獨立生活能力強，從小做事就有條不紊，堅持原則，處事靈活，是一個冷靜而沉實的人。他又富有幽默感，不拘小節，擅長與不同的人相處與溝通。

衛奕信對攀山、跑步的興趣十分濃厚，自稱是一位攀山專家。他中學時代在蘇格蘭已經開始訓練爬山。1981 年，衛奕信在香港擔任政治顧問時，曾參加英國公格爾登山隊，遠赴中國新疆攀登海拔七千七百多米的昆侖山脈的公格爾山。他的技術和成績比專業登山隊員表現並不差。

衛奕信平時衣着隨和，喜歡穿運動鞋四處跑步。有一次，他腳上的運動鞋破了，露出腳趾，到商店購買新鞋時被一名售貨員誤認為乞丐而拒之門外。

衛奕信在跑步和遠足時曾發生多次意外。有一次，在北京中英聯合聯絡小組開會期間，他和往常一樣，習慣地在會議間隙，在大使館附近跑步，因為跑得太入神，結果誤墜入一個約 6 呎深的地坑裡。還有一次，在 1991 年 2 月初，他在新界八仙嶺遠足時，被一塊石頭絆倒，右面部頰骨受傷，被送進瑪麗醫院接受兩小時的頰骨矯正手術。

衛奕信還喜歡在夜深人靜時聽音樂，以緩解一天工作的疲勞。他特別喜愛舒伯特的音樂。

不管是在倫敦還是在香港，凡有空閑時間，衛奕信經常逛中文書店，翻閱及購買中國內地出版的新書及期刊，大多數是中文的政治及經濟方面的書籍。在他的家中，藏有相當數量的中文書籍。離任返英時，也曾攜帶不少中文書籍回英國。

衛奕信性格開朗幽默。在逗笑方面頗有一手。在英國參加舞會時，他喜歡把一隻玩具熊放在肩膀上跳舞，引得眾人大笑。

1960 年代初期來香港學習中文時，衛奕信隨身帶來滑雪裝束，朋友問他為什

麼到香港來還帶雪裝，他說，那些滑雪裝束是準備在黎巴嫩的山區作「沙漠滑雪」用的。他以為自己是奉派到中東黎巴嫩學習阿拉伯語，所以把雪裝也帶來了。結果此事成為朋友間的閑談笑料。70年代做港督政治顧問時，有一次在朋友的慫恿下，他身穿蘇格蘭裙，外披雨衣，露出兩條大腿，碰巧被總督麥理浩看到，問他為何裸着身體做「雨褸怪客」，逗得眾人捧腹大笑。

一項突如其來的宣佈

1992年1月1日，香港《明報》發表評論文章，文章說，除夕凌晨的消息稱，英國首相府正式宣佈，港督衛奕信爵士明年退休，並受勳為終身貴族。所謂終身貴族，並不值錢，不過是可以在上議院發表演說而已，但自港督之位退下來，卻是實在得不可以再實在了。

《明報》文章中問道，為什麼英國首相府突然有此宣佈？早幾個月，不是言之鑿鑿，說是對衛奕信信心十足，港督職位「沒有空缺」的嗎？文章又說，現在下任人選還沒法決定，因為先要知道英國大選結果，如此急不可待地要宣佈此人退休，給人的感覺，就是對現任港督不滿，無論如何要撤換。這個訊息之強烈，是任何言辭或封銜都難以掩蓋的。

《明報》認為，「衛奕信與香港人共度了五個艱辛的年頭，若論功過，恐怕受人批評的地方很多，有人批評他對中國官員太軟弱，也有人批評他不識時務，以致中英關係數度惡化。但究竟導致他被撤換的原因是什麼？看來不是這類批評。若說他對中方遷就，外交部不是比他更遷就？霍德也嘗試過強硬，不也是不得要領？

「向來老闆對下屬不滿，只有一個原因，就是認為他辦事不力，為老闆帶來麻煩，如果帶來很大麻煩，那就對他大大不滿，非把他調離，要他退下不可了。」

衛奕信提前下台的真正原因何在？輿論一般認為，衛奕信至少有三件事令英國政府尷尬麻煩：第一是居英權，既令首相付出給予5萬家庭護照的代價在前，又使英政府因這輪慷慨受港人冷落而尷尬於後；第二是新機場問題，與中方弄僵，連累馬卓安親自出馬；第三是終審法院協議，中英聯絡小組的英方承擔落空。

三件事都可以怪衛奕信身為港督沒能把握住形勢，甚至沒能準確預測香港人的反應，以致使英國政府處於被動地位。

香港輿論認為：「或許末代統治煩惱多，總要個有足夠權力的人來大刀闊斧，威風凜凜地掌舵，衛奕信受外交部諸多限制，在中、英、港三方做人難，不如歸去了。」「私底下，衛奕信是個君子，看重責任，約束感情，待人誠懇而說話直接。稱他為學者並不正確，但他是個讀書人，瞭解原則多於瞭解權勢。說他與本港財團走得不近，他們不喜歡他，大概是真的。」「大概末世讀書人治理不了，他們估量要來個真正懂得用手段的人吧。」

對於大部分香港市民而言，撤換港督的宣佈是來得很突然的，大家均料想不到 1991 年將盡之際，還會出現一宗應列為年內香港十大新聞之首的大新聞來。不單對於香港市民來說，這是一項突然的宣佈，從一些蛛絲馬跡看，這項宣佈對港府高層而言也來得很突然。即使是掌管政府資訊的兩位要員，在原來的度歲計劃中也均沒有預備要應付這件突如其來的事件。

請看香港政府高層聽到換督消息前後的活動情況。首先是記者於 1991 年 12 月 30 日晚接近 11 時，獲悉英國首相府將於翌晨公佈換督決定。記者的第一個反應自然是向港府查詢。不過，資訊統籌處長韓新正在放大假，身不在港。隨後記者致電政府新聞處處長邱李賜恩家中，也沒有找到她。接電話的家人說，她去聽演唱會了，聽罷會在外吃宵夜後才返家。當然，邱太當晚並沒有去聽演唱會，而是在港督府開會，研究突然由倫敦飛來的資訊。

據可靠的消息說，行政局議員們也是在當日下午才獲悉換督的消息。至於英國首相府為何決定這個時候作出宣佈，以及為何又拖着不同時公佈下任港督人選，則連行政局議員也丈二和尚，摸不着頭腦。

記者接觸過不同背景的立法局議員，雖然他們對於衛奕信出任港督這五年的功過，有褒有貶；對於下任港督在處理中英關係問題上態度應如何也有不同意見。但他們有一點是共通的，就是對於英國這次既宣佈換督，卻又不同時公佈下任人選感到不滿。他們認為，英國此舉只圖自己方便，不理事情的安排是否對香港有利。對未來幾個月下任港督是誰的揣測不斷，這對香港固然無好處。而對英國執政保守黨而言，此舉到底是損人（香港）利己，還是損人而不利己，還要拭目以待。

1992 年 1 月 1 日早晨，衛奕信接受了記者訪問。有記者提問：「撤換港督是否是一個突然的決定？有否徵詢你的意見？你何時才得悉這個決定？」

衛奕信回答稱：「我早已意識到。就 92 年我首五年任期完結後會否更換人選這個問題，我亦意識到這件事已醞釀一段時間。決定現時作出公佈，是最近的事，但我早已意識到這件事。」可以看出，英國政府的換督決定，沒有徵詢衛奕信個人意見，他也是突然接到通知的。

《快報》認為衛督任用非人，被迫做犧牲品。該報稱，平心而論，英國當局此時換督，並非明智之舉。本港後過渡期的事務繁複，處境險惡，可能風大浪大，故末任港督難做，必須熟悉香港事務，善於處理中、英、港之間的錯綜複雜關係，對一直以來中英談判的來龍去脈瞭然於胸，能維護港人利益，以及保證令英國從香港光榮撤退。以衛奕信爵士而言，他在任時的功過如何評定大可商榷，但他與中方「過招」所得到的寶貴經驗應是無人可以替代。

可歎的是，衛督儘管稱職，但任用非人。總督、布政司及財政司本是港府三頭馬車的核心領導，但三頭馬車的另兩頭竟是成事不足，敗事有餘，令衛督這頭馬車孤立無援。衛督並非政治強人，而是學者型的政治領袖，極需要有政治專長及經濟專才為其輔助。可惜其左右手多是庸才，而一切處理失當的事例盡皆諉過於衛督，由他來承擔責任，迫使他做了犧牲品和替死鬼。

再者，衛奕信繼前尤德之後，很快被香港社會特質所吸引，受到香港人的勤奮、進取和富應變力所感動，認同了香港的成功要素，期望讓這個獨特的成功社會在回歸中國後能享有《中英聯合聲明》及《基本法》所賦予的各項制度 50 年不變。按照英國外交部的術語，衛奕信爵士犯了一項職業外交官的致命傷，就是變成「土人」了（英國外交部通稱那些同情殖民地及抵制英國利益的外派官員為變成「土人」）。

異乎尋常的冷靜

英國之所以決定在香港的關鍵時刻突然撤換港督，並不是偶然的，只要回顧衛奕信在港期間的表現，就理解了英國的用心。據巴圖《別了，港督》一書介紹，

衛奕信在任期間給香港居民和中國人民留下的好印象比其他總督要多一些。在與中國的關係上，他表現了一定的遠見和政治家的胸懷。

1989 年春夏之交的北京政治風波是他所遇到的最大考驗。當時，香港極少數人配合國際反華逆流，挑唆英國政府和香港政府對中國政府施加壓力，主張利用中國內外的「政治形勢」，由英國單方面廢除《中英聯合聲明》，與中國政府重新就香港的前途問題進行談判。他們希望利用國際國內對中國不利的時機要挾中國就範，使英國在中國得到更多的利益，改變香港在 1997 年以後的地位。

這一階段，由於英國政府對中國國內的政治局勢作出了不應該有的「熱情」反應，因此中英的雙邊關係也陷入了低潮。這一局面無疑使衛奕信感到被動，一方面他不能不在大的方面秉承英國政府的意志辦事，另一方面他又不能不從現實政治出發，他太瞭解中國人的性格和中國政府的決心了，一個日趨強大的中國是任何一種政治勢力都不能制裁得了的。在這一事件之後，有關傳媒認為，衛奕信基本保持了「十分難得的異乎尋常的冷靜」。他一方面認為中國國內政治風波可能影響到香港人對香港前途的信心，但另一方面，他頂住了來自某方面的壓力，堅決反對由英國單方面放棄《中英聯合聲明》和取消已經達成的政權交接協議。

在英國下議院外交事務委員會的一次聽證會上，他明確表示：「《聯合聲明》本身是一個好的協議，重要的是要將它貫徹執行，而中國政府迄今未做出任何違反《聯合聲明》的事情。因此，要求廢除或重新談判《聯合聲明》是沒有道理的。」

當年 10 月衛奕信赴美國訪問時，曾經有人問他：「是否應要求北京對《中英聯合聲明》的執行作出額外保證？」他乾脆回答說：「國家的信譽是對國際協議的重要保證。中國在履行國際協議方面享有極好的聲譽，這便是對《中英聯合聲明》最重要的保證」，「『一國兩制』是中國領導人具有長遠眼光的和豐富想像力的一個構想，其深遠意義是不會受最近發生的事情的影響的。」

在當時特殊國際政治環境中，衛奕信能夠有如此的政治判斷是非常難得的，他的這些言論也不是一點風險都沒有。在一些具體問題上，衛奕信與中國政府的合作也比較有默契。由於啟德機場已經很難滿足香港經濟發展的需要，因此，1989 年 10 月 11 日，他在其第三份施政報告中提出在香港新建一個大型的國際機場。這是香港有史以來最大的一個建設專案。由於投資規模浩大，而且跨越 1997 年，因此方案一經公佈，就受到包括中國政府在內各方的關注。

中國政府對此給予了相當的配合，從香港人民的實際利益考慮，認為這一項目是可以立項的，但應本着「低成本，高效益」的原則興建，以免給香港居民和未來的香港特區政府留下過多的經濟負擔。

衛奕信對中國政府這種態度表示完全可以理解，他願意就一些具體問題與中國方面密切協商。他是這麼說的，也基本上是這麼做的。他不希望因此而影響香港的和平過渡進程。1990 年 1 月 10 日，他前往北京，與中國國務院總理李鵬具體協商新機場建設的有關問題。此後，在衛奕信的積極配合下，中英雙方本着合作的精神，經過多次談判，終於在此問題上達成共識。1991 年 6 月 30 日，雙方草簽了《關於香港新機場建設及有關問題的備忘錄》。同年 9 月 3 日，衛奕信陪同英國首相馬卓安來華，正式簽署了這一備忘錄。

以後，衛奕信的繼任者在這個問題上與中國政府出現了嚴重的對抗，也印證了英國換督的原因。

撤換港督的幾個原因

英國首相府在 1991 年最後一天宣佈衛奕信將退休，繼任人選待定。香港輿論界、各政治團體、行政局、立法局議員等，對於英國此刻宣佈這一消息的動機、衛奕信在任期間的功過及下任港督的人選條件等，議論紛紛。從 1992 年 1 月 1 日至 10 日港報報導的各種看法，可以瞭解當時香港民情對衛奕信功過是非的評價，以及換督的猜測。

《信報》認為衛奕信被「炒」，表明英國對港政策的轉向：港督衛奕信，是被首相馬卓安「炒魷魚」的。在大除夕，衛奕信在接受記者訪問時說：「這個決定更確切地說是首相作出的，而不是我自己作出的」，「我老早已公開闡明，如果我繼續留任，我就會這樣做。」話已經說得很清楚，他是願意繼續留任的，但馬卓安作出相反的決定，這不是「炒魷魚」還算什麼呢？

這個訊息，反映了英國政府對香港以至中國政策的轉向——由協商合作轉為強硬。因此可以預料新任港督未必對中國有很深的瞭解和交往，不需要是像前任港督這樣的中國通，也不必要隱藏為英國利益服務的私心，而是能夠堅決地執行

英國政策，為英國工商業爭取最大的好處。

　　轉向的主要原因有四：一、港英政府有必要扭轉「跛腳鴨」的形象，以維護1997年之前的有效統治。二、從多年與中方談判的經驗中吸取了教訓，英國雖然委曲求存，但未能令中方改變態度，所能取得的利益讓步很有限，使英商不滿，而且在國際上遭人嘲笑為「叩頭」。對中國採取較強硬的態度，為英商爭取利益，可以為馬卓安贏得較多選票。三、配合親密盟友美國的對華政策，因為難得有美國撐腰，不必對中國這麼客氣。四、此長彼消的談判籌碼。當初英國政府在談判桌上的忍讓，可以理解為英商在香港仍有不少投資利益，如果即時與中方鬧翻，恐怕血本無歸。自1982年以後的十年期間，英商已做好了撤退準備，大幅減低了在港的投資風險。現在英國政府已少了投鼠忌器的顧慮。另一方面近年中國在香港大量增加投資，反而有所顧忌，不敢隨便與英商鬧僵而打擊香港的穩定。因此談判形勢對英方有利。

　　香港媒體關於英國換督原因的分析，都各有道理。衛奕信確實已經不適應英國政策的要求。英國政府錯誤地估計了中國的和國際的形勢。1989年後，英國內部對中國國內的形勢做出了錯誤的判斷，認為中國內部有變，國際上西方國家封鎖中國，對英國是一個機會。英國政府認為可藉此機會，對20世紀80年代同中國簽訂的聯合聲明和各種協定，提出修正，爭取更多以前想得到而沒得到的利益。英方要實現這一策略和目的，必須換督。

飲水思源

　　英國公佈撤換港督後七個月，衛奕信訪京。

　　香港《新報》曾經用「四年同窗」來形容衛奕信與魯平的關係。《新報》文章說：「衛奕信任內，中英因為新機場財務和增加立法局直選議席等問題，雙方互有爭議，但也許是港督衛奕信這次官方訪問北京乃最後一次，正是臨別秋波，訪問活動的性質看來相當溫和，即使是昨天（7日）與港澳辦主任魯平會面後向記者發表的談話，也是非常溫和及客套。衛督在首日訪問活動中的表現，可以說與他作為一個『告別者』的身份與角色，極為配合。

「事實上，衛督昨午甫抵北京，魯平在機場迎接，雙方先後發表談話，衛奕信強調這次訪京的其中一項工作是向在京的朋友說再見，同時總結在任五年來的一些經驗，並就本港發生的多個問題與中方商討。衛督這段談話極為淡然，而那邊廂的魯平的語氣則較衛奕信更為輕鬆。他說，在港督離開香港之前邀請他訪京，是希望敍敍舊。他說，以前都是公事公辦，希望今次談話比較輕鬆。

「在晚上魯平送別港督的宴會上，氣氛更是平和了，魯平送了兩份禮物給港督，一件是一枚發行於 1924 年的香港 1 仙錢幣；另一件則是一個光緒通寶。

「基於魯平與衛督這次分別扮演的『送別者』和『告別者』的角色，雙方談話時均相當客套。魯平表示在這裡接待港督感到很高興，因為大家是老朋友。他說，衛督與他在香港事務上的合作已經有四年，如果說香港是個世界之窗，那麼，他們已是『四年同窗』了。

「他又說，對於衛奕信勳爵即將離開香港感到非常關心。他認為，衛奕信回到英國之後，會繼續為香港的前途作出貢獻。

「而衛奕信勳爵則用普通話說出『飲水思源』四個字，來形容中國乃香港繁榮穩定的源頭。他強調，香港的繁榮有賴於與中國建立合理、務實和有成果的關係。

「魯平讚揚衛奕信勳爵瞭解中國、熟悉香港，而衛奕信則指出，他所認識的三任港澳辦主任，包括魯平，素質非常高。」

「四年同窗」，給人留下深刻印象的應該是雙方的善於協商與合作。衛奕信一到任，面臨的是中英雙方關於 1988 年是否開始香港立法局部分議員直選的爭議。英方主張 1988 年立法局部分議員直接選舉產生，並在港誤導「民意」支持直選。中國政府則認為，「直選」是香港政制的重大改革，牽涉到立法局的性質與整體結構，必須考慮到與尚在制定中的特區《基本法》的銜接。否則，必將影響到香港的繁榮和平穩過渡。對此，香港輿論也發生激烈論爭。1987 年 9 月，衛奕信訪問北京，同中方交換意見，達成了互相諒解。為中英雙方在香港政制發展與銜接問題上達成共識，衛奕信做到了他應有的一份努力，並取得了成效。

1988 年 4 月，香港特區《基本法》徵求意見稿公佈，中英雙方在香港最後一屆立法局與首屆特區立法機構的組成上展開磋商。英方提出保持立法機關的連續性，「九七」後原有的立法局議員不變。為此，衛奕信 11 月初訪問北京，提出「直通車」的建議。中方則提出，如果英方同意《基本法》徵求意見稿中關於成立香

港特區第一屆政府和立法機關兩條原則,中方願意考慮對徵求意見稿的附件三的規定作某些改動,但對「直通車」不能做出承諾。經過協商和共同努力,雙方在特區第一屆政府和立法會的產生應體現國家主權和有利於平穩過渡問題上達成了共識。

2007 年,魯平接受《新民周刊》採訪時回憶說:「當時,我跟衛奕信兩個人經常接觸。他不方便到我們這裡來,因為他說《英皇制誥》規定的,港督離開哪怕半天也要刊憲,也要指定代理人。他不方便來,那就我去。那個時候是怎麼去呢?沒有通行證,也沒有什麼護照,什麼也沒有。我們這裡就用車把我送到羅湖橋中間,他那邊的車來接我,下我們的車上他們的車,然後過了橋,上他的直升機,把我送到他的粉嶺別墅。就在別墅裡面我們兩個人談一些問題,經常採取這個方式。誰也不知道,都是保密地談,好多問題是在這種個別接觸當中解決的。」「衛奕信我跟他關係一直很好的。他臨走的時候,我專門邀請他到三峽去走了一趟。他說他三峽沒有去過,我說這麼多年你沒有去過三峽,我陪你走一趟。我是專門給他送行的。我們關係很好,現在我們還保持聯繫。」

衛奕信勳爵文物基金會

香港還有一個特殊的殖民地象徵,就是當每位港督離任時都要用他的名字為一條街道、一個學府、一個基金會,甚至一個碼頭命名。

為街道命名的最為常見,從首任港督砵甸乍起便有砵甸乍街,此後又有般咸道、羅便臣道、麥當勞道、堅尼地道、軒尼詩道、寶雲道、德輔道、彌敦道、盧押道、梅道、司徒拔道、卑利街(港督貝璐另譯名)等。

至於為學府命名的有羅富國、葛量洪及柏立基三所教育學院和金文泰中學;為醫院或診所命名的則有貝夫人健康院、戴麟趾診所、尤德夫人醫院。此外尚有尤德爵士紀念基金、麥理浩爵士基金、戴麟趾康樂基金、葛量洪獎學金、尤德觀鳥園、卜公碼頭等。

衛奕信離任前,港府決定依照慣例成立以衛奕信命名的基金會,並修建山道,以作紀念。衛奕信接受了這兩項決定。

衛奕信同意用他的名字，成立一個以促進香港文物保護為宗旨的「衛奕信勳爵文物基金」。該基金會預計在 1992 年底前正式成立，當局希望基金成立時可籌得 5,000 萬至 8,000 萬元港幣捐款。

基金特別委員會主席兼行政局首席議員鄧蓮如在記者會上表示，港督同意以他本人的名字為基金命名，一方面是他個人對文物保護甚感興趣，另一方面是他希望香港市民也關注文物保護的問題。鄧蓮如表示，基金的運用有以下三方面：一、修葺古蹟；二、資助為學童而設的文物教育活動；三、資助考古工作。

文康廣播司蘇耀祖表示，港府曾就以港督之名成立基金一事，向衛督提出多個建議，最後衛督選擇了文物基金。可見衛奕信對文物古蹟的喜好。

政務司孫明揚表示，港府希望基金會成立可籌集 5,000 萬至 8,000 萬元，因為這個水平才可令基金會通過投資和存款賺取足夠的收入，應付日後各項活動的開支。當時，基金已獲多間大機構和個人認捐 2,200 萬元，其中 1,000 萬元來自馬會。鄧蓮如和兩位司級官員呼籲市民對基金會熱烈支持。

港督衛奕信在任期間，曾批准將二十處地方列為古蹟，加以保護。衛奕信離任不久，布政司霍德和鄧蓮如在一個由他們所設的晚宴上，對六十多位認捐或已捐款總數達 4,300 萬元給衛奕信文物基金會的捐款人致送感謝狀，以感謝他們對該基金會所作的支持。

衛奕信徑

衛奕信到港履新時曾說：「攀山是我最喜歡的戶外活動。」所以在他離任之際，港府以他之名，命名一條縱貫港九新界，南起赤柱、北迄鹿頸的行山徑。

這條衛奕信行山徑基本上是把原有的行山小徑連接起來，並加以適當的路標，在不太適宜攀爬的山路加裝設施，使之更宜步行。但即使這樣，這條衛奕信徑也還不是一條易走的路，因為它將連貫 14 個山頭，包括港島區的孖崗山、紫羅蘭山和畢拿山、九龍區的照鏡環山、五桂山、枕田山、大老山、慈雲山、獅子山以及新界區的筆架山、金山、大帽山、九龍坑山和八仙嶺。其中八仙嶺是衛奕信於 1991 年失足以致弄傷臉頰之處，其行走難度可想而知。正如政務司孫明揚

所說，衛奕信登山專選富挑戰性的山路來行，不是人們平常走的平坦山路，所以衛奕信徑的難度頗高。

經過政務總署加緊進行修葺工程，行山徑很快便落成。全港被由西至東的麥理浩徑和由南至北的衛奕信徑所貫穿，兩者在大老山、沙田坳、金山至鉛礦凹一帶相遇。所以有人說行山者要留神，否則便會「時光倒流」，由衛奕信徑誤入麥理浩徑了。

1992 年 7 月 2 日，卸任前一天，在陡峭的山坡上，身着紅衣白褲、滿頭白髮、將要離開香港的衛奕信，神采奕奕地在碧綠的草叢中疾步而行，開始象徵式地踏足以他命名的衛奕信徑。

香港報刊這樣形容當時的情景：「衛奕信攜同家人，同遊剛劃定的衛奕信徑，整個過程中，他表現興致勃勃，活力充沛，一馬當先，遠遠拋離其他人，一顯他的健行者本色。約在 9 時 50 分，衛奕信一家四口，與政務司孫明揚和政務總署首席助理政務司柏志高，在赤柱峽道滙合，並一起走上赤柱岡。

「在出發前，已有一批約二十人的東區及南區區議員和代表，在赤柱峽道列隊鼓掌歡迎他，並和衛奕信拍照留念。

「由於沿途崎嶇陡峭，又多碎石，十分容易滑倒，因此有許多記者都『中招』。也許衛奕信夫人和孫明揚早有遠見，只行走最初並不險要的小徑，便悄然離去。

「不過，衛奕信和他的兩位兒子，則邁開大步，向赤柱岡走去。港督行山功夫果然名不虛傳，在斜坡中如履平地，並以不徐不疾的速度，超越了他的兒子，又不時向記者說早晨好。

「漸漸地，港督已超越了原走在他前頭的許多記者，當中最辛苦的可說是攝影記者，除了要肩負沉重的攝影器材，又要在既斜且滑的山坡上，找一個好角度拍攝港督的行山情況，而他卻健步如飛，兩三個箭步便又超越記者，使他們苦煞當場。而港督的保鏢，亦被遠遠拋離。

「到了赤柱岡的瞭望台，雖然港督有些微的氣喘，卻仍然與特邀而來的香港攀山總會會員聊天。

「憑高遠眺，港督盛讚這裡的海景美麗，又說這條山路富於挑戰性。他更自豪地說，兩星期前曾到此一遊，當時的天氣很差，他越過赤柱岡到另一山頭，也

只是需要 55 分鐘。他由山腳到赤柱岡的瞭望台，亦只是需要 12 分鐘左右。未幾，他便作回程，到赤柱航海學校登直升機，前赴衛奕信徑的北終點站鹿頸，而香港攀山總會的隊員，則繼續向馬岡山進發。

「約在 10 時 40 分，港督便抵達鹿頸，主持衛奕信徑的開幕儀式。他表示，香港很好，在此他有很多難忘的經驗。他又聲稱，有很多市民寄慰問信給他道別，也有職員送他一個刻了他們名字的盾牌給他留念。

「他又表示，自己很喜歡行山，大部分的衛奕信徑他都曾行過，並強調若有機會，會和記者舉行一次登山比賽，最快的一個可以獲獎。衛奕信徑全程 60 公里，南起赤柱，北迄鹿頸，全程蜿蜒起伏，彷彿就是象徵他在香港所走過的路途。」

在香港的最後一天

香港報紙說，用「依依不捨」和「傷感」，來形容衛奕信伉儷離別香港的情懷最為貼切。

衛奕信於 1992 年 7 月 3 日結束了五年兩個月又二十四天的第二十七任港督任期，與夫人黎丹霞及兩個兒子在盛大的歡送儀式中，依依惜別。

當天上午，衛奕信如常工作，在總督府內與司級官員舉行每周五的例會，然後與家人共進午餐，飯後做最後的收拾。

到了下午 6 時 20 分，衛奕信在離開港督府前，與官邸內紀律部隊及工作人員一一握手話別，然後乘座駕離開督轅，出席在香港大會堂酒樓舉行的 800 人告別酒會。嘉賓包括政府部門首長、各國領事、宗教界及社團領導人等。

在三個小時送別儀式中，衛奕信伉儷時而激動，時而傷感。衛奕信致辭時說：「道別是一件傷感的事，尤其是向香港道別，更令人加倍傷感。因為我和家人在這裡度過許多歲月。但這不單只是難過，實在令人傷感，因為我們一起在這裡度過了動盪的五年。而我們曾目睹香港掙扎生存、昌盛及茁壯成長。這大部分是歸功於在座各位，及成千上萬今晚沒有出席酒會的香港人。

「我與你們在這段期間一起服務香港，目睹香港從困境中反彈起來，邁向成功實在是一件樂事。當我們離開香港時，我們亦會永記這份歡樂及成功感。

「我會以莫大的興趣、無比的關心，來留意今後在香港發生的一切事情。此外，更將會支持你們在這裡為香港人建立一個成功的未來，這便是我希望留給你們的資訊。香港將是我們心目中一處十分重要的地方。」

酒會之後，港督徐徐步往大會堂對面的愛丁堡廣場，欣賞為他準備的約二十分鐘的綜合表演，演出者包括九個由港督或其夫人贊助的青年制服團體、一家幼稚園的孩子們和樂隊、舞蹈團等。

這二十分鐘的表演節目達到了整個送別儀式的高潮。

「港督夫人黎丹霞更激動得流下淚來。衛奕信則強忍淚水。在巨型射燈的照耀下，衛奕信一家人在廣場上欣賞了一段精彩的多媒體送別表演，衛督伉儷在看到壓軸戲時，眼前出現三十多名小朋友身穿各行各業服飾向他們揮手致意，並表演衛督平日登山的英姿。衛督伉儷忍不住淚盈於眶。離席前，衛奕信帶着燦爛的笑容不時向市民揮手道別，離愁別緒之情洋溢不已。」

當衛奕信及其家人正步往皇后碼頭之際，兩名身穿全套傳統蘇格蘭軍團服飾的黑衛士皇家高地兵團風笛手突然出現，並吹奏三首著名蘇格蘭樂曲。這項在節目表中沒有列出的「特備」節目，為原籍蘇格蘭的港督帶來一份驚喜。

表演完畢，衛奕信最後踏進「慕蓮夫人」號，他在船頭不斷向記者們揮手道別。當抵達九龍城碼頭時，感於現場市民的熱情，與他們握手道別，竟達十分鐘之久。

9時許，當港督的座駕抵達停機坪時，衛奕信的心情顯得有點激動，一下車便與多年替他駕駛座駕的司機握手道別。而後港督伉儷向在場送別的全體行政局議員話別。到了機梯底，衛奕信又忍不住回身，向送行的人群拱手，以這個中國式的手勢，表示祝福和多謝。及至梯頂，他又再回身，向在場眾人揮手、拱手，並停了好一會讓記者拍照。飛機引擎開動時，仍可見衛督貼着機窗，向眾人揮手。

香港給衛奕信帶來許多難忘的回憶，他也留下了傳統殖民地總督的羽毛帽，饋贈香港博物館。

1992年11月17日，卸任後的衛奕信受聘為蘇格蘭水力發電公司的新任主席。該公司位於蘇格蘭北部，是英國老牌公司，已有五十年歷史。衛奕信退休後，回到家鄉鴨巴甸泉林，享受無官一身輕的閑適生活，每日讀書、行山為樂。他自己在鴨巴甸有一座村屋，附近有格林彼安高原，是他行山的好去處。

彭定康 Christopher Francis Patten

彭定康（1944- ），又譯克里斯多夫·法蘭西斯·帕頓，1944 年生，是有着愛爾蘭血統的天主教徒。早年就讀於聖伯蘭達書院和牛津大學巴厘奧爾學院，主修現代史，獲榮譽文學士，並獲獎學金到美國留學。1966 年加入保守黨研究部，專注本土事務。1970 年入內閣辦事處，負責統籌社會政策，其後進入內政部。1972 年至 1974 年間，出任保守黨主席卡林頓的私人助理及政治秘書。1974 年，被委任為研究部部長。1979 年當選為英國國會議員。此後，他歷任北愛爾蘭事務部、國防部、教育部及外交部負責海外援助的次官，以及教育與科學大臣、環境保護大臣等要職。1990 年任保守黨主席。

英國首相府於 1992 年 4 月 24 日正式宣佈，委任保守黨前主席、時年 48 歲的彭定康為香港第二十八任總督。7 月 9 日，彭定康抵港赴任，接替被撤換的衛奕信。彭定康是英國自 1843 年在香港設立總督以來的最後一任港督，也是英國所有殖民地中的最後一個總督。

港督豐厚的年薪

彭定康緊隨馬卓安，積極為其內外政策辯護，自稱是馬卓安的好友，「說什麼時候見他，就什麼時候見他」。但是選舉中，彭定康在巴斯選區被自由民主黨候選人唐‧福斯特擊敗，失去入閣的機會。英國首相馬卓安委派他的老友彭定康為新一任的香港總督，在英國有人認為，這是選舉失敗的「安慰獎」。就彭定康本人為什麼接受港督一職，人們有各種各樣的猜測。文希先生所著《彭定康這個人》一書有這樣一段分析：

「最後一個殖民地的最後一任總督，卻也處身歷史性地位，舉世所視，何況以資深政客身份，出任港督五年，然後大英帝國『光榮撤退』，返回祖家，大可挾此『歷史』美譽，扶搖直上，則不但外相，連首相一席，也有厚望焉。」

文希先生自稱為彭定康的老友，所論當不是以「小人」之心，度「君子」之腹。

彭定康上任不久，在接受英國名人雜誌訪問時，透露過接受港督一職的原因。他說：「因為我覺得這是個嚴肅的職位，一個責任重大的職位。在本世紀末，管治英國歷史上最後一個舉足輕重的殖民地，責任沉重，十分吸引。」又說：「我認為，這是最後一次大型殖民地工作，我被其歷史意義所深深吸引。」「要為六百萬人謀福利，又要使這些政策得以延續至將來，我想，便是這個原因，令港督一職，成為世上最具吸引力的工作。」

文希所分析的原因，與彭氏自述大體一致，一個是挖進骨子裡，一個說的是表面現象。

文希先生的分析，被 1992 年 10 月馬卓安的一番話所證實。彭定康第一份施政報告話音剛落，馬卓安立即在保守黨年會上高度讚揚彭定康在香港的表現，稱彭定康在香港的勝利，就等於保守黨人為保守黨所取得的勝利一樣。他熱切盼望

彭定康在 1997 年後重返英國政壇。不知這「重返政壇」是馬卓安與彭定康曾運籌於密室，還是言論的不謀而合。

港督一職，除了政治上的可撈資本之外，是否還有別的具有吸引力的東西？也有人做出經濟效益方面的分析。

香港總督雖然位不高權不重，可是，在世界政壇上卻薄有名氣。原因是，在世界各國行政首長中，港督所享有的薪酬可算是首屈一指。港督的薪酬高於英國首相，並且無需繳稅，還可以享有交際費及多項福利，包括官邸、別墅、名車、私人遊艇及大批僕人。

新港督彭定康的月薪為 17.8 萬元，據說後來增加到二十幾萬，差不多是英國首相馬卓安的兩倍。彭定康除薪酬可觀外，每年還可以享受 46.3 萬元的交際費。任職期間，彭定康一家可以入住面積達 27.5 萬平方呎的港督府。港督府由總監督官急庇利在 1851 年至 1855 年間建造。日軍侵佔香港期間，曾作改建，外貌與今日所見大致相同。雖然港府未曾對港督府進行估價，但督轅位於中區，地價估計可高達十數億元。港督還有一座位於粉嶺的私人別墅。

他還可享用港督府內七輛名貴汽車，包括一輛作為官式座駕的勞斯萊斯轎車、兩輛丹拿轎房車、一輛福特房車、一輛日產佳奔牌 E24 房車、一架本田 CN200T 電單車、一輛福特萊塞牌房車。

當然港督還享有私人遊艇「慕蓮夫人」號，這艘遊艇於 1953 年 7 月在香港建造，建造費為 90 萬元。第一位使用「慕蓮夫人」號的港督是第二十二任港督葛量洪，到彭督上任，「慕蓮夫人」號已經歷七任港督的管治期。

據說，世界上元首的薪金以美國和日本最高，除了這兩位超級大國首長外，香港總督可能要排名第三位。就算五年不加薪，到 1997 年 6 月 30 日撤出香港之日，彭定康可賺 1,070 萬港元。港督不必繳薪俸稅，因為他是英女皇駐港代表。

由於港府有幾十名各級人員在督轅為彭定康工作，包括司機及家僕等，彭定康衣食住行玩樂另有支付，薪金實在可不用分文，全數儲蓄起來，五年後便可變成為千萬富翁。

引人注目的嬌妻俏女

彭定康履新，自然是港人和新聞媒體關注的焦點。但是，更惹港人興趣，成為街談巷議熱門話題的，是新港督的妻子和兩個女兒。

當記者問及彭定康一生最重要的決定時，他毫不猶豫地回答是：「決定娶了我的太太！」他的太太就是隨他到港就職的林穎彤女士。在彭定康漫長的從政生涯中，無論在事業高峰期，或是仕途失意時，太太都分擔了他的喜與憂。所以彭定康曾形容太太是「最知心的」、「最忠實的」朋友。這次彭定康決定來港出任港督，夫人林穎彤起了決定性作用。她始終都支持丈夫接受這個極具挑戰性的任務。她自己也願意為此而放下大律師的工作不做，夫唱婦隨，來香港做「第一夫人」。吸引彭定康當港督的因素可能很多，但「第一夫人」林穎彤曾表示過，非常喜歡港督府內的網球場，而他們的小女兒雅思則極鍾情於港督的專用遊艇。這可能是起作用的家庭因素。

香港記者稱，彭定康不單與英國首相有親密的合作關係，他們還有一個共同特點，就是毫不吝嗇地在人前稱讚自己的妻子。彭定康到港前，曾路經新加坡，在會見新加坡財政部長之後，他突然託人傳達，可讓記者幫他們拍一張「全家福」。當候任港督伉儷和兩位嬌俏可人、略帶靦腆的女兒走到階前讓記者拍照時，記者趁機與港督閒話家常。記者問他有何嗜好，新督透露，他喜歡打網球，平常多是參加男子雙打或混合雙打。到新加坡第二天早上7時，他便與太太到英國駐新加坡高級商務專員公署的網球場打網球。

當記者問及誰打得最好時，彭定康立即舉起妻子的手說：「她！」隨後還打趣地說：「有她在場，我還能說誰呢！」事實上，他也很喜歡讚揚他的兩個寶貝女兒。當大家談網球時，記者問及他長女麗思是否會打網球。督太笑答，尚在學習階段。彭定康立即補充說：「她們是游泳好手。」大女兒麗思，英文名羅拉，時年17歲，倫敦大學預科，修讀戲劇和宗教倫理，不久即返英續讀。三女雅思，當時13歲。

新督兩個女兒的衣着、一顰一笑，都為大眾所關注。7月9日下午，彭定康到港這天，香港各界人士聚集機場，迎候新督的到來。彭麗思一出機艙，便成為

香港傳媒關注的焦點。除了她的美貌外，她的衣着也惹來紛紛議論，不是因為她穿得如何花枝招展，而是由於 17 歲的她，穿着相當富有青春氣息：上身着緊身灰白橫條 T 恤衫，下身穿貼身灰色短裙，曲髮束髻，手拎一個色彩奪目的小背囊，充分突出了她苗條的身段。一走出機艙她便輕靠着舷梯扶手。記者從望遠鏡中，看到她搭在黑色扶梯上的塗紅指甲纖手，提着小背囊，肩上掛着一個紙袋，胸前垂着一副太陽鏡，左手戴金錶和黑色手帶，展露出其修長的玉臂，擺出一副模特兒的姿態。到了公眾碼頭，麗思一步出坐駕，人們赫然發覺，亭亭玉立的她，已換上了藍色外套、藍色裙褲，配以白色藍邊帽子，更為矚目的是她外套內的白色低胸 T 恤衫，襯出青春活力。

至於新港督彭定康的三女雅思，一副天真活潑的模樣。在冗長的就職宣誓儀式中，她顯得有點不耐煩，時而托腮，時而輕撥秀髮，時而垂首端詳腳尖，襯上一身淺藍色的水手裝、米黃色的帽子，十分嬌俏可愛。而彭定康讚不絕口的賢內助林穎彤，身穿鮮紅套裝，如影隨形般緊傍於夫婿左右。三位家人，奪去了新督的大半觀眾。

獨特的從政風格

彭定康是歷任港督中較年輕的一位，他以自己獨特的方式和風格開始了五年的歷程，當時令港人「耳目一新」。

他特意給自己取了一個中文名字彭定康，自稱喻意「安定康寧」，祈求能在1997 香港實現順利過渡。他在就職宣誓時有意採取了兩個打破殖民地色彩的舉動：一是不接受封爵；二是不穿傳統總督官服，而只穿普通的灰色西裝宣誓就職。香港人一見便知，新督「愛作秀」。

他在就職演說中宣稱：未來五年的施政目標是，維護香港現有體制，提高港府管制能力與香港經濟的競爭能力，完成新機場及其他基本建設，在保護低稅率和控制開支的同時，改善社會福利和治安，與中國建立互信合作。他表示要將「一國兩制」這個歷史意義重大而具有遠見的構思付諸實現，變成「不可推翻的事實」。彭定康能否信守誓言，港人只能拭目以待。

以前的港督大多是出自外交系統的政府官員，非常熟悉中港事務，又懂中文。而彭定康是唯一一位具有政治家身份的總督，也不懂中文。他說他的信條是講求務實，尋求延續穩定，從經驗中逐步改進。

　　彭定康一生都堅持英國政治大師艾德蒙伯克的信仰，認為政治只是生活的一小部分。他雖說貴為內閣閣員，但因在戴卓爾夫人時代，多次當面直言批評首相的政策「右轉」過頭，以致從未被她收為心腹。如今，現任首相馬卓安眼看彭定康政治的生涯無以為繼，思及他的這位密友「護主」有功，當然不忍虧待他，決定以閃亮的新職「港督」，讓他過五年有 45 名僕役伺候、免稅薪資遠較首相為多的皇家似的生活。

　　彭定康剛一到任，香港一家報紙就發表了一個留英香港學生寫來的一封信，給不少讀者籠罩了疑問的陰影。信中這樣描寫彭定康的從政風格：

　　「1989 年，戴卓爾夫人的保守黨政府推行人頭稅，彭定康當時身為內閣環境大臣，專門負責人頭稅的製訂與推廣，由於人頭稅劫貧濟富，引起了民眾的激烈對抗，並在全國引發了一場大辯論──究竟人頭稅是否合理？在這期間，稱人頭稅合理者寥寥無幾，但在電視、報章上卻常見彭定康『斬釘截鐵』地『論證』人頭稅之合理公平。聽眾讀者雖仍不信服，卻也承認他的『辯才』。」

　　「偷雞不成蝕把米，戴卓爾夫人的政府聲望急挫，眼看大選連任不保。在這種情況下，保守黨內發生分裂，現任工貿大臣赫塞爾廷向戴卓爾夫人挑戰。在第一輪投票中，由於戴卓爾餘威仍在，雖然結果難料但尚有優勢，所以彭定康並不敢輕舉妄動，還信誓旦旦地表示堅決支持戴卓爾夫人。然而，第一輪投票並未給戴卓爾夫人足夠多數。彭認為時機已到，他可以在首相換馬及年輕化中撈上一票，於是他便率先向戴卓爾夫人發難，表示不再給予支持，轉而與最年輕的人選馬卓安結成同盟。戴卓爾夫人倒台後，保守黨宣佈將廢除人頭稅，以平民憤。奇怪的是，此時升任保守黨主席的彭定康卻再也不去論證堅持人頭稅的公平合理性了，好像和人頭稅從來都無沾連，反而去論證為什麼一定要廢除人頭稅了。」

　　「在英國大選中，身為保守黨主席的彭定康慘遭落敗。宣佈投票結果時，電視中的他，臉色灰白，表情僵硬。保守黨為大選獲勝狂歡不已，馬卓安也激動非常，幾次故意拉彭定康的手作勝利歡呼狀，無奈彭當時連強顏歡笑的精神都沒

有，正在緊張考慮自家的政治出路呢。本來保守黨打算通過補選的方法使彭定康重返下議院，但彭自己也明白，這樣『造』出來的議員不會有什麼威信和政治前途。港督一職倒是個名利雙收的肥缺，到香港能一展所謂『強勢總督』的風采，呼應英國政治、經濟和外交政策的需要，將來打回英國政團就有了絕妙的資本。」

一個留英學生的信，能有多大的份量，又是否抓住了彭定康的為人本質、從政特色，香港人尚需在以後的日子裡驗證清楚。

「曝光」與「親民」

1989年英國政府重新估計形勢，改變了對華政策。被人稱為倫敦「三劍客」的首相馬卓安、外相韓達德、港督彭定康敲定的治港策略若要實施完成，彭定康需要費一番心思，耍一通手段。首先，他要借用「民意」。上任第一個工作日，彭定康上午接受記者採訪，會見高級官員，在午後出巡，接近市民，充分「曝光」。

1992年7月10日，在抵港履新第二天早上8時，他開始接受外國電視台訪問。百多名來自不同傳媒的新聞從業人員，在港府後花園草地上，排成一排長長的弧形人牆，彭定康站在特為他而設的直立式麥克風前，回答記者問題。

一個上午，彭定康的工作極其繁密，依次為：接連接受外國電視台訪問；與部分司級官員會晤；後花園召開記者會；會見聖公會港澳教區主教鄺廣傑及天主教香港區樞機主教胡振中；接受香港兩間電視台訪問……

首個工作日完全是「曝光日」，隨同他來港的兩名私人顧問戴彥霖及黎偉略，整日忙得團團轉，連午餐也是步行到中環的麥當勞買了漢堡包返港督府進食的。

下午，彭定康率眾「出巡」，由妻子林穎彤及政務司孫明揚陪同左右，先聲奪人，大收「親民」的效果。2時30分，彭定康一行抵達金鐘地鐵站，乘地鐵到旺角下車。在旺角巡視了一些熱鬧街道後，一行人步行到火車站，乘列車到沙田。稍後，彭定康坐上皇冠座駕，經大老山隧道到鑽石山，視察木屋區鑽石山新村。

事後得知，首次「出巡」路線是彭定康本人親自選定的。不過，「親民」的

效果，卻也未如預期般理想。在金鐘站登乘地鐵，有關方面安排了三節車廂「款待」，讓新督有機會跟市民親近，但中外記者為數超過 160 人，爭相獵取「親民」鏡頭，反而把主角和市民大眾分隔開來，無法接近。

走出車廂，每逢有人喊彭定康的名字，他都停下來，握手寒暄。記者蜂擁獵影，情況更加混亂。最後，彭定康主動在地鐵站內站定，大聲對包圍他的記者說：「我出巡是希望多看看外面情況，多接觸市民，請你們不要像打橄欖球般圍住我。我一定妥善安排讓你們拍到照片。」

走出旺角地鐵站時，迎面一群情緒高昂的示威者在高叫「爭取民主」的口號，於是出現失控局面。附近的警察立即被召集到場，「人牆」封鎖線架起來，將新督夫婦和隨行官員團團圍住。一路巡行，警察數目一路增加，「人牆」封鎖線一度多達五六十人，無可避免地令新督「親民」的預想大大地打了折扣。

旺角區內，馬路兩旁的店舖前擠滿看熱鬧的人群，彭定康照例揮手微笑回應，不時向周圍群眾豎起大拇指作「頂呱呱」手勢，並把手伸過「封鎖線」去握群眾伸出來的手，同時聊上一兩句。在不停的笑語聲中，新督的腳步，緩慢地前行。

通過第一天的觀察，香港市民便認定新督代號為「肥彭」。「肥彭」終於擠進了旺角有名的小販區「女人街」，不停地向攤主問：「生意好嗎？」「經營多久了？」然後，新督來到涼茶舖，喝了一杯 4 元錢的花旗參茶。

一杯參茶補中益氣之後，新督結束了對香港最繁華區域的巡視。接着巡視鑽石山新村時，彭定康遇到木屋居民攔途請願，要求該村清拆後在市區獲得安置。擺脫請願者後，新督沿狹窄的直街步行而上，探訪木屋民居，慰問一名老婦。下午 5 時半，彭定康盡興而回。

衛奕信任內一直被視為深得民心的港督，但彭定康初來甫到即引起的「轟動」效應，在衛奕信五年任內從未一見，更是歷任港督所無法比擬的。

後來，由彭定康選定「光顧」喝了一杯 4 元參茶的涼茶舖店門外，豎了一張大大的「肥彭飲涼茶」海報。而此舖連鎖經營，分店特多，每店門外都立此為照，招攬生意。「肥彭」親民，從此也就有圖為證了。

上任翌日的後花園記者會上，彭定康即明言其後五年任內，會透過四種不同的途徑，積極跟新聞界接觸，其中一途，便是其首創在督轅後花園舉行的「答問會」。「答問會」有兩大用場：一可供闡述彭定康的施政方針；二可在短時間內，

樹立他作為港府最高領導人的權威地位。那便是「親民」與「官威」同時共進，雙管齊下。

彭定康首度巡區時，在鑽石山新村，一手抱起獻花的四歲男孩，問他想不想到港督府去，男孩回答說：「不。」在旺角涼茶舖內，彭督也曾抱起店東的八歲外甥，問他想不想跟他去港督府，男童回答說：「不想，因為『屋企』比港督府好。」「肥彭」與小孩的「答問會」，都以一個「不」字作結，或許是他始料未及的。督轅後花園原來並非如此吃香，彭督雖然早有體會，卻要到幾個月後，才能深深領略來自童真的玄機。

彭督所說與新聞界接觸的另外三種途徑，分別是：定期舉行正常的記者會；在巡視中，簡短回答有關地區事務的提問；最後是一如歷任港督一樣，隔段時間會晤新聞機構的負責人，對港府施政方針詳加闡述。

上任後的三個月內，新督僕僕風塵，四出活動，「親民」與曝光的時間，並不比「親政」的時間少。而肥彭還自稱，讀《基本法》多過讀聖經。親民、曝光和讀《基本法》雖屬兩碼事，宗旨卻是一個。前者是為首相、外相、港督共同參與炮製的政改方案的定期推出先行造勢；攻讀《基本法》，則是為「知己知彼」，尋找所謂「灰色」地帶，為唐寧街違背《聯合聲明》的政策提供依據。

「攪局」第一着

彭定康到港即宣稱，與中方合作，有事共同協商。慢慢地，香港人體會出所謂合作的味道來。彭氏之合作，內涵不過是「和中方討價還價」而已：公開宣稱合作，表明誠意，至於發生爭執，責任就全在別人了。

彭定康知道他的時間並不多，要抓緊行動，完成他「攪局」的任務。第一着便是新機場問題。他上台伊始，即乘直升飛機在赤鱲角新機場、啟德機場上空盤旋視察。兩日後，在機場委員會會議重開前夕，他又參觀了啟德機場，由經濟司和民航處等部門官員陪同，聽取機場運作彙報。他從機場走出來即表示，以香港對航空服務的龐大需求及旅客人數的急速增長，到 1997 年時啟德機場已不敷應用，赤鱲角新機場的興建有迫切性。

赤鱲角新機場，是新的大型國際機場。1989 年 10 月，港府在經過多年研究，對比多種方案之後，決定將建設地點選在大嶼山赤鱲角，由衛奕信正式宣佈這一決定。1990 年成立臨時機場管理局，負責規劃、設計、興建工程。據 1991 年 3 月的價格計算，新機場及有關核心工程的估計費用為 990 億元，由港府負責撥付 169 億元，機場管理局貸款 165 億元，私人機構投資 102 億元。這是香港開埠以來耗資最大的工程，且跨越「九七」期限，自然引起中國的關注。中英雙方經過一年多磋商，已經於 1991 年 9 月 3 日簽署了關於新機場建設的《諒解備忘錄》，中國政府明確表示支持新機場建設。但是，彭定康上台後，不按《諒解備忘錄》行事，將機場建設費用大幅度提高，使未來香港特區承擔的債務大大超過備忘錄的規定。

1992 年 7 月 16 日，彭定康上台一周，香港新機場委員會舉行會議，即開始因機場安排方案同中方發生爭執。會議的次日，港府布政司霍德出席香港總商會主辦的機場核心計劃會議時，具體透露：「中國向英方建議，在臨時機場管理局的財務安排達成協定前，應先單獨處理機場地盤開拓工程合約。」

7 月 20 日，中方官員點名批評香港布政司和庫務司的做法，指出他們洩露中英有關香港新機場融資安排的談判內容，想脅迫中方全面接受其原封不動的方案，給香港和國際社會一個不小的誤導。中方官員還指出，現時英方的財務安排方案大大超出了中英關於香港新機場建設及有關問題的備忘錄的規定。

備忘錄規定，中國政府對於須在 1997 年 6 月 30 日以後償還的必要的和合理的港英政府的舉債將採取積極態度；如果其債務總額不超過 50 億元，港英政府將根據需要自行舉債，並通報中國政府；如果超出 50 億元，須由雙方對該舉債建議取得一致意見後方可進行。在以上諒解的基礎上，港英政府在安排財政計劃時，將保證於 1997 年 6 月 30 日留給香港特區政府使用的財政儲備不少於 250 億元。中方官員透露，新機場成本不斷上升，直到 7 月初的高層會議，英方還不願作出「上限封頂」的承諾。

對於中方官員的批評，彭定康出席行政局會議後，為布政司霍德的講話辯解。同時港府就中方官員的批評，發表聲明說，「布政司當時向 700 名商界人士發表演說，在這樣一個場合，要他發表演說，而不向商界人士以及整體社會，彙報有關事情進展的梗概，是不切實際的。（霍德）並沒有透露談判的任何細節，

但只是提及一些傳播媒介已廣泛討論的事情。」

　　一個多月之後，9 月 14 日，彭定康突然閃電式返回英國「述職」，停留十六小時，「三劍客」匆匆會見之後即返回香港。彭定康到港不過兩個月，有何職可「述」，引起外界多種猜測。而彭定康又故做神秘，不透露任何消息。但是，敏感人士從隨後機場委員會提出的機場財務安排方案，以及行政局議員李鵬飛透露兩局分家和立法局設委員會制的政制改變安排，即可知道這是彭定康述職後的產物。這說明，倫敦高層經過商議之後，決定不理中國的態度和立場，與中方進行較量，大打所謂「民意戰」。

　　所謂述職的重要議程之一，是商討要中方「交出」機場鐵路沿線上蓋賣地的一半收入，大約為 220 億元；同時，建設費用決不封頂。這個方案是把特區政府應有的財政收入 220 億元提前挪用，顯然不能為中方所接納。這樣的條件，中方如能答允，衛奕信時期早就答允了，何必拖到今時。英方的要求無疑是要中方挪用特區的收益，白白送一條機鐵的費用給英國在 1997 年前支配。根據新機場諒解備忘錄，十大工程是英方在 1997 年前負責施工興建，不造成特區政府的財政負擔。在香港，人人都知道，新機場議論之初，英國官員大拍胸口，說港英政府是有足夠財力去興建新機場的，何以又要預先挪用早已協商確定的特區政府的財政收入呢？

　　新機場沿線上蓋物業有 62 公頃，要經過開拓平整才可以出售，最早的批售年限在 1993 年至 1995 年。這就是說，屬於英治年期僅為兩年，而屬於特區政府的年期為五十年。五十年與兩年的土地使用費相比，相差 25 倍。但是，中方為香港平穩過渡，願意由港英政府收取一半土地批售費，而特區政府收取其餘一半，即 225 億元左右。這種安排，特區政府已經很吃虧了，可是英國人卻連這一半也要在 1997 年前挪用，這顯然是在損害香港人的利益，增加特區政府的負擔。

　　有些香港人質疑說，英方不是說機場鐵路 230 億元就可以建成了麼？機鐵上蓋地收入之英方一半，應足夠建機鐵了，何以連未來特區政府的一半也要據為己用？英方挪用特區的財源越多，越是大手筆花錢，會把建費弄得越龐大，越損害港人的利益。港人的要求是機場鐵路應該省錢，不要造成將來暴加票價和猛加稅收的負擔。

　　機鐵造價原本是 150 億元，而短短幾個月內卻上升了 80 億元，達到 230 億元。

這說明造價大有壓縮餘地。英方完全可以訂出一個更符合效益,而又不必提早挪用特區財政的方案。香港輿論稱,備忘錄說留給特區 250 億元財政儲備,經過彭氏 16 小時的返英「述職」,全給「述」光了。

對於英倫的謀劃,中國自然不能接受。新機場工程預算一再調升之後,中方多次提出批評,加上香港輿論的壓力,港府才不得不將總建築費減少。

說到新機場建設經費方案,據文希先生記載,彭定康就中英雙方的討價還價,以港督身份發言時,更有一段驚人「妙論」。彭氏說:「我們要記住,1997 年特區行政區會得到自埃及妖后以來,最大筆的嫁妝。因為特區政府將從外滙基金和土地基金得到大筆資源,此外特區政府將可繼承一盤有盈餘的賬目。」

香港媒體指出,外滙基金固然為數龐大,但是,外滙基金是幹什麼用的?儘管一生搞政治,彭定康也應該明白,它主要作用在於保障港元滙值,這龐大的資源不能任意動用。彭定康所說的外滙基金、土地基金,實質上都是香港人的資產,是香港社會的財富,本來就是香港人的血汗錢和中國的土地錢。中國恢復行使香港主權,外滙基金理所當然地留給特區政府,怎麼能說是英國送的呢?彭定康以「嫁妝」相比,真是風馬牛不相及。

外滙基金是歷任港督都不公開的機密。但是,在彭定康上任一周不到的時間,港府突如其來揭開了這一個世紀以來的機密,不但在香港社會造成了震撼,更令人對初來乍到的新港督「刮目」相看。

1992 年 7 月 15 日,財政司麥高樂突然在立法局會議上,正式公開港府外滙基金資產值。被喻為香港最神秘面紗的外滙基金,緊緊保密了 150 年而一朝揭露,當然不會是財政司個人的主意。令人特別感興趣的是,港府揭開財政的大機密,為什麼恰巧就選在中英兩國政府就新機場財務安排在港恢復舉行會談的前夕?根據當局公佈的資料,截至 1991 年底,香港的外滙基金總額為 2,361 億元,其中外幣資產及港元資產分別為 2,253 億元和 108 億元,其中累積盈利為 987 億元。

財政司麥高樂指出,外滙基金持有的外幣總資金相當於 290 億美元,按全世界持有外幣儲備數額最高地區排列,香港排在第 12 位,而香港的本地生產總值,在全球排名佔第 34 位。香港按人口平均計算的外幣儲備為 5,000 美元,顯著超過經濟合作發展組織成員國家平均只有 740 美元的數目。就是說,若按人頭攤派,每個香港人,不論男女老幼,都可以從外滙儲備取得接近 40,000 港元。

除了外滙基金之外，港府還擁有財政儲備，截至 1991 年底為 760 億元，而到 1992 年底時已大幅增加到接近 1,000 億元。

外滙基金的功用，在於保障港元滙率的穩定；而財政儲備為另一筆可備用資金，由港府根據公共開支，在有需要時審慎動用。兩者之外，港府名下的資金尚有「土地基金」，是由賣地所得款項按規定比例撥出而積累起來的。截至 1991 年底，轉撥土地基金的賣地收入，總額達 250 億元，此數字並未包括投資收益。

政改方案的出台

彭定康治理香港的重頭戲是第一個施政報告，就在這個報告裡，他拋出了「三違反」政改方案。為了這個方案的出台，他在抵港後的半年裡，便緊鑼密鼓地制定方案秘稿。

彭定康上任兩個多月後即匆匆返英述職。抵達倫敦後，彭氏偕其助手黎偉略、韓新及私人秘書賀理等人，前赴唐寧街 10 號會見首相馬卓安、外相韓達德、財相雷蒙特及其他主要閣員，引起不少政治評論家揣測。

彭定康返英之行，最主要的任務是把香港近期所發生的事情及施政報告的草擬本，向首相徵詢意見，並獲得他們授權支持。從程式上說，是獲得「香港及其他屬土事務內閣常務委員會」的八位主要閣員全力支持。彭定康此行達到了目的，內閣常委「八老」鼎力撐腰，就對華的行動，統一了口徑，協調了步驟。至此，英國政府統治香港最後五年的藍圖，在唐寧街上確定。彭定康心頭踏實，志意昂揚，準備放手大幹。

9 月下旬，彭定康續演其拿手好戲——親民活動。不同的是，此次出巡由於距離施政報告的發表只有兩星期，「親民」的意義特別重大。這次他點中的「親民」地點是水鄉大澳。港府對出巡行程作了周密的安排和渲染。

人們私下議論，彭氏這一系列活動，絕對不單是英國政客的慣常做事手法那麼簡單，背後實隱含着更深一層的意義。彭定康判斷在餘下的四年多統治期內，若要推行英國的既定政策，就必需抓緊「民意」來作後盾。只有這樣，港府才可以在必要的情況下，不顧中方的反對，強行落實港府決策。而要爭取民意支持、

推銷港府政策，港府要花的力氣比過去任何時候都大，但彭定康已決心朝此方向推進。

彭定康雖然身在離島巡視，其為施政報告所作的推銷部署，則同時在市區落實並進。以港督私人新聞秘書韓新為首的一批港府高官，正按照這個方向為彭定康的首份施政報告，製作一套前所未有的具體推行策略。

彭定康出巡的同日，行政、立法兩局憲制小組就有關 1995 年的選舉委員會的組成模式提出建議：選舉委員會由三級議會的直選議員組成，再由他們互選成員「入局」。與此同時，港督私人新聞秘書、資訊統籌處處長韓新，負責安排彭定康首份施政報告發表後的「推銷」行程。整套行銷方略，活動的密集、姿態的高昂，都要大大顯露出彭定康本人及其身旁「智囊」的高度創意。就連施政報告當日的具體安排都詳而再詳。

1992 年 10 月 7 日，彭定康在拒絕同中方磋商的情況下，單方面以年度施政報告的形式公佈了他的所謂政改方案。這個政改方案破壞了中英聯合聲明的原則和精神，既不符合《基本法》的有關規定，也違背了過去幾年裡中英雙方就 1995 年選舉的安排所達成的一系列協定和諒解。

至此，彭定康上任後「曝光」、「親民」、匆匆「述職」的天機，才算完全洩露出來。

最賣命的一天

10 月 7 日這一天，彭定康神氣活現，忙得不可開交。這就是他的所謂「政改方案」出籠的一天。

香港報紙有這樣的記述報導：這位曝光率遠勝歷位前任者的新港督，大清早與助手吃過工作早餐後，便個別會見了主要政治團體的代表，率先向政治團體講解了施政報告的內容。稍後港督亦逐一與一些身兼立法局議員職位的行政局議員見面，首先肯定他們過去在行政局工作的成績，感謝他們所付出的努力，然後要求他們辭去行政局的職務以徹底實行兩局分家。

早晨第一個與港督會面的是「啟聯」資源中心召集人、兩局議員李鵬飛。他

8時便抵達港督府，9時才離去。緊接着李鵬飛的是港同盟主席李柱銘，他與港督亦談了差不多一個小時。而民建聯主席曾鈺成及幾位兩局議員包括范徐麗泰、黃宏發、許賢發、何承天稍後亦逐一應邀前來，但每位在港督府逗留的時間約只有15分鐘。

下午2時半，彭定康由港督府抵達立法局，打破傳統，站立宣讀了長達兩個小時的施政報告。然後，他立即趕到布政司署會議室，召開了大型記者會。記者會結束，他回到港督府，又舉行了兩個小型簡報會，其中的一個對象是本港傳媒高層人士，另一個則是為外國記者而開的。傍晚，他還分別接受了香港亞洲電視及英國兩家電視台的訪問。

晚飯也一點不輕鬆。與港督共進晚餐的，是他所委任的一批新行政局議員。晚飯之後，工作也並未就此結束。10點半後，布政司及港督的主要助手，又齊集在港督府，與港督一起評估當日外界對施政報告的初步反應。由彭定康一天馬不停蹄的安排，可看出倫敦在香港政制改革上所下的賭注有多大！

如果說在立法局宣讀施政報告後，召開記者會是彭定康又一次打破歷任港督慣例的做法。那麼隨後兩日，為施政報告公開答市民提問，就更屬「肥彭」獨家首創了。彭定康連場「推銷大會」，最多被問及的是其政改方案與《基本法》銜接的問題。每一次，彭定康都搬演他的「例牌」答案：如果有人認為本人的建議不符合《基本法》的話，請他提出另一套方案來。面對這樣所答非所問的方式，全場便會一時間沉默起來。

究竟彭定康「政改方案」中所提建議，與《基本法》有沒有出入，能不能銜接，甚或有沒有抵觸，怎樣抵觸，香港輿論自有公論。比較有趣的是立法局議員詹培忠的問題，他問彭定康，港督既是通過《英皇制誥》委任出來的人選，這是否與他的民主意念有違；又問他是否拿港人當賭注。對於這一語中的的發問，彭定康絲毫不顯尷尬。

在彭定康祖家，英國政府也為他的政改方案做好了充分的準備，這邊剛一出籠，那邊文武百官，遙相呼應。各大報章均以巨大篇幅，評介彭定康的施政報告，並一致叫好。彭氏施政報告話音剛剛落地，首相馬卓安立即發表聲明，表示完全同意港督的施政取向，並相信這個取向能代表香港未來最佳傾向，稱讚彭定康取得了勝利。

《泰晤士報》發表題為「彭定康旋風」的社評，讚揚施政報告是彭督打響的輝煌而雄辯的「第一炮」。雖然並無民選議員進入行政局，會令港同盟失望，但報告對政制改革的各項建議具有民主化的推動力，這一點是絕無疑問的。

《衛報》社論指出，「彭定康心知爭取 1995 年擴大直選議席希望黯淡，故採取從側面搶攻的辦法推動香港民主。實現區議會與市政局的直接選舉是『後門民主化』之舉，是一項巨大成就。新的功能團體界別也涵蓋了香港社會各階層，加上立法局的委員會制，必然招致中方的忌恨。」

《每日郵報》發表以「彭定康在香港的一場賭博」為題的社論說，「彭定康的行為雖然有潛在危險，但值得一搏。」

英國人要搏什麼？彭定康政改方案的要害又是什麼？

「三違反」的政改方案

彭定康的所謂政制改革，就是立法局與行政局分家。本來行政局和立法局是雙委任制：行政局有的議員被委任為立法局議員；立法局有的議員被委任為行政局議員。兩局的關係是行政主導，立法局對行政局負責。彭定康的方案是：把行政局和立法局的非官守議員分開，使兩局議員的身份不重疊，從而使立法局成為一個制衡政府的獨立組織；行政局職權減弱，議員只需向總督負責；香港總督不再擔任立法局主席，主席由議員互選產生；成立由政府官員和立法局議員組成的政府及立法局事務委員會，以商討處理有關立法及財務方面的事務。

彭定康對 1991 年的選舉方案作了大手術：變雙議席雙票制為單議席單票制；將功能組由以前的 21 個變為 30 個，改組別投票單位為個人投票，即一人一票，這樣功能組別投票人數可擴大到全香港 270 萬人；選民年齡由 21 歲降到 18 歲。

彭定康擴大區議會職權，取消區議會及兩個市政局的委任議席，使其全部變為直選；成立 1995 年立法局選舉委員會，由直選的區議員出任，由選舉委員會推舉 10 名立法局議員，使區直選議員組成的選舉委員會推選的立法局議員，實際上成為變相的直選議員；規定區議員（均為直選）在立法局中佔 10 個議席。

根據彭定康的施政方案中所玩弄的政治遊戲，香港立法局直選或變相直選的

議員就達到 40 名，佔由 60 名議員組成立法局的 2/3。這些人可以坐直通車進入 1997 年以後的立法會，英國政府則可以通過控制由此產生的「民選人士」，進而繼續在香港政府享有發言權。

他的政改方案嚴重違反了《中英聯合聲明》，違反了《基本法》，違反了中英兩國外長七封信件中已經達成的協議和諒解，所以稱為「三違反」。

按照全國人大的決定，未來香港特別行政區第一屆立法會是由 60 人組成，其中功能團體選舉產生的議員 30 名。1995 年香港最後一屆立法局如果要過渡到 1997 年後成為未來香港特區第一屆立法會，就必須按上述原則辦。但是，彭定康的方案卻提出，在 30 個應由功能團體選舉產生的議席中，把原有的 21 個議席，由法團投票產生改為個人投票產生；把新增設的 9 個議席，由功能團體選舉改為「使每個行業中的每個在職人員都可投一票」，就是要把功能團體選舉這種間接選舉方式改為按行業劃分的變相直接選舉。

香港立法局的 60 個議席中，有 21 個席位（佔 35%）是由 19 個按不同社會功能劃分的社會法定團體選舉產生的，這些團體被稱為「功能組別」。在《基本法》中，功能組別的選舉被稱為「功能團體選舉」。顯然，功能組別的選舉是由功能團體投票的間接選舉，這有別於全體選民投票的直接選舉。

功能團體選舉方式，是港英政府在 1984 年 11 月發表的政制白皮書中提出來的。1987 年，香港政府在檢討這一制度時，認為這一制度得到了大部分人的支持，因而決定加以延續。此後，立法局中這部分人人數逐屆增加，從 1985 年的 6 人增加到 1991 年的 21 人。在起草《基本法》時，英方還一再向中方推薦這一選舉方式。英方從來都認為功能團體選舉是間接選舉。

《基本法》起草委員會考慮到，既然這種選舉方式為港人接受，並確有優點，就本着把香港行之有效的東西保留下來的原則，把功能團體選舉這一間接選舉的方式寫進了《基本法》，並獲得全國人民代表大會的通過。

彭定康把功能團體選舉這一間接選舉方式改為變相直接選舉，完全違背了《基本法》和中英雙方在過去所達成的協定，也完全違背了當初設立功能組別的初衷。這種改變還會造成香港居民選舉權利的不平等：當時全香港有 600 萬人，其中有 270 萬在職人員除了有權在分區域的直選中投一次票外，還有權在按行業劃分的變相直選中投一次票，而這些行業中的退休人員和這些行業以外的其他人

則僅有權在所在區域的直選中投一次票。這種在公民選舉權力上的人為差別，十分不合理，同時也違反了功能團體選舉「循序漸進」的原則。

在有關「直通車」和選舉委員會問題上，彭定康也同樣做了手腳。所謂「直通車」問題是指：香港政府管治下的香港最後一屆立法局議員——1995 年產生的立法局議員，能不能過渡到 1997 年之後，成為中華人民共和國香港特別行政區第一屆立法會議員。

在起草《基本法》時，中國政府吸收了英國政府提出的一些意見，在《基本法》中就「直通車」問題作出了有關規定。1990 年 4 月 4 日全國人民代表大會通過《基本法》時，又通過了《全國人民代表大會關於香港特別行政區第一屆政府和立法會產生辦法的決定》。這個決定第六條寫明：「原香港最後一屆立法局的組成如符合本決定和《香港特別行政區基本法》的有關規定，其議員擁護中華人民共和國《香港特別行政區基本法》，願意效忠中華人民共和國香港特別行政區並符合《香港特別行政區基本法》規定條件者，經香港特別行政區籌備委員會確認，即可成為香港特別行政區立法會議員。」

這就是說，現在的立法局議員能不能坐「直通車」是有條件的，不是無條件的。只要按照這些規定實行，「直通車」就可以開通。但是彭定康卻企圖按他的「政改方案」拼湊一個立法班子，「直通」到 1997 年之後，成為未來香港特別行政區立法會。顯然，這個如意算盤，就是企圖通過這個班子的「立法主導」作用，延續英國在香港的政治影響。

香港一些媒體點明，彭定康是有意「攪局」，他的政改方案是有意挑戰《基本法》。

糾集「新八國聯軍」

1992 年 12 月，一些香港媒體消息說，對香港人關注的九七能否平穩過渡的問題，不僅中共中央和國務院非常重視，鄧小平也親自過問，並和中共高層一起作了統一部署。權威人士說，中國解決香港問題的根本原則是「一國兩制」。「一國兩制」是鄧小平為解決中國統一問題而提出的創造性構想。鄧小平尤其希望在

香港首先付諸實踐，但是，對於《中英聯合聲明》簽訂之後到 1997 年 7 月 1 日期間，香港會不會出現不穩定因素，鄧小平十分關心。1984 年 10 月，他在會見港澳同胞國慶觀禮團時就指出：「對於《中英聯合聲明》，我們不僅相信我們自己會遵守，也相信英國人會遵守，更相信香港同胞會遵守。但是應該想到，總會有些人不打算徹底執行，某種動亂的因素、搗亂的因素、不安定的因素，是會有的，老實說，這樣的因素不會來自北京，卻不能排除存在於香港內部，也不能排除來自某種國際力量。……要說變，人們議論的總是北京方面政策會不會變，沒有想到其他方面會不會發生變。」

1984 年 7 月在會見英國外交大臣傑弗里·豪時，鄧小平又提出希望不要出現影響香港平穩過渡的五種情況，其中第五種是：「希望港英政府不要在過渡時期中自搞一套班子，將來強加於香港特別行政區政府。」1991 年他又指出，香港後過渡時期的重要問題是防止英國人出壞點子，搞小動作，把一個個大包袱留給特區政府。英國撤換衛奕信、彭定康上台後的所作所為，印證了鄧小平的預見。

對於彭定康上台後的政制改革方案，最初有些不明真相的人以為完全是彭定康一手設計出來的。但是，敏感的香港輿論界、有豐富外交經驗的中國人，在換督時，就看出了政改的背後其實是英國對香港以及對中國政策改變的蛛絲馬跡。

香港媒體有一段入木三分的分析，抓住了彭定康政改方案的要害。該媒體分析說，英國拋棄了對《聯合聲明》的承諾，已經改變了對華和對港的政策。這個政策是打國際牌，糾集了「新八國聯軍」，支持英國人侵奪中國主權。英國人急於扶植自己的人物在香港掌握實權，這些人不僅要影響香港，而且還要能夠把手伸入華南，伸向整個大陸。最現成的人物眼下就有馬卓安以元首級規格接待的香港某些人，不僅僅因為他們是什麼黨派的頭頭，英方可能更感興趣的是他們的另一個頭銜和身份──華人。小賭本而搏大賠彩，刀子鋸大樹，英國人確是心存大慾的。

不過，「八國聯軍」的時代已一去不復返了。彭定康到加拿大乞求支持，加拿大時任總理馬爾羅尼稱，不欲介入中國內政。澳洲也沒有高級官員講支持的話，沒有閑心管他人瓦上霜。何況，什麼是民主？在英國，多年來有北愛爾蘭要求獨立的問題遲遲不解決，這又是否民主？干預別國內政，未必不會引起內部反彈和招來煩惱。現在，美國已有人批評英國鎮壓北愛爾蘭獨立運動是違反人權了。美國人自然有美國人的如意算盤。

香港報界透露，英國內閣在 1990 年有一次密商，調整了對華政策，以撤換衛奕信和外交部的「中國通」，作為向中國展開攻勢之前奏。香港一些人攻擊衛奕信治港「帶來災難」，看來不是「吃豹子膽」之舉，顯然是得風氣之先的鸚鵡學舌。

這次引起紛爭的政改，是英國在 1997 年後，從香港「光榮撤退」的種種部署之一。在政治上，英國要向香港人及世人展示，英國如何為香港爭取民主。在經濟上，英國拋出興建新機場的「玫瑰園計劃」，一方面惠及英商工程顧問公司，幫助英國紓緩國內嚴重的經濟及失業問題；另一方面，基建大計劃是顯示英方要送給香港人「自埃及妖后以來最大的嫁妝」的慷慨和仁慈。

在國際層面上，香港新聞界人士分析認為，英國對香港政策的突變，反映了一個國際新政治氣候正在形成。自 1989 年以來，西方一些國家曾一度制裁中國，後來東歐各國和蘇聯相繼解體，只剩下中國是世界上唯一的社會主義大國。美國大選由民主黨的克林頓當選為總統，他與英國首相馬卓安和港督彭定康皆為四十多歲的中年政客，意識形態極為接近，遂聯合起來，意圖在香港打開一個突破口，以利於長期向中國灌輸西方民主意識，影響中國政治。正是在這種氣候下，港督彭定康突然接見了台灣官員，還公佈了這次接見的詳情。

這種種動作，在說明英國對香港政策已改變。這正是鄧小平所說的，英國在非殖民地化過程中，一貫採用的、令當地社會和人民分裂和分化成不同陣營的見不得光的壞點子、小動作。中方對於英方在香港政制上突然另搞一套表示了強烈的反對。中方的立場是堅定不移的，國務院港澳辦主任魯平警告說，必要時中方將會「另起爐灶」，使英方計謀不能得逞。

在彭定康施政報告發表當晚，新華社香港分社發言人透過接受中通社訪問，指出該報告違反中英聯合聲明精神，與《基本法》不銜接，「九五選舉的問題，關係到平穩過渡，理應由中英雙方經過磋商，取得一致意見後再來公佈。現在英方無視中方以嚴肅態度提出的意見，仍然以所謂『建議』的形式單方面予以公佈，這是極不負責，也是極不慎重的。由此而引起的公開爭論，其責任完全不在中方。」

「根據中英聯合聲明，在過渡期內英國負責香港人的行政管理，以維護和保持香港的經濟繁榮和社會穩定；對此中國政府將給予合作。在過渡期內，如果對香港的政治體制作重大改動，從而引起以行政為主導的行政管治能力的削弱，是有違聯合聲明的。」

李光耀的提醒

彭定康施政報告發表不久，香港新聞媒體發表了一篇題為《政客不是政治家》的文章。文章說，「彭定康先生走馬上任途中，訪問了新加坡，拜會了新加坡的政治家、前總統李光耀。拜會結束後的第二天，李光耀辦公室發表了一個聲明，要而言之，李光耀認為，評定彭定康就任港督一職政績如何的標準，是彭在香港實施的政策在『九七』交接以後能否繼續下去。這令人想起：英國撤離新加坡這個前英屬殖民地前，將新加坡的社會和經濟搞得一團糟。」

文章作者「心中冒起一絲疑慮，莫非英國準備在香港故伎重施？！否則的話，一次普通的私人拜會以後，李光耀先生怎麼會異乎尋常地發表一個如此意味深長的聲明呢？

「聽其言、觀其行，彭定康的『行』來了，推出了他的施政報告。有人說這是彭定康的『五年大計』，也有人說，這是英國保守黨政府的『五十年大計』、『百年大計』！

「施政報告推出伊始，香港這個原本是商人忙於從商、工人忙於打工、大家忙於錢（請記住正是這些造就了香港的繁榮和安定），恒生指數節節上升的社會，引發了爭論，而這些爭論有愈演愈烈之勢。

「試問，倘若該施政報告付諸實施之時，香港會是一個怎樣的局面？還能繁榮嗎？還稱得上安定嗎？1997 年時還能平穩地過渡嗎？

「顧立德公然說中國『人大』批准的《基本法》是可以修改的。為什麼要修改呢？要修改到和英國的『戀棧政策』相吻合嗎？這令人不禁想起老牌英國殖民主義者公然入侵、搶掠、強佔他國地盤為殖民地的政策。時移勢易，行不通了。

「於是有新招：民主、人權。其實還是舊招。中國大文豪魯迅先生九十年前就拆了這一招：拉大旗、作虎皮，包裹着自己，嚇唬別人！」

如果講民意，這篇文章正說出了香港的民意。

香港知名人士徐四民撰文指出，彭定康蒞港擔當末任港督，只不過是「看守政府」的最高領導，在香港也只有四年八個月的壽命。這是歷史發展的必然，是任何的力量無可抗拒的。他的「施政報告」不切實際，不負責任。他今天能大派

福利、大灑金錢，都是他的幾位前任和中方通力合作取得的成果。他對未來四年多及 1997 年後所開的「民主」空頭支票，是無法兌現的。到時他已坐了「慕蓮夫人」號的輪船回到英國，留下來的是香港的中國人去打大陸的中國人。這種伎倆是英國政客在每一個殖民地撤退時運用過的，今天看來並不陌生。

李光耀辦公室的聲明，發人省思；徐四民的文章，利刃見血。兩位大家所見何其相似，使世人猛醒。

英國人在統治香港一百幾十年中，從來都壓制香港人要求民主，而在最後幾年忽然十分熱心讓香港的中國人「民主」起來，尤其關心香港 1997 年以後的「民主」，這就難免使人懷疑他們究竟用心何在。真是關心中國人民主不民主麼？這與遠在十萬八千里外的英國人有何關係？他們無非是想達到沒有英國人的英國人統治的目的罷了。

新加坡《聯合早報》在彭定康施政報告公佈以後，發表題為《跛腳鴨想偷跑》的文章，批評彭定康不與中國政府合作，明顯地違背了基本政治道義。作者給「跛腳鴨」擺了一個恰到好處的位置：目前英國在香港的地位，奠基於一個很基本的政治常識，那就是「看守政府」，在西方俗稱「跛鴨政府」。原因是不管 1997 年 6 月 30 日之前，港英政府的權力合法與否，1997 年 7 月 1 日之後，英國在香港已不存在任何權力與義務。因此，「跛鴨政府」在道義上應具其「收斂原則」，與中國政府合作，平穩、順利地實現政權交接。

根據「跛鴨政府」的政治道義，在「看守政府」期間，英國方面不能對現狀進行結構性的改變，過去沒有的目前不能增加，過去有的目前也不能放棄。況且，中英雙方已有聯合聲明、諒解備忘錄在先，各方都有自己的承諾。彭定康在這段過渡時期，提出對香港社會進行「結構性改變」的建議，已超越了政治中「跛鴨政府」的道義。

前港督麥理浩於 1992 年 12 月 4 日在英國國會上議院，批評現任港督彭定康的政制改革建議導致了中英雙方對立。他呼籲雙方學習中國已故總理周恩來的作風，放棄成見，求同存異。12 月 9 日，麥理浩又在上議院發言時指出，政府得為彭定康的施政報告作出回答，解釋違反協議的原因，至少要說明功能組別選民由 45 萬增至 270 萬之原因，還有由選舉團選出候選人這一點。這位外交家於從政生涯高峰期退休，審慎考慮了數月才在上議院發言，英方當時未對這一嚴辭作出回答。

諳悉中國和香港情況的柯利達、麥理浩、衞奕信這三位英國高級外交家都反對彭定康的政改方案。他們都公開說過：「我們違反了協議，回到原處吧，我們在傷害香港的利益。」

忘記了鐵娘子的教訓

正當英國政府和彭定康盡力推行其政改方案之際，前首相戴卓爾夫人的回憶錄出版了。這本回憶錄，應該說給了彭定康一個不小的教訓。

經過努力，中英雙方又回到談判桌上。到彭定康施政報告一年後的 1993 年 10 月，中英就香港九五選舉安排舉行的會談已經到了第 14 輪。雙方均表示了令談判由「十字路口」轉向「高速公路」的良好意願。英國談判代表表示，英方會盡力採取認真、積極的舉動；中方談判代表明確指出，只要從雙方原先商定的「三符合」原則出發，便不難達到預定的目標。

中方堅守「三符合」，英方卻多番批評中方靈活性不足。對此，新華社香港分社負責人指出，中方最初是要求彭定康「撤銷方案」才談判。後來，中方為了促成磋商，恢復合作，並沒有堅持這一要求，但明確說明恢復磋商不是以彭定康的方案為討論的基礎，而是建基於中英雙方商定的三條原則。平心而論，逼迫中方從「三符合」的基礎上退卻，無異於要中方背棄歷史、背棄國際協議，其後果是可想而知的。

戴卓爾夫人的回憶錄《唐寧街歲月》在這時出版，轟動英國政壇，震撼保守黨。人們有理由相信，唐寧街有關香港的「私房話」、難以宣之於筆端的密謀，遠不止回憶錄所載內容。但鐵娘子這些猶抱琵琶半遮面的一鱗半爪，已足以使英國現政府和彭定康猛醒。戴卓爾夫人是何等的鐵腕人物，都不能不敗在鄧小平的手下。

戴卓爾夫人在回憶錄中毫不諱言，1982 年訪華時，「我們的談判目標，是以香港島的主權作交換，使英國對（香港）整個殖民地延續治權。」今天看來，這不但是戴卓爾夫人當時的「目標」，也是英國殖民主義者仍在追求的「目標」。人們注意到，戴卓爾夫人在定下她的「目標」時，是不存在「港人」的概念的，

更不要說什麼「民主」了。

然而，英國人的「目標」在北京摔跤了。鄧小平嚴正地向戴卓爾夫人聲明，關於主權，中國在這個問題上沒有迴旋餘地。中英談判也自然毫無進展。到 1983 年 1 月，當戴卓爾夫人獲悉，中國準備在同年 9 月自行宣佈對香港的未來方針時，她才慌了手腳，想起利用「港人」、利用「民主」的幌子。

她寫道：「我建議說，我們現在應該在香港發展民主架構，目標是短期內達致獨立或自治，一如在新加坡所作的那樣。」「當時沒有任何人認為我這些意見具有吸引力」，因此，「就不作進一步研究」。戴卓爾夫人沒有具體說明，參加會議的內閣大臣、官員和港督何以不接受她的建議。他們又有些什麼樣的「反建議」？又是否真的「不作進一步研究」呢？回憶錄沒有涉及。

回憶錄寫道：1984 年 7 月賀維訪華，「十分有效地使中方相信了我們是可以信賴的」；而後她再次訪華，「主要目標是加強中方信任我們在 1997 年以前過渡期管理香港的良好意願」。戴卓爾夫人的「目標」變了三次了，從維持三個不平等條約，到「延續治權」、「達致獨立或自治」，再到「加強中方信任」。不知道戴卓爾夫人的「良好意願」是真心實意，還是蓄意哄騙。大概是真心實意的哄騙：對內哄騙英國人的選票，對外哄騙中國人的信任。

中國承諾 1997 年後香港 50 年不變；英國則在 1997 年前幾年內大變特變，連兩國外長交換的外交函件也要抵賴。

無論英國是否蓄意哄騙，也無論今天的英國如何蠻橫無理，戴卓爾夫人倒是作了明智的判斷。其回憶錄說，英國「不可能勝利，因為我們面對的是一個不肯讓步而且強大得多的對手」。

時任德國總理科爾說：英國有人「還活在丘吉爾以前的日子裡，以為英國可以掌管歐洲一切」。只可惜，這樣的人不止鐵娘子一個，而且野心還不止「掌管歐洲一切」。

戴卓爾夫人 1982 年訪問北京後，清楚瞭解到中國會接受什麼和不接受什麼，並能審時度勢，放棄「以主權換治權」的想法，與中方簽署了聯合聲明。此舉體現出一位政治家所應具備的政治智慧。

其後中英雙方一直能互諒互信，中方在起草《基本法》的過程中，多次與英方磋商，並採納了不少意見。到 1990 年正式頒佈之時，英方亦表示這是一部值

得向港人推薦的好的《基本法》。

戴卓爾夫人在書中談及《中英聯合聲明》與《基本法》的關係時，稱讚《聯合聲明》是一個明確、有約束力的國際協議，對 1997 年後香港的各項安排可以穩定港人的信心。而且，《中英聯合聲明》中有的條款規定該協議內容需寫入《基本法》，而《基本法》是 1997 後香港的憲制文件。

照理說，由於有了中英第一次談判所確定的原則及基礎，後來的中英談判應有更高的效率才是。但出人意料的是，英方不僅沒有汲取戴卓爾夫人寶貴的歷史經驗，還反其道而行之，力圖在撤出香港前推行一套背棄「三符合」的政改方案，藉此與中國相抗衡。採取這一策略的結果便是導致會談延宕了半年，仍徘徊於「十字路口」。顯然，彭定康對過往的歷史事實不甚了了，也沒有認真去瞭解，才作出了與中方對抗之舉。

落寞的「光榮撤退」

當時英資公司在香港的投資已達約 1.2 萬億港元，每年光利潤就有 1,200 億港元。中國人民尊重歷史，面對現實，充分理解英國人要在香港「光榮撤退」，要維護英商的利益，所以，才通過和平談判的方式，簽訂《聯合聲明》，制定《基本法》，達成一系列諒解。英國的利益在《中英聯合聲明》和《基本法》之中得到充分體現。如果拋開了這兩個文件，另搞一套，英國的利益就很難得到保障。因此，任何在香港製造麻煩、製造動亂的行為都將要損害英國的利益，損害廣大英商的利益。

香港著名評論家古星輝先生曾分析：「英國交還香港，如果用友好的方式，既可以光榮撤退，贏得中國人民的友誼，又可以得到長遠的經濟利益；如果用『拆爛污』手法，令中國恢復行使主權時，碰到許多困難，甚至遭到一些人的對抗和搗亂，最後使香港受到了一些損失。那麼，種瓜得瓜，種豆得豆，中國人民和香港同胞還會送錢入英國人的腰包嗎？」

但是，做為政改方案的倡導者的彭定康，在香港待了幾年，尚未「看破紅塵」，仍然不瞭解中國，不瞭解香港，死抱住既定方針不變，對抗如舊，製造麻

煩如昔。繼單方面制定了《政改方案》、以一人一票選舉產生所謂「民選」的立法局、干擾中國在香港恢復行使主權行動之後，彭定康又單方面制定了所謂《人權法條例》，妄想凌駕於《基本法》之上。

到了 1996 年下半年，雖然從英國政府到彭定康，都在講「合作」，但實際上是口合心不合，主要表現有五個方面：一是不願「還政於中」，搞所謂「還政於港」，包括一些政府檔案、資產等，英方總想直接交給特區。二是英方對行政長官人選的產生表現了過分的興趣，甚至要求「共同選人」，想安插代理人，延續殖民統治影響。這干涉了中國的內政，因此遭到斷然拒絕。三是反對成立臨時立法會，妄想將根據英國殖民地憲制《英皇制誥》、《皇室訓令》所產生的立法局硬加給香港特別行政區，架空中國政府在香港有效地恢復行政主權。1996 年 12 月 20 日，英外相聶偉敬竟發表聲明，質疑臨立會的法理依據，並宣稱要將問題交國際法庭仲裁。新華社香港分社立即作出回應，明確指出，臨立會是在英方破壞了「直通車」安排的情況之下所採取的必要措施，合情、合理且合法。四是港英利用最後的管治期，大幅修改法例，削弱治安權力，為特區立法，給特區政府管治製造麻煩。其中影響最大的是修改了《刑事罪案條例》，把顛覆和分裂國家罪行，都界定為只有「使用武力」才成立。在香港這樣小的地方，用武力從事顛覆、分裂活動的可能性是極小的。彭定康這樣界定，就是要掣肘將來特區以法律武器來制止非武力的顛覆、分裂活動。但是，這個問題更要害之處，在於港英越俎代庖，侵犯了特區的立法權，違反了《基本法》，因而是非法的。五是利用臨走前的管治權力，牢牢操控傳媒，繼續施展長期以來進行的「反華」宣傳，造謠中傷，製造「回歸恐怖」效應。並且港英政府有計劃地分化港人，對一些人大肆吹捧，籠絡以高官厚祿，吹捧為政治明星，還奉送外國護照，為其「反華」、「反收回」壯膽；對另一些人則誹謗中傷，甚至揚言要拋「黑材料」，加以恐嚇。

彭定康的所作所為，已經損害了在港英商的利益，所以英國商人不滿保守黨的政策，因而減少了對保守黨的支持。也許馬卓安已經知道自己日子不長，沒有必要再花心思緩解這些不良政策對中英關係的傷害了。英國國會補選，保守黨接連失敗，彭定康也知道自己的宦途充滿荊棘，既無暇為英商考慮太多，也不會為國家利益費心思，更不會再為馬卓安的繼任人行個方便，因而繼續照他的原本安排幹到底。

針對彭定康的不合作態度，中國一方面表明自己遵循《中英聯合聲明》和香港《基本法》的嚴肅立場，一方面積極為恢復行使香港主權按部就班地工作。1996年1月26日，香港特別行政區籌備委員會正式成立。隨後，特區400人的推選委員會成立，60人的臨時立法會成立。1996年12月11日，在香港會議展覽中心，以80%的支持率選出董建華為香港特別行政區第一任行政長官。這是香港有史以來第一次由港人以「公正、公平、公開」方式推選行政長官。這是一個令人振奮的時刻，它標誌着香港回歸後即將開始一個全新的時代。12月16日，國務院總理李鵬簽署了對董建華的任命。12月18日，國家主席江澤民、總理李鵬和副總理錢其琛會見了董建華。江澤民向董建華表示：中央不會干預屬於香港特區範圍內的事務；特區有困難，中央會幫助，請董建華放心。這是再次向世界表明，中國在香港實施「一國兩制」的誠意和決心。

　　之後，剛來港時躊躇滿志的彭定康，上鏡「曝光」日漸稀少，而且偶有現身，也是滿臉落寞之狀。1997年6月30日下午14點整，彭定康終於依依不捨地離開他居住了五年的總督府。英國國旗在總督府正門悄然降下，彭定康從衛兵手中接過了降下的國旗。這位末代總督攜妻女踏上了一輛丹拿豪華轎車，淒然駛離總督府，直奔維多利亞灣，登上一艘早已停靠在碼頭的艦船，在濃重夜色中駛離香港。

　　2000年，彭定康出任歐盟外交委員。2001年5月，彭定康來北京出席亞歐外長會議，中國國家主席江澤民會見了他。2002年4月，彭定康率歐盟代表團訪華，受到江澤民、錢其琛等中國領導人的歡迎，並應邀到中共中央黨校發表演說。彭定康支持中國經濟發展與和平外交政策，肯定中國政府在香港維護了「一國兩制」。2007年，彭定康再來香港，他說：「香港過去十年是成功的。」他不止一次地表示，香港在回歸後的十年裡非常成功，不但成功地擺脫了SARS及金融風暴這兩大嚴重威脅，經濟發展得也很好，而「一國兩制」成功地得到了實現，香港的未來非常光明。

後記

　　《香港二十八總督》於1997年初完稿。著名歷史學家、中國科學院學部委員、近代史研究所原所長劉大年老先生寫了《序言》。有關部門領導閱審後，提出了寶貴的修改意見。因為出版程序和時間的原因，當年7月1日香港回歸前是書沒能出版。

　　今年，香港回歸祖國十周年，承蒙朝華出版社鼎力相助，出版此書，作為向這個喜慶日子的獻禮。

　　香港總督，是代表英國女皇對香港進行殖民統治的最高行政長官。在英國統治香港的一百五十多年中，先後委派了二十八任總督，對香港進行直接的殖民統治。

　　港督是英國殖民統治的代表，為什麼要寫他們？

　　新的歷史時期，鄧小平提出「一國兩制」、「港人治港」的構想。進入1980年代，中、英兩國政府開始就香港問題進行談判。1982年9月至1984年9月，中、英雙方經過22輪會談，就全部問題達成協定，並於1984年12月19日簽署聯合聲明。中國政府聲明：1997年7月1日對香港恢復行使主權；英國政府聲明：1997年7月1日將香港交還給中國。這意味着從1997年7月1日起，港英政府成為過去，香港總督成為歷史。

　　每一個中國人都不應忘記過去，都不應忘記國恥。香港歷史是中國近現代歷史的重要部分，由香港近現代史，可以瞭解中國近現代史。要瞭解殖民統治者如何侵略中國，如何強佔香港、九龍、新界，如何奴役香港居民，並分析香港的歷史發展，在英國結束對香港的殖民統治之際，在「港督」一詞成為歷史陳跡之時，回顧二十八任總督在香港的作為，應該是極為有意義的。

　　《香港二十八總督》，由寫人而寫史。它將每一任總督在香港的歷史簡述出來，連綴成香港自開埠以來的一頁頁歷史。從中，既可以瞭解各個歷史時期的中英關係，英國的對華政策，歷屆港督的施政方針；也可以瞭解每位港督不同的背景，文化素養乃至各異的個性；當然，從中更可以看到香港從一個荒島漁村發展成現代化國際大都市的歷史進程，其中凝聚着一代代香港人的心血與汗水。20

世紀 80 年代初以後，中、英雙方為香港問題的談判過程，也較詳細地展現在後期幾任港督的活動中。

20 世紀 70 年代末，我開始做港澳台方面的宣傳報導工作，因為工作需要，我翻閱了大量有關港台的書報雜誌，其中包含許多有關香港總督的資料。從 1990 年代初開始，我抱着學習瞭解香港發展史、增長知識的願望，開始動手整理收集到的資料，1995 年冬開始了《香港二十八總督》的編寫。

在這裡我要特別提出的是，本書在編撰過程中，參閱和採用了眾多名家的書籍和報刊文章中的珍貴資料，因為是在平日工作中分散積累的資料，有些沒有一一註明出處，在此特作說明，並致衷心的感謝和歉意。一些主要書目附後，以供讀者參閱。對於為本書的編寫給予各種形式幫助的學者和朋友，特別是給予本書出版以熱誠關懷的朝華出版社，在此深表感謝。

由於作者對香港歷史知識的欠缺和掌握歷史資料有限，對一些重大問題的認識也缺乏深度。所以書中定有許多不足甚至錯誤，歡迎批評指正。

2007 年 5 月

修訂版後記

三聯書店（香港）有限公司以中文繁體在港澳台及海外地區出版、發行拙作《香港二十八總督》，令我感激和興奮。特向香港三聯書店所有參與這項工作的朋友，表示誠摯的謝意。

著名外交家姜恩柱先生說：「香港是一本很深奧的書。」他曾親歷中英香港問題談判，作過談判代表團長，在香港工作多年，對香港是十分熟悉的，但是他說，他「仍在繼續讀香港這本書」。

20 世紀 70 年代末，我作為編輯，在報社開始從事香港台灣方面的採編工作。當時，對於香港這本「深奧的書」還很陌生，要完成工作任務，向讀者如實介紹好「香港這本書」，我必須首先自己開始讀「香港這本書」。於是，我認真翻閱書、報、刊，拜研究香港問題的專家學者為師，學習他們的著作，汲取他們的研究成果。這樣，我邊學習邊工作，勉強完成了宣傳報導任務。但是，對於香港這本「深奧的書」，還是一知半解。

《香港二十八總督》，是我多年讀香港這本「深奧的書」，研讀專家學者著作，觀察香港社會，思考香港問題的一份作業。這份作業，必然學習汲取了前輩研究者的著作成果，這些在本書有的準確註明，有的因為是工作、閱讀時隨手記錄，沒有留下出處，故無法註明。在中文繁體修訂版出版之際，我衷心感謝這些專家學者，感謝他們為我的工作和習作提供了豐富多彩的內容。

《香港二十八總督》是 1997 年之前，在東北文史出版社原總編輯左振坤鼓勵下寫成的。國務院港澳辦的領導和文史專家提出了寶貴的審改意見，並給予熱情支持。我一直對他們的支持和幫助感激在心。因為出版發行時機問題，當年 7 月 1 日未能出版，即成遺憾。

1997 年，中國歷史學家、原中國科學院哲學社會科學部委員、中國社科院近代史研究所所長劉大年老先生，為本書寫了序言。82 歲高齡的劉老，為寫這篇序言，幾天沒有睡好覺，讓我感念終生。

2007 年，中國恢復對香港行使主權十週年之際，朝華出版社郭林祥社長、楊

彬總編輯對本書給予關注，在內地主持出版了中文簡體字版。對於郭社長、楊總編以及參與這項工作的麻淑蘭等朝華出版社的朋友們，我表示誠摯的感謝。

中文簡體版出版後，聽到許多對本書懇切的批評意見；今天，香港回歸中國已經十五個春秋了，許多親歷中英香港問題談判和中英交接程序的人士和組織領導者，逐漸通過各種形式，更具體詳細地披露了當時的實情；對香港歷史研究的新成果也在增多。這些豐富的史料和意見，啟發了我對本書作了必要的修改充實。

劉老的簡體版序言距今也已經十五個年頭，在這種情況下，出版本書，肯定需要一個新的序言。《人民日報》高級編輯、《人民日報》海外版港澳台部主任連錦添，應我請求，寫了序言。他從事港台宣傳報導數十年，作駐港採訪多年，行走於香港、台灣、澳門、內地之間，上知高層精神，下察港台社會民意，視野寬廣，是讀懂了「香港這本書」的人。這樣有真才實學的後起之秀，能為本書作序，我甚感榮幸。

最近再關注香港，越發覺得自己的香港知識之淺陋，因此，還須繼續認真閱讀香港這本「深奧的書」。

2012 年 2 月

參考書目

丁又，《香港初期史話》，北京：生活·讀書·新知三聯書店，1958。

霜崖，《香港舊事》，香港：益群出版社，1974。

魯言，《香港賭博史》，香港：廣角鏡出版社，1978。

魯言，《香港掌故》，香港：廣角鏡出版社，1982。

魯凡之，《香港：從殖民地到特別行政區》，香港：廣角鏡出版社，1982。

鄧偉，《香港主權交涉史》，香港：廣角鏡出版社，1983。

江偉文等，《香港政制與港人治港》，香港：廣角鏡出版社，1984。

張月愛，《香港與中國——歷史文獻資料彙編》，香港：廣角鏡出版社，1984。

葉靈鳳，《香港方物志》，北京：生活·讀書·新知三聯書店，1985。

子羽，《香港掌故》，廣州：廣東人民出版社，1986。

楊思賢，《香港滄桑》，北京：中國友誼出版公司，1986。

黃標熊、梁秩森，《香港起飛的奧秘》，瀋陽：遼寧人民出版社，1987。

姜秉正，《香港問題始末》，西安：陝西人民出版社，1987。

元邦建，《香港史略》，香港：中流出版社，1987。

劉蜀永，《香港歷史雜談》，石家莊：河北人民出版社，1987。

李澤沛，《香港法律概述》，北京：法律出版社，1987。

葉靈鳳，《香島滄桑錄》，香港：中華書局（香港）有限公司，1989。

葉靈鳳，《香海浮沉錄》，香港：中華書局（香港）有限公司，1989。

陳毓祥，《香港經驗》，香港：南粵出版社，1990。

文恩成，《香港政府與施政結構》，香港：三聯書店（香港）有限公司，1990。

楊奇，《香港概論》，香港：三聯書店（香港）有限公司，1990。

吳天青，《香港經濟與經濟政策》，香港：中華書局（香港）有限公司，1990。

夏書章，《香港行政管理》，北京：光明日報出版社，1991。

鍾紫，《香港報業春秋》，廣州：廣東人民出版社，1991。

麥天樞、王先明，《昨天——中英鴉片戰爭紀實》，北京：人民文學出版社，1992。

余繩武、劉存寬，《十九世紀的香港》，北京：中華書局，1994。

徐克恩，《香港：獨特的政制結構》，北京：中國人民大學出版社，1994。

楊奇，《英國撤退前的香港》，廣州：廣東人民出版社，1994。

余繩武、劉蜀永，《20世紀的香港》，北京：中國大百科全書出版社、香港：麒麟書業有限公司，1995。

巴圖，《別了，港督》，北京：時事出版社，1996。

洪金玉、關若文，《歷史回顧：歷任香港總督與香港珍貴歷史圖片》，香港：香港榮譽出版有限公司，2000。

弗蘭克·韋爾什著，王皖強、黃亞紅譯，《香港史》，北京：中央編譯出版社，2007。

May Holdsworth, Christopher Munn, *Dictionary of Hong Kong Biography*, Hong Kong University Press, 2012.

| 責任編輯 | 廖方舟 向婷婷 俞笛 江其信 |
| 美術設計 | 吳冠曼 |

書　　名	香港二十八總督（第二版）
著　　者	張連興
出　　版	三聯書店（香港）有限公司
	香港北角英皇道 499 號北角工業大廈 20 樓
	Joint Publishing (H.K.) Co., Ltd.
	20/F., North Point Industrial Building,
	499 King's Road, North Point, Hong Kong
香港發行	香港聯合書刊物流有限公司
	香港新界荃灣德士古道 220-248 號 16 樓
印　　刷	美雅印刷製本有限公司
	香港九龍觀塘榮業街 6 號 4 樓 A 室
版　　次	2012 年 7 月香港第一版第一次印刷
	2022 年 1 月香港第二版第一次印刷
	2023 年 11 月香港第二版第二次印刷
規　　格	16 開 （170 x 238 mm）432 面
國際書號	ISBN 978-962-04-4748-8